本书为云南省省院省校合作人文社会科学研究项目：
藏羌彝走廊建设中的云南特色文化产业发展研究（SYSX201704）研究成果。

弦歌

穿越

藏羌彝

文化走廊

胡洪斌　范建华　等　编著

TRAVEL ACROSS
A CULTURAL CORRIDOR OF
TIBETAN, QIANG AND YI
ETHNIC GROUPS

社会科学文献出版社
SOCIAL SCIENCES ACADEMIC PRESS (CHINA)

编委会人员

编委会主任

李　炎　詹一虹

主　编

胡洪斌　范建华

副主编

汪　榕　于良楠

委　员

李　炎　詹一虹　范建华　胡洪斌　汪　榕　于良楠

课题组成员

李　炎　詹一虹　范建华　胡洪斌　汪　榕　于良楠

王　佳　吴　瑛　李　佳　李　林　刘从水　范霁雯

王庆馨　葛俐杉　柯尊清　杨远梅　饶　蕊　黄小刚

秦会朵　管　悦　李雪韵　高　源　杜菲菲　方伟洁

任潇湘　高　鑫　宋莉娟　龚　婷　郭安菲　张晓桐

摄　影

范建华　邓启耀　汪　榕　吴世平　任　陶　徐学书

许云华　何新闻　吴　寅　李有龙

目录
C o n t e n t s

引　论

　　人类文明史上，不同族群在其发展进程中，总是根据其所处的地理空间发生着不断的繁衍、迁徙、定居或再迁徙的流动—定居—流动—定居这样一种生存发展的基本方式，于是在人类足迹所走过的通道上留下了深刻的文化印记和经济活动痕迹，这便是我们所说的文化廊道或经济廊道。一般而言，这种廊道多是沿大河流域或依山脉走向而延伸的。费孝通、李绍明等学者提出并为学术界公认，进而得到国家认可的"藏羌彝走廊"，就是中国文化经济走廊的一个重要标志。藏羌彝文化走廊自古就是一个从青藏高原东南部沿横断山脉迁延并直到中南半岛北部的跨区域、跨文字、跨流域的文化地理空间。廊道以三个主体民族，即藏族、羌族和彝族分布空间为纽带，连接沿线的珞巴、门巴、东乡、保安、撒拉、回、傈僳、普米、纳西、白、阿昌、德昂、景颇、苗、瑶、哈尼、拉祜、基诺、布朗、佤、傣、汉等民族。它以氐羌系统各民族为主体，并关联着百越、百濮的各民族群体，自古就是我国西部众多民族南来北往、繁衍迁徙、沟通交流的重要廊道，在我国区域发展和文化建设格局中具有特殊地位。同时，它又是国家重要的生态安全屏障，有着巨大的文化影响力和国际发展战略意义。研究"藏羌彝文化走廊"，必先对文化廊道和经济廊道的理论进行一个简要梳理，并对藏羌彝文化走廊的基本概念、空间范围、线性走向、文化经济特征等基本学理性问题进行简要阐述，以期使读者有一清晰逻辑。

一、文化廊道与经济廊道

廊道本是旅游产业中的一个概念，强调线性的狭长景观单元，对沿线景观具有区隔和连接的双重作用。一方面，廊道将两侧景观分割成不同的区块，起到区隔沿线景观的作用；另一方面，又通过廊道的线性连接功能，将沿线不同景观有机连接起来。将廊道与文化联系起来，首先兴起于欧洲"文化线路"和美国"遗产廊道"概念的提出与实践，在被引入国内研究视野之后，逐步形成了文化廊道的理念。而廊道与经济的联系，则主要体现为产业带、经济带或经济廊道，如长江经济带、丝绸之路经济带、藏羌彝文化产业走廊等。

（一）文化廊道

1964年，欧洲理事会（COE）就提出了"文化线路"的思想，主要是指"一条穿越一个或多个国家或地区的线路，线路主题所反映的历史、艺术、社会特征带有明显的欧洲标记，其欧洲性主要表现在线路的地理覆盖区域，或价值影响范围，这条线路必须包括一系列具有重大价值的资源，特别是能够代表欧洲一体化的历史文化资源"[1]。虽然该概念重点强调其欧洲性，但就文化学意义而言，其主要强调的是一条由不同文化资源所构成的、具有一定文化主题和影响力的跨区域线性文化带。1994年，国际古迹遗址理事会（ICOMOS）在"线路——我们遗产的一部分"专题会议中，也对"文化线路"进行了界定，认为"文化线路是一条交流之路，

---

[1] Chairatudomkul S., *Cultural Route as Heritage in Thailand: Case Studies of King Narai's Royal Procession Route and Buddha's Footprint Pilgrimage Route*, Thailand: Silpakorn University, 2008. 转引自陶犁《"文化廊道"及旅游开发：一种新的线性遗产区域旅游开发思路》，《思想战线》2012年第2期。

可以是陆路、水路或其他形式，具有实体界限，以其特有的动态和历史功能特征，服务于特定、明确的目的"[1]。这一界定更加注重线路上不同文化之间的交流，这一交流是动态的历史过程，且服务于特定而明确的目的，文化作为一种交流的工具而存在。为加强我国古迹遗址保护，促进国际文化交流与合作，我国已于 1993 年加入国际古迹遗址理事会（ICOMOS），并成立了国际古迹遗址理事会中国委员会（ICOMOS China），也就是中国古迹遗址保护协会。与欧洲的"文化线路"相对应，美国学者提出了"遗产廊道"的概念，并逐步发展成为美国遗产保护的一种方式。查尔斯和罗伯特认为，"遗产廊道是拥有特殊文化资源集合的线性景观，通常带有明显的经济中心、蓬勃发展的旅游、老建筑的适应性再利用、娱乐及环境改善"[2]。与欧洲"文化线路"对比，这一概念除了关注文化资源的线性分布之外，更关注沿线的产业开发与经济发展。如果说欧洲"文化线路"强调的是沿线的文化价值，那么美国"遗产廊道"则更多强调沿线文化资源的经济价值。

近年来，国内一些学者逐步将"文化线路"和"遗产廊道"等概念引入本土的研究中，或是直接借鉴其保护与开发模式，运用于国内的遗产保护与旅游开发工作中，或是结合中国具体国情，形成在地化、本土化的概念和模式等。这些不同角度的研究逐渐形成一股合力，带来了国内关于遗产廊道研究的小高潮，如李飞、宋金平（2010）对遗产廊道的基本概念、特点以及构成标准等方面进行探讨；王亚南、张晓佳、卢曼青（2010）将遗产廊道理论运用于城市绿地规划系统中，提出了把遗产保护和城市绿地廊道网络体系结合起来对城市进行规划和建设的设想；李

---

[1] ICOMOS, "The ICOMOS Charter on Cultural Routes", http://www.international icomos.org/home.htm, 2010。转引自陶犁《"文化廊道"及旅游开发：一种新的线性遗产区域旅游开发思路》，《思想战线》2012 年第 2 期。

[2] Charles A. F link, Robert M. Searns. *Greenways*. Washington：Island Press, 1993。转引自龚道德、张青萍《美国国家遗产廊道（区域）模式溯源及其启示》，《国际城市规划》2014 年第 6 期。

沁（2011）分析了滇越铁路遗产廊道的旅游资源禀赋和旅游产业发展的现状，并提出对滇越铁路旅游产业发展采取"历史重构"和"补全式"的开发对策；邱海莲、由亚男（2015）对中哈边境的区位优势、旅游资源、市场空间和制约因素等进行分析，结合中哈旅游发展的现状，提出了在中哈边境构建旅游廊道以带动区域发展的旅游发展计划等。这些不同的研究成果主要涵盖了遗产廊道的内涵与价值评价、遗产廊道的研究对象、遗产廊道的构建方式、遗产廊道的产业开发等方面。也正是在这样的背景下，国内学者提出了"文化廊道"的概念。

所谓文化廊道，"是以建立在历史时期人类迁移或交流基础上的通道文化为基础，并拥有代表线路空间自然与文化环境的特殊文化景观，由通道、节点和线路辐射区域共同组成的线（带）状空间，它代表了多维度的商品、思想、知识和价值的持续交流，具有历史的动态演变特点"[1]。文化廊道以沿线文化及其交流为基础，线状延伸及其辐射为特色，具有文化性、历史性、带状化等基本特点。

首先，文化廊道是某一区域群体长期形成的生产、生活方式的集中体现，是沿线不同群体所创造的物质文化与非物质文化的集中展示。文化廊道的核心是廊道内人民长期以来逐渐形成、发展和传承下来的价值观念、宗教信仰、民俗风情、语言文字、规章制度等无形文化内容及其建筑形态、服饰特色、生产工具、人文景观等有形文化内容。这些文化的形成，既受到所处社会环境、自然环境的形塑，如游牧文化、农耕文化、草原文化、山地文化等；同时，身处具体文化情境中的群体也在文化的驱动下对社会、自然等周围环境进行一定的塑造，于是形成了草场、梯田等不同人文景观。

其次，文化廊道是在长期的、动态的历史过程中形成的，是一个历

---

[1] 陶犁：《"文化廊道"及旅游开发：一种新的线性遗产区域旅游开发思路》，《思想战线》2012年第2期。

史性的、动态化的演变过程。一方面，文化是人们在与自然抗争、与自我对话、与他者交流过程中逐渐形成的一整套价值理念和生活方式，其形成、传播与发展是一个长期的、历史的动态过程；另一方面，文化的传播、交流与融合并非一朝一夕之事，而是一个长期的渐进过程，这就决定了廊道空间的形成与拓展也是一个长期的、历史的动态过程。

最后，文化廊道是一个带状化分布的地理空间与文化空间的融合。在地理空间上，它是以交通干线、河流、海岸等为主要通道，以经济中心或文化中心为重要节点的线性文化走廊。在文化空间上，它是以一定文化为主题，并逐渐延伸开来的文化长廊，或是以沿线影响力比较大、特色较为鲜明、比较具有代表性的文化内容为主的线性文化走廊。

（二）经济廊道

1984 年，中科院院士陆大道提出了"点—轴空间结构系统理论"，成为我国学术界研究经济廊道的起点。他认为工业和服务业都是产生和集聚在具体的"点"上，并由线状的基础设施（如各类交通干线、能源供应线、水源供应线等）将其彼此相互连接在一起。农业生产虽然是面状的，但农业生产的组织、管理机构、农业企业也大多集中于"点"上，通过重点开发连接这些不同"点"的轴线的发展，便形成了产业集聚带。[①] 这里所说的"点"，主要就是指沿线经济较为发达的中心城市或地区。陆大道虽没有明确提出经济廊道的概念，但是其"点—轴空间结构系统理论"的提出以及产业集聚带这一提法，事实上指的正是经济廊道。也就是说，产业集聚带是以具体的"点"为基础，以线状的基础设施为延伸而形成的廊道经济形态。正是通过这些不同的"点"的发展和带动，加上线状基础设施的连接，产业集聚带将沿线不同的"点"串联起来，进而形成一个点状密集、面状辐射、线状延伸的集生产、流通、消费等为一体的经济廊道。

---

① 陆大道：《二○○○年我国工业生产力布局总图的科学基础》，《地理科学》1986 年第 2 期。

当产业集聚带或经济廊道中的"点"不断发展，其资源聚集和经济辐射功能越来越强，成为该地区的经济增长极，并通过产业分工与布局，逐步形成发展程度和特点都各不相同的经济圈层时，"点"也就发展成为"经济圈"。此后，又有很多学者从不同的研究角度和研究对象出发，提出了产业密集带、经济带、经济隆起带、城市经济带、经济走廊、交通经济带等相近的概念，而这些概念的内涵基本没有脱离经济廊道的范围。

所谓经济廊道，主要是以某一特定的交通运输干线或江河流域以及地理位置延伸、自然资源分布等为依托，并以此作为经济发展轴，以轴上经济较为发达、交通较为便利的一个或几个大城市作为核心发展极，通过发挥核心发展极的经济集聚和辐射功能，联结和带动周围不同等级规模城市的经济发展，进而形成点状密集、面状辐射、线状延伸的集生产、消费、流通等于一体化的带状经济区域。如丝绸之路经济带，就是在古代北方丝绸之路基础上形成的现代经贸合作概念，是贯通亚欧两大洲的经济桥梁，它是一条以跨国交通通道为延展空间、以区域经济一体化为手段、以中心城市和交通基础设施为依托、以带动沿线地区经济发展为目的的跨国经济廊道，是借用古代文化符号命名而注意加强现实经济文化合作，形成利益均沾、经济共享的经济合作体。

经济廊道包括地理位置、自然资源、线状基础设施（发展轴）、产业体系和中心城市五个基本要素。其中，地理位置和自然条件是经济廊道形成与发展的自然因素，自然资源禀赋是经济廊道发展的物质基础，线状基础设施是经济廊道发展的前提条件，产业体系是经济廊道发展和演进的主体，中心城市是经济廊道发展的依托和增长内核。因此，经济廊道是依托一定的地理位置和自然条件，以线状延伸的基础设施及其沿线资源禀赋为基础，通过中心城市的增长极效应带动周边地区和产业的发展，并凭借产业分工与合作而形成的一个在空间上呈线状分布的完整产业体系。中心城市的带动和沿线的联动是经济廊道最主要也是最明显的特征。

首先，经济廊道以沿线中心城市为产业集聚中心并通过经济辐射带动周边相关地区和产业的发展。经济廊道的形成与发展通常是以该带状经济区域中某一个或几个经济较为发达的中心城市为核心和动力源，利用中心城市的资源汇聚、资本集聚和产业带动等优势，形成沿线经济核心区，并不断向外辐射，推动周边相关地区和产业的发展，逐步形成以中心城市为核心的经济圈。

其次，经济廊道是以跨区域的产业分工和联动发展为基础形成的带状经济发展格局。劳动分工是由亚当·斯密首次提出的经济学概念，主要强调组织生产过程的流程细化与劳动合作，通过将一件产品的生产过程分解为若干个环节，并让每个劳动力专门从事整个生产过程中的某一部分，从而提高劳动生产率，其核心是同一组织生产中人与人之间的分工与合作。而经济廊道则强调在该廊道中不同区域之间的经济分工与联动合作，是区域之间以资源为基础的产业分工与经济合作。产业分工与经济合作，有助于推动经济廊道内部的资源互补、要素流动与经济发展。

按照产业的类型划分，可以将经济廊道或产业带划分为农业产业带、工业产业带、文化产业带、旅游产业带等类型。如藏羌彝文化产业走廊，正是基于藏羌彝走廊这一民族文化廊道而形成的经济廊道，是通过对藏羌彝走廊沿线独特而丰富的民族文化资源进行创意开发与产业运作，凭借沿线文化产业较为发达的中心城市以及规模较大、影响较深的文化产业园区、文化产业基地或文化企业等的带动效应，进而形成的一条集文化产品生产、流通、消费等为一体的文化产业廊道，是文化廊道与经济廊道的重合发展，兼具文化廊道与经济廊道的双重特色。按照发展轴的类型划分，则可以将经济廊道或产业带划分为沿海型、沿江（河）型、沿路型和综合运输通道型等不同类型。如 2014 年 9 月，国务院印发的《关于依托黄金水道推动长江经济带发展的指导意见》中明确提出建设长江经济带，长江经济带作为横贯中国东中西部的沿江型经济廊道，串联起沿线的上海、江苏、浙江、安徽、江西、湖北、湖南、重庆、四川、云南、贵州等 11 省市，涉及范围广、影响力大，具有极其重要的战略作用。在 2016 年印发的《长江经济带发展规划纲要》中，又明确提出要形成以长江为发展轴，以沪瑞高速和沪蓉高速为两大发展翼，以长江三角洲、长江中游以及成渝城市群为三大发展极，以长江沿线重要地级城市为多个发展点的总体发展布局，形成以线带点、线状延伸的经济发展廊道。

二、"藏羌彝走廊"的提出、内涵与外延

（一）"藏彝走廊"概念的提出与范围界定

"藏彝走廊"是已故社会学家、民族学家费孝通先生首次提出的学术概念，是费孝通先生关于民族走廊和中华民族多元一体格局理论的重要组成部分。费孝通先生关于"藏彝走廊"学术概念的提出和阐释是一个动态的过程，在其学术生涯中，大致有五次关于这一概念的论述。①

1978年9月，费孝通先生在全国政协民族组会议上首次提出"藏彝走廊"这一概念，费孝通先生指出："要解决（民族识别）这个问题需要扩大研究面，把北自甘肃、南至西藏西南的察隅、珞瑜这一带地区全面联系起来，分析研究靠近藏族地区这个走廊的历史、地理、语言，并和已经暴露出来的民族识别问题结合起来。这个走廊正是汉藏、彝藏接触的边界，在不同历史时期出现过政治上拉锯的局面。"② 同时，他还对这一走廊的范围进行了初步的划分，"我们以康定为中心向东和向南大体划出一条走廊。把这走廊中一向存在着的语言和历史上的疑难问题，一旦串联起来，有点像下围棋，一子相连，全盘皆活。这条走廊正处在彝藏之间，沉积着许多现在还活着的历史遗留，应当是历史与语言科学的一个宝贵园地。"③ 在这次论述中，费孝通先生基于民族识别的问题，提出了"藏彝走廊"的大致

---

① 李绍明先生曾在《费孝通论藏彝走廊》一文中做过关于费孝通先生五次提及"藏彝走廊"的论述。
② 费孝通:《费孝通谈民族和社会》，学苑出版社，2017，第93页。
③ 费孝通:《费孝通谈民族和社会》，学苑出版社，2017，第94~95页。

猜想和范围划分，但是尚未明确使用"藏彝走廊"这一具体概念。

1981年12月，费孝通先生在中央民族学院作了"民族社会学的尝试"主题讲话，在这次讲话中，他指出："西边从甘肃南下到云南西陲的这个走廊。历史上系属不同的集团曾在这里建立过一个或几个强大的政治势力。他们正处在汉藏之间，这几个大民族在这地区你去我来、我去你来搞了几千年。来回的历史流动，都在不同程度上留下了冲积和沉砂。"①后来，他又指出："从宏观的研究来说，中华民族所在的地域至少可以大体分成北部草原地区，东北角的高山森林区，西南角的青藏高原、藏彝走廊，然后云贵高原、南岭走廊，沿海地区和中原地区。这是全国这个棋盘的格局。我们必须从这个棋盘上的演变来看各个民族的过去和现在的情况，进行微型的调查。"②在这次讲话中，费孝通先生不仅正式提出"藏彝走廊"这一明确的概念，而且同时提出了"南岭走廊"以及全国六大板块的划分，即"北部草原地区"、"东北角的高山森林区"、"西南角的青藏高原"、"云贵高原"、"沿海地区"和"中原地区"，加上费孝通先生后来提及的"西北走廊"，这样就形成了由六大板块和三大走廊共同构成的关于中华民族多元一体格局的理论思想。"藏彝走廊"正是沟通"西南角的青藏高原"和"云贵高原"的重要通道。

1982年4月，费孝通先生在中国西南民族研究学会座谈会上，以"支持六江流域民族的综合调查"为题作了主旨发言。在这次讲话中，他重点讲述了对六江流域进行民族调查的思考，事实上也是对"藏彝走廊"开展民族调查的思考。他说："现在中国西南民族研究会组织六个省区的有关同志对岷江、大渡河、怒江、澜沧江、雅砻江、金沙江这六江流域的民族进行考察，这是很好的。好就好在，第一条它打破了行政上的界限，第二条它打破了学科的界限，进行综合研究。"③从这次论述中可以看出，

---

① 费孝通:《费孝通谈民族和社会》，学苑出版社，2017，第125~126页。
② 费孝通:《费孝通谈民族和社会》，学苑出版社，2017，第126页。
③ 费孝通:《支持六江流域民族的综合考察》，《民族学报》（昆明版）1982年第2期。

"藏彝走廊"作为一条跨越不同省区、涉及多学科领域的民族走廊，作为一个开展历史学、民族学、人类学、文化学等学科研究的"宝贵园地"，相关学者已经自发打破了行政上的条块分割和学科上的界限，开展了跨区域、跨学科的合作研究。

1982年5月，费孝通先生在武汉社会学研究班和中南民族学院部分少数民族同志座谈会上，以"谈深入开展民族调查问题"为题作了发言。在本次发言中，他说："我感到白马藏族所在的地区，正是一条民族接触的地带，这个地带夹在汉族、藏族、彝族三者的中间……那个地带就是我所说的历史形成的民族地区，我也曾称它作藏彝走廊，包括从甘肃到喜马拉雅山南坡的珞瑜地区……藏族是以拉萨为中心，慢慢扩大的……假如我们能把这条走廊都描写出来，可以解决很多问题，诸如民族的形成、接触、融合、变化等。我是在1979年提出这个问题的。现在，四川、昆明的同志们准备开始研究这些问题了。西藏也参加了。调查的地区称作六江流域，就是长江上游的金沙江等六条江；从甘肃下来，一直到云南怒江、西藏的珞瑜地区……以上讲的，是西南的那一条走廊。"① 在这里，费孝通先生不仅再次论述了"藏彝走廊"的大致范围和重要意义，而且指出"藏彝走廊"也就是六江流域。

2003年11月，费孝通先生在致"藏彝走廊历史文化学术讨论会"的贺信中，又一次论述了他关于"藏彝走廊"的思考。费孝通先生在贺信中说到："'藏彝走廊'上频繁而密切的族间交往在历史和现实生活中的地位和作用，都早已引起民族学、人类学、民族史学界的注意，我自己在民族调查研究中初步看到，中国存在几个这样的'民族走廊'，而'藏彝走廊'就是一个具有典型意义的例子。"② 他还认为六江流域是天然的河谷通道，生活在这一区域的民族类别众多、关系纷繁复杂，对这一地区的研究具有

① 费孝通：《费孝通谈民族和社会》，学苑出版社，2017，第139~140页。
② 费孝通：《给"'藏彝走廊'历史文化学术讨论会"的贺信》，载石硕主编《藏彝走廊：历史与文化》，四川人民出版社，2005。

重要意义。同时，他也指出："在'藏彝走廊'展开多民族地区经济文化交流的历史与文化研究，对于我们从特定地区内部认识'和而不同'的民族文化的历史与现状，有着重要意义，对于我们担当'文化自觉'的历史使命，也同等重要。"①"藏彝走廊"不仅是费孝通先生关于中华民族多元一体格局理论的重要组成部分，对其的研究也是践行他关于"各美其美、美人之美、美美与共、天下大同"的文化自觉思想的重要使命。

从费孝通先生学术生涯中五次关于"藏彝走廊"的阐述中可以发现，"藏彝走廊"是在长期的历史发展过程中形成的以藏缅语族的藏语支和彝语支民族为主体的民族迁徙与文化交流通道，是连接青藏高原与云贵高原的文化廊道，是中华民族多元一体格局的重要组成部分。从藏彝走廊的地域范围来看，主要包括现今四川、云南和西藏三省（区）交界的区域，也就是主要由一系列南北走向的山系和河流构成的横断山脉地区，该地区的居民生活区和主要生产区几乎沿岷江、大渡河、雅砻江、金沙江、澜沧江和怒江等六条由北而南的河流分布，这六大河流不仅冲积塑造了该区域主要的地形地貌特征，而且为沿线民族的生产生活与迁徙交流提供了重要基础，历史上通常将这一地区称为"六江流域"。

此后，国内一批重要学者对"藏彝走廊"展开了进一步的研究。李绍明从"走廊理论问题、走廊范围问题、考古学问题、民族史问题、民族语言问题、民族文化问题、生态与民族的关系问题、民族经济与发展问题"②八个方面进行了阐述，并指出"藏彝走廊"主要包括"藏东高山峡谷区、川西北高原区、滇西北横断山高山峡谷区以及部分滇西高原区"③。同时，李绍明也指出了关于"藏彝走廊"与"六江流域"不同提法的考虑，"我们当时为什么不采取'藏彝走廊'这个概念，而用'六江流域'？……

---

① 费孝通：《给"'藏彝走廊'历史文化学术讨论会"的贺信》，载石硕主编《藏彝走廊：历史与文化》，四川人民出版社，2005。
② 李绍明：《藏彝走廊研究中的几个问题》，《西南民族大学学报》（人文社科版）2007年第1期。
③ 李绍明：《费孝通论藏彝走廊》，《西藏民族学院学报》（哲学社会科学版）2006年第1期。

因为当时如果提出'藏彝走廊'来的话，就会给人一个误解，认为我们只重视藏、彝，而不重视藏彝（走廊）里面的其他民族……其实'六江流域'就是'藏彝走廊'，也就是横断山脉[①]。而在随后的研究过程中，"藏彝走廊"逐渐取代了"六江流域"的提法，成为一个约定俗成的概念。

关于"藏彝走廊"的具体范围，李星星教授曾做过一个界定，他认为："藏彝走廊北起甘青交界的西倾山南侧及阿尼玛卿山和岷山北侧，大体在青海黄河、甘南洮河至陇南西汉水一线，即大体在青海黄河沿、花石峡，至甘肃碌曲、宕昌、西和一线。南抵滇西高黎贡山、怒山及云岭南端，以及金沙江南侧至乌蒙山西侧一线，即大体在云南腾冲、永平、洱源、宾川、大姚，至东川、会泽一线。西界沿巴颜喀拉山西侧，南抵横断山系西北之伯舒拉岭、他念他翁山、宁静山之北端，即大体在青海鄂陵湖、称多、玉树，至西藏昌都、察隅一线。其东界自岷山东侧沿龙门山、邛崃山、大凉山东侧，直抵乌蒙山以西，即大体在陇南武都、文县、四川平武、北川、宝兴、天全、峨边、马边、屏山，至云南盐津、昭通、会泽一线。"[②]这一划分描绘出了"藏彝走廊"的大致轮廓，却忽视了今青海黄南藏族自治州、甘肃甘南藏族自治州、贵州省毕节市以及滇南部分彝族、哈尼族等群体所生活的范围，而这些地区仍生活着大量藏缅语族群体。因此，"藏彝走廊"的北界应延伸至同仁、合作一线，其西界应延伸至西藏那曲、拉萨一线，其南界应延伸至景谷、宁洱、红河、西双版纳一线，其东界应延伸至贵州省毕节、黔西南至广西百色北部一线。这里需特别说明的是以文化分布空间来看，其分布远大于习惯上认为的藏羌彝走廊范围。彝族是我国少数民族中人口较多的一个民族，据第五次人口普查约为776万人，其中云南占60%左右。其分布空间主要是四川凉山州、贵州毕节市和云南大部分地区。从彝族迁徙与分布空间看，逐渐形成两条彝文化走

---

① 李绍明口述《变革社会中的人生与学术》，世界图书出版公司，2009，第249~250页。

② 李星星：《藏彝走廊的范围和交通道》，《西南民族大学学报》（人文社科版）2007年第1期。

廊：一是从青藏高原南下，沿岷江、安宁河谷，跨过金沙江，往东进入云南昭通、贵州毕节，沿乌蒙山南下，经云南曲靖、贵州黔西南，抵广西百色，连接红河至普洱、西双版纳；二是从青藏高原南下，沿岷江、安宁河谷，经四川雅安、凉山、攀枝花，跨过金沙江，从云南楚雄、大理沿无量山、哀牢山抵普洱、红河、文山至西双版纳。这样就从整体上廓清了"藏彝走廊"的基本范围。

（二）藏羌彝走廊概念的形成与内涵

"藏羌彝走廊"是在"藏彝走廊"基础上提出来的，是对羌族在"藏彝走廊"中的重要地位和作用的逐步认识与学术共识，是一个历史的发展过程。

藏羌彝走廊的研究是有渊源传统的。早期对走廊的研究主要集中在地理、历史、考古、民族、交通、语言、民俗等方面，这些研究多数为专题化的研究。如冯汉骥先生以藏族考古考证了藏族文化区域及其与中华文化的关系；任乃强先生对康藏史地的考察，奠定了藏学研究的基石；马长寿先生提出的嘉绒实质走廊论，从地理空间的分布意义上透露出了实质性的民族走廊论主张……早期学者在研究中积累了大量的民族志资料，为后续研究奠定了坚实基础。方国瑜、李亦园等学术先辈以及马戎、王明珂、杨福泉、刘弘、石硕、邓启耀、徐学书等中辈学者分别从不同的视角对藏羌彝走廊进行了深入研究，提出了许多有见地的学术观点。特别值得一提的是早在20世纪30年代，庄学本先生就在当时地图上尚没有标志的"空白之地"和被人们称为"凶险之地"的藏羌彝走廊地区拍摄了大量人文照片和自然风光照片，并附有详细的考察文字，其考察对象是走廊沿线的羌、彝、土、纳西等民族及摩梭人，内容涉及体质人类学、文化人类学和考古学等诸多方面，留下了极为珍贵的那一时期对藏羌彝走廊研究最重要的民族志影视作品和视觉人类学的珍贵资料。

费孝通提出"藏彝走廊"这一概念，在全国学术界引起了强烈的反响，众多学者，尤其是民族学研究者纷纷投入这一领域开展研究并取得了丰硕成果，而且于 1981 年促成了中国西南民族研究学会的成立。台湾学者王明珂通过对四川羌族地区的长期调查和研究，形成了《羌在汉藏之间——川西羌族的历史人类学研究》这一人类学研究著作，在该著作中，他从历史人类学的研究角度出发指出："古华夏与今之汉族都认为'羌'为我族之一部分但为我族边缘，古之吐蕃与今之藏族也都将青藏高原东缘的'朵'、'康'各族视为我族之一部分，但也视之为我族边缘。也就是说，汉藏之间原有一个模糊的、汉藏共有边缘；如此能更有力地说明汉藏难以分割之关系。"① 而处在汉藏之间的羌人作为中国多元一体的民族之一，扮演了重要的角色。同时，他还进一步指出："作为中国 55 个少数民族之一的羌族，目前有 30 万人，主要聚居于四川省阿坝藏族羌族自治州的东南隅与北川县。他的南方是分布于川、滇、黔三省，人口约 658 万的彝族。他的西边是人口 459 万，分布于中国四分之一土地的广大藏族。他的东边则是更广大的 12 亿汉族——可能是全世界最大的族群。目前许多汉族及少数民族学者皆认为，羌族与汉族、藏族、彝族，乃至于纳西、哈尼、景颇、普米、独龙、怒、门巴、珞巴、傈僳、拉祜、白族、基诺、阿昌等十余种西南民族，都有密切的族源关系，而羌族民族也为此非常自豪。"② 这一论述向我们清晰地呈现了藏、羌、彝、汉四大民族之间的分布格局，并指出了羌族与周边其他少数民族之间密切的族源关系，说明了羌族"对外输血"的民族特色。四川大学石硕教授曾指出，"从比较大的民族系统来看，藏彝走廊大体可划分为两个大的区域，这就是'北藏'、'南彝'"。③ 如果将石硕教授的"北藏""南彝"文化分区与王明珂先生所描

---

① 王明珂：《羌在汉藏之间：川西羌族的历史人类学研究》，中华书局，2008，第 4 页。
② 王明珂：《羌族汉藏之间：川西羌族的历史人类学研究》，中华书局，2008，第 1 页。
③ 石硕：《关于藏彝走廊的民族与文化格局——试论藏彝走廊的文化分区》，《西南民族大学学报》（人文社会科学版）2010 年第 12 期。

述的藏、羌、彝、汉四大民族分布格局进行结合，便可清晰地看出，位于汉藏之间的羌族，无论是在人口规模、分布范围还是文化特色和文化影响等方面，都具有不可忽视的重要地位。羌族在"藏彝走廊"中的重要作用不仅不容忽视，且应得到与藏、彝同等重要的地位，甚至可以在"'北藏''南彝'"文化分区中加入羌族的内容，形成"'北藏''中羌''南彝'"的新格局。

孙宏开从语言学的角度，将藏缅语族划分为五大语群，包括藏语支、彝语支和羌语支等十个语支。其中藏语支包括南支和北支，在中国部分为北支，包括藏语、门巴语、仓洛语、白马语等。彝语支包括中央组、东部组和西部－北部组三部分，其中中央组包括彝语、哈尼语、傈僳语、拉祜语、基诺语、怒苏语、柔若语、桑孔语等；东部组包括土家语和白语等；西部－北部组包括毕苏语、普诺依语、老庞语和纳西语等。羌语支有南支、北支之分，南支主要包括尔苏语、纳木依语、史兴语、贵琼语等；北支包括羌语、尔龚语、拉坞戎语、嘉绒语、普米语、木雅语、扎巴语、却域语等。通过对"藏彝走廊"沿线不同民族语言的研究，进一步发现了羌语支作为藏缅语族的一个重要分支，在沿线民族中有着广泛的分布和使用，进而从语言学的角度论证并突出了羌族在"藏彝走廊"中的重要地位。

张曦认为，"在费孝通五次提及的'藏彝走廊'问题中，无论怎样理解其范围的变化，走廊的区域都包含有岷江上游的今阿坝藏族羌族自治州。而在这个地理空间中，无论从历史还是从现状来看，古羌与现代羌族的存在都是不可忽视的。'藏彝走廊'中缺失了'羌'的概念，对于正确把握走廊问题，无论如何都是一件遗憾之事。"[1] 阿坝藏族羌族自治州位于四川省西北部，是我国羌族的主要聚居区。截至2014年末，全州户籍人口为922481人，其中，羌族人口为171508人，占全州总人口的18.6%。无论是古羌人在"藏彝走廊"中的迁徙流动，还是今羌族人民在阿坝藏族

---

① 张曦：《藏羌彝走廊的研究路径》，《西北民族研究》2012年第3期。

羌族自治州的聚居生活，羌族人民都对该地区的社会、文化、经济等各方面产生了重要作用和影响。基于羌族在"藏彝走廊"中的重要地位，张曦进一步提出将"藏彝走廊"改换为"藏羌彝走廊"。

"羌是我国最古老的民族之一，分布亦广，据说他们是汉族的前身'华夏族'的重要组成部分。在长期的历史过程中，羌族中的若干分支由于种种条件和原因，逐渐发展、演变为汉藏语系中的藏缅语族的各民族。研究藏、彝、白、哈尼、纳西、傈僳、拉祜、基诺、普米、景颇、独龙、怒、阿昌、土家等族的历史，都必须探索其与羌族的关系，羌族历史在我国民族史上占有极其重要的地位。"[①] 在后来的众多研究中，学者们也都纷纷关注并重视"藏彝走廊"中羌族历史文化及其与其他民族之间关系的研究，在此基础上，逐渐以"藏羌彝走廊"替换"藏彝走廊"的概念，形成了"藏羌彝走廊"的学术共识，但二者之间只是提法上的差异，其具体所指范围并无根本变化。

因此，"藏羌彝走廊"是在充分认识羌族群体在该走廊中的历史作用以及羌语支在走廊中的广泛分布现实基础上，对"藏彝走廊"概念的补充和完善，是以藏缅语族的藏语支、彝语支和羌语支民族为主体的民族迁徙与文化交流通道，是一个历史的、民族的、区域性概念，其地域范围与"藏彝走廊"大致相同。之所以是历史的，是因为它是藏缅语族先民由北向南迁徙、交流与融合的重要通道，是在长期的历史发展过程中逐渐形成与发展起来的。同时，它又是藏缅语族先民由北向南迁徙过程中形成的、以横断山脉地区为核心的历史通道，因而也具有很强的民族性和区域性。此外，由于藏羌彝走廊沿线分布较广，自然涉及其他语言系统的族群体，比如云南境内孟高棉语族的德昂、布朗、佤，云南、贵州境内壮侗语族的壮、傣等民族。

---

① 冉光荣、李绍明、周锡银：《羌族史》，四川民族出版社，1985，第1页。

（三）藏羌彝走廊的外延

在"藏羌彝走廊"基础上，又形成了"藏羌彝文化走廊""藏羌彝文化产业走廊"等概念，从不同角度对"藏羌彝走廊"概念进行了延展，其地理空间也随之变化。

"藏羌彝文化走廊"是对"藏羌彝走廊"这一地理空间的文化表述，是一个文化空间概念。这一概念主要强调"藏羌彝走廊"沿线以藏缅语族的藏语支、彝语支和羌语支民族为主体的各民族在长期的历史发展过程中逐渐发展和沉积下来的各种文化之总和，是各民族所共同创造的灿烂文化走廊，主要包括民俗文化、宗教文化、历史遗迹、建筑文化、服饰文化等。"藏羌彝文化走廊"在地理空间上与"藏羌彝走廊"基本一致，只是前者更加凸显其文化空间性，而后者侧重于其民族构成与地域分布。

"藏羌彝文化产业走廊"则是对"藏羌彝走廊"这一地理空间的经济表述，是一个产业空间概念。这一概念注重对走廊沿线文化资源的保护与产业开发，并由此形成一条跨越不同省区、涉及不同民族、涵盖多个门类的文化产业带，即"依托一定的文化产业集群、园区或文化企业集散区为载体，并以其形成文化产业发展轴，以轴上文化产业发达的区域或城市乃至城市群为核心，发挥文化产业的集聚和辐射功能，联结带动周围相关文化产业的发展，由此形成点状密集、面状辐射、线状延伸的文化产品与服务的生产、消费和流通一体化的带状区域或走廊"[①]。因此，"藏羌彝文化产业走廊"正是以"藏羌彝走廊"沿线丰富的文化资源为基础，以沿线的热贡唐卡艺术生产基地、四川凉山彝族自治州阿惹妞民俗村等文化产业集群、园区为载体，充分发挥其产业集聚与辐射功能，进而带动周边相关文化产业发展，并由此形成文化产品与服务的生产、消费与流通一体化的文化产业发展廊道。2014 年 3 月，文化部、财政部联合印发了《藏羌彝文

---

① 范建华:《中国文化产业通论》，云南人民出版社，2013，第 167 页。

化产业走廊总体规划》（以下简称《规划》），成为第一个由国家层面制定和发布的区域性文化产业规划，该《规划》将藏羌彝文化产业走廊分为核心区域、辐射区域和枢纽城市三个部分。[①] 从《规划》中可以看出，"藏羌彝文化产业走廊"的地理空间范围已远远超过"藏羌彝走廊"所划定的范围。"藏羌彝文化产业走廊"更多地强调沿线的资源禀赋、产业基础、市场空间、协同创新、产业联动等经济诉求，而非单纯的民族构成，亦非受限于严格的地理空间。

三、藏羌彝走廊在中国文化地理空间的地位

"藏羌彝走廊"是沟通我国北方游牧文化与南方农耕文化的重要文化廊道，是联结青藏高原与云贵高原的重要地理廊道，是以藏缅语族的藏语支、彝语支和羌语支民族为主体的历史迁徙与文化融合的重要生命廊道，还是在新时代解决人民日益增长的美好生活需要和不平衡不充分的发展之间的矛盾的重要经济廊道。"藏羌彝走廊"以其丰富的民族文化、厚重的历史文化、关键的地理空间和独特的地理景观成为费孝通先生关于中华民族多元一体格局理论的重要部分，成为中国文化地理空间整体格局中举足轻重且独具特色的一部分。

---

① 核心区域位于四川省、贵州省、云南省、西藏自治区、陕西省、甘肃省、青海省等省区交会处，主要包括四川省甘孜藏族自治州、阿坝藏族羌族自治州、凉山彝族自治州，贵州省毕节市，云南省楚雄彝族自治州、迪庆藏族自治州，西藏自治区拉萨市、昌都地区、林芝地区，甘肃省甘南藏族自治州，青海省黄南藏族自治州等11个市（州、地区）；辐射区域主要包括四川省绵阳市、乐山市、雅安市、攀枝花市，贵州省六盘水市，云南省丽江市、大理白族自治州，西藏自治区山南地区、那曲地区，陕西省宝鸡市、汉中市，甘肃省临夏回族自治州、武威市、张掖市、陇南市，青海省海北藏族自治州、海南藏族自治州、海西蒙古族藏族自治州、果洛藏族自治州、玉树藏族自治州，以及与上述区域紧密相连的西部省（区、市）藏、羌、彝、纳西、苗等少数民族聚居区域；枢纽城市主要是走廊沿线各省区省会城市，即四川省成都市、贵州省贵阳市、云南省昆明市、西藏自治区拉萨市、陕西省西安市、甘肃省兰州市和青海省西宁市。

（一）联结青藏高原与云贵高原两大板块的"地理走廊"

"藏羌彝走廊"北起青藏高原东侧，沿六江流域和横断山脉地区向南延伸，直抵滇南地区，西界以拉萨为核心，东界抵达贵州省毕节市，其核心区域位于青藏高原与四川盆地之间的横断山脉地区，成为联结青藏高原与云贵高原两大板块的"地理走廊"，是费孝通先生关于中华民族多元一体格局思想的重要部分，即全国由六大板块和三大走廊构成，而"藏彝走廊"，或者说"藏羌彝走廊"正是这三大走廊之一。同时，该走廊还连接着怒江、澜沧江、金沙江、珠江等几大水系，以及横断山、秦岭、龙门山、云岭、乌蒙山、梁王山、无量山、哀牢山等几大山脉，在中国西部人文地理空间上形成了独特的文化地理空间和自然地理空间。

（二）构成中国边地半月形文化传播带的"文化走廊"[①]

20 世纪 80 年代，童恩正先生通过对从中国东北地区向西延伸，沿长城一线到青藏高原东侧，之后向南经横断山脉地区到滇西北地区的考古发现进行梳理和研究，发现沿线地区的细石器、石棺葬、大石墓（石棚）及石刀、动物纹饰等文化遗迹存在很大的相似性，认为至少从新石器时代后期至铜器时代，活动于这一区域之内的为数众多的民族留下了若干共同的文化因素，且这些文化因素的相似性极为明显，进而提出了中国边地半月形文化传播带的理论设想。他指出："边地半月形文化传播带的位置，恰好从两面环绕了黄河中游的黄土高原，大致东起大兴安岭南段，北以长城为界，西抵河湟地区再折向南方，沿青藏高原东部直达云南西北部。"[②] 后

---

① 童恩正：《试论我国从东北至西南的边地半月形文化传播带》，载文物出版社编辑部编《文物与考古论集》，文物出版社，1986。
② 童恩正：《试论我国从东北至西南的边地半月形文化传播带》，载文物出版社编辑部编《文物与考古论集》，文物出版社，1986。

来又有学者认为这一传播带范围应向北越过长城扩大至草原地区，向南延伸至中南半岛。即便如此，由河湟地区往南到云南西北部一线仍是构成中国边地半月形文化传播带的重要环节，而这一环节在范围上几乎与"藏羌彝走廊"完全重叠，也就是说，"藏羌彝走廊"与由大兴安岭南段沿长城到河湟地区一线共同构成了中国边地半月形文化传播带。

（三）沟通南北丝绸之路的"国际走廊"

"藏羌彝走廊"的南北两端分别勾连着北方丝绸之路和南方丝绸之路。"藏彝走廊北面这两条线路，向西的一条是著名的丝绸之路，现称为北方丝绸之路，向东的一条即是草原丝绸之路……藏彝走廊南面这两条线路，向西的一条即是著名的蜀身毒道，向南的一条被称为安南道（包括步头道和进桑道），这两条向南的线路又合称为南方丝绸之路"[1]。"'藏彝走廊'的北方出口，就是北方丝绸之路；而它的南方出口，就是南方丝绸之路"，[2]如果从藏羌彝走廊的北端出发，沿北方丝绸之路从西北方向可到达中亚、西亚及地中海等地区；如果从藏羌彝走廊的南端出发，沿南方丝绸之路从西南方向则可到达中南半岛等地区。因此，藏羌彝走廊事实上也就成为连接北方丝绸之路和南方丝绸之路，进而推动藏羌彝走廊沿线实现对外经济贸易与文化交流，推动北方和南方两大丝绸之路经贸活动与文化交流活动不断融合的重要桥梁与国际走廊。

此外，藏羌彝走廊与茶马古道是一种彼此交融的关系，藏羌彝走廊由北向南、从高海拔向低海拔地区、从雪域高原向热带雨林地区延伸，而茶马古道正好与之相反，由南向北延伸至拉萨，二者在路线分布上存在着许多交叉与重合，共同形成中国西部地区错综复杂的文化交流与商品贸易交通网络。于是，"藏羌彝走廊"作为一条沟通南北的过渡地带，串联起

---

① 段渝：《藏彝走廊与丝绸之路》，《西南民族大学学报》（人文社会科学版）2010 年第 2 期。
② 段渝：《藏彝走廊与丝绸之路》，《西南民族大学学报》（人文社会科学版）2010 年第 2 期。

中国古代的北方丝绸之路、南方丝绸之路和茶马古道，很大一部分的国际文化商品贸易和文化交流活动正是通过这一通道得以实现。

（四）民族历史文化迁徙流动的"生命走廊"

藏羌彝走廊自古以来就是众多民族南来北往、繁衍迁徙和沟通交流的重要廊道，尤其是走廊中的岷江上游部分，在历史上曾是不同民族之间冲突、抗衡、融合与迁徙的重要区域。据考证，"戈基人即是冉駹部落，迁徙到岷江上游走廊的羌人通过羌戈大战，战胜戈基人，在岷江上游走廊定居下来，形成了以羌人为主的多部落格局"[①]。而战败的戈基人，一部分迁往今金川、甘孜一带，一部分则与羌人融合，逐渐形成"六夷、七羌、九氐"[②] 的分布格局。《新唐书》记载："吐蕃本西羌属，盖百有五十种，散处河、湟、江、岷间。有发羌、唐旄等，然未始与中国通。居析支水西。"吐蕃即为今藏族的先民，今之藏族与羌族之间有着密切的族源关系。另外有学者认为，"纳西族丧葬文化之送魂路线即纳西族祖先的迁徙路线，送魂路线的很多路站名都与'藏羌彝走廊'纳西族活动区域的古今地方名称相吻合，送魂路线与羌人的迁徙路线几乎重叠"[③]。这说明了纳西族与羌族之间存在不可分割的族源关系，同时也在一定程度上说明了"藏羌彝走廊"沿线民族迁徙流动的历程。何光岳先生认为："羌人的一支由岷山沿大渡河、大凉山南迁……后来定居于滇西，与当地土著民族融合，形成了哈尼、傈僳、普米、拉祜、怒、基诺、景颇、阿昌、独龙、苦聪、拉基等族。"[④] 这进一步强调了"藏羌彝走廊"沿线各民族的迁徙、流动与融合，说明了"藏羌彝走廊"是一条沿线民族迁徙、生存、融合与发展的"生命走廊"。

---

① 黄辛建：《岷江上游走廊的民族演变与文化特点》，载张曦、黄成龙主编《地域棱镜：藏羌彝走廊研究新视角》，学苑出版社，2015。
② 《后汉书·冉駹夷传》。
③ 杨福泉：《纳西族文化史论稿》，云南大学出版社，2006，第 44 页。
④ 何光岳：《氐羌源流史》，江西教育出版社，2000，第 2 页。

（五）民族团结和睦共处的"家园走廊"

如前文所述，"藏羌彝走廊"沿线各民族在历史上曾发生过激烈的冲突与抗衡，然后逐渐走向和睦共处与民族融合。经过长期的生产生活，这一地区慢慢成为民族种类繁多、支系复杂、相互间密切接触和交融的多民族群体共同生活的美好家园，"最终形成了一个你来我去、我来你去；我中有你、你中有我，而又各具个性的多元一体格局"。[①] 现在，"藏羌彝走廊"沿线生活着汉族、藏族、门巴族、珞巴族、保安族、东乡族、土族、撒拉族、羌族、彝族、苗族、普米族、傈僳族、独龙族、怒族、纳西族、白族、哈尼族、拉祜族、基诺族、景颇族、傣族等多个民族，成为这些民族生产生活、繁衍生息的"家园走廊"，也是生活于这片土地上的不同民族之间团结互助、和睦共处的"家园走廊"。

（六）推动社会发展的"经济走廊"

"藏羌彝走廊"为沿线各族人民提供了生产和生活的空间，为沿线各族群体的社会经济发展提供了必要的物质资料基础。进入新时代，"藏羌彝走廊"将在新常态背景下，继续推动沿线社会经济的发展，成为沿线各族人民脱贫致富、走向全面小康社会的"经济走廊"。比如以《藏羌彝文化产业走廊总体规划》的颁布为契机，以发展文化产业为重点，通过合理开发藏、羌、彝等民族丰富多彩的民族文化资源，结合现代科学技术在文化产品生产、宣传以及终端消费等环节的力量，打造系列文化产业精品，真正形成一条集文化产品和服务的生产、流通、消费为一体的文化产业走廊。同时，依托"藏羌彝走廊"沿线丰富而独特的自然及人文景观资源，大力发展文化旅游产业，打造藏羌彝文化旅游产业带，进一步"推动藏羌

---

① 范建华：《穿越藏羌彝文化产业走廊》，《中国文化报》2016 年 9 月 7 日。

彝走廊成为具有世界影响力的文化旅游目的地，这必将有力推动西部少数民族集聚区政治、经济、文化的综合发展，促进民族文化资源优势转变为经济优势"。①

（七）人与自然和谐共存的"生态走廊"

"青藏高原、云贵高原的大山、河流、高原、山谷等共同构筑起'藏羌彝走廊'主要的自然景观，而各民族为适应自身生存环境而建立起一种与自然界和谐共生的生态观，强调生态系统的自然与和谐，反映了天、地、人之间的自然生态平衡关系。"②大自然的恩赐与各民族的生存智慧共同将走廊构建成为一条人与自然和谐共存的"生态走廊"。如高山草原地区在游牧生活方式下形成的流动性氆氇民居；川西北高山峡谷半耕半牧的生活方式，加之该地区地震频发、石块较多而木材较少，逐渐形成了石砌碉房的居住形式；川西及滇西北高山地区，因森林茂盛，木材较多，就地取材形成了防寒保暖功能较好的井干式建筑；在炎热潮湿的滇南地区，则分别形成了防潮透气的干栏式建筑和隔热保暖的土掌房；等等。与自然和谐相处的天人合一生态观念深深地印刻在"藏羌彝走廊"沿线各民族的生产生活中，由于各民族所处自然环境存在差异，因而形成了与之相适应的多元民族文化形态，而其天人合一的生态文化内核却始终保持不变，并在沿线各具特色的生产生活方式、民居建筑形式、服饰穿戴、宗教信仰、歌舞文化、文学创作等方面得到具体呈现，向世人展示着丰富、深刻而又朴素的生态文化内涵。

（八）世界文化与自然资源富集的"遗产走廊"

"藏羌彝走廊"穿越我国西部7个省区，沿线历史人文资源多样、自然生态资源独特，在长期的历史发展过程中留下了宝贵而又丰富的世界

---

① 范建华：《穿越藏羌彝文化产业走廊》，《中国文化报》2016年9月7日。
② 范建华：《穿越藏羌彝文化产业走廊》，《中国文化报》2016年9月7日。

遗产资源,是名副其实的世界文化与自然资源富集的"遗产走廊"。在物质文化资源方面,这里有可可西里、三江并流、四川大熊猫栖息地、九寨沟、黄龙、中国南方喀斯特、澄江化石地等世界自然遗产资源;有布达拉宫、秦始皇陵及兵马俑坑、都江堰、丽江古城、红河哈尼梯田等世界文化遗产资源;还有峨眉山、乐山大佛等世界自然与文化双遗产资源。在非物质文化遗产方面,这里有格萨尔王传说、藏戏、西安鼓乐、花儿、热贡艺术、羌年、藏医药浴法等世界级非物质文化遗产以及山南门巴戏、皮影戏、陕北民歌、太平鼓、川江号子、芦笙舞、孔雀舞等一大批国家级非物质文化遗产和众多省级非物质文化遗产资源。

四、研究藏羌彝走廊的现实意义与学理价值

"藏羌彝走廊"地处我国西部民族地区,民族关系复杂、生态环境脆弱、经济发展滞后,同时,这一地区民族文化丰富、历史文化厚重,是民族学、历史学、人类学、语言学等领域学术研究的"宝贵园地"。因此,对这一领域开展多角度、多学科研究,既是在新时代掌握走廊沿线发展新问题、提出沿线发展新思路、促进沿线社会经济新发展的现实需要,也是对该领域进行持续不断的新研究、形成更多新成果、推动走廊研究新发展的学术追求。

(一)推动沿线经济充分发展,同步建成全面小康社会

"藏羌彝走廊"地区地理位置偏僻,交通条件较差,生态环境脆弱,且大多处于高山峡谷、灌丛草甸等地区,严重影响到当地农业、牧业等传统产业的发展,致使经济发展较全国而言相对滞后。通过加强走廊沿线文化研究,整合沿线各类文化资源,调整沿线产业发展方式,重点发展文化产业、文化旅游等第三产业,以重点文化产业项目和文化旅游核心区域为引领,强化跨区域协同发展,推动形成"藏羌彝文化产业带""藏羌彝文化旅游带"等带状发展格局,将资源优势转变为产业优势,促进沿线经济

充分发展，与全国一道同步建成全面小康社会。

（二）推动沿线生态保护与治理，实现自然与人文和谐发展

"藏羌彝走廊"沿线自然生态脆弱，文化生态多样。加强"藏羌彝走廊"的生态保护与治理，一方面，要注重对沿线荒漠、草原、草甸、灌丛、河流、森林等自然生态环境的研究、保护与治理。比如强化自然保护区的区域划定与保护力度，加强对保护区内各类动植物生态系统保护；强化自然保护教育与宣传，加强自然科普活动；等等。另一方面，也要加强对沿线主要文化生态系统的整体保护。文化生态系统是一个涵盖自然环境、经济形态、社会结构、意识形态、价值观念、生产方式、生活方式、宗教信仰、歌舞、文学等多方面内容，且不同内容之间相互影响、相互作用的有机整体，是一个不断交流和不断变化的统一体。"藏羌彝走廊"沿线文化资源丰富，文化生态多样，文化遗产众多，加强沿线的文化研究，就是要厘清沿线不同文化的来龙去脉与生存状况、不同文化与环境以及与其他文化之间的关系等，从而构建起某一文化的生态系统和存续空间。文化部于2008年命名的热贡文化生态保护试验区和羌族文化生态保护试验区正是以对热贡文化和羌族文化生态系统进行整体保护为宗旨。文化是在一定地理空间和自然环境的影响下逐渐形成和发展起来的，同时，不同的文化类型又对其所处周围环境留下不同程度、不同形式的烙印。也就是说，自然生态与文化生态之间是一种相互影响、相互交叉的互动关系，二者的有机互动与发展共同构建起特定的人文与自然生态系统，并体现为具体的生产生活方式、经济形式、价值观念、人文景观、自然景观等不同形式。

（三）推动民族走廊研究，丰富文化廊道理论

自部分中国学者将西方"文化线路""遗产廊道"等概念引入国内研究视野以来，国内逐渐涌现出了一大批有关遗产廊道的学术研究成果，并

逐渐形成有关文化廊道的相关学术观点和理论。然而，就目前有关文化廊道的研究而言，在研究对象上侧重于交通干线、运河、文化线路、遗产廊道等方面，且大多以旅游产业发展、廊道空间构建、文化遗产保护等为主要内容。"藏羌彝走廊"是从民族走廊的视角提出的民族学概念，是费孝通先生民族走廊学说的重要内容。加强"藏羌彝走廊"研究，也就是要从历时性的角度把握走廊沿线各族群历史迁徙路线及走廊的历史形成过程，从共时性的角度研究走廊沿线各族群的社会文化、语言文字、宗教信仰、建筑文化、服饰特色、饮食习惯等民族文化内容。因此，"藏羌彝走廊"研究作为一种民族走廊研究，是对文化廊道理论的丰富和完善。

（四）推动文化产业带状研究，丰富文化产业学科理论

"藏羌彝走廊"是由以藏缅语族为主的多个族群长期的历史迁徙和融合发展而形成的生活区域，既是沟通中国西北和西南地区的民族走廊，也是以藏、羌、彝为主体的多民族文化长廊。随着中国经济发展进入新常态、社会发展迈入新时代，文化产业的发展也越发呈现出一种带状化发展格局，形成带状发展空间。"所谓带状发展空间就是指在大数据时代，文化产业空间布局突破传统区域环状分布而代之以线性带状分布相关联，将文化产业的诸多要素进行有机的市场化配置与整合，从而突破行政区划的阻隔和产业门类的分割，最终实现国际化生产、交换与消费的整体共赢的文化产业发展大格局。"[1]"藏羌彝走廊"沿线资源禀赋优越、内容丰富、形态多样，为文化产业带状化发展奠定了良好的资源基础。《藏羌彝文化产业走廊总体规划》的制定与发布，以及各级政府部门相关政策的出台，都为"藏羌彝文化产业走廊"的发展提供了良好的政策保障。因此，加强"藏羌彝走廊"研究，尤其是对沿线文化产业带状化发展的实践探索与理论探讨，必将进一步丰富和完善文化产业学科理论。

---

[1]　范建华：《"十三五"中国文化产业带状发展新趋势》，《中国文化报》2015 年 5 月 20 日。

第一章

从雪域高原到热带雨林
——藏羌彝走廊的文化地理空间

世界由具有不同信仰的各个民族组成。这已成为整个文化地理学传统的出发点，牵涉到各地区不同民族所创造的文化景观。[①] 文化是人类社会生活的产物，没有社会也就没有文化，所以文化是后天形成的，是非遗传的。同时，文化是随着人类社会的发展而不断发展的，不是停滞的。在发展过程中，人类既通过文化利用自然和改变自然，同时又受自然的一定制约。可以说，文化与自然的矛盾是人类进化的基本动力之一，同时也是人类与环境矛盾的一种表现。人类的历史也就是文化与自然矛盾关系的发展与演变过程。人类的进化既是文化的创新与成长过程，也是与自然的相关关系的扩展与深化过程。[②]

藏羌彝文化走廊源于我国著名社会学家费孝通先生提出的一个民族学概念——"藏彝走廊"。四川大学石硕学者在《藏彝走廊：一个独具价值的民族区域——谈费孝通先生提出的"藏彝走廊"概念》一文中对"藏彝走廊"做了精准的描述："我们知道，中国的总体地形构造是西高东低，这一基本地形趋势使得中国境内大多数河流、山脉都主要呈东－西走向。但在我国西部青藏高原东南缘的西藏东部和四川、云南西部一带，却存在一个非常独特的山脉、河流均呈南－北走向的地理单元，这就是闻名于世的横断山高山峡谷地带，也就是地理学上通常所称的'横断山脉地区'。'藏彝走廊'所指的正是这样一个独特区域。该区域因有怒江、澜沧江、金沙江、雅砻江、大渡河、岷江六条大江分别自北向南从这里穿流而过，在峰峦叠嶂的高山峻岭中开辟出一条条南北走向的天然河谷通道，所以自古以来即成为众多民族或族群南来北往、频繁迁徙流动的场所，也是历史上西北与西南各民族之间进行沟通往来的重要孔道。为此，费先生将其称为'藏彝走廊'。"[③]

① 〔英〕迈克·克朗：《文化地理学》，杨淑华、宋慧敏译，南京大学出版社，2003，第18页。
② 王恩涌主编《人文地理学导论》，高等教育出版社，1989。
③ 石硕：《藏彝走廊：一个独具价值的民族区域——谈费孝通先生提出的"藏彝走廊"概念》，《藏学学刊》2005年第1期，第8~9页。

　　费孝通于20世纪80年代提出"藏彝走廊"的概念，是从历史与地理交通视角研究民族形态的发生与发展。费先生将中华民族所在区域划分为两种类型：一种是"板块"类型，如"北方草原""东北高山森林区""青藏高原""云贵高原"等；另一种则是"走廊"类型，费先生特别提到了其中的"藏彝走廊"和"南岭走廊"。1982年，费先生又对"历史形成的民族地区"中的"走廊地区"作了特别论述："西北地区还有一条走廊，从甘肃沿丝绸之路到新疆。"此后，国内一批重要学者进一步提出了青藏高原东南角沿岷江、雅砻江、安宁河谷至金沙江流域存在着一条自古就有的民族文化走廊"藏羌彝文化走廊"。正如石硕对费先生"藏彝走廊"这一概念的分析所述，这是一个有着深刻学术寓意的概念。"藏彝走廊"的提出基于以下两点重要因素：一是"历史形成的民族地区"，二是"各个民族在历史上是怎样运动的"。基于这两个着眼点，"藏羌彝文化走廊"本质上是多民族在时间和空间轴上运动形成的文化产物，并非单一刻板一成不变的。"藏羌彝文化走廊"的建设是以藏、羌、彝三个民族为代表，涵盖走廊沿线的东乡、保安、回、撒拉、纳西、普米、苗、瑶等诸多民族文化的保护、传承、开发和利用，从世界屋脊青藏的雪域高原一直延伸到西双版纳的热带雨林，形成了一条丰富多元的文化走廊。

一、青藏雪域高原的文化地理空间

　　西藏和青海地处中国地形三大阶梯中的第一阶梯青藏高原——中国最大、世界海拔最高的高原，被称为"世界屋脊""第三极"，青藏高原的自然历史发育极其年轻，受多种因素共同影响，形成了全世界最高、最年轻而水平地带性和垂直地带性紧密结合的自然地理单元。青藏高原独特的自然地域单元、地理位置、地质结构、气候特征，独特的生态资源和民族文化，使它在人类生存环境和中华民族的未来发展中具有十分特殊

图1-1　梅里雪山

的地位①。青藏高原是中华民族的源头地之一和中华文明的发祥地之一，在华夏文明史上流传的伏羲、炎帝、烈山氏、共工氏、四岳氏、金田氏和夏禹等都是高原古羌人②。青藏高原上的居民主要为藏族，形成了以藏族文化为主的高原文化体系，是中国文化重要的组成部分。

（一）西藏文化地理

　　西藏自治区位于中国西南边疆地区，与缅甸、印度、不丹、尼泊尔、克什米尔等国家接壤，是中国西南边陲的重要门户。西藏自治区地处青藏高原的西部和南部，占青藏高原面积的一半以上，海拔4000米以上的地

① 《青藏高原环境概述》，中国数字科技馆网，http://amuseum.cdstm.cn/AMuseum/chuanyueqingzang/q115.html，最后检索时间：2020年4月14日。
② 根据文史资料、考古和各科综合文化现象证明，远古汉文史料中的"羌人"就是指藏族原始四大种姓中一直活动在藏东江河流域的冬氏种姓。远古时代，羌与藏是同根同源同文化的同一民族在不同历史时期的不同称呼而已，汉文史料中的羌人指远古冬氏藏族。

区占全区总面积的 85.1%，素有"世界屋脊"之称。西藏是中国五个少数
民族自治区之一，藏族和其他少数民族人口占比 91.83%（其中藏族人口
占 90.48%，其他少数民族人口占 1.35%）；汉族人口占比 8.17%。① 西藏
地域辽阔，地貌壮观、资源丰富，西藏全区地形可分为藏北高原、雅鲁藏
布江流域、藏东峡谷地带三大区域，地貌大致可分为喜马拉雅山区、藏南
谷地、藏北高原和藏东高山峡谷区，② 复杂多样的自然环境和气候，在这片
土地上孕育了历史悠久、丰富灿烂的文化。

1. 喜马拉雅高山区文化地理

喜马拉雅高山区位于藏南，由几条大致东西走向的山脉组成，平均
海拔 6000 米左右，该地区在行政区划上主要归属于日喀则地区。日喀则
史称"藏"，平均海拔在 4000 米以上，世界第一高峰珠穆朗玛峰、世界
最高的"悬湖"长芝冰川湖就在该地区。特殊的地形地貌，形成了该地区
特殊的文化形态。13 世纪中叶，西藏地方正式被纳入中央政府行政管辖，
日喀则被分为 6 个万户，20 世纪初，西藏噶厦政府把日喀则提升为"基
宗"。日喀则地区主要有扎什伦布寺、江孜抗英遗址等全国重点文物保护
单位 10 处 12 个点，自治区级重点文物保护单位 67 处 69 个点。③

2. 藏南谷地文化地理

藏南谷地是雅鲁藏布江及其支流流域的地域，位于喜马拉雅山脉和
冈底斯山脉之间，地势平坦，土质肥沃，是青藏高原上自然环境相对较好

---

① 国家统计局：《西藏自治区 2010 年第六次全国人口普查主要数据公报》，http://www.stats.
gov.cn/tjsj/tjgb/rkpcgb/dfrkpcgb/201202/t20120228_30406.html，最后检索时间：2020 年 4
月 14 日。

② 《区情简介》，西藏自治区政府网，www.xizang.gov.cn/rsxz/qqjj/zrdl/，最后检索时间：
2020 年 4 月 16 日。

③ 《区情简介》，西藏自治区政府网，www.xizang.gov.cn/rsxz/qqjj/zrdl/，最后检索时间：
2020 年 4 月 16 日。

的区域，是西藏主要的农业区，拉萨市、山南地区、林芝市都处在该区域。自古以来，这里创造了丰富厚重的文化资源，有世界遗产布达拉宫历史建筑群（布达拉宫、大昭寺、罗布林卡），有国家历史文化名城拉萨市，有全国文保单位 30 多处，是藏民族、藏文化的发祥地。

　　山南有"西藏粮仓"之称，是西藏古文明的发祥地之一，历史悠久，文化灿烂，在四五万年以前，雅砻一带就有藏族先民繁衍生息。公元 7 世纪中叶，第三十二代赞普松赞干布先后征服苏毗、羊同及其他小部落，统一西藏高原，建立吐蕃政权，并逐步将政治、经济、文化中心由琼结向拉萨地区转移[①]。拉萨素有"日光城"的美誉，史称"逻些"，公元 1 世纪前后，高原上出现了大大小小的氏族部落。经过多年的和与战，又集结成若干个部落联盟，其中以山南河谷的雅隆部落联盟、阿里地区的象雄王国和雅鲁藏布江以北的苏毗部落联盟最为强大。公元 7 世纪，松赞干布统一全藏，建立了强大的吐蕃帝国，将政治中心从山南迁到拉萨，后历经千年发展，拉萨逐步成为西藏的政治、经济、文化、宗教中心[②]，这里保留着浓郁的藏族风俗习惯。林芝被誉为"西藏江南"，有世界上最深的峡谷——雅鲁藏布江大峡谷和世界第三深度的峡谷——帕隆藏布大峡谷，古称"工布"，可以追溯到西藏的史前时期，考古表明早在四五千年之前，林芝地区已有人类从事刀耕火种的农业，过着相对定居的生活，是藏族等民族的发祥地之一。

3. 藏北高原文化地理

　　藏北地区位于昆仑山脉、冈底斯山脉、唐古拉山脉和念青唐古拉山脉之间，约占全区面积的 2/3，包括阿里地区和那曲地区，平均海拔超过

---

① 《区情简介》，西藏自治区政府网，www.xizang.gov.cn/rsxz/qqjj/zrdl/，最后检索时间：2020 年 4 月 16 日。
② 《历史概况》，拉萨市人民政府网，http://www.lasa.gov.cn/lasa/lsyg/column_common.shtml，最后检索时间：2020 年 4 月 16 日。

图 1-2　林芝巴松措

4500 米，被称为"世界屋脊的屋脊"，该区域主要由高原丘陵、盆地等组成，是西藏主要的牧业区。

阿里地区史称"羊同"，公元 4~5 世纪建立象雄王国，后成为吐蕃属地，古丝绸之路上的风沙穿越千年，将这段公元 7 世纪之前的历史尘封于雪域高原之上。作为西藏文化和云南纳西文化的共同根基，融合了中原、西亚和南亚三大文明精华的古象雄文明，时至今日依旧闪耀着光辉。[①] 作为印度佛教传入西藏以前的先期文化，古象雄文化的痕迹贯穿于西藏的方方面面，从生产到生活，从民俗到信仰，处处都有象雄文化的影子，比如

①　孙懿、马镕潞：《古象雄文化亟待活起来》，《人民日报（海外版）》2014 年 4 月 15 日，第 2 版。

祭山神、转山等宗教活动仪式，都源自象雄文化。那曲地区地处唐古拉山脉、念青唐古拉山脉和冈底斯山脉之间，平均海拔4500米以上，境内群山巍峨，河流、湖泊广布，高寒缺氧，地广人稀，资源丰富，战略地位极为重要，是藏东和藏西的连接纽带，是藏中经济区的北部重要门户和窗口。那曲地区历史悠久，明确见于史料最早的是古老的象雄政权，在象雄鼎盛时期，象雄人将其地域划分为内、外、中三部，那曲市大致属于中象雄和外象雄。中象雄的中心"当惹琼宗"，就在那曲市西南隅的当惹雍错湖畔一带。象雄势力衰微后，地域西缩①。

4. 藏东高山峡谷区文化地理

藏东高山峡谷区，即著名的横断山地，大致位于那曲以东，为一系列东西走向逐渐转为南北走向的高山深谷，其间挟持着怒江、澜沧江和金沙江三条大江。山顶终年不化的白雪、山腰茂密的森林与山麓四季常青的田园，构成了三江并流地区的壮丽景观。②

昌都市位于西藏东部，平均海拔3560米以上，境内有怒江、澜沧江、金沙江等河流，是我国及亚洲东南部主要河流的上游集结区之一。昌都处在西藏与四川、青海、云南交界的咽喉部位，是川藏公路和滇藏公路的必经之地，也是"茶马古道"的要地，有"西藏门户""藏东明珠"的美称。③昌都市古称"康"或"客木"，是最早有原始人类生存的地区之一。昌都历史悠久，文化底蕴深厚，昌都地区不仅是康巴古文明的中心，也是藏民族原始文化的发祥地之一。④由于居住地域和社会交往的因素，昌都

---

① 孙懿、马铱潞：《古象雄文化亟待活起来》，《人民日报（海外版）》2014年4月15日，第2版。
② 《西藏概况》，西藏自治区政府网，http://www.xizang.gov.cn/xwzx-406/shfz/201901/t20190116-41558.html，最后检索时间：2020年4月14日。
③ 《昌都简介》，昌都市人民政府网，http://www.changdu.gov.cn/30377/1159/201605/MIT10493.shtml，最后检索时间：2020年4月14日。
④ 《昌都历史》，今日西藏昌都网，www.xzcd.com/-mirgzhu/minzuwenhua/20141215/48115.html，最后检索时间：2020年4月14日。

康巴人较早就接受了来自青海、甘肃等地的黄河文化，来自四川、重庆的巴蜀文化、长江文化和来自云南白族、彝族、纳西族、傈僳族等多民族文化中的精华部分，并将其融入自有文化之中。康巴人性格中的豪放粗犷、热情奔放、坚毅勇敢、忠诚信义与多元文化相融汇，逐渐形成了既有多方位、多民族文化复合，又有康区独特个性和凝重宗教色彩，具有丰富内涵和底蕴的康巴文化，并在语言、服饰、宗教、民俗、民居建筑、民间文化等各个方面，都有其明显区别于其他藏族居住区地域文化的特殊表现。①

（二）青海文化地理

青海省地处世界屋脊青藏高原的东北部，平均海拔超过 3000 米，是长江、黄河、澜沧江的发源地，素有"中华水塔""江河源头""三江源"之称。青海地大物博、山川壮美、历史悠久、民族众多、文化多元，具有生态、资源上的重要战略地位。

青海全省地貌复杂多样，4/5 以上的地区为高原，东部多山，海拔较低，西部为高原和盆地，境内的山脉，有东西向、南北向两组，各大山脉构成了青海的地貌骨架，② 全省平均海拔 3000 米以上。青海省深居内陆，远离海洋，地处青藏高原，属于高原大陆性气候，独特的自然地理环境和气候环境，形成了青海独特的地方文化。从地缘文化学的角度，青海可以分为四大文化地理单元，即柴达木盆地文化、河湟文化、江河源文化和青海湖文化，在长期的历史发展中各地区文化呈现出鲜明的地域特色与民族特色。③

---

① 《西藏昌都锅庄系列之二格桑拉》，360 个人图书馆，www.360doc.com/content/16/1004/21/10340385-595800625.shtml，最后检索时间：2020 年 4 月 14 日。

② 《地理和自然概况》，青海省人民政府网，http://www.qh.gov.cn/dmqh/system/2013/04/12/010041778.shtml，最后检索时间：2020 年 4 月 16 日。

③ 李泰年：《青海的文化地理单元》，《青海民族学院学报》1998 年第 1 期，第 71~74 页。

1.柴达木盆地文化地理

柴达木盆地既是一个地理单元,也是一个文化单元,诺木洪文化与昆仑山文化都是柴达木文化的代表。柴达木盆地由昆仑山、祁连山、阿尔金山环绕而成,海拔在2600~3000米。位于柴达木盆地南部的昆仑山在中华民族文化史上具有"万山之祖"的地位,是华夏儿女的寻祖地,也是神话传说的会聚中心和仙山圣地,被誉为中国的"奥林匹斯",是"百神之所在"和"帝之下都",见之于《山海经》《淮南子》《庄子》《诗经》《拾遗记》等,无不印有昆仑神话特征。柴达木盆地文化造就了中国历史上一大批人才,传说中的伏羲帝、女娲氏、颛顼帝、尧舜帝、姜子牙、姜维等都是羌人的后代[1]。此外,还有塔里他里哈遗址、热水墓群、加羊墓群、考肖图墓群、下柴开遗址、希里沟城址、香日德城址、鲁茫沟岩画、巴哈莫力沟岩画等文化资源。海西历史悠久,古为西羌地,两汉时今海西东部为先零、卑禾等羌人部落活动范围,西部属"若羌国"。海西州有丰富的自然景观和人文景观,大部分资源保持了原始风貌,景观独特、奇美、神秘,海西州西部地区有奇特的雅丹地貌、沙漠戈壁,广阔的草场,蒙古族、藏族民俗风情,以及有"中国第一神山"和"万山之祖"的昆仑山等。海西州文化资源有许多是青海乃至中国之最,区内名山大川、长江源区、荒漠戈壁、昆仑文化传说、"外星人遗址"、吐蕃文化、蒙藏风俗等旅游资源均体现出青藏高原原始、淳朴、粗犷的自然环境和自然景点特色。[2]

2.河湟文化地理

河湟文化从远古的彩陶文化到今天的汉文化一脉相承,先后兴起过南凉文化、宗喀地方文化、唃厮啰文化、藏传佛教格鲁派文化和汉文化。

---

① 李泰年:《青海的文化地理单元》,《青海民族学院学报》1998年第1期,第71~74页。
② 《海西州旅游资源》,青海省海西蒙古藏族自治州人民政府网,http://www.haixi.gov.cn/info/1675/98347.htm,最后检索时间:2020年4月15日。

这里文化交融、碰撞最为激烈、最为活跃，河湟地区被称为"彩陶之都"，其发掘彩陶数量之多，居远古诸文化之首。①河湟地区是各民族接触最早、交往最多、关系最复杂的地区之一，也是青海人类活动的历史序列最清楚、文化链条最完整的区域。许多古代民族在这里繁衍、生息、发展，一些民族在自立、抗衡、兼并、扩张的斗争中，在胜利、失败、联盟、分裂和变革中，逐步融合、同化和灭亡。因此居住在这里的汉、藏、蒙、回、土、撒拉族等民族，除本民族独有的文化特质之外，还由于各民族在地域上的杂居特点，在长期共同生产和生活的实践中通过相互联系和交流、影响、渗透，形成了以农耕文化为主体的多元文化区。②

西宁地处黄土高原和青藏高原接合部，湟水中游河谷盆地，是青藏高原的东方门户，是古"丝绸之路"南路和"唐蕃古道"的必经之地，自古就有"西海锁钥""海藏咽喉"之称。西宁有2100多年悠久历史，处在游牧区和农耕区、汉文化和藏文化的接合部，西宁文化有浓郁的民族特色和地方特色。海东地处华夏民族摇篮——黄河上游及其重要支流湟水之间，地理位置十分重要，自古就有"海藏咽喉"之称，是河湟文明的发祥地之一，分布着大量史前文化遗存，其中新石器时代的马家窑文化遗存781处，青铜器时代的齐家文化遗存346处，辛店文化遗存85处，卡约文化遗存908处。③民和县阳洼坡曾发掘了与中原地区相同的仰韶文化遗址，其他地方多处发现类似马家窑文化、齐家文化、辛店文化和卡约文化的遗址。目前，海东有全国唯一的互助土族自治县和循化撒拉族自治县，有青海"花儿"④，土族"安昭舞""纳顿会"，撒拉族

① 李泰年：《青海的文化地理单元》，《青海民族学院学报》（社会科学版）1998 年第 1 期，第71~74 页。
② 刘峰贵等：《青海高原山脉地理格局与地域文化的空间分异》，《人文地理》2007 年第 4 期，第 119~123 页。
③ 《海东市情》，海东市人民政府网，http://www.haidong.gov.cn/html/15/4786.html，最后检索时间：2020 年 4 月 19 日。
④ 青海是"花儿"的故乡，河湟"花儿"是西北"花儿"的精魂，是一种非物质文化遗产，也是民族地域的曲种之一。

服饰、饮食等民俗风情，其中，"花儿"也是河湟地区诸多文化交融的代表作。

3. 青海湖文化地理

青海湖是我国最大的内陆湖，独特的自然地理单元、古老的卡约文化、丰富的历史传说及迷人的旅游胜地构成了丰富的青海湖文化。青海湖流域历史悠久，在距今2690~3555年前，古代的先民们创造了卡约文化，卡约文化是这一流域的古代本土文化，历史跨度大，民族特色浓郁，尚属羌人文化。[1] 羌人以青藏高原（主要是今青海和甘肃）为基地，以超群的智慧和神奇的想象力，最先创造了牧业文明、农耕文明、彩陶文明、青铜文明和屋居文明，他们带着这些文明开始向东黄河、渭河、汾河、长江、岷江、大渡河、青衣江、安宁河流域迁徙，与华夏族和其他民族融合，为创造中华文明立下不朽的功勋，谱写了光辉的篇章。[2] 青海湖地区由于在历史上长期处于民族纷争和地方割据政权的中心地带，亦是历代中央王朝的西部边地及中西交通的要冲，历来为兵家必争之地，在此多种不同性质的战争频繁发生，湖区成为中国西部的古战场[3]，也是历史上丝绸之路南路、唐蕃古道、羌中道等道路的必经之地，多种文化在这里频繁碰撞、交流、交融。在青海湖文化圈里，曾先后兴起过羌文化、乙弗文化、吐谷浑文化和吐蕃文化等。青海湖文化圈主要包括现在的海北州、海南州以及海西州部分区域。

海北州地处祁连山中部地带，海拔超过3000米的面积占全州总面积的85%以上，州内地貌特点是地势高，骨架明显，类型多样，整个高原浩瀚无垠，气势雄伟磅礴。海北州历史悠久，多处发现的卡约文化、辛店

① 李泰年：《青海的文化地理单元》，《青海民族学院学报》1998年第1期，第71~74页。
② 《青藏高原环境概述》，中国数字科技馆网，http://amuseum.cdstm.cn/AMuseum/chuanyueqingzang/q115.html，最后检索时间：2020年4月19日。
③ 李泰年：《青海的文化地理单元》，《青海民族学院学报》1998年第1期，第71~74页。

文化遗址证明，早在3000多年前，这里就有人类活动。海北古代是西戎、羌、吐谷浑等民族杂居交错之地。时至今日，海北境内除汉族外，尚有藏族、回族、蒙古族、土族、撒拉族等少数民族生活在这里。[①]海南州是青藏高原的东门户，素有"海藏通衢"之称，州境内地形以山地为主，四周环山，盆地居中，高原丘陵和河谷台地相间其中，地势起伏较大，复杂多样，全州平均海拔在3000米以上。海南州历史悠久，形成了烟波浩渺的国家级风景名胜区青海湖，文成公主进藏途经的日月山，"天下江河皆东去，唯有此水向西流"的倒淌河，有以库容量最大、大坝最高、发电机单机容量最大而著称于世的龙羊峡水电站，被誉为"青海小江南"的塞外古镇河阴镇，神山古刹赛宗寺，伏俟古城、同德河北林场、直亥雪山等名胜古迹和自然景观。[②]

4. 江河源文化地理

在以著名的玉树舞蹈、果洛格萨尔遗址、黄南五屯艺术为代表的江河源头地理文化圈内，有汉藏文化交流史上唐蕃古道千古传说、文成公主进藏庙、同仁的唐卡画、藏族英雄史诗《格萨尔》等文化资源。

玉树州是青海省第一个、全国第二个成立的少数民族自治州，2010年第六次全国人口普查主要数据显示，玉树全州常住人口中藏族人口占96.49%[③]，是全国30个少数民族自治州中主体民族比例最高、人均占有面积最大、生态位置最重要的一个自治州，位于青海省西南青藏高原腹地的三江源头，长江、黄河、澜沧江三大河流均发源于此地，三江源自然保护区和可可西里自然保护区覆盖自治州全境，素有江河之源、名山之宗、牦

---

① 《州情概况》，海北藏族自治州人民政府网，http://www.haibei.gov.cn/html/2/82695.html，最后检索时间：2020年4月19日。

② 《青海海南藏族自治州》，中国民族宗教网，http://www.mzb.com.cn/html/folder/160139012-1.htm，最后检索时间：2020年4月19日。

③ 《受权发布：玉树州2010年第六次人口普查主要数据公报》，玉树州新闻网，http://www.yushunews.com/system/2011/05/16/010365424.shtml，最后访问时间：2020年4月20日。

图 1-3　三江源

牛之地、歌舞之乡和中华水塔之美誉。[①] 玉树境内有名扬藏族居住区的玉树歌舞和神秘的唐蕃古道，有闻名遐迩的文成公主庙和众多教派的藏传佛教寺院，有世界之最的新寨嘉那嘛呢石堆和岗察寺殿内高达 25 米的宗喀巴坐佛铜像。果洛州位于青海省东南部，地处青藏高原腹地的巴颜喀拉山和阿尼玛卿山之间。境内群山起伏，雪峰耸立，有阿尼玛卿、年宝玉则等著名的山峰，有古称柏海神湖的扎陵湖和鄂陵湖及美丽动听的藏汉联姻历史故事，有拉加、白玉、查郎等名刹古寺和人文景观。[②] 目前，果洛藏族人口占 91.80%，是全国 30 个少数民族自治州中海拔最高、气候最恶劣、环境最艰苦、经济社会发展最滞后的自治州。黄南州位于青海省东南部，

[①]《自然地理》，玉树市人民政府网，http://yushushigov.cn/art/2016/10/11/art-19-16.html，最后检索时间：2020 年 4 月 20 日。

[②]《果洛概况》，果洛藏族自治州人民政府网，http://www.guoluo.gov.cn/html/104/3199/html，最后检索时间：2020 年 4 月 20 日。

海拔在 3500 米以上，以藏族为主，还有回族、土族、撒拉族、蒙古族等少数民族，州内资源丰富，文化品位高，是青海省重点旅游胜地之一，主要自然和人文景观有：尖扎县坎布拉国家级森林公园、李家峡电站大坝和库区风光、闻名遐迩的同仁历史文化名城、热贡艺术和被收入世界基尼斯纪录的大型卷轴画《中国藏族文化艺术彩绘大观》、藏传佛教寺院隆务寺、南宗尼姑寺、麦秀原始森林风光、泽库和日石经墙、河南圣湖仙女洞及青南草原风光等。① 黄南五屯艺术 ② 是江河源文化的优秀代表，是藏传佛教领域中的一个重要流派，是青海省黄南藏族自治州同仁县五屯地区民间艺人在长达五六个世纪的艺术实践中共同创造出来的。

二、从青藏高原到四川盆地的文化地理空间

甘肃、四川、陕西三省地处中国地形三大阶梯第一阶梯到第二阶梯过渡区，自然景观丰富，主要有大渡河、雅砻江、岷江、黄河、渭河等河流，秦岭、四姑娘山、华山、太白山、六盘山、大巴山等山脉，民族以汉族、藏族、羌族、彝族为主，包括东乡族、裕固族、保安族、土族、撒拉族、回族等，在长期的生产生活中，形成了这一区域民族相对丰富、文化相对多元的特点。

（一）甘肃文化地理

甘肃位于祖国地理中心，地貌复杂多样，山地、高原、平川、河谷、沙漠、戈壁等类型齐全，交错分布，地势自西南向东北倾斜。③ 甘肃自古

---

① 《黄南藏族自治州简介》，新华网青海频道，http://www.qh.xinhuanet.com/hnzzf/hnjj.htm，最后检索时间：2020 年 4 月 20 日。
② 黄南五屯艺术，又因同仁一带在藏语中称"热贡"，故又把民间佛教绘塑艺术统称为"热贡艺术"。
③ 《甘肃省地理地貌》，甘肃政务服务网，http://www.gansu.gov.cn/col/col2084/index.html，最后检索时间：2020 年 4 月 20 日。

以来就是个多民族聚居的省份，甘肃主要有回、藏、东乡、土、裕固、保安、蒙古、撒拉、哈萨克、满等 16 个少数民族，其中，东乡、裕固、保安为 3 个特有少数民族。2010 年第六次全国人口普查数据显示，甘肃省少数民族人口约为 24 万人，占全省总人口比重为 9.43%[①]。

甘肃是中华文明的重要发源地。自仰韶文化以来，相继兴起的马家窑文化、齐家文化与关中地区的远古文化同属于以炎帝部族为代表的西羌文化。而从马家窑文化开始，甘肃古文化的地方化趋向日渐明显，青铜时代的氐羌、西戎文化，先周文化、秦早期文化在华夏民族形成和早期中华文化发展中发挥了重要作用。甘肃文化呈现出久远性、多样性、民族性等特点，文化内涵丰富，类型多样。甘肃悠久的历史，丰厚的人文土壤，独特的自然条件，孕育了内涵丰富、类型多样的古代文化，如史前时代的伏羲文化、大地湾文化、马家窑文化、齐家文化，先秦时期的寺洼文化、辛店文化、沙井文化、羌戎文化、先周文化、秦早期文化，秦汉以来的边塞文化、三国文化、五凉文化、唐宋农牧文化、吐蕃文化、西夏文化、伊斯兰文化，还有民俗文化、长城文化、简牍文化、敦煌文化、丝路文化、石窟文化、宗教文化等等。这一个个不同类型的文化，独具特色和内涵，成为甘肃历史文化百花园中的一朵朵奇葩[②]。

1. 陇中黄土高原文化地理

陇中黄土高原位于甘肃省中部和东部，主要地理区域在六盘山、陇山以西，秦岭以北，黄河以南，属于典型的黄土高原地貌，主要包括兰州、白银、平凉、天水等区域，这里曾经孕育了华夏民族的祖先，建立过

[①] 《甘肃省 2010 年第六次全国人口普查主要数据公报》，国家统计局，http://www.stats.gov.cn/tjsj/tjgb/rkpcgb/dfrkpcgb/201202/t20120228_30383.html，最后检索时间：2020 年 4 月 20 日。
[②] 雍际春：《甘肃历史文化特点及其资源优势》，《甘肃日报》，http://gsrb.gansudaily.com.cn/system/2012/04/11/012441024.shtml。最后检索时间，2017 年 12 月 20 日。

炎黄子孙的家园[①]。这里有渭河、洮河等河流，有陇山、鸟鼠山、朱圉山等山脉，有大地湾文化遗址、石岭下、马家窑文化遗址等文化遗产。

　　兰州历史比较悠久，距今已有 2200 多年的建城史，享有"丝路重镇""黄河明珠""西部夏宫""水车之都"等美誉。兰州文化底蕴深厚，既是中华民族文化的重要发祥地之一，也是黄河文化、丝路文化、中原文化与西域文化的重要交会地。自汉至唐、宋时期，随着丝绸之路的开通，兰州逐渐成为丝绸之路重要的交通要道和商埠重镇，联系西域少数民族的重要都会和纽带，在沟通和促进中西经济文化交流中发挥了重要作用，逐渐形成了多民族融合交会、相互吸收、多元一体的特色地域文化[②]。白银位于甘肃省中部，地处黄土高原和腾格里沙漠过渡地带，先后为月氏族、匈奴属地。白银境内有伏羲、女娲的传说，有大禹治水的遗迹，有原始文明的彩陶和石器，有见证各民族纷争和交融的长城，有丝绸之路的渡口，保留了黄河水车、景泰砂锅制作、黄河石林[③]、法泉寺万佛塔等文化。平凉位于六盘山东麓，泾河上游，是陕甘宁交会几何中心"金三角"，自古就是"屏障三秦、控驭五原"的重镇，是"兵家必争之地"和陇东传统的商品集散地，是欧亚大陆桥第二通道的重要中转站，素有"陇上旱码头"之称，是古"丝绸之路"必经重镇，史称"西出长安第一城"。平凉历史悠久，创造了丰富独特的历史文化，主要有商周文化、成纪文化、崆峒文化、西王母文化等，出土于泾川县的佛舍利金银棺、灵台县的西周青铜器和南宋货币银合子等文物被誉为"中华文物之

① 《甘肃省地理地貌》，甘肃政务服务网，http://www.gansu.gov.cn/col/col2084/index.html，最后检索时间：2020 年 4 月 20 日。

② 《兰州简介》，http://www.lz.gansu.gov.cn/col/col4/index.html。

③ 黄河石林位于甘肃省白银市景泰县、靖远县黄河流经段，距甘肃省会兰州市 130 公里，生成于 210 万年前的新生代第四纪早更新世，由于地壳运动、风化、雨蚀等地质作用，形成了以黄色砂砾岩为主、造型千姿百态的石林地貌奇观，2004 年 1 月被国土资源部批准为国家地质公园，2007 年 11 月被国家旅游局评为 4A 级旅游景区。

最"。①天水市位于甘肃省东南部，地处陕、甘、川三省交界，地势西北高、东南低，以西秦岭为分水岭，分为南部和北部两大部分，南部因古老地层褶皱而隆起，形成山地地貌，北部为黄土梁峁沟壑区。区域内的大地湾文化②是华夏先民在黄河流域创造的古老文明，是华夏文明的来源之一。中华文化最早的源头、文明初始象征的伏羲文化③也是在此诞生和发展。世界文化遗产、中国四大石窟之一的麦积山石窟也坐落于天水境内，其被誉为"东方雕塑艺术陈列馆"，为后世研究我国佛教文化提供了丰富的资料和史实。

2. 甘南高原文化地理

甘南高原地处"世界屋脊"青藏高原的东部边缘，平均海拔超过3000米，地势高耸，以高原草场为主，草滩宽广、水草丰美，是甘肃主要的畜牧业基地，孕育了浓郁的民族文化风情，该区域主要包括甘南藏族自治州和临夏回族自治州。

甘南州位于甘肃省西南部，地处青藏高原东北边缘与黄土高原西部过渡地段，是藏、汉文化的交汇带，是黄河、长江的水源涵养区和补给区，被费孝通先生称为"青藏高原的窗口"和"藏族现代化的跳板"，境内草原广阔，是典型的大陆性气候。④境内有尕海和则岔两个国家级自然保护区、莲花山和冶力关国家森林公园、黄河首曲等自然景观，有全国文

---

① 《平凉概况》，中国平凉网站，http//www.pingliang.gov.cn/zjpl/plgk/201510/t20151015-1263.html，最后检索时间：2020年4月20日。

② 大地湾遗址位于甘肃省天水市秦安县城东北45公里处的五营乡邵店村，是中国黄河中游最早也是延续时间最长的旧石器文化和新石器文化遗址，存在于距今4800~6000年。该遗址出土了土陶、石、玉、骨、角、蚌器等文物近万件，发掘房址241座。该遗址对探索中华文明的线索和原生面貌、揭示陇右与天水古代文化的考古编年和文化序列，都具有极为重要的价值。

③ 伏羲文化是伏羲时代产生的龙文化、玉文化、观天文化、姓氏文化、渔猎文化、太极八卦文化，是原始文字与数字文化的总称。

④ 《自然地理》，甘南藏族自治州州人民政府网，http://www.gnzrmzf.gov.cn/zjgh/gngk/zrdl.htm，最后检索时间：2020年4月20日。

图1-4 碌曲县尕海湖

物保护单位的夏河拉卜楞寺、卓尼禅定寺和碌曲郎木寺等121座藏传佛教
寺院，有香浪节、晒佛节、采花节、花儿会等几十种民俗节庆活动，被誉
为"中国的小西藏，甘肃的后花园"。临夏州地处甘肃中部西南面，区位
优势明显，自古以来就是一个有名的商埠，曾是古丝绸之路南道要冲、唐
蕃古道重镇、茶马互市中心，被誉为"大禹治水的源头""中国西部旱码
头""中国彩陶之乡""中国花儿之乡""民族建筑艺术的博览园""古生物
的伊甸园"。州内聚居回、汉、东乡、保安、撒拉等民族，其中东乡族、
保安族是以临夏为主要聚居区的甘肃特有少数民族，民族风情浓郁，文化
旅游资源丰富，是甘肃省"回藏风情草原风光线"上的黄金地段。临夏是
了解中国伊斯兰文化的首选地，有风格迥异的清真寺、拱北、八坊十三巷
等民族建筑，在这里可以亲身感受"开斋节""古尔邦节""圣纪节"三大

穆斯林节日的浓厚氛围。①

3. 河西走廊文化地理

河西走廊斜卧于祁连山以北、北山以南，东起乌鞘岭，西迄甘新交界，是块自东向西、由南而北倾斜的狭长地带，主要包括酒泉市、张掖市、嘉峪关市、武威市、金昌市。河西走廊是中国内地通往西域的要道，曾是佛教东传的要道与第一站、丝路西去的咽喉，有从先秦时期的马家窑文化、齐家文化，再到悠久的宗教融合，这里民族融合、历史悠久、文化厚重。

酒泉市位于甘肃省西北部河西走廊西端的阿尔金山、祁连山与马鬃山之间，自东而西有祁连主峰、讨赖山、大雪山、野马山、阿尔金山、党河南山、赛什腾山等山脉。酒泉为汉代河西四郡之一，自古是中原通往西域的交通要塞，丝绸之路的重镇。境内有西汉酒泉胜迹、敦煌莫高窟、安西锁阳城、敦煌雅丹国家地质公园、敦煌鸣沙山月牙泉、瓜州榆林窟、阳关等文化资源。嘉峪关市位于甘肃省西北部，河西走廊中部，是古"丝绸之路"的交通要冲，是秦朝万里长城、明代万里长城的西端起点，两千多年前开辟的中国与西方经济文化交流的"丝绸古道"及历代兵家征战的"古战场"烽燧在这里依稀可见，是中国丝路文化和长城文化的交汇点，素有"天下第一雄关""河西重镇""边陲锁钥"之称，绵延千年的文化积淀，形成了中国独有的丝路文化、长城文化和边塞文化。从文化地理区位来看，嘉峪关一带处于我国古代蒙古文化圈、青藏文化圈的交汇地带，也是中原文化、西域文化有效辐射区域。金昌市位于甘肃省河西走廊中段，为古丝绸之路重要节点城市和河西走廊主要城市之一，自古以来自然条件较为严酷，也是中国西部地区自然生态环境比较脆弱的地区。金昌市文化资源独具特色，有反映人类早期活动的二坝、三角城、鸳鸯池遗址；有以

---

① 《临夏州概况》，临夏回族自治州人民政府门户网，http://www.linxia.gov.cn/Article/SinglePage?Channel=00010001，最后检索时间：2020 年 4 月 20 日。

明代钟鼓楼、北海子、武当山为重点的古建筑群，以圣容寺、云庄寺为代表的佛教文化圣地。张掖是"河西走廊"的重要组成部分，是古"丝绸之路"上一颗璀璨的明珠。自汉武帝设郡至汉末 300 多年间，张掖与西域各国商贸往来十分活跃。张掖是全国独有民族裕固族的主要聚居地，热情好客的裕固族对客人非常尊敬，醇香扑鼻的奶茶和优美深情的祝酒歌常常把游客引入有奶酪、酥油茶和手抓羊肉飘香的帐篷，传统的射箭、赛马、狩猎，别具一格的服饰，隆重的婚礼，展示了独具特色的民族风情。[①] 武威市位于甘肃省中部、河西走廊东端，古称凉州、雍州、姑藏，是古西北首府，六朝古都，又称雍凉之都、天下要冲、国家番卫、梦幻凉州，地处汉羌边界，自古以来就是"人烟朴地桑柘稠"的富饶之地，"车马相交错，歌吹日纵横"的西北商埠重镇，有"河西都会""雍凉之都""西夏陪都""马踏飞燕故里""西藏纳入中国版图的历史见证地"等美誉。[②]

4. 陇南山地文化地理

陇南山地重峦叠嶂，山高谷深，植被丰厚，河溪清澈。这一区域大致包括渭水以南、临潭、迭部一线以东的山区，为秦岭的西延部分，主要包括陇南市和天水市部分地区。

陇南市位于甘肃南部，地处中国大陆二级阶梯向三级阶梯的过渡地带，位于秦巴山区、青藏高原、黄土高原三大地形交会区域，是甘肃省唯一的长江流域地区，素有"秦陇锁钥，巴蜀咽喉""陇上江南"之美称。陇南历史悠久，是秦族、秦文化的发祥地，秦第一陵园——秦西垂陵园位于礼县大堡子山；陇南也是中国古代西部民族氐人和羌人活动的核心地区，文县白马人被誉为"东亚最古老的部族"。[③] 天水历史悠久，文化积

---

① 《一座城市一段历史：张掖》，华夏网，http://www.baijianhao.baidu.com/s?id=15904543858885815168wfr=spider&for=pc，最后检索时间：2020 年 4 月 20 日。

② 《凉州（六朝古都.西北首府.古雍州）》，360 个人图书馆，http://www.360doc.com/content/20/0103/13/259476_883892377.shtml，最后检索时间：2020 年 4 月 20 日。

③ 《陇南简介》，陇南市人民政府网，http://www.longnan.gov.cn/4448273.html。

淀深厚，是伏羲、女娲和轩辕黄帝诞生地，是华夏文明的重要发祥地之一，伏羲文化、大地湾文化、秦早期文化、石窟文化、三国古战场文化"五大文化"源远流长。天水历史上为中原文化与北方少数民族文化交融之地，民俗文化兼具北方豪放和南方灵秀之美，种类繁多，特色浓郁。天水是古丝绸之路西出长安第一重镇，佛教自汉代以来沿丝绸之路东传，在渭河一带逐渐形成了众多佛教石窟寺院，被誉为"东方雕塑艺术陈列馆"的国家重点文物保护单位麦积山石窟，是中国四大石窟之一，同境内的大像山石窟、华盖寺石窟、木梯寺石窟、拉梢寺石窟和水帘洞石窟等，共同构成了丝绸之路东段"百里石窟艺术长廊"[1]。

（二）四川文化地理

四川地处中国西部，是西南、西北和中部地区的重要结合部，是承接华南华中、连接西南西北、沟通中亚南亚东南亚的重要交会点和交通走廊。四川全省地貌东西差异大，地形复杂多样，位于中国大陆地势三大阶梯中的第一级和第二级，即处于第一级青藏高原和第二级长江中下游平原的过渡带，高低悬殊，西高东低特点特别明显。优越独特的生态环境为巴蜀文明的生长、繁衍创造了有利条件。[2]

1. 四川盆地文化地理

东部四川盆地是中国四大盆地之一，面积 16.5 万平方公里。四川盆地虽为高山和高原所环抱，但山原之间的若干河谷却成为巴蜀得天独厚的对外交通走廊，盆地的西部是岷江、雅砻江、大渡河和金沙江流域，它们穿行于横断山脉，其中可通行的河谷，成为古氐羌民族迁徙的南北走廊，

---

① 《天水市》，甘肃政务服务网，http://www.gansu.gov.cn/art/2016/9/20/art_23_286397. html，最后检索时间：2020 年 4 月 20 日。
② 四川年鉴编纂委员会编《四川年鉴（2016）》，四川年鉴社，2016，第 21 页。

图1-5　四川阿坝州茂县境内的岷江

正是依据这样的地理特点，自古巴蜀先民就兼容了南、北、东、西文化，使四川盆地成为荟萃农耕、游牧文化的聚宝盆。[①]四川盆地有"天府之国"之美誉，是四川文化的核心区，在距今25000年前开始出现人类文明，并在新石器时代晚期形成了以宝墩文化、三星堆遗址、金沙遗址为代表的高度发达的古蜀文明，古蜀文明与华夏文明、良渚文明并称为中国上古三大文明。[②]

2. 川西北高原文化地理

川西北高原属于青藏高原东南一隅，地处横断山脉与川西北高山峡

① 《巴蜀文化》，360个人图书馆，www.360doc.com/content/19/0621/19/39225067_844003883.shtml，最后检索时间：2020年4月22日。
②《金池汤城，沃野千里，天府之国》，搜狐网，http://www.sohu.com/a/220691816_65381，最后检索时间：2020年4月22日。

谷的过渡区域，以高原和高山峡谷等地形地貌为主，高寒气候，高山草甸植被，主要包括阿坝藏族自治州和甘孜藏族自治州，以藏、羌等少数民族为主，形成了独特的地域文化。

千百年来，我国古代的氐羌诸部及汉、回等民族先民用辛勤的劳动和无穷的智慧共同开发了阿坝，他们在这里互相融合，共同进步，逐步构成这块土地上的主要民族——藏、羌、回、汉，他们为缔造我们伟大祖国的历史和文化谱写了绚丽的篇章。羌族是我国最古老的民族之一，目前只在四川的岷山地区保留了全国唯一一处羌族聚居区，包括阿坝州的茂县、汶川、理县、黑水、松潘以及绵阳市的北川县。羌族具有独特的物质文化成果和民族风情，绵延几千年而不间断，被称为中国各民族演化史上的一个"活化石"，其中最具特色的是至今仍存的碉楼、栈道和溜索等建筑形式。甘孜藏族自治州位于四川省西部，地处中国最高一级阶梯向第二级阶梯云贵高原和四川盆地过渡地带，属横断山系北段川西高山高原区，青藏高原的一部分，是四川盆地西缘山地向青藏高原过渡的地带。甘孜州天然草原面积占总面积的 61.7%，是川西北牧区的重要组成部分。境内有彝族、藏族、羌族、苗族、回族、蒙古族、土家族、傈僳族、满族、瑶族、侗族、纳西族、布依族、白族、壮族、傣族等 25 个民族，总人口 90 万人，其中，藏族占 78.4%。甘孜州是我国的第二大藏族居住区，也是康巴的核心区，千百年来，生活在这里的先民们创造了灿烂多彩、底蕴深厚的康巴文化，包括情歌文化、格萨尔文化、香巴拉文化、红色文化、宗教文化等民俗文化。①

3. 川西南文化地理

川西南地区为横断山脉北段，境内地貌复杂多样，山高谷深，山河相间，境内主要有岷山、邛崃山、大雪山、沙鲁里山、四姑娘山等山脉，

---

① 《康巴文化》，甘孜藏族自治州政府网，http://old.gzz.gov.cn/10000/10001/10329/10341/10000271.shtml，最后检索时间：2020 年 4 月 22 日。

岷江、大渡河、雅砻江、金沙江、安宁河等河流。高山、深谷、平原、盆地、丘陵相互交错，海拔落差大（境内海拔最高点与最低点相对高差为5653米），多元性地貌的优势决定了自然生态环境的多样性，生活在这里的人们创造了丰富的文化资源。[①]彝族是四川人数最多的少数民族，有152万，主要居住在凉山彝族自治州，安宁河谷是四川境内彝族长期的活动中心，大小凉山彝族地区在新中国成立前还比较完整地保存着奴隶社会形态。攀枝花地处中国西南川滇结合部，除邻近地区已发现的"元谋人""蝴蝶人"遗迹外，境内也发现了距今1.8万年至1.2万年的回龙洞古人类遗址。攀枝花也是原始人类南北迁徙、东西交往的走廊。[②]在攀枝花市所辖盐边县、米易县和仁和区，先后收集到近20件青铜器，器形90%与滇西地区青铜器类似，文化面貌一致，表明活动在攀枝花境内的山地民族同滇西主体民族系同一民族集团成员，少数有明显蜀文化特征的青铜器，有不同的文化因素交汇现象，反映了古代滇西与蜀地民族长期存在的经济、文化交往，也是滇、蜀古道沟通的重要例证。

（三）陕西文化地理

陕西地貌区域分异明显，北部为风沙高原和黄土高原，海拔1000~1500米；南部为陕南秦巴山地，海拔多在1000~3000米；中部为关中平原，海拔一般为300~800米。[③]陕西地形地貌多样复杂，历史悠久，不仅是中华文明的发祥地之一，也是世界文明的重要发祥地之一，境内有丰富的文化遗产，主要有长城、秦始皇兵马俑、大雁塔、小雁塔、兴教寺塔、大明宫、未央宫、彬县大佛寺石窟、张骞墓等九处世界遗产。

---

① 四川年鉴编纂委员会编《四川年鉴（2016）》，四川年鉴社，2016。
② 《攀枝花历史·城市由来》，中国攀枝花网，http://www.pzhol.com/pzh/f/430453.html，最后检索时间：2020年4月22日。
③ 陕西省地方志编纂委员会编《陕西省志·地理志》（第三卷），陕西人民出版社，2000。

图1-6　西安大雁塔

1. 关中平原文化地理

关中平原是由断层陷落地带经渭河及其支流泾河、洛河等河流冲积而成的冲积平原，同渭河谷地及渭河丘陵一起构成渭河盆地，居晋陕盆地带的南部。关中平原主要包括宝鸡、咸阳、渭南、铜川、西安、杨凌区。这里是西秦文化的所在地，是中国西部文明的重要发祥地之一，从上古时代蓝田猿人，到中华文明的发源华胥古国，再到伏羲氏、女娲氏、神农氏"三皇"，从半坡的仰韶文化到西周定都丰镐、秦王朝的建立、汉隋唐帝国的延续，都在这片土地上沉浮。龙岗寺旧石器的地质年代为中更新世早期，绝对年代距今120万年以上，早于蓝田猿猴人遗址，是迄今发现陕西最早的旧石器文化，龙岗寺旧石器遗址被誉为"亚洲三大旧石器遗址之一"。秦阿房宫、秦始皇陵、汉阳陵、乾陵、桥陵等都记录印证了陕西古代文化，其中已开发的秦始皇兵马俑坑，就展现了一个巨大地下雕塑艺术宝库，反映出当时高超的艺术水平，是中国文化史上的一个光辉篇章，号称世界第八大奇迹。[1]

2. 陕南山地文化地理

陕西南部地区从西往东依次是汉中、安康、商洛三个地市，陕南北靠秦岭、南倚巴山，汉江自西向东穿流而过。这里是地球上同纬度生态最好的地方，被长江两大支流汉江与嘉陵江滋养，虽处于西部地区，但自然环境、气候都相对较好，历史悠久，文化源远流长，是汉文化的重要发祥地之一。

汉中地处北暖温带和亚热带气候的过渡带，北依秦岭，南屏巴山，汉水横贯全境，形成汉中盆地，素有"汉家发祥地"和"中华（秦巴）聚宝盆"之美誉，汉中诞生了伟大的"丝绸之路"外交家张骞，孕育了刚直雄烈的大汉诤臣李固，造纸术的发明者蔡伦长眠于汉中洋县。安康位于陕西乃至整个西北的最南端，古称"金州"，是东方圣母女娲的故乡，地处秦巴腹地，汉水之滨，被誉为"西安后花园"，是连接祖国西南、西北通向华北、华中、华南的重要交通枢纽。这里悠久的历史，孕育了灿烂的文化，历史遗迹遍布全境，有古遗迹、古窟寺、摩崖石刻及近代文物遗址650余处，道教、佛教、伊斯兰教、天主教的观、庙、寺、堂以及许家台南宋古墓集中于安康市区，折射着安康灿烂的文化底蕴，以汉剧为代表的汉水文化是安康地域文化的重要标志。受到冬夏季风和青藏高原环流的影响，加上秦岭整个山脉对南方暖湿气流的阻挡作用，商洛的气候属于暖温带半湿润季风气候。境内主要河流丹江，为汉水，又称汉江流域的一部分，具有南北过渡的气候条件以及秦楚文化融合的人文特征，素有"秦风楚韵"之称。历史上商洛道（亦称商於古道）为秦驰道的主干道之一，为"秦楚咽喉"，是长安通往东南诸地和其他中原地区的交通要道。商洛文化独具特色，承秦文化之刚阳，蓄楚文化之柔美，剧种有秦腔、花鼓、道

---

[1]《陕西文化　底蕴深厚》，陕西宣传网，http://www.sxxc.gov.cn/oontent/2016-10/17/content-14194379.htm，最后检索时间：2020 年 4 月 22 日。

情、二黄（汉剧）、豫剧，以及民间的山歌、号子等，还有武关遗址、商鞅封邑遗址和"闯王寨""生龙寨"遗址。

3. 陕北高原文化地理

陕北高原即陕北黄土高原，位于"北山"以北，是我国黄土高原的中心部分，主要包括榆林市和延安市。黄土高原分布着白于山、子午岭、黄龙山、崂山、陇山等大山，以及黄河、无定河等河流，是黄土高原的"米粮川"。榆林市位于陕西省的最北部，地处黄土高原和内蒙古高原的过渡区，历史悠久、文化资源丰富，主要有国家历史文化名城榆林城，全国重点文物古迹、有万里长城第一台之称的镇北台，西北地区最大的道教建筑群白云山道观，陕西最大的摩崖石刻红石峡以及李自成行宫等[①]。延安市古称肤施、延州，位于陕西省北部，地处黄河中游，以黄土高原、丘陵为主，历史悠久，自古就有"塞上咽喉""军事重镇"之称，被誉为"三秦锁钥，五路襟喉"，是天下第一陵——中华民族始祖黄帝陵寝所在地，是民族圣地、中国革命圣地，国务院首批公布的国家历史文化名城[②]。

陕北自古就是民族融合的"绳结区域"，陕北地区因其独特的地理区位，更是中原华夏民族（汉代以后的汉族）和其他少数民族融合与交流的重要区域，在长期的多元民族文化交流、碰撞、融合和变迁中，形成了陕北独特的文化个性，陕北民歌、陕北说书、陕北秧歌、陕北道情等是陕北地区独特文化的代表。

三、从云贵高原到热带雨林的文化地理空间

云贵高原，属中国地形三大阶梯的第二阶梯，境内主要有高黎贡山、

---

① 《榆林概况》，榆林市人民政府网，http://www.yl.gov.cn/info/iList.jsp?cat_id=10288，最后检索时间：2020 年 4 月 22 日。
② 《延安概况》，延安市人民政府网，http://www.yanan.gov.cn/info/iList.jsp?cat_id=10840，最后检索时间：2020 年 4 月 22 日。

无量山、哀牢山、乌蒙山、大娄山、武陵山等山脉，金沙江、澜沧江、怒江、乌江、南盘江、北盘江等河流。海拔变化大，气候立体，自然景观多元，民族多元复杂，主要有彝族、藏族、苗族、布依族、侗族、白族、土家族、傣族、壮族、傈僳族、仡佬族、水族、拉祜族、佤族、纳西族、景颇族等民族，因此，这一板块的云南和贵州呈现出更加丰富多元和复杂的文化。

（一）贵州文化地理

贵州是一个山川秀丽、气候宜人、民族众多、资源富集、发展潜力巨大的省份，处云贵高原东部斜坡，地势西高东低，自西部和中部向北、东、南三面倾斜，平均海拔1100米左右，贵州是全国唯一没有平原支撑的省份，其地貌的显著特征是山地多，山地和丘陵占全省总面积的92.5%，境内分布着四大山脉：北部的大娄山、东部的武陵山、西部的乌蒙山和横亘中部的苗岭，这四大山脉构成了贵州高原的地形骨架。贵州还是世界上岩溶地貌发育最典型的地区之一，喀斯特出露面积占全省总面积的61.9%，独特的地理环境造就了贵州的美丽与神奇。

贵州省历史悠久，距今五六十万年前就有人类在这片土地上栖息繁衍和生存发展，贵州是中国古人类发祥地和中国古代文化的发源地之一。贵州也是多民族聚居区，全省世居少数民族17个，各民族共同创造了多姿多彩的贵州文化。

1.黔北地区文化地理

黔北地区也称遵义地区，今遵义市，处于云贵高原向湖南丘陵和四川盆地过渡区，地形地貌复杂多变，海拔高度一般在800~1300米，在全国地势第二级阶梯上。黔北地区因其历史和地域独特的原因，而形成了以酒文化、长征文化等为主线的独特地方文化，在其文化的深层里，依稀可以看到巴蜀文化睿智休闲的灵气，本土少数民族勤劳、质朴、骁勇的锐气。遵义市历史悠久，早在远古时期，遵义一带即有人类栖息繁衍，先后或分别属于牂柯、巴、蜀、鳖、鳛、大夜郎国等邦国，悠久的历史积淀了丰厚的地方文化。遵义自然人文景观多元独特，双河溶洞长冠亚洲，竹海茶海花海浑然天成，拥有赤水丹霞、海龙屯"双遗产"，还有赤水古城、玛瑙山军事营盘、湘山寺、桃溪寺、丙安古镇、杨粲墓、金鼎山等文化资源。遵义境内除了汉族外，还有苗、仡佬、彝等 30 个少数民族，诸多民族聚居形成了丰富的民族文化，有苗族踩山节、砍火星节、仡佬族祭山节、吃新节等民族节庆活动。

2. 黔东北地区文化地理

铜仁东邻湖南，北接重庆，素有"黔东门户"之称，地处云贵高原向湘西丘陵过渡的斜坡地带，以梵净山为主峰的武陵山脉成为本市东西部的分水岭，喀斯特地貌发育典型，是喀斯特地学的天然百科全书，全市属中亚热带季风湿润气候区，热量丰富、光照适宜、降水丰沛，大部分地区温和湿润，山间、河谷气候垂直变化明显，有"一山有四季，十里不同天"的气候特征；独特的地理地貌、优美纯净的自然风光、淳朴的民族风情，铸就了内涵丰富、独具特色的生态文化、佛教文化、民族文化、红色文化。铜仁自古以来就是少数民族聚居地，历史上是"黔中蛮""武陵蛮""五溪蛮"等的生息繁衍之所。2010 年全国第六次人口普查数据显示，铜仁市少数民族占总人口的 70.45%。在这块充满生机的土地上，世世代代居住着土家、汉、苗、侗、仡佬等 29 个民族，各民族在长期的相互交往与融合中，创造了绚丽多彩、独具风格的民族文化，代表性的有长号唢呐、龙灯、花灯、狮子灯、傩堂戏及各种劳动号子等民间艺术和绝技，被誉为戏剧"活化石"的傩戏，古朴富有神韵的苗家四面鼓、土家摆手舞、侗族大歌，惊险绝伦的苗族绝技绝活，都是民族文化瑰宝。①

---

① 《铜仁市市情简介》《民族宗教》，铜仁市人民政府网，http://www.trs.gov.cn/zjtr/，最后检索时间：2020 年 4 月 22 日。

3. 黔西北地区文化地理

黔西北地区位于贵州西北部，地处乌蒙山腹地，是连接滇黔川的重要区域，独特的地理区位、地形地貌形成了独特的地域特色文化，该地区主要包括毕节市和六盘水市。

毕节市位于贵州西北部，贵州金三角之一，乌蒙山腹地，川、滇、黔之锁钥，扼滇楚之咽喉，控巴蜀之门户，长江珠江之屏障，是乌江、北盘江、赤水河发源地，多民族聚居，历史文化灿烂，资源富集[1]。毕节历史悠久，是古夜郎政治经济文化中心之一，中国南方古人类文化发祥地，赫章可乐、威宁中水是古夜郎文明探幽寻秘之地。毕节市是个多民族聚居地区，境内有汉、彝、苗、回、布依、白、蒙古、壮、侗等45个民族（含穿青人、蔡家人、僙家人、龙家人等未识别民族），"六普"数据显

图1-7 贵州乌蒙山

---

[1]《毕节简介》，毕节市人民政府网，http://www.bijie.gov.cn/sq/bjjj/，最后检索时间：2020年1月22日。

示，少数民族占全市总人口的 25.88%①，多元民族孕育了丰富多元的民族风情。

六盘水市古名"牂牁"，位于贵州省和云南省交界处，地处长江、珠江上游分水岭，自然生态环境良好、气候舒适，被中国气象学会授予"中国凉都"称号。六盘水积淀了丰富的历史文化，有盘县大洞古人类遗址、盘县谢家祠堂六角亭、水城老城杨氏民居、六枝栏龙彝文石刻、盘县碧云洞摩崖石刻、盘县新民鱼龙化石群、妥乐古银杏等人文景观。全市共有 44 个少数民族，主要有彝族、苗族、布依族、白族、回族、仡佬族、水族等，有折溪傩戏、采花洞、跳花节、长角节等民族风俗，有苗族的芦笙舞，布依族的铜鼓舞、撒麻舞、插秧舞，彝族的唢呐花鼓舞、火把舞、跳脚舞、毕摩舞等。

4.黔南地区文化地理

黔南地区位于贵州省南部地区，属珠江水系南北盘江流域，境内河流纵横、喀斯特地貌多样，世代居住着以汉族、布依族、苗族等为主的多元民族，形成了独特的地域文化，主要包括黔西南布依族苗族自治州和黔南布依族苗族自治州。

黔西南布依族苗族自治州位于贵州省西南部，整个地形西高东低，北高南低，州境内地形起伏大，地貌复杂。境内分布有布依族、苗族、汉族、瑶族、仡佬族、回族等 35 个民族，形成了丰富多元的民族文化，黔西南州民族节日主要有布依族"三月三""六月六""查白歌节""毛杉树歌节"；苗族"二月二"走亲节、"八月八"风情节、"采花节"（又叫"跳花坡"）；彝族"火把节"等。彝族舞蹈"阿妹戚托"被誉为"东方踢踏舞"，布依族"八音坐唱"、布依铜鼓十二则、查白歌节、土法造纸、布

---

① 《人口民族》，毕节市人民政府门户网站，http://www.bijie.gov.cn/sq/bjjj/201706/t20170601_5359919.html，最后检索时间：2020 年 4 月 22 日。

依戏等被列入国家级非物质文化遗产。[①]黔南布依族苗族自治州位于贵州省中南部，地处云贵高原向广西丘陵过渡区域，地形地貌多样，以山地高原为主，拥有世界上同纬度仅有的保存完好的喀斯特森林地貌——荔波锥状喀斯特峰林，入选世界自然遗产地。黔南州历史悠久，曾是南方出海丝绸之路的重要通道，也是黔中通往川桂湘滇的故道，是西南少数民族文化与中原文化的交流交融之地。黔南是民族聚居之地、文化多彩之域，主要世居少数民族有布依族、苗族、水族、瑶族、毛南族，境内有汉、布依、苗、水、壮、侗、毛南、仡佬等 43 个民族，形成了多元丰富的民族文化。

5. 黔东南地区文化地理

黔东南苗族侗族自治州地处云贵高原与湘桂丘陵盆地过渡地区，山地纵横，峰峦连绵，沟壑遍布，地形地貌奇异复杂，以山地为主，素有"九山半水半分田"之称，境内有雷公山、云台山、佛顶山等原始森林，原始植被保护区与自然保护区 29 个。黔东南州境内居住着苗、侗、汉、布依、水、瑶、壮、土家等 33 个民族，少数民族人口占总户籍人口的81.3%，其中苗族人口占 43.2%，侗族人口占 30.4%[②]，多元民族聚居造就了丰富多彩的民族文化。黔东南素有"百节之乡"的别称，一年中有节日集会 200 多个。因其丰富多元的民族文化，1998 年，联合国保护世界乡土文化基金会将黔东南州列入全球 18 个原生态文化保护圈之一（亚洲有2 个，1 个是西藏，1 个黔东南）[③]。

---

① 董海韵. 尹婷梅：《根植民族文化　绽放民族之花》，《黔西南日报》2018 年 12 月 23 日，第31 版。

② 《黔东南概况》，黔东南苗族侗族自治州政府网，http://www.qdn.gov.cn/dmqdn/qdngk/201911/t20191111_11214664.html，最后检索时间：2020 年 4 月 22 日。

③ 《全球 18 个生态文化保护圈之一》，黔东南苗族侗族自治州政府网，http://www.qdn.gov.cn/zq/csmp/201710/t20171011_4715350.html，最后检索时间：2020 年 4 月 22 日。

6. 黔中地区文化地理

黔中地区地处贵州中部地区，处在乌江流域地带，地势、地貌多样，形成了独具特色的地方文化，该区域主要包括贵阳市和安顺市。

贵阳市地处黔中山原丘陵中部，地貌以山地、丘陵、盆地为主，集中了山地、河流、峡谷、湖泊、岩溶、洞穴、瀑布、原始森林等地形。贵阳市是一个多民族杂居的城市，主要有布依族、苗族、回族、侗族、彝族、壮族等20多个少数民族，在漫长的历史长河中，各民族在礼俗、节庆、婚恋、娱乐、饮食、服饰、建筑、社会生活等方面，创造传承了璀璨的民族文化。安顺拥有"中国瀑乡""屯堡文化之乡""蜡染之乡""西部之秀"的美誉，地处贵州省地势最为平坦的中西部，处在长江水系乌江流域和珠江水系北盘江流域的分水岭地带，是世界上喀斯特地貌发育最成熟、最典型、最集中的地带，素有"黔之腹、滇之喉、蜀粤之唇齿"之称。安顺文化底蕴深厚，是贵州省历史文化名城，拥有穿洞文化、夜郎文化、牂牁文化、屯堡文化等独特的历史文化遗存，有"亚洲文明之灯"普定穿洞古人类文化遗址、"千古之谜"关岭"红崖天书"、"世界唯一"的明代屯堡村落、"中国戏剧活化石"安顺地戏、"东方第一染"安顺蜡染等。安顺市是一个五方杂处、多民族杂居的城市，有43个少数民族，占户籍人口的39%，汉族人口占大多数，布依族次之，苗族人口居第三位，有特色鲜明、浓郁淳朴的民族风情。[①]

（二）云南文化地理

云南地处云贵高原，地理位置特殊，地形地貌复杂多变，崇山峻岭、地势多变，大山大江纵横交错，长期以来，云南交通阻隔，各地区居民处

---

① 《安顺自然地理》，安顺市人民政府，http://www.anshun.gov.cn/zjas/zrdl/，最后检索时间：2020年4月22日。

于相对"封闭"的状态之中，各自形成自己的生产生活习惯，逐渐发展成为不同的民族；此外，漫长的历史中，来自北方和中原地区的民族陆续进入云南，并与云南世居民族融合、交融，云南成为少数民族众多的省份，人口在 6000 人以上的世居少数民族有 25 个，其中有哈尼族、白族、傣族、傈僳族、拉祜族、佤族、纳西族、景颇族、布朗族、普米族、阿昌族、怒族、基诺族、德昂族、独龙族等 15 个独有民族[①]，如此复杂的地形地貌和多元的民族分布，形成了云南独特多样的民族风情。

1. 滇西北地区文化地理

滇西北地区的担当力卡山、高黎贡山、怒山和云岭以及金沙江、怒江、澜沧江等高山、河流纵向交错，形成了"三江并流"的奇特自然地理景观，2003 年被列入《世界遗产目录》。滇西北地区地势、地貌、地形变化较大，有冰川遗迹及现代冰川地貌、高山丹霞地貌、花岗岩峰丛地貌、高山喀斯特地貌及高原、雪山、草甸、高山冰蚀湖泊群等独特多元的地形地貌，呈现出从高山雪域景观到亚热带干热河谷的多元独特景观。

滇西北是历史上著名的"茶马古道"要塞，在漫长的历史发展中，各民族相互间频繁地进行经济和文化交流，形成了一个独特的"民族文化大走廊"，因此，无论在各民族成分的构成上，还是在宗教、民俗、衣食住行、歌舞艺术等方面，都形成了既保留各自的特色，又"你中有我，我中有你"的格局，熔铸出滇西北各民族文化特有的宽容开放精神，促成了滇西北地区各民族文化多样性的并存。[②]滇西北地区藏、纳西、彝、白、傈僳、普米、怒、独龙等少数民族都是藏缅语族族群，与西北的氐羌族群有渊源关系。丽江市位于青藏高原与云贵高原的过渡区域，海拔一般在

---

① 《人口及民族》，云南省人民政府网，http://www.yn.gov.cn/yngk/gk/201904/t20190403_96251.html，最后检索时间：2020 年 4 月 23 日。
② 《滇西北香格里拉生态旅游区》，参考网，http://www.fx361.oorn/page/2018/0104/2640748.shtml，最后检索时间：2020 年 4 月 23 日。

图1-8　丽江玉龙雪山

2000米以上，境内多高山、河流。丽江地处滇川藏三省区交界处，是古代"南方丝绸之路"和"茶马古道"的重要通道，拥有世界文化遗产丽江古城、世界自然遗产三江并流、世界记忆遗产纳西族东巴古籍文献三大世界遗产。丽江是一个多民族聚居的地方，除汉族外，共有12个世居少数民族、22个少数民族，主要有纳西族、彝族等代表性民族。境内旅游资源丰富，主要有丽江古城、玉龙雪山、虎跳峡、老君山、束河古镇等知名旅游景区（点）。

迪庆藏族自治州是云南省唯一的藏族自治州，位于滇、藏、川三省区交界处，有青藏高原伸延部分南北纵向排列的横断山脉，高山、河流纵向并行分布，澜沧江和金沙江自北向南贯穿全境，地处世界自然遗产"三江并流"的腹地。境内有藏、傈僳、纳西、汉、白、回、彝、苗、普米等9个千人以上的民族和其他少数民族17种，拥有悠久的民族文化历史，民族文化与民间习俗、宗教信仰之间的固有关系，以及多民族生活定居方式的不同，在迪庆留下了众多的文物古迹、古老村镇等，有香格里拉、普达措国家公园、三江并流风景区、梅里雪山、虎跳峡、长江第一湾、哈巴雪山、白芒雪山、纳帕海、明永冰川、松赞林寺、小中甸草原、月亮湾大峡谷等自然和文化景观。

怒江由北向南纵贯怒江傈僳族自治州，担当力卡山、高黎贡山、碧罗雪山、云岭等山脉和独龙江、怒江、澜沧江等河流纵列交错，构成了狭长的高山峡谷地貌，州内以高山陡坡为主，可耕地面积少。怒江州是中国民族族别成分最多和中国人口较少民族最多的自治州，其中独龙族、怒族是怒江州独有的少数民族，民族文化丰富多元，比较具代表性的有傈僳族的刀杆节、独龙族的镖牛习俗。

2. 滇中地区文化地理

滇中地区属于滇东高原盆地，以山地和山间盆地地形为主，地势起伏和缓，滇中地区包括昆明、曲靖、玉溪和楚雄四个城市，滇中地区集中了云南全省近一半的山间斗地，境内水资源保障程度较高，有金沙江、南盘江、红河等水系，以及滇池、抚仙湖、阳宗海等高原湖泊，属亚热带气候，日照充足，四季如春，气候宜人，干湿季分明。

昆明市地处云贵高原中部，三面环山，南濒滇池，气候宜人。昆明是一个多民族汇集的城市，世居 26 个民族，形成聚居村或混居村街的有汉、彝、回、白、苗、哈尼、壮、傣、傈僳等民族，在长期的生产生活中，各民族既相互影响，又融会贯通，形成了悠久的历史文化、多元的民族文化。曲靖市位于云南省东部，东与贵州省、广西壮族自治区毗邻，是边疆中的内地，素有"滇黔锁钥""云南咽喉"之称。曲靖境内地形地貌多样，民族风情各异，有汉、彝、布依、壮、苗、瑶、回、水八大民族独特的语言、服装、风俗和信仰，布依族的三月三、彝族火把节、回族开斋节、苗族花山节等传统节庆活动，以及耍龙灯、舞狮、踩高跷、划旱船、染花饭、打水枪、抢花炮等节日。"二爨碑"① 是曲靖悠久历史文化的重要代表，也是云南文化的重要组成部分。玉溪市地形复杂，山地、峡谷、高原、盆地交错分布，有哀牢山、抚仙湖、杞麓湖、阳宗海等自然资源，以及寒武纪古生物化石群、通海秀山、抚仙湖水下古建筑群、江川李家山青铜器等文化资源，彝族、傣族、哈尼族、回族、白族、蒙古族、苗族、拉祜族为世居少数民族，文化丰富多彩。楚雄彝族自治州属云贵高原西部，滇中高原的主体部位，境内多山，山地面积占总面积的 90% 以上，素有"九分山水一分坝"之称。乌蒙山、哀牢山、百草岭构成三山鼎立之势，金沙江、元江两大水系以州境中部为分水岭各奔南北，形成二水分流之态。由于所处的地理环境与历史条件，楚雄州发展呈现出丰富性、开放性与单一性、封闭性的双重特征，在坝区和交通沿线形成了以汉文化为主要特征的地方文化，在山区各少数民族地区保留了彝族等少数民族传统文化，两种文化长期相互交融、影响和吸收，形成了多元一体的民族地方传统文化。

3. 滇南地区文化地理

滇南地区处于北回归线南北两侧，该区域主要包括西双版纳傣族自治州和普洱市，受亚热带季风气候的影响，这里大部分地区常年无霜，整体自然生态环境良好、气候温暖湿润，纬度低、海拔落差较大，形成了多元的地理地貌，也形成了多元民族共居共生的特点，与越南、老挝、缅甸接壤，与泰国等邻近，形成了多个跨境民族，长期共生共存发展中保留了丰富多元的民族文化。

西双版纳傣族自治州属北回归线以南的热带湿润区，有中国唯一的热带雨林自然保护区，以神奇的热带雨林自然景观和少数民族风情而闻名于世。西双版纳世居着傣、汉、哈尼、彝、拉祜、布朗、基诺、瑶、苗、

---

① "二爨碑"又称大、小爨碑，大爨碑即"爨龙颜碑"，小爨碑即"爨宝子碑"。

回、佤、壮、景颇 13 种民族，其中傣族是少数民族中的主体民族。傣族是跨境民族，是一个具有悠久历史的少数民族，多信仰南传上座部佛教，部分信仰原始宗教，在长期的生活中创造了灿烂的文化，以傣历、傣文和绚丽多彩的民族民间文学艺术著称于世。傣族的生活离不开水，对水的依恋，还与风俗习惯和居住地气候有关，傣族民居——竹楼，是中国现存最典型的干栏式建筑；傣族过新年节时，有浴佛、泼水、划龙舟等活动，都离不开水。普洱市位于云南省西南部，与越南、老挝接壤，西南与缅甸毗邻，境内群山起伏，全区山地面积占 98.3%，北回归线横穿普洱市中部，享有"绿海明珠""天然氧吧"美誉。全市少数民族有 26 个，世代居住在这里的有 14 个，主要有哈尼族、彝族、傣族、拉祜族、佤族、布朗族、瑶族等，普洱市民族风情迥异，民族文化多姿多彩，极具魅力。著名的南方丝绸之路——茶马古道源于普洱，有底蕴深厚的普洱茶文化、茶马古道文化、民族文化、生态文化和边地文化，享有"天赐普洱·世界茶源""中国咖啡之都"等美誉。原生态民族文化和民风民俗原始而神秘、古朴而奇异；佤族木鼓节、拉祜族葫芦节、彝族火把节、傣族泼水节等民族传统节日传承千年、独具魅力，让人流连忘返。①

4. 滇西地区文化地理

滇西地区主要包括大理白族自治州、德宏傣族景颇族自治州、保山市、临沧市，横断山脉由北往南纵列而下，高黎贡山、碧罗雪山、白芒雪山、玉龙雪山、点苍山等山脉矗立于此，怒江、澜沧江、金沙江等河流奔流南下，地形地貌多元丰富。

大理州地处横断山脉与云贵高原的过渡区，地貌复杂多样，境内以老君山—点苍山—哀牢山一线的大断裂为界，构成两大部分。东部属扬

---

① 《云南普洱主打原生态民族文化产业牌》，中国社会科学网，http://ex.cssn.cn/mzx/mzdg,fz/201409/t20140909_1320536.shtml?COLLCC=786357143，最后检索时间：2020 年 4 月 23 日。

子准地台区，西部属藏滇地槽褶皱区（又称为"三江区"）。大理历史悠久，是云南最早的文化发祥地之一，新石器文化时期，就有白族、彝族等少数民族先民在这里繁衍生息。大理州有汉、白、彝、回、傈僳、苗、纳西等 13 个世居民族，以白族先民为主的大理各民族，不仅用自己的勤劳智慧创造了独特的本土文化，还以开放包容的胸襟，主动汲取、接受中原文化的长期熏陶，进而形成了白族博大包容的和谐文化，被西方学者誉为"亚洲文化十字路口的古都""多元文化与自然和谐共荣的典范"[①]。

德宏地处云贵高原西部横断山脉的南延部分，高黎贡山的西部山脉延伸入德宏境内形成东北高而陡峻、西南低而宽缓的切割山原地貌，地表景观由"三山"（大娘山、打鹰山、高黎贡山尾部山脉）、"三江"（怒江、大盈江、瑞丽江）、"四河"（芒市河、南畹河、户撒河、芒东河）和大小不等的 28 个河谷盆地（坝子）构成。德宏有傣族、景颇族、德昂族、阿昌族、佤族、彝族、傈僳族、拉祜族等世居民族，创造了丰富多元的文化。傣族叙事长诗是我国少数民族文学宝藏中一座绚丽多彩的宝库，这里有傣族的泼水节、景颇族的目瑙纵歌节、阿昌族的"阿露窝罗节"、傈僳族的"阔时节"、德昂族的"浇花节"等丰富的民族节庆活动。保山市地处横断山脉滇西纵谷南端，在境内地形复杂多样，坝区占 8.21%，山区占 91.79%。保山是古人类发源地之一，在境内出土的"蒲缥人"遗址，挖掘出大量房屋遗迹、用火遗迹、劳作工具、动物化石等各类可资鉴定的实物标本，经鉴定至少有 8000 年的历史。保山民族民间文化资源十分丰富，是傣泰民族的发祥地，汉族、彝族、白族、苗族、傣族、回族、佤族、满族、傈僳族、景颇族、阿昌族、布朗族、德昂族 13 种世居民族在这里生生不息。各族人民在长期的生产生活中，创造了极为丰富的、具有浓郁特

---

① 《总体概况》，大理州人民政府网站，http://www.dali.gov.cn/dlrmzf/c101680/201904/b31
d37f022b74ef496676b3e5d89d406.html，最后检索时间：2020 年 4 月 23 日。

色的民族民间文化，为后人留下了丰厚的文化遗产。[①]

临沧市地处怒江山脉南延部分，属滇西纵谷区，地形地貌复杂多变，是一个拥有多种气候类型的地区，是世界茶树和茶文化起源中心。多元复杂的地理环境形成了临沧少数民族众多、民族风情浓郁的特点，居住着 24 个民族，世居少数民族有 11 个。临沧是佤族文化发祥地之一，沧源佤族自治县是全国仅有的两个佤族自治县之一，佤族是临沧最古老的世居民族之一，翁丁佤寨有"中国最后的一个部落"美誉，是中国保留最完好的原始群居村落，这里保留了最典型的佤族民居建筑、原生态的佤族民族文化。据初步统计，临沧少数民族节日有 50 多个，别具特色的主要有新米节、摸你黑、沐浴节、目瑙纵歌等少数民族节日。沧源崖画是临沧文化的重要代表，是中国发现的最古老的崖画之一，产生于新石器时代晚期。

5. 滇东南地区

滇东南地区位于云南东南部，主要包括文山壮族自治州、红河哈尼族彝族自治州，北回归线横贯东西，该区域属于低纬度亚热带高原型湿润季风气候区，环境、气候等相对优越，很早就有人类在此繁衍生息，悠久的历史创造了丰富多元的文化。该区域与越南社会主义共和国接壤，是中国走向东盟的陆路通道。

文山州素有"滇东南大门"之称，位于云南省东南部，境内地势西北高、东南低，山区和半山区占总土地面积的 97%，地形起伏大，高低悬殊，整体呈现立体气候特征，不同的地区居住着不同的民族，目前全州居住着汉、壮、苗、彝、瑶、回、傣、布依、蒙古、白等 20 多个民族，其中有 11 个世居民族，全州民族风情和民族文化丰富多样，在长期历史发展中，各民族形成了各自独特的节日文化和风俗，主要有壮族的"三月

---

① 《保山市市情》，豆丁网，http://www.docin.com/P_868404016.html，最后检索时间：2020年4月23日。

三"、苗族的"踩花山"、彝族的"跳宫节"和"火把节"、瑶族的"盘王节"等重要民族节日。

红河州位于云南省东南部，北回归线横贯东西，地形分为山脉、岩溶高原、盆地（坝子）、河谷四部分。以红河大裂谷为界，把境内地形分为南北两部分，南部为哀牢山余脉，北部为岩溶高原区，地势相对平缓，盆地、山脉、河流、溶洞等地形地貌相间，喀斯特地貌较为突出，有泸西阿庐古洞、弥勒白龙洞、建水燕子洞、开远南洞等。红河州是一个多民族聚居的边疆少数民族自治州，有10个世居民族，人口超过10万人的有彝族、哈尼族、苗族、傣族、壮族，诸多民族聚居在此创造了丰富的文化。红河州有世界锡都个旧市，国家历史文化名城建水县，"文献名邦"石屏县，"世界纪念性建筑遗产"建水县团山，有纳楼长官司署、建水文庙、指林寺大殿、朝阳楼、双龙桥、个旧鸡街火车站、蒙自海关旧址、陈氏宗祠、企鹤楼、滇越铁路五家寨人字桥等10处全国重点文物保护单位，还有陶瓷文化和梯田文化。

四、藏羌彝文化走廊文化地理空间特点

藏羌彝文化走廊涉及四川省、贵州省、云南省、西藏自治区、陕西省、甘肃省、青海省七省区，在藏羌彝走廊辽阔的大地上，以山区为主，地势复杂多变、高低起伏，有雄伟的高原、起伏的山岭、群山环抱的盆地，处于中国"三级阶梯"中的第一阶梯、第二阶梯，主要由青藏高原、云贵高原、黄土高原、四川盆地等组成。不同的自然环境孕育了不同的生产方式和地域文化，从世界最高峰到热带雨林，藏羌彝文化走廊沿线大山、大河纵横分布，自然景观丰富多样、地形地貌复杂多变，在长期的人与地、人与环境相融关系过程中，多元民族共居共生，并形成了与地域相关联的丰富多元的文化景观、文化形态和文化地理。

1.藏羌彝文化走廊是一条人与自然和谐共存的"生态走廊"

青藏高原、云贵高原、黄土高原上的大山、河流、高原、山谷、盆地等构筑起藏羌彝文化走廊主要的自然景观，藏羌彝走廊是我国大江大河的源头地，是我国重要的生态屏障区。藏羌彝走廊生态环境差异较大，自北向南由青藏高原、云贵高原、四川盆地、云南热带河谷等组成，青藏高原地处高寒地带，土地相对贫瘠，生态环境相对脆弱，往南延伸至云贵高原、四川盆地，生态环境相对较好，资源相对富足，再到西双版纳热带河谷地区，生态环境较好，自然环境富足。藏羌彝走廊广袤的大地上，喜马拉雅山、喀喇昆仑山—唐古拉山、昆仑山、冈底斯—念青唐古拉山、横断山、祁连山、巴颜喀拉山、大雪山、秦岭、怒山、乌蒙山、无量山、哀牢山等山脉，与金沙江、澜沧江、怒江、雅砻江、岷江、大渡河、安宁河、长江、黄河等河流高低起伏、纵横交错，地形地貌复杂多变，从世界屋脊青藏高原的雪域高原延伸到西双版纳的热带雨林，形成了一条人与自然和谐共存的"生态走廊"，各民族为适应自身生存环境而建立起来的与自然界相融洽

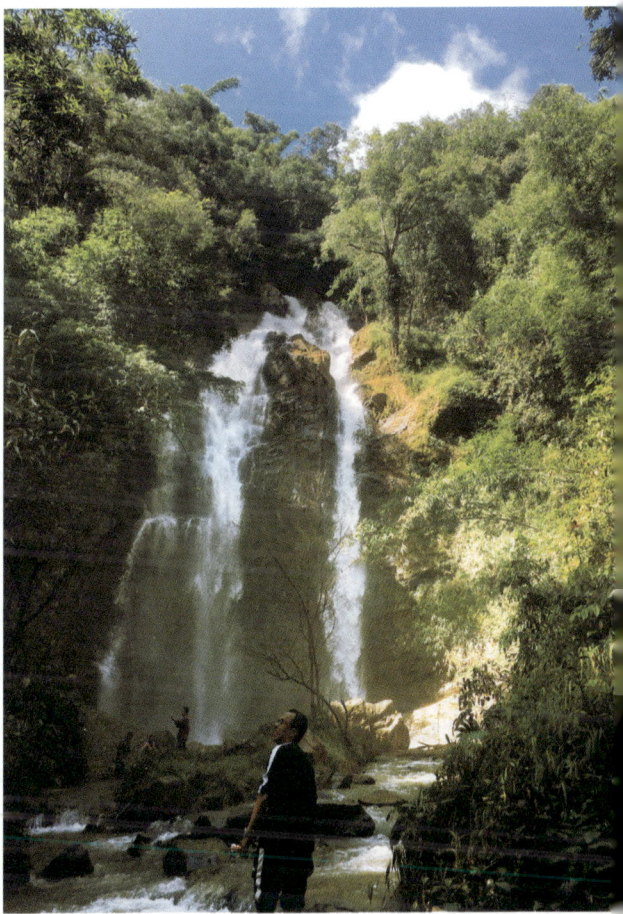

图1-9 热带雨林瀑布

的生态观，强调生态系统的自然、和谐，反映了天、地、人之间的自然生态平衡关系[①]。

2. 藏羌彝文化走廊是一条多元民族共生的"民族走廊"

藏羌彝文化走廊在地理位置上互相衔接，在深层的文化肌理中有着唇齿相依的关系。藏羌彝文化走廊涉及的七省区地域广袤，自古以来就是众多民族南来北往、繁衍迁徙和沟通交流的重要廊道，形成了一条民族团结和睦共处的"民族走廊"。走廊内民族种类繁多，支系复杂，千百年来相互间密切接触和交融，多元文化共存、交流、碰撞、交融、影响和变迁，最终形成了一个我中有你、你中有我，又各具个性的多元一体格局。如今，藏羌彝走廊集中居住着2亿多人民，涵盖我国56个民族，其中少数民族人口总数超过4200万，占区域内总人口比重接近18%，其中西藏少数民族人口占总人口比重超过90%，青海超过45%，贵州、云南也都超过了1/3[②]，该区域是全世界民族最为多样化的区域之一，多元民族在不同区域、不同自然环境中生存发展，形成了不同的生活生产方式，创造极为丰富多样的民族文化艺术，该区域也是世界民族文化最为多元的区域之一。

3. 藏羌彝文化走廊是一条丰富多元的"遗产走廊"

藏羌彝走廊区域内形成了丰富多样、底蕴深厚、独具特色、影响力巨大的文化资源体系，是一条多元文化并存、交流、变迁的走廊，是全世界自然、文化最为丰富、最为多元、最为集中的区域之一。藏羌彝文化走廊所跨越的七省区有着极为丰富的世界遗产，主要有黄龙、九寨沟、三江并流、四川大熊猫栖息地、中国南方喀斯特、中国丹霞、澄江化石地、可可西里等世界自然遗产，占全国总量高达66.67%，有布达拉宫、莫高窟、

---

① 范建华：《穿越藏羌彝文化产业走廊》，《中国文化报》2016年9月7日，第6版。
② 以上数据都采用的"2015年全国1%人口抽样调查"数据。

秦始皇陵及兵马俑坑、青城山－都江堰、丽江古城、红河哈尼梯田、丝绸之路：长安－天山廊道的路网、长城等世界文化遗产，占全国总量将近1/3，还有峨眉山－乐山大佛 1 处世界自然与文化双遗产，以及格萨尔王传说、藏戏、西安鼓乐、花儿、侗族大歌、热贡艺术、羌年等被列为世界级非物质文化遗产名录。藏羌彝走廊七省区国家级文化遗产也非常丰富多元，有武侯祠、塔尔寺、海龙屯、大昭寺、卡若遗址、马家窑遗址、麦积山石窟、元谋人遗址、崇圣寺三塔、大雁塔、蓝天猿人遗址等 905 处全国重点文物保护单位，636 项国家级非物质文化遗产，占全国总量比重超过46%，有中国传统村落 1590 个，占全国总量比重超过 38%。

4. 藏羌彝文化走廊是一条多元复杂的"文化走廊"

从时间和空间两个维度来看，藏羌彝走廊历史悠久、自然环境多样，使得藏羌彝走廊呈现出文化极为多元复杂的特点。从时间维度来看，藏羌彝文化走廊各省区历史悠久，最早可以追溯到元谋人、蓝田猿人等，匈奴、林胡、鲜卑、氐、突厥、党项、羌、女真、蒙古、满等少数民族先后走上这块历史舞台，经历了一次次的重大历史变迁，出现过古象雄文明、古蜀文明等早期文明，有过象雄国、吐蕃、吐谷浑、西夏、华胥古国、蜀国、滇国、大理国、夜郎国等古国王朝，创造了丰富多元的文化。从空间维度来看，从青藏高原到热带雨林，地形多元复杂、变化多样，有高峻逶迤的山脉，陡峭深切的沟峡以及高原盆地、高山草场、冰川、裸石、戈壁等多种地貌类型，有分属寒带、温带、亚热带、热带等不同气候，还有垂直分布的"一山见四季""十里不同天"的自然奇观，这种独特的地理空间也造就了藏羌彝走廊多元民族共生的特点，各民族长期生产生活中创造了多元差异的文化类型，受交通、自然的制约，各地区间、各民族间交流相对闭塞，保留了各自文化的特点。从整体来看，藏羌彝文化走廊大致分属青藏文化区、西南文化区、黄土高原文化区。受交通、自然、社会发展等因素影响，各区域内又形成了丰富多元的文化区和文化形态，例如根据汉族农业文明与南方少数民族农业文明交融的程度，西南文化区被划分为云贵高原文化亚区、巴蜀文化亚区；青藏文化区被划分为纯粹的藏族文化亚区和多民族混合的文化亚区两个部分，即吐蕃文化亚区和海西山南文化亚区[①]。再从省区内部来看，受大山、大河的阻隔以及长期民族迁徙、交流等影响，又形成了多元文化空间，如青海内部又可划分为柴达木盆地文化、河湟文化、江河源文化和青海湖文化等文化亚区。

---

① 吴必虎：《中国文化区的形成与划分》，《学术月刊》1996 年第 3 期，第 10～15 页。

第二章

从博巴人到古羌人
——藏羌彝走廊上的各民族

民族是在一定的历史发展阶段形成的稳定的人类共同体。一般来说，民族在历史渊源、生产方式、语言、文化、风俗习惯以及心理认同等方面具有共同的特征；有的民族在形成和发展的过程中，宗教起着重要作用。[①]相对于传统的"共同语言、共同地域、共同经济生活、共同心理素质"的民族特征，关于民族的最新阐释增加了历史渊源、风俗习惯、宗教等因素，这表明民族作为稳定的共同体，所承载的要素和特征也是多元的、复杂的。

中国西部各民族在横断山脉与"六江流域"的地理空间分布上呈现为藏羌彝走廊。藏羌彝走廊是简称，即在六江流域生存生活的民族，并非仅仅是"藏羌彝"三个民族，而是包含了汉族、藏族、门巴族、珞巴族、保安族、东乡族、土族、撒拉族、羌族、彝族、苗族、普米族、傈僳族、独龙族、怒族、纳西族、白族、哈尼族、拉祜族、基诺族、景颇族、傣族等诸多民族，以"藏羌彝"三个民族所命名的藏羌彝走廊仅仅是名称的指代。

藏羌彝概念的形成是论述族缘关系的过程，藏羌彝走廊渊源于费孝通先生提出的"藏彝走廊"，其后的学者论述了"羌族"的重要作用，从而演化为藏羌彝走廊。起初作为民族学概念的藏羌彝走廊，在不同的语境和社会经济发展中被延伸为藏羌彝民族走廊、藏羌彝生命走廊、藏羌彝文化走廊、藏羌彝产业走廊、藏羌彝文化产业走廊、藏羌彝旅游走廊、藏羌彝遗产走廊……

从民族的概念出发，藏羌彝走廊中各民族具有根深蒂固的血缘与族源关系，追根溯源，各民族终究是一家人；走廊中各民族在大致相似的生态环境之中，形成了人与自然和谐相处的生态文化；在文化与生态资源的互动过程中，走廊中各民族历史性地总结出符合自身特征的生计方式；基于类似的地理环境、社会交往和经济交换，尽管语言各异，却主

---

① 詹小美、李征：《民族观教育与铸牢中华民族共同体意识》，《思想理论教育》2019 年第 1 期。

图 2-1　藏族

图 2-2　羌族

图 2-3　彝族

图 2-4　蒙古族

要隶属于汉藏语系；异彩纷呈的藏羌彝走廊各民族文化包含了众多丰富的内容。藏羌彝走廊民族呈现出相互交往与互动、民族文化多元与认同、民族统合与交融等特征。在当代，藏羌彝走廊呈现出从生命纽带转向文化纽带、从民族走廊转向文化经济带、从民族共同体转向命运共同体的现代走向。

一、藏羌彝走廊上民族的内涵

（一）各民族终究是一家人——藏羌彝走廊各民族血缘与族源

血缘在中国人的情感之中具有特殊的纽带作用与亲近性，具有天然的文化认同与家国认同的基因。在藏羌彝走廊中，各个民族并非独立存在，而是血脉相连、相互交融，具有共同的族体渊源与血缘纽带关系。藏羌彝走廊中起源于共同氏族与部落的群体顺着河流山川迁徙流动，或因山河阻隔，或因自然灾害，或因战争，或因生存资源，这些民族群体在"六江流域"中不断地迁徙和改变居住环境，并呈现分离、散居、割据等状态，但是经过通婚联姻、文化交流、经济交换等方式，藏羌彝民族在交往之中逐渐消解语言的障碍、习俗的差异、心理的隔阂，这些散居的民族群体之间再次加强了社会交往、血缘关联和情感联系。这种精神文化纽带成为这些民族群体对中华民族认同和加强中国内聚力的原动力。

民族的族源关系与血缘纽带关系，恰如羌族与其他民族的关联。羌族是一个古老的民族，历史非常悠久，在甲骨文中就有着对"羌"的记载。"羌"是古代汉人对居住在祖国西部的游牧民族的一个泛称，部族众多，名称各异，不是单一民族。[1] "古代羌部落聚居中心是今天甘、青地

---

[1]　杨圣敏、丁宏:《中国民族志》，中央民族大学出版社，2003，第254页。

区"，这个民族在长期的发展过程中，"由于古代秦国用兵而被迫迁徙"，[①]分散于中国中西部地区，"西南夷"多数部落属氐羌民族系统，众多民族尤其是藏缅语民族的大部分族体来自羌，羌成为向多个民族输血的渊源性的民族。在此背景下，理解羌族文化也成为了解藏羌彝走廊中其他民族文化的重要参量。关于藏羌彝走廊中的民族关联，通过《中国民族关系史纲要》中"中国现有民族历史发展演变表"可以发现，渊源于古羌支系的民族分别是藏族、珞巴族、门巴族、羌族、彝族、傈僳族、怒族、纳西族、白族、哈尼族、拉祜族、基诺族等，其中，珞巴族、门巴族在民国时期被统称为藏族，景颇族、阿昌族同源于隋唐的寻传一部。[②]再如，东乡族名称是从所居住的地区名称而得，因聚居在临夏县的东乡，旧称"东乡回"或称"蒙古回"，或称"东乡土人"，或称"东乡蒙古人"，每和回族混为一谈。[③]从东乡族的旧时名称来看，东乡族与回族、土族、蒙古族等民族关系密切，也就意味着东乡族与相关民族之间存在血缘联系与文化渊源。东乡族与土族关系密切，而土族的形成则是吸收了蒙古、藏等民族成分，并与汉、藏等民族错居杂处和通婚。保安族的族源也存在类似的情况，保安族的族源存在着蒙古人为主说、回族为主说、色目人为主说等，但是无论何种族源说法，都没有否认保安族在形成过程中吸收了汉、土、回、蒙、藏等族的人民，并通过长期交往、自然融合逐渐形成。可见，民族之间的渊源关系是相互的，并非单向的。

尽管这些民族具有相同或者相近的族源，却呈现出迥异的居住环境与发展方式。诸如普米族源于古代羌人部落，生活于山林之中，环保意识强，以山地耕牧为主。怒族主要分布于云南省怒江州，居住于怒江流域峡谷之中。拉祜族属于氐羌族群后裔，形成过程中融合了"昆明""爨

---

① 苍铭：《云南民族迁徙文化研究》，云南民族出版社，1997，第10~11页。

② 翁独健主编《中国民族关系史纲要》（第2版），中国社会科学出版社，2001，第876~880页。

③ 甘肃省编辑组：《裕固族东乡族保安族社会历史调查》，甘肃民族出版社，1987，第54页。

蛮""乌蛮"等西南夷先民。

即使是作为主体民族的汉族，其前身为华夏族，华夏族也是由夏人、商人、周人融合而成的，并在春秋战国时吸收了大量夷、戎、狄，使其得到发展壮大；其中周人渊源于西部羌人，周朝疆域中心位于今河南洛阳；[①]这表明汉族、羌族以及其他少数民族具有共同的生命渊源，或曰汉族中融合了大量的羌人。"佤族、阿昌族、布朗族、德昂族、回族等曾融入傣族之中。"[②]可见，尽管在发展过程中形成不同的差异性，但分布于藏羌彝走廊的各民族之间都有着千丝万缕的联系，具有共同的血脉渊源与生命之源，每个少数民族极少有单一的族体来源。

"剪不断"的族源关系与血脉联系，导致了民族识别的艰难，毕竟，作为群体划分的标准也是人为确定的，人所制定的"标准"并非恒定的与绝对客观的，于是在当年民族识别中存在着一些问题，例如，"摩梭人在云南被划为纳西族，在四川被划为蒙古族；云南普米族，四川划为藏族；在云南罗平被定为布依族的同一民族群体，在相邻的师宗县被划为壮族。类似的问题在许多地方存在"。[③]事实上，这些民族识别困境的存在也在客观上表明了各个民族之间的紧密联系与特征趋同，以至于被当代标准判定为识别谬误。

藏羌彝走廊中各民族之间的血缘关系不仅仅有历史记载的依据，还可以通过自然科学的方法来验证。诸如，关于汉藏同源的论证。2003年，云南大学依托其自有的中国少数民族基因库，联合复旦大学、美国斯坦福大学、泰国清迈大学等，从遗传学的视角证明了"汉藏同源"，即汉、藏本来就是一家人，具有共同的生命渊源。[④]民族学交叉自然科学的某些方

---

① 宋蜀华、陈克进主编《中国民族概论》，中央民族大学出版社，2001，第326~329页。
② 苍铭：《民族迁徙与云南边地民族涵化——兼谈遗传学的民族关系研究》，载金力、卢大儒主编《2002现代人类学国际研讨会论文集》，内部出版，2002，第21~23页。
③ 苍铭：《民族迁徙与云南边地民族涵化——兼谈遗传学的民族关系研究》，载金力、卢大儒主编《2002现代人类学国际研讨会论文集》，内部出版，2002，第26页。
④ 高发元：《以全新的观念推动学校跨越式发展》，《中国高等教育》2003年第8期，第33页。

法，可用来解决民族学不能解决的某些问题，云南大学同其他机构合作，以基因的比对得出了汉藏同源的结论，证实了传统民族学的说法。云南大学、斯坦福大学等学校合作，其中云南大学的肖春杰团队把南方的汉族同南方的少数民族做对比，再把南方的汉族同北方的汉族进行比对，他们之间的差异有多大？按照传统民族学的猜想，南北汉族的差异会更小。基因比对的结果却相反，南方的汉族和南方少数民族的基因差异较小，南方的汉族和北方

图 2-5 青海撒拉族

的汉族差异更大。可以得出这样的观点，民族在不断地交流与融合，一个民族不会固定不变，于是在生理特征和文化渊源上就会有变化，但是通过内在的血缘可以清楚地论证南方的汉族、藏族和其他少数民族之间的渊源关系。

（二）山在水在人常在——藏羌彝走廊的生命纽带

地理环境是民族生存的现实空间与生活的实存依托，也是民族生存与发展的重要基石。人类生命的存在依托于特定的地理空间。作为民族学概念的藏羌彝走廊指向的空间范围包括怒江、澜沧江、金沙江、雅砻江、大渡河、岷江等"六江流域"的横断山脉，及青藏高原、云贵高原的部分高山峡谷，在这片区域中居住着若干少数民族，保留着丰富的历史文化、民族文化、宗教文化、生态文化，呈现出地理、生命、文化、生态的和谐统一。在固定的地域空间中，大杂居小聚居的各个民族相互交往和文化交

流，逐渐强化了民族之间的了解和认知，从而成为具有共同精神文化追求和内在凝聚力的民族共同体。就"六江流域"的区域空间而言，文化地理要素所形成的藏羌彝走廊是一条人与自然和谐共存的"生态走廊"。"青藏高原、云贵高原的大山、河流、高原、山谷构筑起藏羌彝文化走廊主要的自然景观，各民族为适应自身生存环境而建立起来的一种与自然界相融洽的生态观，强调生态系统的自然、和谐，反映了天、地、人之间的自然生态平衡关系。"[1]

藏羌彝民族生命存在于、生活持续于云贵川藏陕甘青的系列南北走向的山系、河流所构成的高山峡谷区域之内，诸多横断山脉与"六江流域"孕育了藏羌彝等诸多民族。藏羌彝等诸多民族频繁迁徙于横断山脉的崇山峻岭之中，得益于峰峦叠嶂所具有的天然屏障可在一定程度上规避历史上的战乱，同时，无论是山地耕牧，抑或是山林采集与狩猎，都可依托大山的动植物获得生存资源。藏羌彝等诸多民族南来北往地流动于"六江流域"，既渊源于河流通道所具有的便利属性，又渊源于宝贵的生命之水的多重功效，也正是基于此，河流被喻为"母亲"，便有"母亲河"之说。

藏羌彝走廊中包含了"三江源"的江河源头，包括了广袤的巍巍昆仑山脉以及青藏高原、甘青高原、云贵高原，在这些山河交织的地带，形成了诸多壮美的高山峡谷、秀美的陡峰峭壁、狭长通透的河谷、跌宕起伏的高原、平坦的山坝盆地等地貌。不同类型的地形地貌形成了各具特色的民族文化类型，这些地理地貌孕育着藏羌彝走廊中诸多民族的生产生活资源和文化生产方式，表现为物种丰富性、生态多元化、民族文化多样性。也由于山川河流的阻隔，部分民族呈现为自然隔离与孤立的群体，形成了文化生态的孤岛，与主流社会群体失去了同步发展的机会与条件，以至于

---

① 范建华：《穿越藏羌彝文化产业走廊》，《中国文化报》2016年9月7日，第6版，http://www.cssn.cn/kxk/skyrw/201609/t20160907_3192354.shtml。

藏羌彝走廊区域处于相对欠发达状态。当然，从民族生存的安全视角看，"藏羌彝民族迁徙的相对封闭的空间，有着各自的重要安全感与安全保障——始终在高山峡谷内，各个迁徙民族的生存、回环和对于高山峡谷的平衡占有，有着天然的保护和屏障，其他强大民族对此的染指、占有，非常有限。"①从更加宏观的视角看，藏羌彝走廊的地理空间所形成的南北走向，与东向的我国主体民族交往受阻，因而具有半封闭性；青藏高原、云贵高原因崇山峻岭的天然屏障，能够俯瞰中东部区域，这也是中国内向型区域形成的重要因素。加之，藏羌彝走廊中的各民族在长期的历史积淀中，在基本类似的地理环境中，逐渐形成了共同的心智、心理反应乃至基本的价值观念，这些价值观念成为走廊上各民族文化认同和情感认同的基石。

藏羌彝走廊各民族保持与延续生命的关键在于对该区域内自然、气候、地质地貌、山河、植被、土壤等自然环境的适应，并创造出了特定环境的生存法则与生活方式，即形成了一定范围内的文化区。藏羌彝走廊特定文化区的行为模式是各民族生命存亡的被迫选择，也是主动适应自然环境的积极构建，这意味着人类生命体具有伸缩性与坚韧性。这种行为模式包括了对藏羌彝走廊自然环境与社会空间形态的认知体系，人类生存于此的生命与文化阐释理论，具象使用环境资源的工具与技术，有效配置自然资源与社会资源的组织载体，形成了藏羌彝等民族维持生命存续的生计方式与地方性知识。

同时，这些地貌所构成的山系、峡谷多呈现南北走向，为诸多民族的频繁迁徙、文化交流、商贸活动提供了便利通道，也促进了不同结构类型和文化差异的民族进行社会交往和经贸交换，逐渐形成大体上比较相近的民族文化生态形态。诸如，"怒江、澜沧江，对于东往西，或西往东的

①　赵洋：《守候与亲和：藏羌彝走廊文化生态美意蕴解读》，《地方文化研究》2013年第4期，第92页。

交通上是一种阻碍，但是自北往南，或自南往北，未尝不是一条天成的大道，因为虽然不能行舟，但是沿河而行的便利是很诱人的。设如我们很笼统地叙述夹着这两条河的山脉形式和方向，则高黎贡山、碧罗雪山以及云岭雪山这三条山脉，也多是自北而南的。这种形式，在交通方向上的便利与阻碍，和前述的河流一样，就是便于南北，而碍于东西"。"地理交通的便利性其实还给藏羌彝走廊增加了历史唯物主义的特色。"[①] 两汉以后古羌人的主要活动区域由中原地区转换为黄河中上游的甘青草原。其后羌人顺着南北走向的"六江流域"向西南地区迁徙，也就是走廊形成的根本原因，同时也是厘清走廊中各民族间关系的重要证据。[②] 历史上，这种南北通道也为藏羌彝走廊中诸多民族吸收中原地区悠久灿烂的文化、经济社会文化向着中原的方向发展提供了便利。

藏羌彝走廊中各民族处在一个地理、气候、地貌共有的空间，创造了拥有同而存异的物质空间、非物质空间的生态文化，在历史发展过程中，各自守候"我者空间文化"的生态美发展，同时创造、生成彼此亲和、互补的美的文化生态、守候与亲和，是藏羌彝走廊文化生态美的境界与生态机理。[③] 生存于"六江流域"的藏羌彝以及其他民族得益于横断山脉与江河的阻隔，民族群体的存在赋予了"六江流域"山河以人文气息与生态灵性，青藏高原、云贵高原、山川河谷、四川盆地、陕甘宁大地等自然环境孕育了藏羌彝走廊中的各民族，在此，人与山河之间形成了良性与韧性的互动关系，人、山河、动植物并存于此。藏羌彝走廊中各民族根据横断山脉与"六江流域"的环境条件，充分利用地质地貌特点，把自然资源、动物、植物等物质载体转化为生存资源，形成了共同构建人与自然的生命纽带和命运共同体。

---

① 张曦：《藏羌彝走廊的研究路径》，《西北民族研究》2012 年第 3 期，第 191 页。
② 张曦：《藏羌彝走廊的研究路径》，《西北民族研究》2012 年第 3 期，第 189 页。
③ 赵洋：《守候与亲和：藏羌彝走廊文化生态美意蕴解读》，《地方文化研究》2013 年第 4 期，第 91 页。

图 2-6 纳西族

图 2-7 彝族

图 2-8 白族

（三）顶天立地——藏羌彝走廊的文化生计

藏羌彝走廊以民族的范畴表达了文化经济空间，表明了走廊的统一性与民族的统合性，既是对现有民族迁徙史、融合史的过程描述，也是对民族迁徙与社会发展的结果阐释。藏羌彝走廊中各民族的迁徙过程既是探索生计方式的过程，也是民族群体通过自身与生态环境资源、社会联系、经济活动等外在要素不断调适的过程，从而探索出相对合理的生产组织形态、行为方式和生产模式。各个民族自身独特的生计方式聚拢着特定的民族群体，为该民族群体的行为、精神追求、生活习惯、文化心理奠定了物质基础，进而以物质的力量和经济的关联联合成民族整体。藏羌彝走廊的形成也有着生计方式的交织与统合，主要表现为山地游牧生计、山地农耕生计、河流渔猎生计以及手工艺生计。藏羌彝走廊内民族生计方式众多，相互之间的经济交换和民族交往形成了紧密的经济联系，加之"六江流域"南北走向的高山峡谷、山川河流，藏羌彝走廊演变为顺势而为的社会经济走廊或曰"民族经济带"。藏羌彝走廊内聚集了数十个少数民族的生计方式，呈现出各具特色的经济文化类型，成为中华民族共同体多样性经济形态的组成部分。

藏羌彝走廊的生产方式伴随古道经济而发生着诸多民族经济关联。在藏羌彝走廊区域自古因势利导逐渐形成了唐蕃古道、松茂占道、滇僰古道、茶马古道、西南丝绸之路等道路经济带。东西走向的唐蕃古道，虽然与南北走向的藏羌彝走廊走向不同，却也形成了纵横交织的经济交通枢纽，从而为藏羌彝走廊经济增添了科技文化传播内涵，增加了经济贸易交换的内容，也为汉族与藏族的民族融合与民族团结增添了丰富的文化事项。汉藏交好、科技文化传播、和亲纳贡、贸易交流等方面的物流和人流乃至信息流，经过唐蕃古道和"六江流域"交汇点流向了中国西南大部分区域。松茂古道作为四川境内长达 700 公里的古道，联通了藏族、羌族、汉族的经贸往来，以对接丝绸之路、麝香之路，融入当时全国交通网络的方式，促使西南藏族居住区在文化上对中原文化、平原文化的认同。滇僰古道作为云南经由四川宜宾通往中原的重要官道，也同时发挥着经贸往来的作用，并促进了彝族、白族、汉族等沿线民族的融合与发展。南方丝绸之路由灵关道、五尺道和永昌道组成，并串联了藏羌彝走廊的诸多民族聚点和辐射区域乃至节点城市。南方丝绸之路、茶马古道、绢马贸易等贸易形式表明了汉族与藏羌彝诸多少数民族之间的密切关联；走夷方等民间人口迁徙与流动的传统习惯，也是汉族参与藏羌彝走廊社会经济发展的见证。尽管上述古道与藏羌彝走廊的走向不尽相同，但其在某种程度上跨越了山高谷深所导致的民族之间经济文化交流的障碍，促进了丰富多彩的各民族文化之间的交流与融合，走廊之中的山谷河流也成为民族迁徙之路、商贸交流汇聚之途。"自古以来，藏彝走廊这个多民族交错聚居区内各民族基于自我生存发展的需要，形成了长期持续不绝的族际经济联系。这种经济联系，不仅是促进民族自我发展的重要动力，而且是构成藏彝走廊地区多民族并存共生格局的重要基础。"[1]纵横交织的古道与河流峡谷促进了

---

① 周智生：《藏彝走廊地区族际经济互动发展研究》，《中国社会经济史研究》2010 年第 1 期，第 1 页。

藏羌彝走廊经贸文化往来。

藏羌彝走廊历史地存续着多元化的生产方式与经济形态。直到 20 世纪 50 年代，藏羌彝走廊中依然存在着汉、蒙古、回、彝、壮等族的封建地主所有制，包括部分藏、彝、纳西、傣等族的封建领主制，四川和云南大小凉山地区的部分彝族奴隶制，傈僳、独龙、怒、布朗、基诺等族的原始公社制，这些经济制度表现的不平衡性和差异性，也在一定程度上影响至今。傈僳族、独龙族、怒族、哈尼族、拉祜族、景颇族等不同程度地采取刀耕火种的山地农业经济、采集经济。随着社会生产的发展，1949 年后，基诺人开始兴修水利，开垦水田，从传统的"刀耕火种"向精耕细作的水田农业发展，向机械化农业迈进。近年来，基诺族积极发展热带经济作物和中草药、茶叶、紫胶等产品，产量不断提高，成为当地的支柱产业。

林耀华主编的《民族学通论》对藏羌彝走廊中涉及的相关民族进行了经济文化类型划分，从经济、文化的视角分析了这些民族生存、生计、生活的特质。大量的蒙古族分散于藏羌彝走廊的高原草场或牧场，随之附带的草原游牧型经济文化逐渐植根于此，形成了草原游牧型经济文化模式。分布于青藏高原与云贵高原结合部横断山系南段的门巴、珞巴、独龙、怒、德昂、基诺、景颇以及部分苗、瑶、傈僳等族，在古代采取了山林刀耕火种型经济文化模式。[1] 这种经济文化类型严重依赖于森林植被与土壤，在"绿水青山就是金山银山"的当代，这种生计方式已因"退耕还林"政策被取缔，并被"林业经济"替代了。藏羌彝走廊中的山林功能有了诸多改变。藏缅语族的藏、羌、彝、普米、傈僳、白、纳西、拉祜等民族多在山区经营旱作，属于山地耕牧型经济文化模式。云贵高原中部的汉藏语系苗瑶语族的苗、瑶等民族采用的是山地耕猎型生计方式。分布在云南、贵州的汉藏语系壮侗语族的傣、壮、侗、水等民族种植水稻，水稻种植与干栏式建筑的结合是丘陵稻作型的基本文化丛结。四川盆地居住有汉

---

[1] 林耀华主编《民族学通论》（修订本），中央民族大学出版社，1997，第 90~95 页。

族、回族、蒙古族，其平原集约农耕型生计方式是密集地投放劳动力和技术。

藏羌彝走廊生产方式多样性并存也与这片区域内的地理环境复杂密切相关，地形地貌不同导致了经济文化板块之间的差异性，也就是民族群体与民族文化对资源的利用程度与效率存在着较大的差异性，从而造成了人们利用文化认识资源和生产资源的多重区隔，使不同民族之间的生产方式和生活方式不尽相同。藏羌彝走廊的地理空间具有河流南北通畅与山脉东西并列的特点，河谷、山脉所形成的海拔高度打造了特定的气候景观。"一山分四季，十里不同天"更加形象地表达了地理地貌、气候环境在藏羌彝走廊中的重要影响，这种影响也关涉民风民俗。高山森林本身就蕴含了丰富的动植物资源，为狩猎采集经济文化提供了天然的条件，这种状况影响至今，也造就了数百种的"山珍"与现代餐饮产业、医药产业、农产业等形成的产业链，而且新时代的这种采集经济所消耗的生产成本相对较小。藏羌彝走廊中的河谷地带大多高温多雨，河流与湖泊也具有丰富的渔业资源，由此形成的高原农业、淡水渔业、养殖业、游牧业也具有天然的生态资源优势。基于藏羌彝走廊中各民族经济的差异性与相对优势，借助于藏羌彝走廊中天然的山谷河流通道，在此区域中各民族之间的经济交往不断加深，衍生出了民间贸易、驿道站点、茶马贸易、丝绸贸易等经济形态，逐渐形成了民族经济通道。经济文化的交往，促使藏羌彝走廊中各民族之间互相依存，互通有无，民族关系更加紧密，民族之间的相互认同度逐渐提高，也在某种程度上为国家的统一与民族的和谐奠定了经济基础。

山林经济、林下经济在市场经济条件下成为支柱产业，诸如彝族、普米族、傈僳族、怒族、哈尼族生态状况较好，这些民族的村寨森林覆盖率较高，山林生态文化丰富，盛行自然崇拜、山神崇拜、原始崇拜，水源林、山神林、风水林、密枝林、寨神林等林木都具有神性，砍伐此类林木是民族的禁忌，这些观念在客观上保护了生态环境，并促使形成生态经济文化与环保型生产方式。

在新的历史时代，国家为藏羌彝走廊制定了系列宏观发展战略与规划，诸如《藏羌彝文化产业走廊总体规划》《国家"十二五"时期文化改革发展规划纲要》《国家"十三五"时期文化改革发展规划纲要》中的部分内容，这些规划和部分内容正是基于藏羌彝走廊所具有的民族文化资源、众多民族迁徙的民族历史文化和丰富多彩的自然生态而制定的，长期的历史文化积淀、和谐的民族关系为藏羌彝走廊发展文化产业奠定了深厚的基础。于是，独特的自然山水生态、多元的民族文化形态、富集的文化资源，成为藏羌彝走廊发展的新时代路径。据此，《藏羌彝文化产业走廊总体规划》以宏观的发展规划、中观的产业集群培育、微观的文化产业项目形成了综合性、系统性的特色产业发展方案，以期形成藏羌彝走廊中文化空间的文化产业带，从而保护藏羌彝走廊生态文化与文化生态，促进民族团结，改善藏羌彝走廊各民族的生产生活。藏羌彝走廊中各民族的生计方式得到了丰富和完善，逐渐形成了文化经济一体化的发展态势。

从生命存续的视角看，藏羌彝文化产业走廊总体规划将促使藏、羌、彝等少数民族获得更多的生存资源，或者把既有的文化资源、生态环境转化为民族走廊地区可持续发展的生命安全保障方式之一。唯有合理开发丰富多彩的民族文化资源，才能发挥走廊经济效应，形成藏羌彝民族特色文化产业廊带，进而融入"西部大开发"与"长江经济带"等国家战略规划之中，促使民族走廊内的文化资源高效转化，持久存续。

藏羌彝走廊是建立在地理地貌以及生态环境基础上的民族文化范畴。在横断山脉与"六江流域"所织就的藏羌彝走廊之中，人与生态环境之间的互动，包括人与自然的物质需求供应关系，衍生了自然崇拜与原始崇拜；人与人的关系、人与群体的关系、民族之间的关系，衍生了民族之间的冲突与和谐；人与动物、植物、微生物之间的关系，形成了藏羌彝走廊中山脉水系的天然屏障与中国整体生态环境的良性存续。作为经济与文化

图 2-9　哈尼族

图 2-10　景颇族

图 2-11　阿昌族

图 2-12　拉祜族

互动联系特质明显的经济文化类型，藏羌彝走廊的经济文化类型反映了共时的、静态的生态环境与空间分布，折射了历史的、动态的社会文化与发展历程。

（四）交流交融交心——藏羌彝走廊的语言体系

语言是民族交流的重要媒介，也是各民族之间增进情感与思想文化的载体，能够促进各民族之间生产生活交往，并承继着民族文化内涵，传递着风土人情，体现了民族的统一性与群体性。藏羌彝走廊中各民族受生态环境、生活方式、宗教信仰、生活习惯等要素的影响，形成了不同的文化类型，导致藏羌彝走廊中民族语言种类繁多，形成了多种多样的语支体系，既体现了民族文化的多样性，又体现了民族交往和群体交流的艰难性。

言为心声。从语言形成的历史属性来看，各民族的语言折射了民族群体共同的心理特质，形成个体成员对民族的归属感和心理认同，这种情感是民族语言的相对普遍性所造成的心理反应，在某种程度上表明自己并非某个民族的异他性存在，即语言是一样的，心理感觉与行为习惯就可能近似。民族语言的词汇所指与能指以及文化内涵是该民族的经济社会生活在精神层面的反映，而且这种反映是历史积淀的结果，具有一定的稳定性和长期性，在一定时期内标识着民族文化特征。基于此，民族语言不仅在形成过程中具有长期性，在形成后也具有一定的深远影响，能够保持民族文化的持久性和历史文化的连续性。在民族交流日益加深、人口流动日益频繁的现代，语言的相互借用和吸收逐渐增多，也促使藏羌彝走廊中各民族彼此了解，尤其是普通话的推广与流行，在更加广阔的藏羌彝走廊和民族区域中促使彼此心灵更近、情感更密切。

鉴于语言规则的相似性与对应性，以及民族语言之间的亲近特征和谱系关系，藏羌彝走廊中大部分民族的语言属于汉藏语系，又可以细分为藏缅语族、苗瑶语族和壮侗语族等。"藏彝走廊并不是仅指藏彝两个语族的民族，有一些苗瑶、壮侗及其他语族的民族也在这里活动。"① 藏羌彝走廊内部主要是藏语支和彝语支民族，"是藏缅语民族活动的主要舞台，也是藏缅语民族起源、发展、融合和分化演变的最重要的历史区域。同时，藏彝走廊是一条特殊的历史文化沉积带，民族文化现象具有异常突出的多样性和复杂性，其中的族群文化是多元共存的"。②

这些语族根据词汇、语音、语义、词序等的差异又被划分为不同的语支。诸如藏缅语族分为藏语支、彝语支、景颇语支等。具体而言，"汉藏语系藏缅语族藏语支语言有藏语、门巴语，彝语支语言有彝语、傈僳语、纳西语、拉祜语、哈尼语，羌语支语言有羌语、普米语，缅语支语言有阿昌语、载瓦语，景颇语支语言有景颇语、独龙语，此外，基诺、怒、珞巴、土家、白等民族语言的语支未定"③。汉族、回族使用汉语，其他大部分少数民族也掌握汉语。综合而言，"汉藏语系藏缅语族的民族有藏族、普米族、彝族、哈尼族、傈僳族、拉祜族、纳西族、基诺族、怒族、独龙族、景颇族、阿昌族、白族等十多个民族"④。历史上藏羌彝走廊上的民族群体多数是现今该区域藏缅语族的先民，即藏族、羌族、彝族等民族具有共同的语音与语义渊源。

藏族使用的语言属汉藏语系藏缅语族藏语支。汉文古籍将青藏高原各族部最早泛称"西羌"，西羌包括许多来源不同的分散部落，⑤ 即西羌的称谓也包含了藏族、羌族、珞巴族、门巴族等民族。羌语属汉藏语系藏缅语族羌语支，又分南方与北方方言，土语较多，有些相邻村寨之间语言也

---

① 李绍明：《藏彝走廊研究中的几个问题》，《西南民族大学学报》（人文社科版）2007 年第 1 期，第 15 页。
② 石硕：《藏彝走廊的历史文化特点》，《西南民族大学学报》（人文社科版）2007 年第 1 期，第 17 页。
③ 宋蜀华、陈克进主编《中国民族概论》，中央民族大学出版社，2001，第 636 页。
④ 王文光、龙晓燕、李晓斌等：《云南近现代民族发展史纲要》，云南大学出版社，2009，第 305 页。
⑤ 《藏族简史》编写组编写《藏族简史》，西藏人民出版社，1985，第 13 页。

图 2-13 苗族　　　　　　　图 2-14 瑶族　　　　　　　图 2-15 傣族

不相通。羌族没有自己的文字，通用汉文。彝族属于汉藏语系藏缅语族彝语支，是先秦时期活跃在中国西北地区的氐羌族群的一部分南迁后，融合当地土著逐渐形成的民族共同体。彝族多居住在云贵高原、青藏高原东南及四川盆地西南边缘的山区和半山区。云南全省绝大部分县市具有彝族分布，其中以楚雄彝族自治州、红河哈尼族彝族自治州，以及滇北地区的小凉山一带比较集中。[①]"汉语和藏语的亲近关系支持了费孝通所提出的'羌人是汉藏之间的联结环节的假设'"[②]，彝语与藏语同样亲近，彝语系统还包含了傈僳、纳西、哈尼、拉祜、基诺等民族，这些彝语系统的民族是从北方迁入的，即西南民族的大部分与北方民族具有历史渊源关系。再者，古代分布在云南境内属于氐羌系统的民族群体，"是分别发展为近代汉藏语系藏缅语族的各少数民族的核心"[③]。由此可见，西南民族、氐羌民族、藏羌彝民族、北方民族之间具有错综复杂的语言渊源和历史根源，也着实说明了"各民族是一家"的民族常识。

---

① 张增祺:《中国西南民族考古》，云南人民出版社，1990，第 298 页。
② 费孝通等:《中华民族多元一体格局》，中央民族学院出版社，1989，第 26 页。
③ 尤中:《云南民族史》，云南大学出版社，1994，第 11 页。

纳西族原有东巴文、哥巴文、阮可文和玛萨文等四种文字。纳西族先民为羌人，原生活于西北河湟地区。

白族属于汉藏语系藏缅语族。白族恰如彝族渊源于氐羌族群，融合了苗瑶以及百越诸多民族，同样具有多元民族文化与民族共同体特征。唐、宋时期，白族先民分别建立了南诏政权、大理政权。白族具有精耕与经商的传统。由此，白族也是一个多民族融合而成的民族。

哈尼族属于汉藏语系藏缅语族彝语支，与彝族、拉祜族、傈僳族、纳西族、基诺族具有深厚的历史渊源。哈尼族以梯田稻作农耕文化闻名，形成了山—林—水—田的生态循环体系。

景颇族属于汉藏语系藏缅语族，与氐羌部落密切，景颇先民生活在康藏高原。

（五）众彩纷呈——藏羌彝走廊的文化内容

民族文化的具体定义是多样化的，但包括物质文化、精神文化、行为文化、制度文化等方面的内容则是共性的。物质文化与民族的有形物品相关，诸如建筑、工艺、农产品、生产用具、生活物品等，与衣、食、住、行等方面的物化密切相关，这些物品是民族文化的有形载体，体现了民族文化的符号意义和精神内涵。精神文化更多地表现于风土人情、风俗、歌舞娱乐、古书、历法、宗教信仰、价值观念等。行为文化表现为民族的婚丧嫁娶、节庆、日常惯习、语言表达、生产方式、交往交流等。制度文化则表现为习惯法、礼仪规定、政治体制、经济贸易规则等规章条文。这些文化事项并非截然分明的，各文化要素之间具有一定的交叉，而在大体划分方面具有相对的分析视角与厘定边界。民族文化能够传承，也具有相对性的流变，在社会经济发展过程中实现调适。

对照藏羌彝走廊中各个民族的文化特质，在这片区域之中，尽管各民族文化类型繁多，具有复杂程度不同的文化分类，但是各民族文化被高山峡谷的天然同质性的地理地貌所统合，体现出了社会文化整合水平——这些民族的家庭、村寨、群体、地方政权都体现了相对较高层面的逐渐增强态势。民族文化区块的整合、统一是国家层面增强民族文化认同的基石。

藏羌彝走廊包含了伊斯兰文化、佛教文化、草原文化、迁徙文化、生态文化等文化类型。这些文化形态在藏羌彝走廊中或以单体存在，或以集体叠加存在，或以交融性的一体化存在，都体现了走廊之中民族迁徙行为是对"自然和周围社会环境相适应的生存和传承方式"[①]。和谐交汇共存的情状是民族长期交融的结果。

藏族文化包括民族艺术、民间手工艺、民俗、文化遗产、红色文化、古道文化、宗教文化、庄园文化等，重点文化品牌包括康巴文化、茶马古道文化、唐蕃古道文化和"东女国"文化。藏族文化以"藏戏、格萨尔、藏医药、唐卡、藏餐、藏毯、藏香、服饰、演艺、宫殿建筑、庄园建筑、园林建筑、藏传佛教寺院、馆藏文物、休闲林卡、拉萨雪顿节、藏历新年、沐浴节、林芝桃花文化节、山南雅砻文化节、那曲恰青赛马节以及众多民俗及藏传佛教活动"等为核心内容。[②]藏族的格萨尔史诗也称《格萨尔王传》，被称为当今世界仍被传唱的最后一部史诗，是藏族古代神话、传说、诗歌和谚语等民间文学的总和，被联合国教科文组织列为非物质文化遗产。

历史上羌人分别演变为汉族、藏族、羌族等民族。部分羌族信仰藏传佛教、自然崇拜、万物有灵、祖先崇拜。羌族石碉楼特色鲜明。羌族史诗《羌戈大战》就反映了一支羌人从青海、甘肃越过重重雪山，向岷江上游迁徙的情况，该史诗在一定程度上反映了民族迁徙与定居所引发的部落争斗，也折射了岷江的生态环境孕育了各族人民，以及各族之间的交往与

---

① 苍铭：《云南民族迁徙文化研究》，云南民族出版社，1997，第 144 页。
② 《藏羌彝文化产业走廊之西藏篇》，中国经济网，http://www.ce.cn/culture/zt/zangqiangyi/ditu/201501/05/t20150105_4263252.shtml。

融合，经国务院批准被列入第三批国家级非物质文化遗产名录。反映羌族哲学思想、精神面貌的是释比文化。羌族释比文化的哲学基础是万物有灵论，它与藏羌彝走廊内的藏族苯教文化、彝族毕摩文化、纳西族东巴文化等，有着诸多共同之处。[①]

彝族社会经历了漫长的社会发展阶段，彝族分支众多。其中，大小凉山的彝族古有"黑彝"和"白彝"家支等级制度。彝族民间信仰毕摩教，普遍欢度火把节，拥有十月太阳历、毕摩文化、马缨花传说文学、民居建筑文化、火把节文化、饮食文化、赛装节服饰文化、歌舞文化等。彝族《梅葛》史诗流传于云南省楚雄州的彝族地区。

撒拉族人自称"撒拉尔"，意为领兵官，简称撒拉。由于宗教信仰和风俗习惯与回族相似，相当一部分回族人融入了撒拉族。撒拉人举行婚礼时，还盛行表演"对盖奥依纳"（骆驼戏）的游戏。撒拉族社会基本的经济单位是家庭。撒拉族实行小家庭制。

普米族的文字具有符号表意的特征，这与古代用结绳、刻木来表达生活琐事具有一定的近似之处。其信奉的"丁巴教"，是自成一体的原始宗教。

怒族的宗教信仰呈现为多元并存的状态，这渊源于怒族的形成与发展过程中，既承继了自身固有的传统宗教，又吸收融入了基督教与天主教等西方宗教。多种宗教形态并存于同一村寨与家庭之中，并能够和谐共存，这是怒族宗教信仰的突出特点。怒族民间传统信仰包括自然崇拜、鬼神崇拜、灵魂崇拜、巫师崇拜、巫术崇拜等。怒族社会近亲婚配（有人称之为"亚血缘婚"）的情况比较普遍，还有"讨男子""不落夫家""补婚""抢婚"等风俗。一夫一妻制的个体小家庭是怒族社会的基本单位。在家庭中，普遍实行幼子继承制。"怒苏"支系还实行父子连名制。

[①] 叶健：《论藏羌彝走廊的多元宗教文化——以羌族释比文化为中心》，《玉溪师范学院学报》2014年第11期，第19页。

独龙族被认为是"从原始社会末期直接过渡到社会主义社会的民族"。至20世纪50年代初，独龙族社会由数十个家族公社组成。每一家族都有一个自然形成的族长，由辈分较高、能说会道的男性担任，负责处理家族内部的生产生活事宜；对外代表本家族向土司纳贡、摊派捐款或宣布械斗，指挥作战或缔结盟约等。他们以"公有共耕""伙有伙耕""私有伙耕"等方式使用土地，集体生产，共同消费，保留着浓厚的平均主义色彩。

泸沽湖地区纳西族摩梭人古代奉行"阿注"（伴侣）婚姻、母系继承制、女性家长制。以纳西族为主的丽江地区在历史上曾是滇藏贸易的重要市场，诸如丽江古城的"四方街"，同样的贸易市场还有大理的"三月街"。纳西族信仰东巴教、藏传佛教、汉传佛教、道教等。①

白族历史悠久，其先民曾经跨越云贵川地界建立南诏政权、大理政权，并拥有巍山古城、大理古城两个国家级历史文化名城，以及崇圣寺三塔、蝴蝶泉、苍山洱海等风景名胜。

拉祜族古有母系大家庭组织形式，实行母子连名制、夫妻连名制，近现代实行小家庭、从夫居和父子连名制的家庭形式。②拉祜族以游牧农耕为主，居住于干栏式建筑和落地茅屋，盛产烤茶。信仰自然崇拜、祖先崇拜、佛教。

普米族信仰原始宗教"丁巴教"，住别致的"木楞房"。

基诺族古有农村公社制度，长期被车里土司管辖；古有生产方式为"刀耕火种"，辅以采集狩猎经济。基诺族居住"干栏式"竹楼，婚姻具有对偶婚色彩。

景颇族古有氏族家长制、山官制。目瑙纵歌节特色鲜明。景颇族信仰万物有灵、基督教。

---

① 杨圣敏、丁宏编《中国民族志》，中央民族大学出版社，2003，第246~249页。
② 杨圣敏、丁宏编《中国民族志》，中央民族大学出版社，2003，第243页。

　　藏羌彝民族的交叉与跨越，形成了中华民族内部错综复杂的交织网，藏羌彝自身有其民族形成体系，又渊源于其自身的民族文化交往于外围区域的其他民族，即藏羌彝走廊构成了中华民族中的区域文化特点。藏羌彝等民族在六江流域的共同地理环境中形成了大体相似的民族风俗、生活惯习、社会风貌、价值观念等文化符号，并且这些民族之间具有悠久的历史渊源乃至同源同族。从氐羌系民族的原始宗教来看，藏羌彝走廊中的民族，如羌族、彝族、纳西族和藏族，其传统文化的核心是：羌族的释比文化、彝族的毕摩文化、纳西族的东巴文化以及藏族的苯教文化，其类型是大致相同的，所反映的都是以崇拜祖先为核心的"天、地、人"三位一体的原始宗教信仰理念，突出的主题都是祭天、祭地、祭祖，祭祖其实就是通过祭天、祭地，以求得祖先神、天神、地神护佑下达到天地人三维和谐共处的原始宗教信仰，表达的宗教观念是非常相似的，反映出藏羌彝走廊藏缅语族中很多民族共同的思想文化特征。[①] 藏羌彝走廊中还内含了多条经济文化交流的古道。诸如，以中国西南地区为起点和腹地、以马帮为主要交通工具的茶马古道。茶马古道渊源于古代西南边疆的茶马互市，并把中国西南民族地区的茶叶输送到南亚、西北亚、欧洲，茶马古道途经云贵川藏陕甘等省区。茶马古道传播了藏传佛教，促进了藏羌彝等民族的经济文化交往，融合了民族间的团结和友谊，衍生了风俗文化、文化艺术、价值观念、生活习俗等文化事项。藏羌彝走廊是特定文化时空中众多部族迁徙与发展所形成的情感纽带、生活地带、文化纽带。

---

① 普忠良：《藏彝走廊文化域中的羌文化刍议》，《阿坝师范高等专科学校学报》2013 年第 3 期，第 9 页。

二、藏羌彝走廊民族的特征

（一）藏羌彝民族之间相互交往与互动

藏羌彝走廊是迁徙走廊，迁徙即意味着外来人群与原住民之间的交往，无论是经济交换，还是社会交换，抑或是冲突争夺，都是民族交往的重要方式，尽管或有公允与否、或有正义多少等问题的存在，毕竟，从更加宏观的视角看民族迁徙的交往方式有助于中华民族的整体性形成。迁徙也意味着氐羌系统中众多民族逐渐突破自然限制，而趋向于在更加广阔的地区空间中实现整合，或曰，"六江流域"的地理空间促进了民族的区域性形成。诸如，怒江峡谷是云南境内地理上最为与世隔绝的地区，人们通常认为生活在这里的独龙族、怒族、傈僳族、白族（勒墨人）是较为隔离的群体，但历史和民族学研究发现，即便是在这样封闭的环境中，民族间也发生过文化和基因的交流。[1] 当然，从另外一方面看，山河阻隔也会导致民族联系阻断，进而形成民族多样性特征。

民族交往的民间方式是民族通婚。藏羌彝走廊中的民族大多实行外婚制，民族之间只要不具有共同血缘或血统的人都可以结婚，于是民族之间的联姻事例不胜枚举。当不同民族之间相互通婚的时候，民族之间的交往程度更深，相互之间的认同度也会增加。民族之间的通婚促进了民族团结，血统也是民族文化纽带的要素。在传统文化里，民族通婚使得不同民族之间强化了血缘联系，于是姻缘和血缘成为民族关系紧密结合的纽带。"56个民族一家亲，打断骨头连着筋"，回族的"回爸爸，汉妈妈"等习语，都是民族姻缘、亲缘关系的例证，因此也就有了各个民族都是兄弟姐妹的解说。反映在民族文化上是相互之间的文化认同程度逐渐提高，反映在民族心理

---

[1]　苍铭：《民族迁徙与云南边地民族涵化——兼谈遗传学的民族关系研究》，载金力、卢大儒主编《2002现代人类学国际研讨会论文集》，内部出版，2002，第20页。

图 2-16　多姿多彩的彝族头饰

上则是藏羌彝走廊中各个民族具有共同的心理感应和内心感触。

民族交往并非单向的，而是双向的，即包含了民族群体之间的互动与交流，藏羌彝走廊之中的各个民族之间在交往过程中相互影响。周智生认为，民族之间的互动是使"他族群"的生产生活方式、宗教信仰、风俗习惯等文化形态对"己族群"产生影响，并在一定程度上成为"己族群"文化的一部分，它包括同一个民族内部不同族群之间的互动，也包括与其他民族或其他民族中一些族群的互动，这一过程其实是一个文化的传播和涵化的过程。"由于历史上汉族、彝族迁入安宁河流域并与世居于此的藏族交错杂居，因而在生产生活、风俗习惯以及宗教信仰等多个层面发生不同程度的互动和影响。"①

---

① 周智生：《藏彝走廊地区族际经济互动发展研究》，《中国社会经济史研究》2010 年第 1 期，第 1 页。

（二）藏羌彝走廊民族文化的多元与认同

藏羌彝走廊中各民族都创造了自身的传统文化与民俗文化，有其文化特质，具有丰富的文化形态。从宗教文化的视角看，藏羌彝走廊中的藏族、门巴族、珞巴族、傣族等民族信仰佛教，保安族、东乡族、撒拉族等民族信仰伊斯兰教，彝族、苗族、普米族、傈僳族、独龙族、怒族、纳西族、白族、哈尼族、拉祜族等民族信仰本土宗教或者呈现为自然崇拜特征。从生计方式与生态经济来看，藏族、门巴族、珞巴族、保安族、东乡族、土族、撒拉族等多属于游牧文化，羌族、彝族、苗族、普米族、傈僳族、独龙族、怒族等隶属于山地农耕文化，纳西族、白族、哈尼族、拉祜族、基诺族、景颇族、傣族等多属于农耕文化。民族文化多样性体现在遗产方面，包括自然遗产、文化遗产、记忆遗产、非物质文化遗产等多彩内容。藏羌彝走廊的民族文化多样性是历史上社会发展不平衡、不充分的结果，也是"六江流域"高山峡谷地理生态环境的造化，还是各民族生产生活方式差异化所形成的，这些民族文化体现了民族的特质，丰富了中华文化的内涵。

不仅各民族自身有其多姿多彩的文化，而且民族文化内部也具有多样性。诸如分布于云贵高原的苗族，其居住在不同海拔高度的山地，又与汉、彝、回、哈尼、傣等民族交错杂居。如此居住方式呈现为多民族之间交叉居住，各民族之间比邻而居，同村同寨共同欢度不同民族节日，各民族生活习惯逐渐趋同，各民族语言相互交叉借用频繁，民族之间高度认同、彼此团结一致。由此可见，藏羌彝走廊中民族文化的多样性并不必然导致民族认同的多向性，民族文化多样化并不必然导致民族区域发展的趋异与分散；相反，居住在横断山脉高山峡谷之中看似差异与复杂的民族文化，因为民族之间相互交往频繁、相互融合与同化，实现了区域内民族之间的自然统合，多民族交叉杂居与文化认同恰恰是促进民族团结的重要因素。

（三）藏羌彝走廊民族的统合与交融

政治的统合促进了民族的形成与交融。中国历史上的历代统一王朝与区域民族政权在藏羌彝走廊都实行了不同的政治制度。唐代的吐蕃王朝统摄了藏羌彝走廊中的大部分区域，促进了藏族的形成与扩容。元朝的统治范围涵盖了藏羌彝走廊的所有区域，直接促使走廊区域内的民族交融。在南北朝、五代十国、清末民初等时期，藏羌彝走廊所涌现的割据政权和民族政权在局部地区实行了统一，促进了其辖区内各民族之间的交往与融合。藏羌彝走廊各民族无论属于中央王朝的大一统时期，抑或处于民族政权的分裂时期，在特定区域与政治制度的统合下呈现出不同程度的交融状态。

藏羌彝走廊各民族被统合的最为直接因素是中央王朝因地因族因势实施的政治制度和治理策略。西汉先后设置陇西郡、武威郡、酒泉郡、张掖郡、敦煌郡、牂牁郡、越巂郡、沈黎郡、文山郡、武都郡等，这些郡多位于现今的藏羌彝走廊区域之中，也是少数民族比较集中的区域，同时实行流官系统、土官系统，既保持了少数民族地方政权与中央王朝的联系，又保证了历史形成的头领头人的自主权，还能打通民族区域中民众与中原地区人民之间的交融通道。唐朝所设置的安北都护府、安西都护府、北庭都护府等机构，实行的是羁縻府州制度，让少数民族头领负责地方政权；针对当时与唐代并立的吐蕃、回纥、南诏等政权，唐代中央王朝通过通使、和亲、册封、互市、武力、威慑等多种策略，建立甥舅、属国的关系。元明清时期，在今藏羌彝走廊区域实行了土司制度，由地方少数民族首领世袭土司管辖区域，实行自治。新中国实行的民族区域自治制度和《民族区域自治法》更加符合藏羌彝走廊中少数民族地区的发展，尤其是自治区、自治州、自治县等三个层级的实行，更加精细地促进了民族之间的交融，促进了少数民族之间的情感与认同。藏羌彝走廊地区，少数民族地方政权的传承性、创造性发展加快了各少数民族之间的融合，促进了少数民族对中央王朝的向心力和对民族团结进步的凝聚力，促进了各少数民族之间的融合发展。

藏羌彝走廊上的各民族经过长期的交往、交流、交融，共同归入了和谐团聚的历史统合进程，并呈现出民族融合与和睦相处的民族关系状态。加之民族群体的相互杂居与异族通婚等微观的生产生活相处，各民族能够自然、习以为常地认同其他民族的文化特征与心理活动，乃至形成多民族的同一特征。民族交融是民族间经济、文化以及生活习惯密切联系的结果，是民族间的自然融合，是历史的进步，是多民族国家由分裂走向统一的必然发展趋势和前提。

三、藏羌彝走廊的现代走向

藏羌彝走廊形成于"六江流域"与横断山脉的特定地理环境，得益于氐羌民族的不断迁徙与分散扩展，形成了众彩纷呈的多元民族格局。藏羌彝的文化多样性渊源于各民族的文化传承，形散神聚，多而有序。随着中国西部大开发战略的深入实施，长江经济带与"丝绸之路经济带"的带动，藏羌彝走廊必将从生命纽带转向文化纽带，从民族走廊转向文化经济带，从民族共同体转向命运共同体。

（一）从生命纽带到文化纽带

藏羌彝走廊中各民族处于共同的地理环境和生态圈之中，共同的动植物资源和自然生态造就了各民族的生存智慧与文化图式，逐渐形成了人与自然和谐相处的独特智慧，各民族通过自身的传统文化认知生态资源和获取生存之源。民族多样性、生物多样性、文化多样性、地质多样性等因素在藏羌彝走廊中不同程度地呈现为同一生境中不同族群的生命与生存状态，也形成了青海水塔、四川九寨沟、云南哈尼梯田等生态文明范例。横断山脉与六江流域的良好生态环境是人与自然和谐相处的典范。六江流域与横断山脉所造就的地理环境、生态资源成为生存其中的各民族的文化要素，文化要素良效又反作用于生态环境，形成了人、地理、生态、文化共同构造的生命走廊。

一般而言，在地理生态环境相同的条件下会产生相同的文化形态，即每一个文化圈都具有一系列的物质文化的特征。根据格雷布内尔的"形式标准、数量标准"以及施密特的"性质标准""连续标准""关系程度标准"来确定文化圈之间的关联性，则能探索出藏羌彝走廊中各民族的"文化亲缘关系"和相似程度，从而确定走廊中各民族之间的文化同质性和文化传播次序，体现出走廊的文化纽带内核。如果把文化区、文化圈的范围扩展，那么，藏羌彝民族走廊事实上是华夏文化在不同区域中的文化留存，而这些民族文化留存不同程度呈现出不同的表现形式，也是中华原初文化的现代遗存，众多民族文化圈折射了中华文化的演变历程，由此展现了藏羌彝走廊文化区与中原文化和中华中心文化之间的紧密关系。

按照克鲁伯的观点，藏羌彝走廊生态环境以及依附于此的政权形成了不同的文化区，这些文化区与六江流域的自然生态环境密切相关，自然生态特质影响着文化区的文化峰值与文化强度，从而形成具有核心区与辐射区的文化地理范围。"青藏高原文化区、四川盆地文化区和云贵高原文化区，地势最高，海拔 2000~5000 米。地形被河流切割成支离破碎的峡谷和台地。青藏高原包括西藏、青海大部和川西，喜马拉雅山、昆仑山、祁连山、横断山脉绕在边缘，中间唐古拉山、冈底斯山、巴颜喀拉山把高原分割成许多盆地和峡谷。云贵高原被平行南流的怒江、澜沧江、雅砻江、金沙江、安宁河等分割成碎片，峡谷深凹。四川盆地四周高山环绕，面积约 20 万平方千米。古时与中原隔绝，故有蜀道难之叹。"①

---

① 梁庭望：《论中华文化板块结构及其相互关系》，《创新》2014 年第 5 期，第 14 页。

藏羌彝走廊涵盖天府平原等农耕文化圈，青藏高原、云贵高原的游牧（或农牧）文化圈，"六江流域"的河谷稻作文化圈等，这些文化圈之间相互交织，界限并非明显区别，且在同一座高山上高海拔与深峡谷的因素同时存在，从而促使生态文化呈现为纵横纽带相互交织，各民族文化相互流动、吸收与融合促使藏羌彝走廊形成了生态生命走廊与文化带。

（二）依托民族走廊构建文化经济带

藏羌彝走廊沿线生活着藏族、门巴族、珞巴族、保安族、东乡族、土族、撒拉族、羌族、彝族、苗族、普米族、傈僳族、独龙族、怒族、纳西族、白族、哈尼族、拉祜族、基诺族、景颇族、傣族等多个民族。这些民族多居住于横断山脉与大河峡谷之中，迁徙以及定居过程中相互交往，以藏缅语族民族分布为主，形成民族走廊。此民族走廊的形成，渊源于"原来居住在青藏高原的氐羌古族系，几千年前向四川盆地文化区和云贵高原文化区迁徙，与土著融合，逐渐发展成为这一文化圈的古老民族。隋唐后分化，形成当今众多的藏缅语族各族。西藏因高山隔绝，中原人很少。西南高原农牧文化圈的各文化区内，有若干相对独立的民族文化子系统，如藏族文化、彝族文化、纳西族文化、佤族文化等，各具特色，个性色彩相当浓郁。但它们和汉文化又互相渗透、交融，形成高原文化的共性"[1]。整体而言，藏羌彝走廊地区在历史上是"中原文化与西蜀文化的交汇处，是藏传佛教与汉传佛教的融合处，是华夏文明与古羌文明的结合处"，[2]藏羌彝走廊涵盖了众多民族与多元文化。

在藏羌彝走廊所覆盖的广大区域中，"唐蕃古道、茶马古道、南方丝

---

① 梁庭望：《论中华文化板块结构及其相互关系》，《创新》2014 年第 5 期，第 15 页。
② 姬小梅：《熊澄宇：藏羌彝文化产业走廊是一项国家战略》，中国经济网，http://news.china.com.cn/rollnews/news/live/2014-12/08/content_30256216.htm。

绸之路开拓的南北通道和东西通道，一直就是内地与边疆在政治、文化与经济交往方面的血脉和载体"①。在河流经济带、走廊经济的动力支撑下，藏羌彝走廊中各民族之间的经济交换频繁和区域集群凝集，促进了各民族经济上的融合，形成了经济共同体。通道经济、走廊经济在当今社会同样具有积极的意义，作为国家战略的藏羌彝文化产业走廊具有丰富的民族文化资源，通过创意转化、科技提升和市场运作，为广阔的文化市场提供具有鲜明区域特点和民族特色的文化产品和服务，以促进演艺娱乐、文化旅游、节庆会展、工艺美术、创意设计、文化创意和设计服务与相关产业融合发展，从而构建藏羌彝走廊文化经济共同体。在后续的文化共同体建设过程中，要综合考虑经济、社会、文化因素，通过对藏羌彝走廊文化资源的广泛调查与挖掘，协调不同的分布区域、文化形态、组织主体，从整体上布局，强调多方参与，努力构建文化产业发展的协调平台、长效工作机制。

藏羌彝走廊中文化资源丰富，形成了中华文化长河中独树一帜的大乘佛教文化、唐卡文化、昆仑文化、格萨尔文化、热贡文化、河湟文化、纳西文化、大理文化、土司文化、苯教文化、自然崇拜文化、婚俗文化、工艺文化、歌舞文化等，既具历史延续性又具现代气息，地域特色十分鲜明。各少数民族的习俗、节庆、服饰、民间工艺、文学艺术等各具特色，史前文化遗存、古墓葬、古城堡、古战场等历史悠久，多民族文化交融共存、风格独特。合理开发藏、羌、彝丰富多彩的民族文化资源，藏羌彝文化产业走廊建设项目以文化产业为切入点，形成一条文化产业走廊带，推动藏羌彝文化产业走廊成为具有世界影响力的文化旅游目的地，促进民族文化资源优势变为经济优势，这将有力推动藏羌彝走廊文化经济带的形成。

建设藏羌彝走廊文化经济带，促进走廊内少数民族和民族地区的社

---

① 姬小梅：《熊澄宇：藏羌彝文化产业走廊是一项国家战略》，中国经济网，http://news.china.com.cn/rollnews/news/live/2014-12/08/content_30256216.htm。

会经济发展,有助于各民族共享经济发展成果,有助于走廊区域内各民族实现文化扶贫与精准脱贫。构建走廊文化经济带,直接关系中国西部地区社会经济发展和各族人民安居乐业,直接关系各民族繁荣和中华民族的前途。

(三)把民族共同体提升为命运共同体

藏羌彝走廊各民族恰似石榴籽一样紧密地生活一起,团结在一起,形成区域性的民族共同体,尽管具有各自的特质和文化差异,但在长期的民族交往、经济交换、生活交融中,走廊中各民族相互之间具有较强的包容性、认同性、交融性。走廊中这些民族融合的方式既包括战争、国家化、互派使者等"政治庙堂"路径,又包括通婚互市、拜佛朝庙、探亲访友、节日聚会等民间交往路径,从而促使藏羌彝走廊中各民族的亲缘关系更加真切。尽管不可否认藏羌彝走廊中各民族的国家化进程中充斥着战争冲突与民族纠葛,但是总体而言,这些民族关系的和谐与融洽是主流趋向。

藏羌彝走廊所统摄的区域民族共同体得益于春秋战国、南北朝、隋唐、五代十国、元明清等历史时期所涌现的多次民族大融合。诸如藏族的集体统合与民族融合既得益于吐蕃时期的王权统摄,又得益于宗教社会的文化认同。在藏羌彝走廊的历史形成过程中,唐吐蕃的"和亲"加速了西藏的国家化进程。唐初松赞干布对青藏高原诸多小国的统一,并通过文成公主入藏,以及随后的金城公主入藏与唐朝通聘和亲,唐、蕃成了翁婿关系、甥舅关系。唐、蕃的姻缘、亲缘关系在一定程度上促进了唐、蕃的持久和平,加快了吐蕃社会、经济、文化、科学的正能量巨变,加速了汉藏经济文化的交流与融合。汉藏的情感纽带与民族关系更具有韧性。

尽管学界更多地关注于藏羌彝走廊中的少数民族,但是总体上,汉族在走廊中的人口数量依然占有重要分量,汉族的形成在藏羌彝走廊中也有体现。汉族作为一个民族共同体，是在漫长的历史发展中融合了众多民族成分的基础上形成的。周朝时期，作为西部羌人一支的周人，与夏朝、商朝时期的夏人、商人出现了一次大融合。①因此，汉族中一部分人渊源于羌人，秦汉时期汉族得以形成，随后经历了多次大融合，汉族吸纳了众多少数民族，而在边疆民族地区，汉族也融入众多少数民族。汉族的家国观念浓厚，古有"三纲五常"儒家伦理，普遍信仰自然崇拜与祖先崇拜，多数接受儒道释融合思想。

回族在藏羌彝走廊中有大量分布，具有"大分散，小集中"的特点；"藏回""傣回"的形成与称谓是回族因地制宜的发展特质与民族关系融洽的表现。回族渊源于唐宋时期的"蕃客"，大规模涌现并形成于元朝。回族基本上是"以来自域内域外信仰伊斯兰教的各族人为主，在长期历史发展中吸收和融合了多种民族成分而逐渐形成的民族"，"其分布越来越广泛，形成了'回回民族遍华夏'的分布特点"。②由此可见，藏羌彝走廊内含了多元特质的回族。

在历史上，藏羌彝走廊形成了较多的地方民族政权，政权割据以及由此引发的战争在一定程度上促进了被统治的某些少数民族之间的强化联系和相互支持；并在反抗封建统治与外敌入侵中加深了解和增进友谊，从而在共同命运与情感经历上形成了同质性的感受，即获得了民族共同体的感触。

当中国政府落实了民族区域自治政策，营造了各民族平等相待、团结和睦、友好互助的社会环境之时，处于藏羌彝走廊区域之中的各民族之心则被凝聚在一起，逐渐具有命运共同体意识。各级人民代表大会的召开、各级人民政府中的少数民族任职配比提高、经济发展规划中特殊关照少数民族等意味着国家努力地促进各民族平等参与国家事务、逐步平衡经

① 杨圣敏、丁宏编《中国民族志》，中央民族大学出版社，2003，第37~38页。
② 杨圣敏、丁宏编《中国民族志》，中央民族大学出版社，2003，第55页。

济发展，尊重和保护少数民族宗教信仰自由，国家在行动，不让一个民族掉队。各民族感同身受，必将油然而生出国家认同感。

在培育中华民族共同体意识以及强化国家认同方面，还需要"从各民族传统文化中凝练出价值共识，在当代表现为团结统一、尊重差异、包容多样等，其中以爱国主义为核心的团结统一、爱好和平、勤劳勇敢、自强不息等中华民族精神在当代凝练出的社会主义核心价值观，成为引领、统摄多元文化发展的重要精神纽带。同时，推广和普及汉语作为中华民族通用语言文字，交融与共享丰富多彩的地域和表层文化形式，诸如节庆、婚俗、礼仪文化习俗共享，以及电视、电影、文学艺术等精神文化产品要反映多元文化元素"[1]。在共享现代化建设方面，"应该包括各民族人士对中华民族共有文化建设的参与、共享，最核心的是增加中华民族共同体中的多元文化元素，应该在社会各个层面对全体社会成员灌输中华民族共同体中的多元文化理念，这是对中国社会民族结构多元性的回应"[2]。

藏羌彝走廊中各民族是中华民族的重要组成部分，无论在民族精神层面抑或制度层面，走廊中各民族都认同中华民族中儒道释所倡导的"和合""中庸""仁慈""真善美""公平正义"等理念，都认同历史形成的"大一统"制度和社会主义制度以及社会主义政治意识形态，从而形成了"多元一体"的"中华民族大家庭"，既彰显了民族文化的多元性，又体现了各民族相互交融的统合性。中华民族是包括港澳台在内的全部中国人共同体和各民族融合共同体，具有国族属性和中国国家属性。藏羌彝走廊中各民族在长期的历史过程中逐渐强化了中华民族共同体意识与中国国家概念，形成了共同的集体记忆与精神家园，齐心携手共同创造了中华文化，群力群策共同缔造了统一的多民族国家，从而实

---

①　沈桂萍:《培育中华民族共同体意识，构建国家认同的文化纽带》,《西北民族大学学报》(哲学社会科学版) 2015年第3期，第5页。

②　沈桂萍:《培育中华民族共同体意识，构建国家认同的文化纽带》,《西北民族大学学报》(哲学社会科学版) 2015年第3期，第5页。

现了从民族文化认同向中国国家认同的转向。包括藏羌彝走廊在内的中国史，已经无数次地证明了"国家统一、民族团结，则政通人和、百业兴旺；国家分裂、民族纷争，则丧权辱国、人民遭殃"这一真理。当然，国家为了增强人民的获得感与幸福感，也在着力构建"平等、团结、互助、和谐"社会主义民族关系，促使各民族通过共同团结奋斗，努力实现共同繁荣发展，同心同德为实现"两个一百年"奋斗目标、实现中华民族伟大复兴的中国梦而奋斗。

第三章

从游牧到农耕
——藏羌彝走廊上的民族生计文化

　　"藏羌彝走廊"不仅是空间上自西北向西南跨越青海省、甘肃省、陕西省、西藏自治区、四川省、贵州省、云南省等七省（区），覆盖超过68万平方公里的区域，历史上古代氐羌族群由西北向西南的民族迁徙大通道，更是生活在"区域－历史－民族"三维叠加丰富空间中的藏族、羌族、彝族、哈尼族、苗族、回族、傈僳族等20多个民族，在适应生态环境的同时，形成人与自然相适相存生计文化的漫长时间历程与丰厚文化积淀。

一、承载民族生计文化的生态环境

　　藏羌彝走廊自北向南、自西向东贯穿藏东高山峡谷区、川西北高原区、滇西北横断山高山峡谷区以及部分滇西高原区，穿越青藏高原、甘青高原、云贵高原、川西平原，从青藏高原到川西平原，海拔落差有4000~5000米。昆仑山脉、祁连山脉、邛崃山脉、岷山山脉、龙门山脉分布其间，岷江、大渡河、雅砻江、金沙江、澜沧江和怒江奔流涌动，高山峡谷与大江大河共同构筑的高原、峡谷、盆地、平原多样化的地形地貌为藏羌彝民族迁移提供了天然的屏障与通道，同时生存于其中的民族为适应多样化的自然环境，形成从高山草甸畜牧到平坝稻作农耕农牧相结合的生计模式。海拔4300米以上多为畜牧区，以畜养牦牛为主。海拔4300米以下的农牧结合区主要有两种类型：一种是以牧业为主兼营农业的地区，农业主要种植青稞及燕麦等耐寒作物，对畜牧业形成补充，一般畜牧业产值占70%，农业产值占30%；另一种是以农业为主兼营畜牧业的地区，以种植青稞、小麦、玉米为主，农业产值约占70%，兼饲养黄牛、绵羊、山羊及猪，畜牧业产值约占30%。

（一）从高山峡谷到平原盆地

　　自西向东，藏羌彝走廊沿线总体呈现西高东低、海拔高差较大的地貌特征。藏羌彝走廊北线自西藏中部拉萨向藏东延伸，穿越青南、甘南，由青甘川交界处进入川西北后向东到达川贵交界处；南线由西藏自治区林芝地区进入云南迪庆藏族自治州后，继续向南经过云南楚雄彝族自治州，北上至川贵与北线汇合。

第一，藏东高山与峡谷游牧区。从西藏高原的中部、喜马拉雅山脉北侧的拉萨到广袤荒凉的羌塘高原连接甘青高原，直至甘川交界的夏河、松潘草地一线藏东高山峡谷，是青藏高原的脊梁，高原中的高原。喜马拉雅山平均海拔 6000 米以上，西部羌塘高原平均海拔 5000 米以上，东部松潘草地海拔 3500 米左右。雅鲁藏

图 3-1 藏羌彝走廊上的高山峡谷

布江河谷平原海拔仅在 3000 米左右，高原脊梁东南部山河相间处，尤其是横断山区，高差亦较为显著，平均在 2000 米以上。青海民和县下川口海拔为 1770 米，金沙江海拔仅 1503 米。藏东高山峡谷地形陡峻，大部分地区气候寒冷，终年有雪，除喜马拉雅山以南地区密布森林外，还有高山草甸可供畜牧。羌塘高原为区域内面积最大的高原，但大部分是砂砾地，不宜植物生长，牧草不丰，适宜游牧。东部和东南部谷地，垂直分异明显，较适宜农业、林业，但雅鲁藏布江河谷已有成片沙漠部分，农牧业

条件较差。①

第二，青南、甘南高原畜牧与农牧业交错区。青南高原海拔多在
4000 米以上，地势较高，唐古拉山脉雄踞于高原西南，是长江的发源地，
巴颜喀拉山脉横亘于东南，是长江水系和黄河水系的分水岭。中部的通天
河（长江上游）和扎曲（澜沧江上游）河谷地带，地势较低，农田沿河流
呈带状分布。东部的果洛藏族自治州位于黄河上游，河谷宽阔，灌丛草甸
广布，是青海省的重要牧区，也是藏系羊、牦牛的主要产地。②东南部河
谷低地，海拔为 3200~3800 米，大部分地区年均气温 0℃以上，牧草生
长良好，河谷地带适宜种植青稞、小麦等农作物。③甘南高原位于甘肃省
南部、青藏高原东北隅，地处青藏高原向陇中黄土高原和陇南山地的过渡
地带，东部和南部以丘陵、山地为主，西部为平坦的甘南草原。地势高
耸，全境海拔为 3000 米以上，森林茂密，草场广阔，水资源较为丰富，
是重要的农牧业交错区和主要畜牧业基地。④

第三，云贵高原坝子农业区。云贵高原是我国南北走向和东北－西
南走向两组山脉的交汇处，大致以乌蒙山为界分为云南高原和贵州高
原两部分。地势西北高、东南低，西北面云南高原地形较为明显，海
拔在 2000 米以上；东面贵州高原起伏较大，高原面保留不多，海拔在
1000~1500 米。云贵高原山岭间，有许多湖盆和坝子，云南高原湖盆四
周湖水外泄和四周山地沙泥淤积，大多数发育为土壤肥沃、土层深厚的湖
岸平原，云南有 1200 多个坝子，占全省耕地面积的 1/3，是高原的主要
农业区。贵州高原雨量充足，高原面因长期受河流切割而呈山原形态，高
原面下，分布着盆地（坝子），是高原上的主要农耕地带，约占耕地面积
的 1/4。云贵高原坝子地势平坦，气候温和，土壤肥沃，灌溉便利，是云

① 张保见：《民国时期青藏高原经济地理研究》，四川大学博士学位论文，2006，第 18~19 页。
② 青海省地方志编纂委员会编《青海省志·自然地理志》，黄山书社，1995，第 33~34 页。
③ 严正德、王毅武主编《青海百科大辞典》，中国财政经济出版社，1994，第 38 页。
④ 甘南藏族自治州地方史志编纂委员会编《甘南藏族自治州州志》，民族出版社，1999，第
1~3 页。

图 3-2　青藏高原的牧场

贵高原上农业兴盛、人口稠密的经济中心。

第四，川西平原农业区。川西平原又称成都平原，地势自西北向东南倾斜，一般海拔 600 米左右，是由发源于川西北高原的岷江、沱江及其支流等 8 个冲积扇重叠连缀而成复合的冲积扇平原。整个平原地表松散，沉积物巨厚，地势平坦，平均坡度仅 3%~10%，地表相对高差在 20 米以下，总面积 1.881 万平方公里，是西南三省最大的平原。平原四周有群山环抱，四季分明，日照少、气候温和，降雨充沛，属暖湿亚热带太平洋东南季风气候区；其水系格局特殊，呈纺锤形，河流出山口后分成许多支流奔向平原，分支交错，河渠纵横，农业发达，物产富饶，人口稠密，是中国重要的水稻、甘蔗、蚕丝、油菜籽产区，自古有"天府之国"的美誉。

（二）从雪域高原到暖湿盆地

第一，青藏高原以高寒为主，多种气候并存。地势高耸，地形复杂，形成了以高寒为主、多种气候并存的青藏高原气候特点。总体气温较低，高原内部寒冷干燥，降雨稀少，只有在较低的河谷、湖泊周围气候稍好。东南缘边地势稍低，温度稍高，降雨较多，垂直地带性显著，日照充足，自然灾害频繁，干旱、冰雹、暴风雪、严霜为常见性灾害。大气稀薄，日照充足，太阳辐射强，高原内部如柴达木盆地等区辐射量尤高，是该区气候的特点之一。拉萨年雨日较少，且多为对流雨及雷雨，雨时多不长，故有"日光城"之称。总体气温较低，由于地形地貌条件复杂，不同地域、不同海拔气温的年较差和日较差变化多样，是该区气候的另一特点。由于气温过低，海拔过高，霜冻期较长，生长期短，雪霜雹等动辄成灾，树木也不能生长，仅牧草及灌木可以生存。地形地貌复杂，局部地区降水情形变化很大，总体来看，降水量呈现为由东南缘边向西北内陆渐减的趋势，东南缘边以降雨为主，西北内陆以雪、雹为主要降水形式。西北内陆局部地区由于地形雨的原因，也有相对较多的降水。充足的日照、密布的河流湖泊及雨热同期等天然优势使该区耕作农业的发展成为可能，只不过农作区多局限于海拔较低且利于灌溉的河谷、湖泊地区。

第二，甘南地区高寒湿润。包括甘南州绝大部分，海拔 3000 米以上，平坦宽广的草滩一望无际，降水量高达 550~800 毫米。由于海拔太高，土壤温度低，速效养分缺乏，作物不易成熟。大部分地区适宜放牧，是甘肃省主要天然牧场之一。①

第三，云贵高原垂直气候。云贵高原为具有高原特性的亚热带季风气候，夏季同时受东南风（来自太平洋）、西南风（来自印度洋）的影响，降水较多，而由于地处高原，气温比同纬度偏低。冬季受昆明准静止锋影响，西侧的云南被暖气团控制，温和晴朗，而东侧的贵州则阴冷多雨。

第四，川西北暖湿亚热带。该区域四季分明，日照少、气候温和，降雨充沛，属暖湿亚热带太平洋东南季风气候区。气候随地势和地形的变化而有不同，一是垂直地带性显著，二是南北向的河谷及山之南坡较暖，东

---

① 李栋梁、刘德祥编著《甘肃气候》，气象出版社，2000，第 295~296 页。

西向的河谷及山之北坡较冷,大部分地区降水稀少,较为干旱,且一年各季分布不均,一般夏季为雨期,冬季降水较少。川西平原区气温变化小,多年平均气温为 16.1℃,年最高气温一般出现于 7~8 月。从多年资料看,最高月平均气温不超过 26℃,最低月平均气温一般不低于 4℃。因此冰冻极为少见,无土壤及地下水冻结现象。降雨充沛是成都平原气候特色之一。年平均降雨量达 1200~1600 毫米,向东南方向雨量递减,降雨在季节上分配不均。冬季,在大陆干冷气团的控制下,气候干燥,降水稀少。

(三)从生态屏障到地震频发

藏羌彝走廊是中国生物多样性最丰富的地区之一,也是世界上 25 个生物多样性地区之一,占有十分独特的地位。沿线既有三江并流、九寨沟、四川大熊猫栖息地、中国南方喀斯特等世界自然遗产,又有丽江古城、布达拉宫、莫高窟、秦始皇陵及兵马俑坑、都江堰等世界文化遗产,还包括峨眉山－乐山大佛世界自然与文化双遗产。同时,走廊内还有极为丰富的非物质文化遗产资源,格萨尔王传说、藏戏、西安鼓乐、花儿、热贡艺术、羌年等被列入世界级非物质文化遗产名录。六江流域的地形适合许多动植物的生长,具有物种高度丰富、特有物种种类繁多、生物区系起源古老、经济物种异常丰富的特点。雅鲁藏布江大峡谷是世界上山地生态系统类型、植被类型、生物群落最丰富的峡谷谷地。从海拔数百米的谷底到海拔 7782 米的南迦巴瓦峰顶,热带低山常绿半常绿季风雨林、亚热带山地常绿半常绿阔叶林、暖温带中山常绿针叶林、寒温带亚高山常绿针叶林、亚寒带高山灌丛草甸、亚寒带高山冰原和寒带极高山冰原等生态系统,沿谷坡依序分布,被誉为世界山地植被类型的天然博物馆。云南拥有良好的生态环境和自然禀赋,是中国生物多样性最为丰富的省份,同时也是北半球生物多样性最为丰富的地区,多样性的气候与地貌特征蕴藏着巨大的发展潜力。藏羌彝走廊沿线自然保护区的建立,有效保护了珍稀濒危野生动植物资源。一方面珍稀濒危野生动物种群数量稳中有升，另一方面野生动植物栖息范围不断扩展，保护了西部地区丰富的生物多样性，为当地及国家进一步培育、扩大野生动植物资源奠定了基础，同时改善了脆弱的生态环境。高黎贡山自然保护区拥有多种受国家重点关注和保护的野生动植物。其中，国家重点保护野生动物种类有82种，达到全国总数的32%，国家重点保护植物60余种，种子植物4300余种，花卉植物和药用植物分别有600余种和1000余种，在动物当中，鸟类、兽类和昆虫分别达到485种、117种和1690种，占据全国较高比例。藏羌彝走廊沿线湿地保护体系建设使藏羌彝走廊区域湿地生态状况得到明显改善，对维护我国乃至南亚地区的水资源安全发挥了重要作用。青藏高原等地区的高寒湿地，在维护水资源安全和国土生态安全、应对气候变化中具有极其特殊的作用。三江源自然保护区，不仅

图 3-3　高原湿地

保护了我国海拔最高、面积最大的天然湿地，也维护了我国长江、黄河、澜沧江流域的生态安全。

另外，受自然条件和历史过程影响，藏羌彝走廊沿线地震频发，生态环境出现恶化趋势。西藏林芝市、四川阿坝州、甘孜州、凉山州、云南楚雄州是藏羌彝走廊沿线地震频繁且震级较大的集中区。20世纪全球发生的3次8.5级以上的强烈地震中，1次是1950年8月15日位于西藏林芝市的察隅8.6级大地震。21世纪以来，中国大陆发生的两次8级大地震，包括2001年11月14日发生的昆仑山地震和2008年5月12日发生于四川阿坝州的汶川大地震。西藏林芝境内的雅鲁藏布大峡谷是世界上最深的峡谷，该峡谷处在印度板块和欧亚板块镶嵌交接缝合带的东北端，缝合带附近应力集中，地壳很不稳定，经常引发地震。察隅地震由聚合板块边缘碰撞引起，是20世纪第六强的地震。四川阿坝州位于青藏高原东南缘，处于中国南北地震活动带中段，是中国新构造运动最强烈的地区，域内分布有龙门山、岷江、松岗、抚边、阿坝等众多活动断裂。从唐贞观十二年（638）以来的1300多年内，有记录的历史地震达百余次，有1/10为强震。四川甘孜州地处四川盆地西缘山地与青藏高原的过渡地带，地形复杂多样，大雪山脉之折多山将县境分为东西两大部分。康定-甘孜地震带是中国主要地震带之一，自1630年以来，在这条地震带上发生7级以上地震达9次之多。四川凉山州处在安宁河-则木河地震带、盐源-木里地震区及马边-雷波-昭通地震带上。历史上曾发生7级以上地震3次，最大地震为1536年西昌北新华7.5级地震和1850年西昌-普格间7.5级地震。云南楚雄州是地震活动非常频繁的一个地区，附近有程海断裂、楚雄-南华断裂、元谋断裂等，而地震就是由于这些断层的活动、错动、破裂引起的。

此外，水土流失尚未得到根本性改变，沙化面积呈持续增长趋势；森林生态系统调节功能弱化，呈不协调发展趋势；草地面积呈持续缩减趋势，且质量下降；水资源短缺现象严重，呈污染型水质性缺水趋势；石漠化问题突出，石漠化面积占土地总面积的比例呈攀升趋势。地震频发和生态环境脆弱等问题严重制约着藏羌彝文化产业走廊区域经济社会可持续发展，已威胁到当地人类社会的生存和发展，也构成对国家经济社会发展安全的影响。

二、藏羌彝走廊上的畜牧文化

受海拔高度、气候条件以及草场类型的综合影响，藏羌彝走廊上各民族的畜牧区总体有三种类型。一是高山草甸畜牧区，西藏藏北、藏西及藏南海拔 4200 米以上的高寒地区，主要是游牧区，20 世纪 60 年代以前，畜牧业是唯一的经济活动。拉萨以东海拔 4000 米以上以牦牛为主，兼有绵羊、山羊的高山草甸草场畜牧区，那曲东部高原地区，牦牛数量占西藏首位，母牦牛主要用于生产乳制品，公牦牛用于高原长途运输，此外还可生产牛毛和牛尾。青海青南与环湖部分高寒地区也主要是畜牧区。二是高山峡谷畜牧区，主要分布于藏羌彝走廊沿线宽谷草原、草场占优势的地区，包括羌塘高原、阿里西部、藏南、青南、港南、川西、云南高原，海

图 3-4 藏族居住区乳制品

拔 3000 米左右地区畜种结构以绵羊、山羊为主，兼有犏牛和马。羊是牧区的主要牲畜，可提供肉类、乳制品、皮和毛。三是半农半牧区和农区，在海拔较低的地区，主要饲养黄牛、犏牛、驴及骡，其中极少数地区还养少量的猪。黄公牛、犏公牛用于耕地，毛驴作短途驮运，马、骡供人骑乘或运输，猪提供肉类，此外，牲畜也可以提供肥料。

在长期的生产生活中，藏羌彝走廊上的民族积累了与高寒草甸、高山峡谷、半农半牧及农区生态环境相适应的不同类型牲畜饲养经验和知识，形成了既能高效利用生态资源获取生存、发展资料，同时又精心维护高原草甸生态环境的文化体系。

（一）高寒草甸牦牛文化

牦牛是世界上生活在海拔最高处的哺乳动物，主要分布于西藏、青海、甘肃、四川、云南等省区海拔 3000 米以上地区。牦牛性喜高寒山地草原，卧霜息雪，舔冰饮雪，不耐干燥、炎热的气候，形成了独特的适应高原环境的生理特性。首先，体躯呈长方形，头部狭长，额宽面凹，犄角长而尖锐，角质致密坚实，攻防能力俱佳，合群协作情况下甚至不惧狼害。其次，胸部宽阔，心肺发达，适应低压少氧的环境。被毛以黑色和黑白花色为多，有助于在高寒环境下吸收热量；背毛随季节变化而变化，长短疏密不一，起着调节温度的作用；体侧和下部裙毛长而密，有助于御寒防湿；四肢短而粗壮有力，蹄小，边缘生着坚实的蹄甲，坚蹄上有软层，善走高山、陡坡、沼泽、雪山、激流，移动速度比较缓慢。牦牛喜欢吃柔软的邦扎草等天然牧草，也啃食草层低矮的草植，可以利用羊类无法食用的湿生植被。牦牛产出的肉和加工的酥油是藏族必备的食品，牦牛的毛、绒、角、皮、骨、尾是藏族传统手工业原料。此外，牦牛是适合于高海拔、严寒气候条件下的主要运输工具，沿途以草为食，行走不衰，素有"高原之舟"的美誉。牦牛对雪域高原民族的生产生活具有不可替代性，

图 3-5 纳木错的牦牛

藏羌彝走廊沿线甘青高原、西藏高原、川西高原以及云贵高原藏族居住区民族在长期驯化、饲养，与牦牛为伴的历史发展过程中，在精神层面形成以"牛化万物"为核心的牦牛崇拜，在行为层面形成以"转场浅牧与多畜并牧"为主及与高山草甸生态条件相适应的放牧制度，在物质层面形成以"生计基石"价值为代表的牦牛经济，牦牛与藏族在历史文化、宗教信仰、生活习俗等方面发生的千丝万缕的联系，共同构成高山草甸牦牛文化系统的典型特征。

第一，以牦牛为名的部落和地域。青藏高原既是牦牛的主产区，也是世界牦牛的发源地，生活在青藏高原上的藏族先民是世界上最早成功地将野牦牛驯化为家畜的民族。史籍中记载的"旄牛、髦牛、犛牛"，既指生活在西南边地的牦牛部落，也指牦牛的产地。藏史记载，汉唐时期在青藏高原东部活动着一支以饲养牦牛而闻名的古羌族部落——牦牛夷，据考证牦牛夷亦称牦牛羌、牦牛种羌，活动范围在今青藏高原东部的四川省甘孜州泸定、康定、雅江、炉霍、道孚、新龙等县。历史上吐蕃曾被称为"六牦牛部"，按《敦煌本吐蕃历史文书》记载，吐蕃第一任赞普聂赤赞普从天而降，"遂来作吐蕃六牦牛部之主宰"。同期，大臣达盖发明了用绳索穿牛鼻孔的方法，彻底驯服牦牛，避免伤人事件发生。生活在藏羌彝走廊上的部落（部族）他称或自称为"牦牛"，反映出在远古时代，牦牛养殖在青藏高原的原始居民中已成为一种大量、普遍的现象，部落经济以饲养牦牛为特征。

此外，秦汉时期聚居在雅砻江流域，西南夷中重要的族群之一——笮人和同时期的牦牛族群在地域范围、文献记载以及考古发掘上都有密切的关系，饲养牦牛是笮人典型的经济生活特征之一。《史记·西南夷列传》中记载"巴蜀民或窃出商贾，取其笮马、僰僮、髦牛，以此巴蜀殷富。"《史记·货殖列传》载"巴蜀亦沃野，南御滇僰，僰僮。西近邛笮，笮马旄牛"，这里旄牛与髦牛同指特产之牦牛。

第二，藏族在长期驯化饲养牦牛的历史进程中形成了"牛化万物"崇拜。在征服自然和改造自然的过程中，藏族把超越自然的能力，人所不能及的神力和希冀寄托于他们所崇拜的最神圣的、最具威力的、与其生活密切相关的牦牛身上，牦牛超越一般动物的范畴，是造物主，是世界的创造者，是人类的祖先。藏族创世纪神话《万物起源》中记载"牛的头、眼、肠、毛、蹄、心脏等变成了日月、星辰、江河、湖泊、森林和山川等"，同时牦牛又被物化，许多崇山峻岭、江河湖泊均被视为牦牛的化身。远古时期藏族先民们把各氏族、部落的族源图腾神灵的名字用来命名各种山川，以牦牛命名诸多神山，创造的各种以牦牛神山为对象的传说、绘画、雕刻等艺术包容着深刻的文化内涵和历史价值，既是"藏族祖先永恒的纪念碑"，也是蕴含藏族生存发展历史文化内核的博物馆。

雪域高原造就了崇尚白色的藏族，白色代表着崇高和神圣，所有白色事物都象征着美好和吉祥。牦牛始终伴随藏族生存发展的漫长历史过程，藏族先民驰骋丰富的想象将牦牛神化或物化，使其成为藏族精神世界中的重要崇拜对象。在自然条件和生产生活的双重塑造下，白牦牛赢得了藏族人民深深的敬仰和崇拜，成为牦牛图腾中神灵化地位最高的一种神，具有更为崇高和神圣的意义。在藏族史料中，化身牦牛或与牦牛有联系的神灵往往是藏族的原始土著神，如雅拉香波山神、冈底斯山神等均化为白牦牛，十二丹玛女神之一的勉几玛的坐骑便是一头白牦牛。藏族史料记载"莲花生初进藏，从尼泊尔入境时雅拉香波山神现原身，化为一头雪白的牦牛，像座大山，吼声如雷，震得山崩地裂"，结果被莲花生降服化作佛教中的护法神。

迄今为止，遍及整个藏族地区的屋宅、墙角、玛呢石堆、寺院祭台上都供奉着牦牛头骨。四川阿坝藏族自治州甲戎藏族人把自己视为古牦牛羌族的后裔，世代流传着供奉"牛首人身"的习俗。每逢过年之际，土司、僧侣、头人、官吏们竞相制作一公尺以内的牛头人身像，供奉在家家户户的神位和院门上方，尊奉为守护门神，祈望带给家族康泰平安、吉祥如意，用以驱邪祈佑，镇妖降魔。此外，藏族宗教艺术和工艺美术当中织绣、彩绘的各种写实或变形等造型的牦牛图案，甚至包括宗教祭祀和法事活动当中佩戴牛头面具所演示的神牛舞蹈等，均表征牦牛图腾崇拜的历史风俗根深蒂固地留存在藏民族的文化生活中。

第三，"转场浅牧"与"多畜并牧"的冬夏牧场放牧制度。从青藏高原到川西高原山川间杂，随着高原整体高度的抬升，河谷两侧山地的气温、气压、植被呈现明显的立体特征。河谷底部气温和气压最高，两侧山地的气温和气压随着海拔的上升而逐渐降低，山顶气温和气压最低。植被方面，河谷底部多高大乔木。随着海拔的上升，灌木高度越来越矮，乔木逐步取代灌木，树叶也越来越小，直至树线消失，完全为高山草甸所替代。草植随海拔高度的变化与树木类似。即使同一种牧草，因为海拔高度的差异也呈现出不同的形貌。一般海拔4500米以上地区，受严寒气候影响，牧草产量低而且生长得比较低矮，只有在夏天才可以放牧，为"夏牧场"；相对低矮山谷或河谷地带水源丰富，牧草长得较高，产草量通常比高海拔地区多出 3~5 倍的"冬牧场",为牲畜度过漫长冬季提供饲料来源保障。

在长期的生产生活中,藏族积累了精心维护与高效利用脆弱生态环境的大量经验,并形成与当地生态环境相适应的传统畜牧制度。首先,保持随季节而不是随着青草转场,尽量吃干草梗不吃新生苗,牲畜"夏壮秋肥冬瘦春死"的制度。一旦气候回暖,牧场随着海拔的升高依次返青,冬牧场首先返青,牧民也随季节不断将牲畜往山上赶。春夏之交,牲畜先吃牧场雪融后露出地面的干草梗,给新鲜的植株留下了足够的成熟结籽时间。夏天过去,牲畜在秋天下山的过程中才能吃到青草,同时,为了不过度消耗冬牧场,保证冬牧场的结籽量和蓄积量,使牲畜平安过冬,牧区还有"不能提前一天进入冬牧场,否则要接受处罚"的惯例。为了高效利用脆弱的高山草甸,藏族牧民付出每天走几十公里的艰辛劳动,在其精心维

图 3-6 四川若尔盖草原

护下，每年产出的草得到均衡消费，保证了可持续利用。除了及时转场之外，藏族牧民还注意实施"浅牧"。在放牧过程中，不断驱赶牲畜移动，使其只能匆忙进食，控制牲畜对鲜嫩牧草的取食量，保证当年保留 30% 以上的牧草，用于累积地表腐殖质层不断。由于寒漠上的牧草质地坚硬，难以消化，牲畜仅是采食当年冒出的嫩尖，数量有限，因而每天放牧的半径很大，"不走回头路"的浅牧几乎看不到对地表植物的过度食用，牲畜觅食后剩下来的草依然能够覆盖土壤，而且这些被吃过的草还具有再生能力，来年可以顺利地萌发新芽。牲畜留下来的粪便可以加厚地表的腐殖质层，这样长期积累后，能稳定而缓慢地提高单位面积的产草量。另外，牲畜的活动还会携带植物的种子实施远距离的播种，推动草场的更新换代，对当地生态系统的脆弱环节不会构成冲击。

此外，藏族牧民大多采取传统多畜种放牧的方式，既可以充分开发牧区生产力，提高载畜量，又有利于草原的可持续利用。在充分掌握牛喜食高大的、多汁的、适口性较好的草类，羊则爱吃短小的、含盐量高的、有气味的各种植物基础上，依据不同的牲畜对牧草采食的偏好立体利用草场空间，连续利用植物生长时间，使各种不同类型的牧草都得到采食，以保证草场的各类牧草得到均衡消费，实现草原的综合利用，提高载畜量。同时控制在单种动物生存条件下极力滋生的不适物种，降低牧场植物结构变化、牧草质量下降的风险[1]。

第四，具有"生计基石"价值的牦牛经济。在高原雪域严酷的自然环境下，牦牛是藏羌彝走廊上青海、西藏、川西高原、滇西北高原藏族高寒地区的经济支柱，牦牛业的生产水平及其发展，直接影响到畜牧业经济的发展水平，并对藏族居住区整个经济的发展、社会的进步与稳定起到重要的作用。同时，在农业收获有限的条件下，饲养牦牛对藏民而言是维持基本生计

---

[1] 罗康隆：《论藏族游牧生计与寒漠带冻土层的维护》，《青海民族大学学报》（社会科学版）2014 年第 4 期。

的基石。牦牛在藏民吃穿用住、防寒取暖等方面发挥着不可缺少的作用，也为藏民能够在气候条件恶劣的青藏高原长期生存并繁衍提供了基本保障。受特殊地理环境、高寒缺氧、气候条件恶劣的共同影响，仅依靠摄入淀粉类食物（粮食）是难以长期生存的，必须摄取高脂肪类食物，因此牦牛肉是藏民的主要食物来源，一般每年秋季都要宰杀牦牛。此外，提炼牦牛奶中的酥油是藏族抵御严寒的关键。酥油的脂肪含量高达90%，能有效地帮助人们抵御严寒。藏族还形成了独特的酥油文化，认为酥油茶可缓解高原反应，治疗感冒，酥油涂抹在皮肤上可以抵抗干燥、严寒和大风，此外酥油也是宗教活动中不可缺少的祭祀用品。牦牛的皮毛不仅可做牧区藏族的黑色牛毛帐篷（用牦牛毛编织的粗毛织品做围幕，中间用小圆木支撑，外用牛毛绳将各撑点拉紧并固定在地上），也是藏族传统衣物、被褥和坐垫的原料。《北史·附国传》中所记载的"以皮为帽……衣多皮裘，全剥牛脚为靴"，就是古代藏族很具代表性的服饰民俗。至今，牛皮、牛毛产品仍是藏族制作衣服、靴子的主要原料。此外，在缺少树木枝叶燃料的藏族居住区，牦牛粪也是藏族农民燃料和肥料的重要来源，做饭、取暖长期依赖牛粪。捡牛粪、晒牛粪是家庭主妇和小孩每天必做的工作，满满的牛粪墙是西藏农区独特的风景。迄今制作糌粑、酥油茶和烹饪，冬季取暖，依然主要依赖牛粪。①

第五，节庆及宗教活动中展示的牦牛艺术。以牦牛为主题的舞蹈、竞技、祭祀等活动是藏族节日的典型特征之一。牦牛舞是以牦牛头、角，以及牦牛皮为道具来表现人们生产生活的民间舞蹈。从藏文古史记载，在8世纪桑耶寺落成庆典上，就有吐蕃百姓跳牦牛舞欢庆，可见其历史之悠久。新中国成立前，西藏协荣村的牦牛舞曾作为该村的乌拉差役，每年固定在拉萨雪顿节上演出。每年8月举行的西藏望果节期间要选出强壮的牦牛进行"跑牛"活动。同时，还要给牦牛戴上红花，祈求牦牛繁殖。西

① 强舸：《发展嵌入传统：藏族农民的生计传统与西藏的农业技术变迁》，《开放时代》2013年第2期。

图 3-7　德钦县奔子栏东竹林寺巴羌舞"牛神"

藏白朗县三年一次的夏季"金果斗牛节"，要选出强壮的公牦牛进行斗牛比赛。

　　藏传佛教视牦牛为吉祥物或辟邪物，牦牛具有崇高地位，因而藏族的宗教活动也有不少与牦牛有关。藏传佛教格鲁派寺院每年都要行"羌姆"活动（"跳神"），喇嘛会戴上牦牛面具善性以驱逐恶性（即妖魔鬼怪），帮助人们消灾祛病，祈求平安。在本波教占据统治地位时，白牦牛是朝野政教供奉神圣之物。必须由教士念诵长长的经卷300遍后方可在祭天时宰杀一头白牦牛，教士将白牦牛尾盘结于发辫处，并用三个红色琥珀珠作标志缀饰于发梢，以象征本波教的兴旺发达和教规森严。传说羌族先民最初居于河湟牧区以游牧为业，需以牦牛来祭天和祭祖先，故"还牦牛愿"在青藏高原的羌族中也有遗存，每年农历六月二十九日，以牦牛为牺牲祭祀天神和祖先。一些在河谷农区的羌民，因当地不产牦牛，必须以寨为单位每户集资派人到牧区去购得牦牛备用，以重现最初的习俗。[①]

藏传佛教格鲁派创始人宗喀巴时期，兴起用酥油做原料，塑造各种人物、飞禽走兽、树木花草、佛像、亭台楼阁等艺术品，用于宗教祭祀的艺术形式——酥油花，也称油塑。每年藏历正月十五日，各格鲁派寺庙都要塑造酥油花，既作为宗教供奉，也供群众观赏。[②]

（二）高山峡谷牧羊文化

有学者认为"羌"既是地域概念，也是历史的概念。作为地域概念的"羌"，在今甘肃酒泉、张掖、武威、陇南，陕西汉中，四川广元、绵阳、成都、雅安、宜宾一线以西以南的地区，包括现今青海大部、新疆部分、西藏大部、四川部分地域、云贵高原西部海拔3000米左右的高山峡谷。作为历史概念的"羌"，指的是先秦时期生活在我国北方的少数民族，即古羌人。《说文解字》之《羊部》载："羌，西戎牧羊人也。从人，从羊，羊亦声。"《风俗通》曰："羌，本西戎卑贱者也，主牧羊。故羌字从羊，因以为号。"《后汉书》卷八十七《西羌传》道："所居无常，依随水草，地少五谷，以产牧为业。"可见，史籍中记载的"羌"，是西部一个以牧羊为生的游牧族群。至迟在秦汉时，西北古羌人中一部分自高原南迁至岷江河谷，这部分羌族是我国历史最为悠久的少数民族之一。受地理环境限制，羌人逐渐演化为农耕民族。他们以耕种为主，但其畜牧业仍很发达，畜养有牦牛、马、羊、鹿等，可谓以农为主，农牧并重。《后汉书·冉駹夷列传》记载了当时这些羌人的生计，该传云："冉駹夷者武帝所开，元鼎六年以为汶山郡。其山有六夷、七羌、九氐，各有部落。"又云其生计"众皆依山居上，累石为室，高者至十余丈，为邛笼。又土地刚卤，不生谷、

① 李绍明：《简论牦牛文化与牦牛经济》，《云南民族学院学报》（哲学社会科学版）2003年第1期。

② 林俊华：《青藏高原上的牦牛与牦牛文化》，《康定民族师范高等专科学校学报》2000年第4期。

粟、麻、菽，唯以麦为资。而宜畜牧，有牦牛无角，一名童牛，肉重千斤，毛可为毦。出名马，有灵羊可疗毒。又有食药鹿，鹿麇有胎者，其肠中粪亦疗毒疾。又有五角羊、麝香、轻毛毦鸡、牲牲……特多杂药。地有咸土，烹以为盐，麋羊牛马，食之皆肥"。迄至目前，岷江上游羌族的生计仍基本如此。① 现在的羌族是古羌一支的后裔，大部分聚集在青藏高原东南缘向四川盆地过渡的高山峡谷地带，包括四川省阿坝藏族羌族自治州的茂县、汶川县、理县、松潘、黑水及绵阳市的北川羌族自治县、平武县、甘孜藏族自治州的巴丹县等地，少量分布在贵州铜仁地区的江口县和石阡县。在这一地区，岷江、湔江及其支流切过青藏高原边缘，形成高山深谷。当地羌族以汉话称这种高山深谷为"沟"，羌寨分布在各个沟中。

从西北大草原上迁徙定居岷江上游高山峡谷的过程中，受自然环境影响，羌族形成以放牧羊群为主兼营农林牧生产的生计模式。羌区全年平均气温为 11℃左右，平均降雨量约为 500 毫米，无霜期为 200 天左右。气候具有干燥多风、冬冷夏凉、昼夜温差大、地区差异大的特点。羌族地区主要有岷江和涪江两条河流，岷江上游羌区降水较少，为干旱河谷地带，气候干燥，水源不能充分运用到农作物种植，直接影响羌族地区的生产生活；涪江上游流域，降水丰富，植被丰茂，自然条件差异大，导致物产不同。岷江河谷羌区土壤类型为新积土、黑色石灰土、黄棕壤、褐土、棕壤、暗棕壤、棕色针叶林土、高山草甸土、高山寒漠土等，耕地多数夹石砾量大，又因地质灾害等原因，耕地面积大幅度较少。涪江流域羌区土壤质地以砾石土为主，次为壤土、黏土，粗骨性很强；酸碱度适中，有机质含量较高，适合多种作物生长。嘉庆年间传入玉米后，农作物逐渐以此为主，同时种植小麦、洋芋、荞麦、青稞、豆类。产油菜、烟叶等经济作物。苹果、花椒、核桃、樱桃产量较高，质量较好，享有盛名。畜牧业较为发达，以养羊为主。② 自然环境塑造了羌族的羊图腾崇拜，呈现出与其

① 李绍明：《羌族与白马藏人文化比较研究》，《思想战线》2000 年第 5 期。
② 周正：《羌族文化观念与环境的关系》，《四川民族学院学报》2015 年第 5 期。

他民族信仰所不同的独特性。羌族在生存、发展和迁徙的过程中，把羊崇拜的观念、习俗和信仰带到生活、居住和迁徙的方方面面，在传承羊图腾文化的过程中，羌族保持了本民族特有的生活习俗。

第一，羌族日常生活中的羊图腾。羌人自称"尔玛"，便是源于对羊的崇拜，"尔玛"在羌族语中意为羊的叫声。古代羌民以畜牧为生，羊是牲畜中与羌民生活关系最为密切的动物，羌民对羊产生特殊感情，相信"羊"就是他们的祖先和保护神，而古羌人就是由"羊"滋生出来的，把羊当作与自己有着某种血缘关系的动物并加以崇敬与保护，给羊注入了人类特有的血缘和亲族观念，并逐渐成为羌族氏族的符号与标识，形成羊图腾崇拜。羌人喜欢养羊、穿羊皮褂、用羊毛织线，羊皮棉袄是羌人过冬时所穿的主要衣物，羌族的服饰中羊角是主要图案标识之一。[①]

第二，羌族宗教生活中的"神羊"崇拜。羊崇拜不但是羌人自然崇拜的重要基础，而且具有人类宗教信仰的神圣内涵，表现为宗教崇拜的基础和核心思想，成为羌人图腾崇拜的万物之源；不仅被视为占卜所必需的用具，而且被视为最初的生灵，具有自然崇拜和神灵崇拜的多重属性。首先，羌人在"万物有灵"的崇拜观念中认为羊和羊毛都是有灵性的、神圣的。在羌人的宗教祭祀中，占卜所用的羊毛出自一种绵羊肩上的羊皮，以羊毛编成六条细绳，占卜绳叫作"大帐篷"，并被置于曼答辣（四大天王）之上，称为恰羊嘎，用来占卜过去、现在、将来、吉凶、疾病、死亡等。羌族巫师所戴的法帽有两个角，是用羊皮制成。巫师所持法器，也全是用羊角、羊皮、羊骨等制成。过年时人们用酥油塑一羊头，以示吉祥如意；茶壶、盛酒器皿上要系白羊毛；祭祀时也要在祭祀杆上系白羊毛等。其次，羌民视羊为祖先，在古羌人重大典礼"以羊祭山"中，所供奉的神全是"羊身人面"。羌族少年成年礼时，羌族巫师用白羊毛线拴在被祝福者的颈项上，以求"羊神"保佑。羌人死后，要杀一只羊为死者引路，俗称引路羊子。羌人认为，死者

---

① 陈地:《羌族多神崇拜的传承与嬗变》，浙江大学硕士学位论文，2014。

的病都可以在羊身上反映出来，杀死羊子后要寻找死者病根，并认为羊为人的一半，他们将羊血洒在死者手掌上，意为人骑羊归西。①

第三，羌族艺术生活中的羊崇拜遗风。青海河湟地区的古羌族一直保留着名叫"老羊歌"的舞蹈。"老羊歌"的"老"意味着对羊的崇拜源远流长，舞者头戴羊角帽，身穿无领老羊皮袄，面部画有大胡子。有的"老羊歌"要身挎腰鼓或手持短木棒。舞者头戴羊角帽就是神，而且是大神。戴着羊角帽时，舞者不能进家。人们认为它比家神大，会吓退家神。而表演"老羊歌"者演出前必须参加在庙里举行的神圣的出身子仪式，跪拜进香后，表演者即被认为具有了羊的神力，能禳灾解难，驱邪避煞。②从"老羊歌"可以看出羌人通过戴羊角帽、穿羊皮袄、化装成羊的装束，简单而粗犷的舞蹈动作表现出对羊的崇拜，给人们带来吉祥幸福。"老羊歌"从内容到形式都蕴含着羌民族的文化遗风，这种对羊图腾崇拜的舞蹈形式，生动展现了古羌人的自然崇拜。

第四，从"羊崇拜"到"牛、马崇拜"体现出从游牧到农耕价值观的转变。从西部地区向长江上游迁徙的过程中，羌人自然崇拜也由单纯的羊崇拜逐渐向牛、马崇拜过渡，体现出从游牧部落向农业社会的转变。由羊崇拜向牛崇拜转变是生产观念转变的结果，表达了羌人重视农耕、崇尚农耕的价值观，并在各种文学艺术表演中体现出来。我国西南地区白马人的民间舞蹈里，保存了一些极为原始的图腾舞蹈，这是羌人由羊崇拜向牛崇拜转变的文化象征。其中有一种驱邪逐鬼的"曹盖"舞蹈，主持这种舞蹈的被称为"各部宗神"，各部宗神都要戴羊角帽，反穿羊皮袄，扎一大羊尾，持牦牛尾而舞，舞蹈动作多是对羊的模仿，有"二羊相斗"等，代表了羌族原始羊崇拜的宗教内涵，并逐渐演化为对牛的崇拜，标志着羌族逐渐重视牛在生产和生活中的作用。③

---

① 赵晓培：《论羌族的自然崇拜和多神信仰》，《宗教学研究》2012 年第 1 期。
② 陈荣：《獬豸冠与羌人图腾崇拜》，《青海师范大学学报》（哲学社会科学版）1997 年第 1 期。
③ 赵晓培：《论羌族的自然崇拜和多神信仰》，《宗教学研究》2012 年第 1 期。

（三）半农半牧畜牧文化

彝族是生活在藏羌彝走廊海拔 2000 米左右山区、半山区的古老民族，尤其在走廊西南段川西高原、云南高原中西部聚集分布。《彝文典籍》里关于始祖阿普笃慕遭遇洪水隐退罗尼山的记忆，追溯了彝族在生存地理空间在从低海拔区向中高海拔区域转移的过程中，受山区半山区不易开展传统种植业、畜牧业却能为民族生存提供所急需的饮食和保暖能量的影响，最终形成"山区半山区随畜迁移"生计模式的历程。

第一，多畜并牧的生计文化。彝族先民在适应半山区的自然环境过程中形成了半农半牧的生计模式。云南省低纬度、高海拔的地貌和气候特征，为畜牧业的发展提供了得天独厚的优势。彝族是西南地区较早饲养马的民族，主要饲养骑马和驮马，骑马的体形比较高大；驮马个头较小，脚小，前脚短后脚长，比较适应攀爬山坡。马匹不仅是生产生活中重要的交通运输工具，也是重要的战备物资。牛是彝族地区最为重要的牲畜，是彝族家庭中主要的财产，是耕作的主力，彝族地区普遍敬重牛，滇西有牛王节，鲁奎山有自称牛后代的支系。牛也是祭祀中最重要的祭品，是彝族地区接待宾客的最高礼品。在干旱地区，彝民主要饲养黄牛，在低海拔稻作区普遍养殖水牛。彝族年节和宗教祭祀一般使用黄牛。羊也是彝族地区较为重要的牲畜，羊有绵羊和山羊，山羊多为取肉，绵羊多为取毛皮，羊是献给祖先最为重要的礼物，羊的养殖和食用与山区的地理环境相适应，形成富有地域特色的养殖文化。鸡是彝族地区饲养的主要禽类，彝民有天崇拜的习惯，因而对飞禽类的动物比较敬重。彝族地区气温相对较低，作物与牲畜的生长周期相对较长，而鸡的养殖可以解决肉的短缺问题。彝族地区普遍驯养狗，狗是最重要的狩猎工具，它们看管财物，快速领悟人的旨意，被彝族视为家庭或者村寨的成员，因此彝族社会崇拜狗，基本上忌食狗肉。猪是彝族社会主要的肉源，彝族社会养猪的历史久远，过年时猪是重要的祭品，不可缺少。彝族地区掌握了较高的养猪技术。明朝以后，玉米和土豆传入并在西南山区大量种植，彝族地区剩余的谷物和杂粮普遍增多，猪的饲养得到大规模发展。

第二，丰富多样的饮食文化。彝族人生活在高海拔山区，由于气候冷凉需要摄入大量脂肪和蛋白质，彝族的畜牧业提供了大量的肉质来源，独特的餐制和饮食习惯成为彝族独特的饮食文化。各省区彝族饮食文化各有特点，但饮食习俗大同小异。接待宴请宾客最高的礼节是"打牛"，在四川西昌牛肉一般是切成块煮熟吃。云南省则多是腌制和风干成干巴，切成片油炸后食用，昆明、楚雄、红河、玉溪等地区的彝族牛肉汤锅非常出名。贵州威宁酸汤羊肉、云南寻甸清汤羊肉、中缅边界木城彝区的滚锅羊肉也远近闻名。乌蒙山区域的彝民腌制火腿，宣威火腿、富源乌猪火腿中外驰名。彝族地区盛产乌骨鸡、沾益辣子鸡、弥勒卤鸡、武定阉母鸡也是远近闻名。彝族地区畜牧业的发展提供了丰富的肉源，加上彝族地区天然的药草和丰富的食材，类型丰富的待客食俗、庆典食俗、祭祀食俗和浓厚的酒宴歌舞文化，使得彝族饮食文化产业有较大的发展空间。

第三，畜牧对服饰文化的影响。彝族传统生活区域气候冷凉，因此需要保暖防风，牛皮和羊皮是彝族古代服饰的主要材质，而羊毛制成的毡子成为服饰和家居用品的主要材料来源。通过畜牧养殖提供大量皮毛，尤其羊皮褂成为旧时彝族地区最为流行的着装。古代彝族社会部落头领从围猎中获取动物皮毛，皮衣裤成为财富和地位的象征。另外，牛、羊、鸡、猪等动物的骨头被雕刻成各种饰品，装点着人们的外表和家居。

第四，畜牧业对彝族宗教信仰的影响。彝族认为，牛是财富的象征，木结构的斗拱刻成牛头形状；羊是吉祥的象征，很多建筑上雕刻着羊头。无论建筑的外景、内部的装修，还是服饰、首饰或者是家居用品、生产生活器具上也有牲畜的头型。彝族的传统乐器上刻着马头，彝族地区普遍崇拜牛的力度和马的速度，斗牛和赛马是彝族传统庆典中少不了的体育竞技项目。滇东北与黔西北彝族的铃铛舞，就是对马在战争中英勇的歌颂与缅怀。马是彝族地区马帮文化的核心部分，彝民相信属马日出门会一马平川。滇池流域的马崇拜非常盛行，金马碧鸡成为昆明城市的历史记忆，昆明市周边以马命名的地名非常多，足见畜牧文化对彝族动物崇拜的影响。彝族多用牛、羊、猪、鸡作为宗教活动中的祭品，羊骨、鸡骨、猪骨常被用作民间信仰卦象占卜的卦骨。此外，彝族人理想中的祖界是类似现实的地方，逝者魂灵的离开是投奔祖界，通过宗教仪式把逝者的魂灵送回祖界，是生者的责任与幸福。举行送魂仪式时，要用牛、羊、猪、鸡做祭品，才能让逝者骑上骏马，赶着牛、羊，顺着祭司的指引回到祖界，重新开启新的生活。

第五，围绕畜牧业形成的价值观与地方知识。受藏羌彝走廊西高东低的地理特征及江河纵横切割，形成相对封闭的地理单元的影响，生活在西南山区的彝族，将牲畜数量视为财富的标志，也是衡量个人勤劳与否的标准，牛羊多是财富多的观念刺激着彝族地区畜牧业的发展。同时，彝族发明的十月太阳历，为彝族地区的牲畜养殖提供可靠的物候气象知识。彝族择居址的观念"屋后有坡能牧羊，屋前有坝好种稻，坝上有坪能赛马，屋边青年好游玩，院内妇女来聊闲，门前还有待客处"，为畜牧业发展提供了理想的空间。彝族先民通过对自然的观测总结出阴阳观念，认为生命源于两性的结合，也为畜牧业的发展提供了生育知识。彝族的畜牧生计方式使彝族社会从自然界获得了大量能量，推动了彝族经济与社会文化的发展。畜牧业对彝族的物质文化，乃至深层次的精神层次产生了巨大影响。[①]

三、藏羌彝走廊上的农耕文化

农耕和畜牧共同构成了藏羌彝走廊上各民族生计的主要基础，两者之间互相支撑，形成了"以牧补农，以农养牧"的生计模式。其中，以不同群体农业生产方式及行为为基础，以农耕生产组织模式及制度要求为保障，

---

① 高文：《文化适应与生计选择：彝族地区畜牧经济的生态人类学研究》，《黑龙江畜牧兽医》（科技版）2014年第15期。

以农耕祭祀及节庆为统一共识与传承文化的农耕文化体系，既体现出走廊沿线民族对自然生态的适应过程和实践策略，又蕴含着不同民族在长期生产生活中对生态资源高效整合和综合利用、维护当地生态系统脆弱环节，以确保可持续利用的生态智慧。总体而言，藏羌彝走廊上的农耕文化既反映出不同地域条件、不同历史时期、不同民族在与生态环境的互动中不断深入认识自然、不断提高农业生产能力的过程，也蕴含着不同民族为了适应生态环境、更好利用自然资源、满足生存要求，而构建的认知体系。

（一）垂直立体的农耕经济区

受地域南北跨度广、海拔高低落差大等自然生态条件的影响，藏羌彝走廊上的农业区立体布局特征显著。高原藏族居住区大多为山区，较高山区气候常年寒冷，只适应牧草生长而不能种植，较低河谷滩地气候温暖，地势平坦，可进行小面积的种植。一个地区农业畜牧业同时发展，既是对当地环境的适应，又能充分利用不同海拔高度的地理自然优势，顺其自然而利用，使人类经济活动与自然环境相适应、相配合。藏族居住区高原河谷地带的两侧山岭，随着海拔高度不同而呈现出不同的气候特征与生物特征。在河谷地带，平均海拔为 1800~2500 米，阶地较宽，土壤肥沃，水源充足，耕地连片、阡陌交错。河谷两岸海拔 2000~2600 米的低山地带，多为丘陵沟壑，气候暖和但也干旱缺水，一般分布有小片森林与草地，形成田地同草地相间分布的状态。田地多种植耐旱作物，草地用来放牧。海拔 2600~2800 米的高山地带，一般为草原牧场、灌丛与森林。根据地形环境特点，藏族形成在河谷地带耕种，低山地带耕地与牧草地相间，以耕地为主，高山地带以放牧为主、农耕为辅的垂直立体多经济类型布局，以及农、牧、林相互依存、优势互补的农耕生态系统，体现出对生态环境的高度适应。

岷江上游的河谷半山腰和高半山地区海拔为 1550~3300 米，主要分

图 3-8 维西县塔城镇晒稻谷

布着被称为"云朵上的民族"的羌族。农业是羌族生计模式的主要部分，主要农作物有玉麦、青稞、荞子、洋芋、莜麦和小麦等，多为一年一季收。经济作物有花椒、核桃、麻、草果等。[①]

据《彝州文物资料》记载：距今四千多年前，楚雄地区各部落先后步入新石器时代，先民们择土地肥沃水源丰富的地方定居，有利于畜牧业和农业的发展。1972~1973 年元谋大墩子新石器遗址的发掘和 1978 年永仁菜园子新石器遗址的发掘充分证明了这一点。从文化内涵分析，两处遗址大致相同；从整体规划观察，两处遗址选择在靠近水源的河旁台地上，村落部局规整，房屋排列有序，有半地穴式，也有平地起建的土掌房和干栏式建筑；从房屋内贮藏的粮食及大量生产工具分析，两处遗址的锄耕农业占主导地位。汪宁生先生在《云南考古》一书中也指出："金沙江中游

---

① 西南师范学院历史系四川少数民族史考察组：《从茂汶雁门乡的调查看解放前羌族的社会经济结构》，《民族研究》1959 年第 3 期。

地区以元谋大墩子新石器时代遗址为代表。""在一个火塘的陶罐中发现了大量谷物炭化物，经鉴定属于粳稻。"此遗址中还发现儿童的瓮棺葬，证明了此地稻作民族的远古居民中有彝族，"他们种植粳稻，饲养猪、牛等家畜，并从事狩猎、捕鱼和采集"。另据《山海经·海内经》记载："西南黑水之间，有都广之野……爰有膏菽、膏稻、膏黍、膏稷，百谷自生，冬夏播琴。"黑水即今川滇交界的金沙江。这一记载说明，位于金沙江上中游的云南楚雄大姚和永仁，远古时期就有野生稻作物，人工栽培的农作物是彝族先人从野生谷物中驯化而来。又据《光绪大姚县志》卷二记载："滇南多楚俗，而大姚俗近江右，则入籍者吴人为尤多也。""土族与齐民同尚勤俭，未有不耕之家……耕用双牛然土薄而瘠，易生葵蓼，栽插一工而薅芸之工倍之却直。十六里用一牛，秋收较丰，亦较蚤。东北界之大芦头滥泥田遮石寺等处，十六里之大田仁和街等处，秋收尤蚤。余则秋末冬初刈方毕，谷多稻麦。南界村屯夏秋易受水灾，所恃惟麦，冬春种者尤多，山地种苞谷黄豆，虽雨泽稍迟亦有收成。"这些资料表明，楚雄彝族的农耕文化发展到晚清近代，整体上是旱作与稻作并存。有的地区如县华，地处金沙江上游的高寒山区，虽然农耕历史悠久，但因地理环境及气候的限制，其农业文化的嬗变转型是缓慢的：由畜牧－游耕－锄耕转变，从原始农业最早的旱地作业过渡到水田栽插的传统农业，水稻栽插占了主导地位，并辅之以种植豆类、荞、苞谷、大麦、小麦等。①

（二）顺天应时的农耕制度

第一，藏族耕田与草地相间的土地开垦制。藏族生计模式以农畜并行为主，并因此形成农田开垦与天然草地相间分布的土地利用模式。在适于耕作的河谷和低山地带，草地上开垦出长方形的农田，农田之间留着与

---

① 陈兰香：《插花节与赛装节——从旱作到稻作的农耕祭祀主题》，《楚雄师专学报》2001 年第 1 期。

农田面积相等或略大于农田的草地，农田与天然草地并列存在。保留相等的草地，可以很好地保持水土，可以放牧不多的家畜，这些家畜既是农业耕作运输的主要畜力，又为农田提供肥料，同时也为农民补充肉、奶食物。因此，无论在河谷滩地还是浅山山地，保留与农田面积相等的大片草地对一个社区来说具有重要的经济意义与生态意义。羌族男子有耕田的习俗。根据习俗，在羌族地区担任耕地等主要劳动的都是男子，妇女和老人小孩只能从事次要的劳动，如薅草、掰玉米等。民间流传着一种迷信，如果妇女架牛耕地，就会使牛"哭嘴"，因而妇女参加主要劳动成为一种禁忌，这严重阻碍了妇女劳动力的发挥。

第二，农田轮作休耕制。海拔较高的藏族居住区实施耕三（年）休一或耕二休一制。农田休闲的一年中，要深翻耕地两次，以防生荒草，同时让土壤疏松，能充分吸取水分与阳光。另外实行作物轮作制，即一块地上第一年种植青稞，第二年种马铃薯，第三年种油菜或燕麦，第四年休

图 3-9　农耕劳作的妇女

137

闲。这种方法能使土壤由于不同作物轮换而保持活力，不至板结，并能使农作物相互吸收利用对方的有利资源。羌族耕地的方法是二牛抬杠。牛最多是黄牛，一头牛由一人驾驶耕地，一天最多耕二三亩。然而，绝大多数的贫苦农民，根本没有耕牛，只好一个人在前面拉。因此，每年他们顶多只能耕完一遍地，有的甚至不耕地就进行播种。

第三，播种、施肥及灌溉等农耕制度。羌族的播种技术有的（如玉米）采用窝种，而青稞、麦子则是原始的撒种。在施肥方面，除使用粪肥外，也割蒿草作为肥料。羌族农民按照历代相传的习惯，进行农业生产一般是在农历正月十五过后，按照时令从事割蒿、捞叶、耕地、背粪、播种、薅草和收获等工作。彝族按照规定必须先祭伙头田和栽秧神之后才能开秧门，谁都不得在伙头田耕种之前栽种。每年农历四月第一个属狗日，伙头要拿出米、酒、肉、羊等，先祭栽秧神，然后招待各村寨来参加犁田耙田的亲朋好友。酒足饭饱后各村寨的青壮年男子把自家的耕牛赶到伙头田边等候着，由伙头先赶牛下田犁耙，之后其他人才能下田。这也是一场耙田比赛，首先是赛犁耙手驾驭耕牛和耙田的高超技巧，其次是赛各家耕牛的强壮。比赛时，青年女子身穿新衣在田边观看，耙田比赛结束，由伙头的妻子先下田栽伙头田的第一行秧后，其他人才下田栽秧。[1] 藏族居住区所有农田都使用农家肥，主要是马粪肥、牛羊粪、人粪尿、草木灰、烧野灰等。在河谷地区，人们也普遍开修水渠进行灌溉，但在无灌溉条件的山区，只能靠下雨灌溉。

（三）特点各异的农业组织

第一，政经合一的西藏庄园制。在适应青藏高原自然环境的过程中，西藏形成自成体系的生产技术和经验。庄园最早的记载是公元 10 世纪古

---

[1] 陈兰香：《插花节与赛装节——从旱作到稻作的农耕祭祀主题》，《楚雄师专学报》2001 年第 1 期。

格首领将三处封地赐予仁青桑布作为供养庄园。随着社会经济的发展，到帕木竹巴执政时期，西藏出现很多庄园。14世纪初期，大司徒降曲坚赞新建和扩建了许多庄园。甘丹颇章时期，庄园在前后藏大量出现。从此，封建庄园成为西藏居于宗教以下基层组织的一种形式，一直延续到民主改革时期。庄园一般以村落为基础，一个村庄的全体村民属同一庄园，庄园的存在是为了领主便于经营生产和管理农奴集中生产劳动，使农奴固着于土地，自给自足是庄园经营管理要达到的基本目标。庄园里领主自营地与农奴的份地共同存在，差巴和堆穷是庄园主要劳动力，在庄园内以劳役地租为主的农业生产方式构成封建西藏农奴制的特征。根据所属官府、寺院及贵族庄园的不同，农奴劳役内容也不同，形式多样，包括耕作、播种、运输等。还有囊生完成领主及代理人的日常生活安排，包括洗衣、做饭、砍柴、纺织等。西藏庄园制度，既是一个经济生产组织，又是政治组织。无论是贵族还是寺院庄园最终归政府所有。甘丹颇章时期，寺院庄园的规模越来越大，寺院对庄园的占有权比较牢固，很少被没收，几乎只有给寺院拨赐庄园。相比之下，贵族对庄园的占有权不稳定，随时有被没收的可能。[1]

第二，基于宗族血缘的羌族会首制。在羌族村寨中，每姓有一个总理会首，一个辅助会首。会首一般由寨内有威望的、能干的男性担任，村民也比较服气，对其工作大力支持。村中有重要节日许愿会、祭山会时，求雨的主持、协调、联络工作由三姓总理会首轮流掌管。三姓会首制度的实行，对加强寨内团结传承传统文化、维护寨内秩序，发挥着重要作用，也能弥补正式制度的刚性。新中国成立后，会首制度作为封建残余被废除。[2]

第三，体现旱作转型为稻作的彝族伙头制。彝族村寨中有伙头田及伙头，伙头田指第一块插秧的田，伙头是主持插秧仪式的人。每年开春

① 拉毛加：《西藏庄园制研究》，西藏大学硕士学位论文，2013。
② 马先亚：《社会变迁视角下羌族祭山仪式研究》，四川省社会科学院硕士学位论文，2017。

栽种季节伙头要负责带领大家祭栽秧神，适时种好伙头田，每逢旱涝虫灾之际，伙头也要负责主持举行各种祭祀仪式。正月初一新老伙头举行"青伙"交接仪式时，沿途的人必须回避，出老伙头家门之前先要向外喊："鳏夫寡妇及孕妇让开，我要赶老黄牛牤子出来哕！"送至新任伙头家后，将"青伙"置于院中预先摆好的桌子上，送的人围桌打跳三圈之后，将"青伙"藏于面房楼上的稻草堆中，并喊："来把老黄牛牤子关好！"之后便离开新伙头家。到正月中旬属虎日那天，新任伙头家的三亲六戚身穿新衣前来祝贺打跳，从此便算正式接任。此后每逢初一、十五日新伙头都要按自己的食量备米饭分盛于六只小碗中，每碗内放一片肉，端到楼上祭"青伙"，祭毕当即吃掉。"青伙"内装的是牛骨，初一、十五祭"青伙"的祭品是糯米饭（稻谷），体现出彝族从旱作农业转型为稻作农业的痕迹。[①]

（四）利用适度的农业工具

以农牧结合为主的垂直立体生计模式，对沿线民族特色各异的农业生产工具也有明显影响。为了尽量避免铁制工具对高寒脆弱生态的影响，藏族农业生产工具大多取自自然物如石磨、木犁等。农业方面的生产工具主要有：木犁，用于犁地；木叉，用于推或翻干草；齿耙，用于耙草；镰刀，用来割麦；小手锄，用来锄田间草；草拉石磨，用于磨炒面；筛子与簸箕，用来筛选粮食；水磨，靠水力转动石磨，磨大批量的粮食或面粉；木轮板车，运输粮食和肥料；等等。农事耕作方式上注重借用畜力来进行。西藏拉萨地区主要以牛牵引木犁，以横木缚于两牛角，中间以长木引犁、后面由人以掌握犁把的方式耕地，即"二牛抬杠"。多以成群的牦牛或毛驴在场中轮番践踏收割的庄稼，然后多次翻动，直至脱粒。后用六齿耙扬场，靠风力将糠皮吹走，再将粮食筛簸干净。青海河湟地区的藏族则

---

① 陈兰香：《插花节与赛装节——从旱作到稻作的农耕祭祀主题》，《楚雄师专学报》2001 年第
1 期。

将横木架于双牛肩上来拉犁。一般春天播种季节先撒畜粪肥或野灰肥，然后撒种，接着犁地翻耕，最后耙磨覆土。到夏季以手铲锄草一次，秋季收割后，再翻耕一次。收割的青稞等作物在秋冬之际打碾，多用犏牛、黄牛拉石碌碡进行打碾，效率稍高。[①]

在甘、青境内的辛店文化和寺洼文化遗址中出土有石斧、石刀、石铲、骨铲等农业生产工具，说明早在远古时，羌族已有农业生产存在。后虽然由于人口增多和战争等诸多原因，大多数羌人走上了游牧道路，但史籍记载表明，在汉人进入之前，青海东部河湟地区一直存在着较发达的农业生产。青海湖以东湟水流域一段的耕地规模就已很大，"羌虏故田及公田，民所未垦，可二千顷以上"。对于河湟地区适于农耕的自然环境，史书中也有一些记载，马援击破先零羌时，金城、破羌以西"田土肥壤，灌溉流通"[②]；从临羌（今青海省湟源县）到浩亹（今甘肃省永登县西南），特别是濒临黄河南岸的大、小榆谷，土地肥沃，适合于农牧业生产，先零、卑、烧当等羌族，先后据有此地，从而强盛起来，这表明居住于黄河谷地以及黄河沿岸的部分羌人有从事农业生产的自然条件。这些记载说明在西羌内迁之前，至少有一部分族群有农业经济存在。西汉时期，中原王朝向羌地的扩展，不仅意味着对羌民的控制逐渐加强，而且揭开了内地先进生产方式在羌地传播的序幕。其主要途径是屯田、移民实边以及郡县的设置。从史籍中可以发现，每一次大规模的屯田都伴随着大规模的人口迁移，少则几万，多则几十万，他们定居于此，不仅增加了当地的劳动力，而且成为中原先进生产工具和技术的传播者，内地的铁犁、牛耕和著名的"代田法"等陆续引入和推广，对当地羌族农业的发展起到了积极的推动作用。[③]羌族农民使用的生产工具，主要有犁、锄、镰刀、弯刀和二爪等。

① 南文渊：《藏族农耕文化及其对自然环境的适应》，《青海民族学院学报》（社会科学版）2000年第2期。
② 《后汉书》卷二十四《马援传》。
③ 王力：《汉晋之际内迁羌族的农业化》，《淮北煤炭师范学院学报》（哲学社会科学版）2004年第4期。

由于羌族大多数地区不能制造铁器，因此工具几乎全部需要从邻近的汉区运来。各种工具的铁制部分一般窄而小，木柄短而粗，犁头大部分是由木头做成的，只是在前面安一个鸭嘴排口，这种犁通常只能犁两三寸深，使用起来比较费力，效率比较低下。

在彝族古籍记载中，有许多内容反映了彝族先民是如何发明和使用农具的。《物始纪略·工匠的根源》记述早期的开拓者，先是使用石器"在那个时候，打石来做物，剐兽皮做裙，羊皮做衣裳"。还有木制农具，如四川彝族古典长诗《勒俄特依》记载的居化"居木家三子，桦槁红树做犁弯，杜鹃花树做抽担，红枣树做赶脚棒，嫩竹做成牵牛绳，黄竹做成赶牛鞭，来到阿呻地拖犁"。后来才开始使用金属器，"工艺传人多，工匠更多了，自己挖铜铁，打金又打银"。从三星堆及云南晋宁石寨山出土青铜器，说明当时的青铜文化是相当发达的，这为农业生产力的发展奠定了基础。《梅葛》中记述了早期人类是如何发明农具的，并认为最早的农具产生于牟定，"进了牟定城，有了打铜的人，有了打铁的人，有了铸锅的人。马鹿头拿来做钻，马鹿角拿来做锥，马鹿脚拿来做钳子，马鹿身子做风箱，开始打铜打铁了……先打犁头三大把，用来开田种庄稼；后打镰刀三大把，用来割谷子；再打一把锯，拿来锯木板，打了锯子打剪刀，剪布裁衣有工具。工具都打好了，九个儿子拿着农具种庄稼，七个姑娘背着刀子放牛羊"。在今日彝族的农业生产中，犁头、镰刀、锯子、剪刀等仍然是最主要的农作工具，《梅葛》关于铁制工具的记述，说明彝族先民很早就进入以铁器工具为主要生产工具的精耕农业阶段。[1]

（五）青稞及青稞文化

青稞是青藏高原上最为典型的农作物，也是海拔 4200~4500 米的高寒地区唯一可以正常成熟的作物，距今已有 4000 余年的栽培历史。据古

① 陈兴贵、平锋：《彝族传统文化中的农业知识与实践》，《黑龙江民族丛刊》2012 年第 4 期。

藏文史料记载，藏族先民在山南地区泽当镇萨热索当雅砻河谷的第一块农田里播下了第一粒青稞种子，之后青稞种植逐步扩大到雅砻地区和雅鲁藏布江中游两岸河谷地带。目前，藏羌彝走廊沿线的西藏、青海、四川的甘孜州和阿坝州、云南的迪庆、甘肃的甘南等地均有青稞种植。青稞一般在3~5月播种，7~9月收割，生产期为100~130天，苗期能经受-10℃左右的低温。花期在9℃时不致受害，乳熟期仍能抵御-1℃的低温。在最暖月平均温度接近10℃、日平均温度高于5℃的延续日数仅120天的高寒地区，青稞仍能正常生长发育，成为青藏高原上一年一熟、高寒河谷种植的标志性作物，牧区藏族只能选择一年一熟的青稞而不是其他农作物。

第一，独居高原特色的青稞崇拜。在藏族居住区流传着许多有关青稞种子来历的神话、传说、歌谣等，内容多为记载狗、鸟、鹤等动物带青稞种子到人间的过程。最具有代表性的有两则，一则是《藏族文学史》里的神话故事《青稞种子的来历》。有一个名叫阿初的王子，从蛇王那里盗来青稞种子，结果被蛇王发现，罚他变成了一只狗，后来一个大土司的女儿爱上了他，他又恢复了人身。他们辛勤播种和耕耘青稞，吃上了用黄灿灿的青稞磨成的香喷喷的糌粑（"糌粑"是炒面的藏语译音）和醇香的青稞酒。人们在每年收完青稞，尝新青稞磨成的糌粑时，先捏一团糌粑给狗吃，以示感激狗给人们带来青稞种子。从故事的另一面看，以图腾神话故事形式流传于民间，在过年青稞尝新时先敬狗，不打杀狗，不食狗肉。另一则是：古时候，天上忽然出现了九个太阳，晒得大地到处草木枯焦，滴水无存，只有一个少年在喜鹊的帮助下存活下来。少年与天神的三姑娘结为夫妻，在三姑娘和岳母的帮助下，他瞒过老朽顽固的天神，从天界盗回青稞的种子，撒播在人间。这反映出藏族先民对青稞这一具有浓郁高原特色农作物的崇拜。

第二，青稞种植的轮作倒茬耕作制度。青稞的生长期较短，一般为100~130天，比小麦早熟，能适应迟种早收。在长期驯化青稞的过程中，藏民形成轮作倒茬种植制度。随着海拔高度的变化，播种和收获青稞的时

图 3-10　青稞地

间早晚不同，轮作模式也有一定差别。在浅山、半浅山，轮作方式为"青稞－豌豆－小麦－休闲"或"青稞－豌豆－小麦－油菜"，施用野灰和家肥或不施肥、少灌溉；脑山地及牧业区的轮作方式是"青稞－休闲－油菜－燕麦"或"油菜－休闲－青稞－油菜－燕麦"，基本不需要施肥或开展其他管理。传统轮作倒茬耕作制度发挥着降低作物虫害频率、提高作物产量、改善土壤结构和养分的作用，不仅长期保持着青稞的产量，也为青稞品种进化提供了条件。[①]到了收获的季节，"由果"和"青稞架"必不可少。"由果"，由一根长把和一个转动的树枝栅组成，类似连枷，用于打青稞。"青稞架"则是将原木人工打眼、横竖穿插于孔里后固定在田野里的粮架，青稞收割后，要挂晒在青稞架上两个月左右进行风干。每到秋日，散布在草甸上的青稞架便挂满青稞穗，成为一道亮丽而独特的风景。

---

① 才吉卓玛、薛达元:《青海藏族传统文化对青稞品种资源利用的影响》,《贵州社会科学》2016年第 2 期。

图 3-11　香格里拉青稞架

　　第三，丰富多样的青稞饮食文化。藏族在青藏高原上以游牧方式生存和生活。青稞因耐旱、耐霜、生育期短、适应性强、产量稳定、易栽培等优异种性，加之糌粑易制成多种速食食品，携带方便，长期储存又不易变质，是高脂肪、高蛋白和糖的混合食物，营养丰富，热量大，既可充饥又能御寒等原因，很适宜游牧生活，因此以青稞制成的糌粑也就成为人们的主食。糌粑连同藏语、藏文已成为藏民族的三大象征符号。

　　藏族一日三餐都有糌粑，并形成了丰富的食用方式。做成糌粑团食用，大多是先把少量酥油茶倒进碗里，加点糌粑面，用手不断搅匀，能捏成团为止，送嘴而食；做成糌粑糊（土巴）食用，糌粑里面放肉、野菜烧稀；做成糌粑粥食用，糌粑和着少许曲拉、酥油，倒入奶茶，调成粥吃，这种吃法在藏族居住区因地区差异，名称亦不同，有的称为"加卡""者合"，安多称为"都玛"等；做成糌粑点心食用，糌粑还被人们制成各种点心或其他食品，如"辛"（即将糌粑、蕨麻粉、碎奶酪渣、葡萄干、糖、红枣等用酥油熬煮搅拌使其溶化,然后盛进盆中冷凝成形食用)、"特"(类似"辛",但形为圆团)等。

藏族形成了饮用青稞茶和青稞酒的文化。青稞茶藏族的饮茶习俗风格独特,丰富多彩。言之饮茶,但其重点并不在于对茶叶的选择和炮制上下功夫,而是凸显青稞炒面在日常饮茶中的应用。如油茶,主要在农区流行。将牛油(或肥牛肉)、猪油(或肥猪肉)用刀切成小丁,然后放入锅中炸炒,待油熟后,放入少许糌粑,再掺入清茶并加盐,边掺茶边用锅铲搅拌,待搅拌均匀后即成。又如面茶,先在锅中放入少许糌粑,进行干炒,炒熟后,边掺清茶边用锅铲搅拌,并放上盐,待搅拌均匀、浓度适宜后即可饮用。藏族无论喝哪种茶,都喜欢热饮,特别是带油的酥油茶和面茶。所以藏族家庭中,火盆或灶塘内常备灰火,并将茶罐或茶壶置于灰火上,以保持茶温,随时方便饮用。

图 3-12 藏族居住区黑陶烤茶罐

西藏不仅是青稞的发祥地,也是青稞酒的故乡。[①]据记载,"在吐蕃时期,苯教仪轨专职祭司,在举行'降魂仪式'上,午后要向遗体献上青稞酒三瓢,以祈请灵魂回门关尸。青稞不但为藏族所栽培,而且还有剩余产品用于酿酒,可见青稞栽培技术在吐蕃已有发展。同时,青稞栽培技术

---

① 边巴琼达:《试论藏族"(酋仓)"文化》,《西藏大学学报》(社会科学版)2014 年第 6 期。

的发展又促进了藏族酒文化的起源和宗教文化的发展"[1]。青稞酒，又名咂酒。藏语叫作"羌"，是以青藏高原特有的青稞为主要原料制成。青稞酒香味纯正，酒液清明，具有饮后不头痛、不口干、醒酒快的特点，成为藏族不可缺少的香醅。青稞酒有两种，一种呈黄色称为"穷"，另一种无色低度经过蒸馏而成的称为"阿让"。藏族的酒文化主要由三个元素构成，即酒器、酒仪、酒歌。酒器指用来盛酒的器皿，讲究材质的选用，银质的一般用来向佛或尊贵的客人敬酒，木质的平常使用。逢年过节等喜庆时，在酒壶嘴上和杯口边上沾一小点酥油，这叫"嘎尔坚"，意思是洁白的装饰；酒仪指喝酒或敬酒时所遵守的仪式，一般先斟一杯来敬神，即献新，或以右手无名指蘸酒弹三下以敬佛、法、僧三宝。喝酒时要"三口一杯"，三口一杯是连续喝三口，每喝一口，主人就给你添上一次酒，当添完第三次酒时客人就要把这杯酒喝干；酒歌是指喝酒时唱的祝酒歌，藏族有一句谚语："喝酒不唱祝酒歌，便是驴子喝水。"谁来敬酒，谁就唱歌。唱完祝酒歌，喝酒的人必须一饮而尽。另外，在康区很多地方，藏历新年到来之时要用青稞或小麦煮酒，有的地方称"咂酒"，如酒制得很成功，表明新年全家人健康幸福，五谷丰登，六畜兴旺。如果酒制得不太成功，新年里家中有可能发生不顺心的事。

第四，青稞与藏医药文化。青稞麦芽可以入药，具有健胃消食的作用；焦青稞具有消暑祛湿、解渴生津的作用。此外，据《中华藏本草》记载，青稞清肺热、泻胃火、壮阳、顺气，治肺热咳嗽、小儿肺炎、胃痛、"培根"病、"赤巴"病。青稞性味咸凉，《纲目拾遗》载：青稞有"下气益中、壮筋益力、除湿发汗、止泻"等功效。因此，青稞又是一种具有疗效功能的保健食品。青稞的种皮较厚，富含膳食纤维，含量高达13.4%，在所有农作物中几乎是最高的（仅次于黄豆）。膳食纤维中的水溶性膳食纤维具有调节糖类代谢、降低人体胆固醇含量、预防心血管疾病的功效；非

---

[1]　尕藏才旦、格桑本编著《雪域气息的节日文化》，甘肃民族出版社，2000。

水溶性膳食纤维是青稞植物细胞壁的组成部分，具有吸收人体水分的特性和良好的预防便秘的效果。在青稞干物质中淀粉含量达 45%~70%，蛋白质含量为 8%~22%，脂肪含量为 2%，维生素、氨基酸和磷、钙、镁等含量也较丰富。β－葡聚糖是青稞籽粒胚乳细胞壁的主要成分，占细胞壁干重的 75% 左右。据学者调查，高寒缺氧的青藏高原平均每百万人中就有50 名百岁老人，是我国百岁老人最多的省区之一，青稞突出的医疗保健功能是青藏高原人民长寿的重要因素之一。①

（六）农事仪式及节庆中的稻作崇拜

仪式及节庆活动是各民族文化生活的重要部分，仪式是由文化秩序所塑造的，反过来又塑造产生它们的社会秩序。藏羌彝走廊上各民族的仪式及节庆体现出农业生计不断转型变迁的全过程，充满着走廊上各民族和生态环境互动的象征和意义。

第一，藏族农耕仪式中的人神沟通。受青藏高原自然环境和社会环境的影响，藏族农耕民俗在传承过程中表现得较为封闭和保守，农耕生产活动中的原始信仰遗俗，至今仍在西藏农民生产和生活中有所反映，并且以仪式行为表现出来，这种仪式依赖于社会成员们精神中的某种感情，控制了人们相互之间的行为，并塑造了一种有秩序的生活。仪式在村民的社会生产和生活实践中占有重要的位置和不同的象征意义。村民们举行的集体性仪式，大多与一年农事劳作安排周期紧密相连。某种仪式的举行象征村落一个阶段的社会和生产实践开始或者结束。

在西藏农耕地区，每年的开耕和下种被视为一件神圣的事情。春播节是藏族民众春耕生产的第一声号角，为了筹备藏历规定的播种吉日春播节，在春播节前三四天，人们就开始酿造青稞酒，给牲畜准备装饰品。到了春播节那天，要举行庄严的祭祀仪式，人们身着盛装，端着青稞酒，手

---

① 拉本：《青稞的民族文化内涵阐释》，《青海民族研究》2011 年第 1 期。

捧"切玛",庄重地来到地头,耕牛也被装饰一新,牛背上还专门涂上具有特殊意义的赭色。主持开耕仪式的人,要求父母双全,形象端正,又与星相师卜算之属相相吻合者才能充任。主持人按照星相师卜算的开耕方位,象征性地下犁和撒下第一把种子,即宣告仪式完成。人们休息娱乐一天,次日正式开耕、播种。在今天东部康区藏族的农业生产中,农耕民俗的"安土"仪式仍依稀可见。每到春耕前,人们都要从村寨中选出属相相同的2男2女,当年如果为火牛年,则选4个属相为牛的人。然后选一个吉日,在破晓以前,到地里去先用柏树枝丫煨桑,并向四周抛洒少量的青稞,然后用锄头在地里象征性地挖上两锄,以示动土,也就是春耕即将开始的意思。如此做的目的是希望得到土主即土地神的帮助,以保佑庄稼丰收。农业开耕仪式反映出西藏古代农业信仰,其核心是对土地神的敬仰和祈祷,仪式中祈神古歌的演唱、白石的摆放、巫师的祝祷、耕牛的装扮、开耕人的选定、播撒种子的方向等,均是对远古藏民族农耕生活的追忆。

从农作物下种到秋天收割这段时间里,藏族人家都会不定期地举办煨桑献供等各种各样的祭祀活动,以求风调雨顺,五谷丰登。主要的活动有刚出青苗时举行的青苗祭、临近收获时举行的黄田祭等。如果年景不好,遇到干旱、冰雹或虫害等自然灾害时,还会举行求雨等仪式,并发动群众驱雹灭虫,确保庄稼有个好收成。农历四月至五月(择吉日),庄稼正处青苗,为了丰收,村民组织起来,请来寺院的僧人诵祈愿经,人们背着大藏经和其他经典,绕村庄天地一周,又回到支起帐篷、僧人念经的地方,这就是期盼丰收的青苗祭。举办此项活动,提前选出三名负责人和炊事员,请好寺院僧人,在选定的地方支起帐篷,挖灶埋锅,请来寺院经卷,要求每户带来一定数量的糌粑、酥油、大饼、肉等,在选定的日子,人们纷纷煨桑献供煨,抛撒龙拾达,磕头祈愿,僧人坐在帐篷内诵祝愿经。这时,人们持嘛呢旗,每人背一卷经,口诵真言,老人们手转嘛呢经筒,拨动念珠,按传统路线绕村庄、田地一周。这个数十人或数百人的队伍,不管刮风下雨,必须坚持。人们的脸上挂着期盼,十二分的虔诚,没有一丝一毫的做作。仪式完成后，所有人一起野外就餐、饮酒、歌舞，这是祈愿土地神、山神给予平安、丰收的集会。在农历七月秋收粮食成熟时会举行感谢神灵苍天的黄田祭，具体程序是：庄稼黄了的时候，在僧人卜算选定的时间里，村上的人们集中起来排着长队背着经卷在长者或村长的指挥下按顺时针方向，绕着所有村民耕种的农田全部转上一圈。队伍行走时，人们口诵真言，手持嘛呢，脸上充满感恩神情和丰收的喜悦。接下来，大家集体野炊，说吉祥话，严禁吵嘴打架。人们纷纷向长辈、老人敬酒、让烟，互敬互让，互叙家常，尽兴后才收拾回家。第二天开始收割，此祭目的是感谢神灵赐予了丰收。①

在藏民构建的神灵体系中，还有一位丰收女神备受尊敬。在今天的西藏林芝地区，农民们在过年前就开始了积极的准备活动。他们背回新年的第一桶水，倒进神佛前的净水瓶里，拌和糌粑做成供品，并兑好青稞酒。初一清晨，他们带上供品和青稞酒，来到自家最好的一块田地里，祭祀丰收女神。他们在地里竖起一根长长的木杆，木杆上挂经幡，下挂一把麦草，以象征丰收女神的宝座。在木杆前搭起一个祭台，摆好各种供品。然后燃烧青草香树，召唤神灵的到来。人们用特殊的调子高喊"洛雅阿妈（丰收女神）！洛雅阿妈！请用餐吧！"祭祀完毕，人们就围着祭台载歌载舞，祈求丰收女神。西藏江孜班村农民相信民间神灵中的庄稼神"洛达"从春播至秋收，一般居于农田之中，秋收结束后随着割好的庄稼又来到打麦场，打场结束后村民们将其供奉在自己的粮库内。对洛达神的祭祀没有固定的时间和仪式。人们认为，只要春天一播种子，神就随之来到农田上。因此，有的农家在田中央堆几个白石头，作为神垒。秋收结束后，还在白石堆边上留几十根未割的青稞，作为神的食物。庄稼运到打麦场时，神随之来到场上。打完场，农户在打麦场内画几圈右旋图，最后一圈的尖

---

① 罗南：《从"青稞"到"树苗"——一个华锐村落的生计文化变迁研究》，中央民族大学硕士学位论文，2013。

图3-13　藏族居住区农耕

头指向自家，以示邀请庄稼神到家。人们在自家的仓库墙上挂一束青稞秆，作为神的依托之处。

在卫藏和大部分康区，每年有三次与农业有关的祭祀活动，这种祭祀活动的主要目的是祈求神灵保佑农业丰收。第一次是在地里庄稼刚刚出苗时候，除了在家中举行煨桑、献供品等仪式外，还得从地里拔出几株最好的青苗来，放在家中那根象征家神的木柱上。第二次祭祀是在地里庄稼已经长高开始结穗，一般是豌豆已经开花的时候，除了在家祭祀，还得从地里拔出几株最好的苗架拿回来，插在象征家神的木柱上。第三次祭祀家神是在秋收的时候，时间是在开镰收割前，仍然是在家中煨桑、祭祀等，再从地里选择几株颗粒饱满的青稞穗和豌豆荚，把它拿回家中，供在象征家神的木柱上。西藏农耕习俗的中心仪式是祈祷神灵、供奉神灵。这些神灵在各地的称呼不同，但是，不管是土地神、丰收女神，还是庄稼神，对他们的祭祀都有共同的特点，诸如时间是依据农业生产的时令，没有具体明确的时间规定；祭祀的供品也极其简单，一块白石、一株青稞穗等；祭祀的地点以农业生产场地为主，这些都说明了在远古万物有灵信仰的影响下，藏民期待有一位农业神主宰农作物的生长，于是他们用各种方法祭祀他、供拜他，围绕他形成一系列的信仰仪轨和民俗仪式，这些农耕仪式代代相袭，构成藏族民众深层的民俗心理。在求吉心理的驱使下，将农业神灵信仰中的祭祀仪式一代又一代地传承下来，形成具有深厚生态文化思想的农耕民俗。[①]

第二，羌族农耕仪式中的天人沟通。"祭山会"与"羌历年"都是源于耕作文明，分别在春秋两季举行，春季祈求风调雨顺，秋季希望五谷丰登。祭山会又叫"还愿会""还山会"，是古羌人祭祀山神，祈求山神和天神保佑人畜兴旺、五谷丰登、森林茂盛、地方太平的大典，也是古羌人"春祷秋酬"的农事活动。每年四月初一许愿祭山，十月初一则是还愿祭山。每年四月初一，即春播时祭山借山许愿，向山神说道："春天到了，正是播种的好时节，我们要借用山上的土地，进行耕作、放牧、打猎、采药、砍柴。等秋收后我们会献上祭品答谢，您要保佑我们风调雨顺、五谷丰登、寨民安宁、无病无痛。"每年十月初一，即秋收时祭山还山还愿，向山神说道："现在秋收时节到了，在您的保佑下，我们取得了很好的收成，现在把山还给您，并献上牛羊，求您继续保佑我们风调雨顺、五谷丰登、寨民安宁、无病无痛。"会上由羌族巫师（"许"或称"释比"）演唱羌族史诗，教育后代团结友爱，共同维护本寨羌民利益，制定或重申乡规民约，强调封山育林，保护庄稼。祭山会一般以村寨为单位举行，有时几个村寨一起举行，由各寨会首筹备，会首由每家轮流担任。年满 12 岁的男性参加，女性禁止参加，为期 1~3 天，祭祀牺牲一般为神羊、神牛、吊狗三种，具体做法，各地不尽相同。[②]

---

① 史云峰：《略论藏族农耕民俗的生态文化学意蕴》，《西藏研究》2010 年第 4 期。

② 马先亚：《社会变迁视角下羌族祭山仪式研究》，四川省社会科学院硕士学位论文，2017。

"羌年"是羌族人民一年一度的传统节日，羌语叫"旧麦吉"或"尔玛吉"。它是涵盖整个羌族地区的大型民间祭祀与社区聚会活动，在节日中人们庆祝丰收，祈神还愿，互祝新年诸事顺利，平安幸福。羌年通常于每年农历十月初一举行庆典，少则三五天，多则七八天。作为一种节日景观，羌年集祭祀、歌舞、文学、服饰、餐饮、娱乐于一体。人们在节日中载歌载舞，将羌族的传统文化代代相传。会首、释比是羌年祭祀活动的组织者，释比在过节时主持对山神、天神、祖先和牛王神的祭祀，同时主持全村寨和各家各户年内还愿，在羌年前，释比还需要忌嘴净身，用柏树枝熏住房和身体。传统的祭祀和仪轨具有神圣的内涵，体现出羌民与天神的对话。[①]

第三，彝族农业祭祀中与自然界的沟通。彝族的农业生产历史悠久，其在长期的生产实践中，创造了丰富的农业祭祀文化，几乎每个农业生产环节都有相应的祭祀活动。而且彝族的分布地域和历史进程的多样化，又导致了这种农业祭祀在不同地区、支系、环境中具有各自的特点和内容，为彝族传统文化增添了丰富内涵。

土地祭祀：据说，彝族祭祀土地的习俗由来已久，道光《云南通志》中的《开化府志》载道："白猡猡耕毕，合家携酒馔郊外，祭土地神，长者盘座，幼者跪敬酒食，一若宾客，相饮者然。"又引《伯麟图说》"酒摩（彝族支系）……奚卜（祭司）能为农祭田祖以纸囊盛蝗虫，白羊负之，令童子送之境外，云南府属有之"。彝族认为，农作物之所以能在土地中出芽、生长、开花和结果，是地神或田公地母作用的结果，因而产生了祭土地神习俗。有学者指出，彝族大多通过血祭、牲祭和禽祭、普通祭祀三种形式与土地神沟通。南巍山县母沙科一带的彝族，逢农历正月初一血祭地母"米斯"，以一根树枝代表米斯，敬献鸡血和鸡毛，祈求地母保佑，现在以各家自祭为主。献地神也称献土公土母，每年祭三次。第一次在农历三月初三播种育苗时，第二次在六月初六谷子抽穗时，第三次在九

---

① 任萍：《羌族传统节日景观的复兴与流变——以羌年为例》，《贵州民族研究》2015 年第 7 期。

图 3-14 楚雄彝族十月太阳历广场

月初九收割时。昆明西山区核桃箐彝族，在播种之前的农历二月二十九要举行土主会。土主以两棵神树作为象征，全村要宰猪献祭土主，目的是告诉它，全村马上要播种了，祈求土主保佑全村人畜不要生病，同时保佑庄稼长势良好。祭过土主后，必须在农历三月二十九举行地母娘娘会，以祭拜地母。祭毕，各家才能播撒稻种。昆明西山区谷律一带的彝族，逢农历二月播谷种时要祭田神，携腊肉、猪心、酒、饭等祭品至秧田，对秧田焚香祈祷，撒些祭品到田中，求地母保佑秧苗出得齐、长得壮，祭毕才下种。四川凉山彝族三四月禾苗播种毕时，"家家便以酒肉放于门外，以献祭鬼神，祈求不要发生水旱和凶灾，不要降冰雹以打伤禾苗"。祈祷毕，将献之肉割三四小块，向着四方抛掷，并以酒少许倾倒于地上。"石屏尼苏彝族多在农历四五月举行插秧会，由老年妇女自由组合，对正在栽插的田地献祭，或对土地庙献祭，并跳'响杆舞'，边跳边默念祈祷之词，以求庄稼丰收。"

谷物祭祀：农作物的生长有其自身规律，在彝族的传统观念里，认为农作物像人一样有"灵魂"。这种"灵魂"将直接控制着农作物的生长，于是产生了各种祭祀谷物"灵魂"的习俗。云南小凉山彝族在荞麦种植过程中，有一系列的祭祀活动。如播种前要择吉日，在荞种里掺拌爆荞花，象征荞麦开花结果，获得丰收。下地种荞时，要以一块猪臀肉敬祭祖先。尝新荞时，要用新荞面饼和酒肉祭祖先。割新荞时，要向地里撒荞面，并祭祀地神。楚雄大姚县华山彝族在三月撒荞之时，要在地中央插三炷香，摆上酒、饭、荞粑粑祭山神；三四月点苞谷之前，要选一小块地先点播几塘，象征"入土开播"，然后在田地四角插上几枝马樱花树枝，用酒、肉祭山神后才能点种；荞麦长出后，要在荞地中央插一棵三权松树枝，铺上松毛，杀鸡祭山神和荞神；荞、苞谷收割完后，还要在堆放荞或苞谷的晒场上，用酒、肉、饭献祭山神，感谢山神赐给好收成。可见，旱作农业阶段彝族的山神崇拜和祭祖，与畜牧和农耕是紧密联系的。

虫王祭祀：害虫是农作物的天敌。在彝族传统观念里，害虫都是由虫王管辖着。如果人们的行为触怒了虫王，虫王就会放出害虫把庄稼吃光。于是在彝族地区，为了避免庄稼遭受虫害以获得丰收，就产生了祭祀虫王的仪式。云南昆明近郊的彝族认为，虫王形象怪异，是主管蝗蛹、螟虫之类害虫的克星。每年农历七月初七，都要在虫王庙前举行祭祀虫王仪式，向虫王许愿，祈求虫王放出害虫的克星如杜鹃鸟、大鹜鸟等来啄杀害虫。同时，要将各类害虫装成一包，在庙前焚烧，以示将害虫驱除。到农历十一月十一日，又要带上五谷到庙前供奉，以感谢虫王消除虫害，庇佑庄稼丰收。

水神祭祀：水是农作物生长必不可少的基本条件。彝族认为，水由龙神、龙王或龙公管辖着。在现实生活中，如果久旱不雨，往往举行各种祈雨仪式，以祭祀龙神，使之开恩降雨。在彝族地区，普遍存在着各种祭祀龙神、龙王的仪式或活动。云南弥勒县彝族以一棵万年青树代表龙神，每年农历正月初五要用猪头、猪尾、猪肘等祭品祭奠龙神。云南巍山县彝族认为"龙潭"是龙神的居所，这里的彝族村寨中，凡是供人饮水的水塘都被称为龙潭。逢天旱时，村民们以猪头、酒等物品祭献，并诵经祈求龙王降雨。云南永仁县彝族将村旁树木茂密的答沟视为龙的驻所，称之为龙树林。当地彝族每年农历四月都要在毕摩的主持下，在龙树林旁设祭坛，点香，以米、耙耙、盐、酒、猪头等作为供品，然后举行祭龙活动。云南弥勒县西山的阿细人逢农历三月属龙日，全村寨人都要集体杀猪到水塘边举行祭龙神仪式。云南巍山县彝族每年要举行两次祭龙活动，分别在农历的五月十三日和六月十三日。前一次是"祈龙"，即到龙王庙烧香磕头，杀猪宰羊，祭献祷告，祈求龙王适时降雨。后一次是"谢龙"，即答谢龙王带来雨水，使农作物能够丰收。彝族各地的祭龙活动，在时间、地点、方式等方面都有差异。如今的祭龙活动，不只是祭祀性的宗教活动，有的地方还逐步演化为一种节庆，人们不仅参加各种祭祀活动，也进行各种娱乐或社交活动，祭龙逐渐成为人们日常生活中的重要内容之一。[①]

彝族植物崇拜中体现的稻作崇拜。春暖花开百鸟啼鸣时节举办插花节，以插花仪式喻示一年中万物滋生繁茂的农事之始，"以植物崇拜的方式重视了彝族从事稻作的发展历程"，伴以祈求风调雨顺、五谷丰登、六畜兴旺的习俗活动，积淀了深厚的农耕稻作文化内涵及主题。赛装节以象征伙头权利"青伙"的移交仪式及相关的祭祀活动为载体，承载祈求神灵保佑、稻田增产丰收、六畜兴旺的愿望，融入了农耕旱作、稻作崇拜的内容。围绕着这两个节日产生了许多关于谷种起源、农业发明的神话传说。而两个节日活动中的打跳狂欢，首先是为了悦神，然后才是"任情而歌呼"的自娱活动。在这种悦神与自娱融为一体的活动中，原始宗教的世俗化倾向表现得十分突出，显示了生命的力量、生命的快乐、生命的更新，喻示春天来临，万物复苏，一切生命将充满活力，充满希望。

总之，藏羌彝走廊自西向东由高向低过渡，山、水、民族支系均有割不断的联系，沿线民族的许多仪式和节日常与生产劳动密切相关，围绕农牧活动而举行，反映出农牧业发展的历史及其演变过程。

---

① 陈兴贵、平锋：《彝族传统文化中的农业知识与实践》，《黑龙江民族丛刊》2012 年第 4 期。

第四章

从碉碉到竹楼
——藏羌彝走廊上的建筑

建筑从来就不是一个单纯的居住场所，而是一个承载着不同文化观念和精神追求的物质载体，既是一种有形的、具有遮风避雨、防虫御兽等功能的物质载体，又是一个展示文化艺术、传承文化技艺、发挥文化功能的无形文化符号，具有丰富而深刻的文化内涵。藏羌彝走廊民族种类众多、民族历史悠久、民族文化丰富，是中国西南的一条重要民族文化长廊，这些多姿多彩的民族文化充分体现在多种各具特色的建筑艺术上，而这些建筑艺术无疑是中国民族建筑艺术的重要组成部分，也是世界建筑艺术宝库中的瑰宝。

一、藏羌彝走廊建筑的主要类型

藏羌彝走廊从具有"世界屋脊"称号的青藏高原，向南经复杂的横断山脉地区，一直延伸到滇西北、滇南地区，是一条从雪域高原到热带雨林的文化廊道，沿线地形地貌复杂，气候环境多变。藏羌彝走廊沿线各民族居住的区域，有牧区、林区、农区，其居住的地形，既有山区、半山区，也有高寒山区和坝区，因而各民族形成了各自不同的生产、生活方式，以及不同的宗教信仰和民族习俗，并通过不同的建筑文化和建筑类型表现出来。

从类型上看，藏羌彝走廊民族建筑可谓多姿多彩。如藏族的碉氇和平顶碉房、羌族的碉楼与庄房、彝族的土掌房、普米族和摩梭人的井干式木楞房、白族的三坊一照壁、四合五天井以及傣族的干栏式竹楼等。整体而言，藏羌彝走廊沿线的建筑形式主要包括碉氇、邛笼式建筑、井干式建筑、合院式建筑、干栏式建筑、土掌房等类型。

1. 碉氇

碉氇主要盛行于青藏高原的游牧地区，又叫"帐篷""天幕""拂庐"。《旧唐书·吐蕃》曾有记载："贵人处于大毡帐，名为拂庐"，清朝杜昌丁在考察西藏牧区后做了如下描述，"其寒盛夏如隆冬，不毛之地名雪坝，山凹间有黑帐房，以牛羊为生，数万成群，驱放旷野"[1]，生动形象地说明了西藏牧区的生活方式及其建筑形式。游牧民族逐水草而居的流动性生活方式决定了其住宅的流动性，可随拆随搭的氆氇自然成为游牧民族的住宅首选。这一地区的牧民通常以自家饲养的牦牛、羚羊等动物的

图 4-1　氆氇

毛作为原料，加工制作成氆氇，然后将氆氇按照一定的大小缝制、搭建成帐篷，当地人通常称呼这种居住形式为氆氇。氆氇保暖性能极佳，经得起风吹雨打，而且质软轻柔，易于折叠，方便携带。同时，这种建筑形式搭建快捷、拆卸方便，易于搬迁，极大地满足了游牧民族逐水草而居的生活方式。

2. 邛笼式建筑

所谓邛笼式建筑，主要是指分布于川西北、西藏地区的以石头为主要建筑材料的房屋，也就是今天被称为"碉"的各种建筑，如藏族的碉房、羌族的碉楼和庄房等即为典型的邛笼式建筑。关于邛笼式建筑，历史上曾有不少记载，如《后汉书·西南夷传》中记载，"众皆依山居止、累石为室，高者至十数丈，为邛笼"；《旧唐书·西戎传》中也曾指出："众人皆依山居止，累石为室，高者至十余丈，为邛笼"；《皇清职贡图》则对分

---

① 孙冬虎：《清代国人对西藏地理的考察与记载》，《测绘科学》2004 年第 S1 期。

布于川西地区的碉房做了详细描述。

表4-1 川西碉式建筑分布

地域	具体描述	资料出处
松潘镇中营	其居碉房	《皇清职贡图》
松潘镇龙安营	其地皆高山，积雪不消，垒石为重屋，覆以柴薪，上居人而下饲畜	《皇清职贡图》
松潘漳腊营	垒石为碉房	《皇清职贡图》
黎雅营木坪番	居处多垒石为碉房	《皇清职贡图》
阜和营正番（打箭炉）	居碉房	《皇清职贡图》
阜和营霍耳章谷（甘孜、炉霍）	多居山级碉房	《皇清职贡图》
里塘营（理塘）	居多碉房	《皇清职贡图》
阜和营革什咱番（丹巴西北）	依山建碉以居	《皇清职贡图》
阜和营绰斯甲布（金川）	居碉房	《皇清职贡图》
阜和营纳滚番（新龙县）	居碉房	《皇清职贡图》
阜和营上下瞻对番（新龙县）	居碉房	《皇清职贡图》

资料来源：蓝勇：《西南历史文化地理》，西南师范大学出版社，1997，第373页。

3. 井干式建筑

井干式建筑，是在方形平面的四条边上从下到上一根根、一层层地将圆木或方木重叠起来，至一定高度后加顶盖以建成房屋，因其形状犹如井口，故而称之为井干式。所谓井干式建筑，"是用天然圆木或方形、矩形、六角形断面的木料，层层累叠，构成房屋的壁体"[1]。藏羌彝走廊沿线的井干式建筑主要分布在川西及滇西北高寒地区，如楚雄彝族、丽江摩梭人以及兰坪普米族的木楞房，怒族的垛木房，等等。这些地区木材较多，为井干式建筑提供了丰富的建筑材料，同时，井干式民居易于建造且价格低廉，又具有防寒保暖的独特功能，成为当地民居建造的首选。井干式建筑是对以木头累积而成的建筑形式的统称，不同民族和地区对这一建筑形式的称呼各不相同。如"在丽江地区、木里、盐源、兰坪、维西、宁蒗山

---

[1] 刘敦桢主编《中国古代建筑史》，中国建筑工业出版社，1980，第6页。

图 4-2　四川彝族木楞房

区纳西族称'木楞房'，四壁都用圆木垒成，门较矮……在中甸、维西的纳西族井干式木楞房圆木堆成四方形，门也较矮。独龙族则与中甸和维西的纳西族一样也盛行'井干式木楞房'，即井干式。靠近丽江地区的傈僳族也流行井干式民居。洱源西山的白族、云南西部地区彝族都盛行'垛木房'，彝族称为'木罗罗'，其制双斜面屋顶，细木片覆盖。普米族和滇西的怒族也盛行'木楞房子'"。① 井干式建筑有利于防寒、抗震，在滇西北地区分布广泛，尤其是在高黎贡山、怒山、云岭、金沙江、澜沧江、怒江、独龙江等地的高山峡谷地区，气候寒冷、地震频发、植被茂盛，孕育了井干式建筑巨大的生存空间。

4.合院式建筑

合院式建筑原本是汉民族建筑的一种形式，公元前 216 年秦朝统一

---

① 蓝勇：《西南历史文化地理》，西南师范大学出版社，1997，第 365 页。

图 4-3　丽江古城合院式民居

巴蜀地区之后，伴随着各类官道的开通和民间贸易通道的形成，以及战争、移民、贸易、屯边等活动的推进，大量中原地区的汉族人民开始进入边疆少数民族地区，为这些地区注入了新的血液，带来了新的文化观念和文化形态，包括无形的生活娱乐方式、宗教信仰以及有形的绘画、摩崖造像等内容，推动了不同民族之间的文化交流与融合。其中合院式建筑正是在这样一种背景下逐渐进入四川、云南等地区，并与当地原有的建筑形态相融合。尤其是重要的城市和交通要塞，往往成为首先被影响的文化冲击场所。如今天的大理、丽江以及四川阆中等地区盛行的合院式建筑，就是汉族文化与本土文化相互融合的产物。"可以说现代白族建筑是南北朝以来中国南北汉族建筑与云南本土建筑的结晶。"①

---

① 蓝勇:《西南历史文化地理》，西南师范大学出版社，1997，第382页。

　　藏羌彝走廊沿线现存典型的合院式建筑大致可以分为两类。一类是四川省的合院式建筑，比如阆中古城民居。"在四川民居中，它最具代表性。其特点是正房居中布置，划分出在尺度、功能等方面都有区别的前后两院，前院在宽敞的主天井两侧布置了书房，形成一静谧安适的环境……后院则布置厨房、厕所、储藏等家务用房，使内与外、主与次、乱与静得到明确的区分。"①

　　另一类是滇西、滇中地区的合院式建筑。如丽江大研古镇民居、大理喜洲民居、建水民居等，以"一颗印"和"三坊一照壁"民居为典型代表。"这个地区是云南历史时期汉化最为明显的地区，大理白族、丽江纳西族和部分彝族都是汉化比较明显的民族。云南地区从唐代以来，受中国南北地区汉族移民的影响就十分大，故其民居既有抬梁式，也有较多的穿斗式；既有南方徽派建筑的风格，也有北方四合院的韵味。"②

5. 干栏式建筑

　　干栏式建筑主要盛行于炎热潮湿地区，是适应于炎热、潮湿、多虫蛇等条件下产生的一种建筑形式，主要表现为底层架空、上层住人，以竹、木、草为主要建筑材料。干栏式建筑是藏羌彝走廊沿线分布较为广泛的一种建筑形式，如藏东康巴林区的僜人、珞巴族、门巴族，滇南地区的佤族、拉祜族、景颇族、德昂族、傣族等民族的民居大多为干栏式建筑。

　　《旧唐书·南蛮西南蛮列传》曰："南平僚者……土气多瘴疠，山有毒草及地虺蝮蛇，人并楼居，登梯而上，号曰干栏。"干栏式建筑主要分布于藏羌彝走廊南段的炎热、潮湿地区，也就是古代所谓"南蛮"之地，这些地区由于天气炎热、潮湿，加之瘴气、虫蛇等因素的影响，逐渐形成底层架空不住人的干栏式建筑。

　　干栏式建筑形式还不断扩展和延伸，逐渐影响到周边相似地区，形

---

① 蒋高宸编著《云南民族住屋文化》，云南大学出版社，1997，第363页。
② 蓝勇：《西南历史文化地理》，西南师范大学出版社，1997，第382页。

成了形式多样的干栏式建筑风格。正所谓："楼居干栏习俗发展到近代，在西南少数民族中就衍生出吊脚楼、竹楼（千脚落地竹篾房）、木楼（木楞房）等多种类型。吊脚楼分布于整个川东、湘鄂西、黔北、川西北，乃至藏族居住区腹地，以川东土家族的吊脚楼和四川会东、南宁的布依族的半边楼最为典型。竹楼类型较多，分布地区很广。有金沙江沿岸和西双版纳傣族的竹楼，有贵州'楼居黑苗'的野外竹楼——马郎房，有基诺族的长形大竹楼和独龙的诸葛冠式竹楼，有滇西傈僳族的千脚落地竹篾房。"①

干栏式建筑甚至还广泛分布于藏羌彝走廊外围的相关地区，"以苗族、侗族、布依族、土家族和川东汉族的吊脚楼最具特色。这些地区多是农耕区，即便改为地面式建筑民居，也一般都配有高脚仓，用于养牲畜和存放稻草，仍有干栏式建筑的遗风"②。干栏式建筑的广泛分布，一方面存在民族文化交流与融合的因素，另一方面也在于因自然环境相似而形成的建筑形式"偶合"，是一种相互独立的文化创造。

6. 土掌房

土掌房主要盛行于滇南的元江、新平、红河、元阳等彝族、哈尼族聚居地区。土掌房隔热效能较好，就地取材，建造简便，经济实惠。同时土掌房大多为平顶，成为晾晒粮食的平台，有效解决了山区平地较少的难题。土掌房以当地盛产的细腻土壤为基本原料，修建时先在四周用木板固定住，形成中空的"木板墙"，然后往"木板墙"中空部分填入事先准备好、干湿适中、具有一定黏性的泥土并不断捶打夯实，一截一截逐层加高后形成土墙，当地人将这种建筑称作"干打垒"。

① 谭继和：《论古"江源"流域巢居文化渊源及其历史发展》，载冉光荣、工藤元男主编《四川岷江上游历史文化研究》，四川大学出版社，1996，第231页。
② 蓝勇：《西南历史文化地理》，西南师范大学出版社，1997，第384页。

二、藏羌彝走廊建筑的主要内容

建筑是人对自然环境空间的"人化"形式，因而不能离开一定的自然环境单纯地探讨建筑的形式及其发展规律。藏羌彝走廊作为连接青藏高原和云贵高原的重要地理廊道，地形地貌复杂、气候环境多变、生态环境多样，沿线的不同民族建筑正是基于这一复杂自然地理空间的民族创造。

从平面上看，从藏羌彝走廊的北端到南端分别分布着堪称"世界屋脊"的青藏高原、纵横交错的横断山脉、立体多样的云贵高原、炎热潮湿的滇南坝子等，其气候条件也相应地呈现出从高寒干燥、温和湿润到高温多雨的演变。其海拔由高到低，植被由稀疏到密集，并相应地形成了游牧、半耕半牧、旱地农业和水田稻作的生产方式，进而形成了符合当地自然环境条件、满足当地生产生活需求的各具特色的建筑形式。如藏北草原、川西北草原地区在游牧生活方式下形成的流动性碉碉民居；川西北高山峡谷半耕半牧的生活方式，加之该地区地震频发、石头较多而木材较少，逐渐形成了石砌碉房的居住形式；川西及滇西北高山地区，则因森林茂盛，木材较多，就地取材形成了防寒保暖功能较好的井干式建筑；而在炎热潮湿的滇南地区，则分别形成了防潮透气的干栏式建筑和隔热保暖的土掌房。可见房屋的形式受地形、气候、建筑材料、自然灾害等自然环境因素影响较大。

从立体上看，藏羌彝走廊沿线气候垂直立体化差异明显。立体化的气候条件形成了同一地区立体化的生产方式和生活习惯，并表现为立体化的民居建筑差异。以青藏高原为例，高海拔的干燥寒冷地区，植被稀疏，土层较薄，其自然环境以高山草甸为主要特点，从而形成以游牧为主的生活方式，以可随处迁居的碉碉为主要居住形式；在海拔相对较低、气候相对温和的地区则发展成为农耕地区，以石为材的碉房是当地居民首选的居住形式；在海拔更低的地区，受气候温和、降水较多、土层较厚等多种因

图 4-4　维西县同乐村傈僳族村寨

素影响而形成了茂密的森林，其居住形式则表现为以竹或木为材的竹楼或木楼。

　　不同的自然环境孕育了不同的生产方式和地域文化，形成不同的建筑特色。相关研究指出，"西南地域建筑文化系由农耕为主的巴蜀文化为代表的'合院建筑体系'、游牧兼农耕的川西滇西北高原文化为代表的'邛笼建筑体系'以及渔猎兼稻作农业的云贵文化为代表的'干栏建筑体系'构成的"。[①] 这一论断大致涵盖了西南地区主要的建筑形式，如果再加上以游牧为主的青藏高原文化为代表的"碉鲁建筑体系"，则共同构成了藏羌彝走廊四大建筑体系。

　　建筑既受到一定的自然环境影响，同时也与所处的社会环境密切相关。它是一定社会历史时期某民族传统文化的产物，是不同民族精神文明和物质文明的重要标志和载体，是民族文化的重要组成部分。它和其他文

---

① 　杨宇振:《中国西南地域建筑文化研究》，重庆大学博士学位论文，2002。

化一样，既非孤立存在，亦非千篇一律。建筑有其共同的物质材料性能、结构技术方法、适合特定用途的空间布局等共同规律，但是作为一种文化成果，它必然还受到一定民族传统文化以及社会环境的影响，必然会产生各种不同形式、不同风格的建筑。

费孝通曾指出中华民族是一个多元一体的格局："它的主流是许许多多分散孤立存在的民族单位，经过接触、混杂、联合和融合，同时也有分裂和消亡，形成一个你来我去，我去你来，我中有你，你中有我，而又各具个性的多元统一体。"[1]这种民族之间的接触、混杂、联合和融合，也体现在建筑的借鉴与融合上。建筑本身并不是一种置于封闭状态的孤立发展之物，而是一种置于相互交流、相互影响、相互促进的开放环境中的融合各种文化的集合体。如保安族庄廓建筑"竖石镇邪"风俗就明显受到藏族文化的影响，西双版纳傣族干栏式建筑在很多民族中都存在，等等。另外，藏羌彝走廊各民族与汉族之间在历史发展过程中相互影响、相互交流甚至相互融合，形成了汉族离不开少数民族、少数民族离不开汉族的发展局面，并体现为建筑上的相互借鉴与融合，其典型代表就是大理白族、丽江纳西族等民族"三坊一照壁""四合五天井"的院落式民居。

1. 藏族民居

受自然环境和社会生产方式等因素的影响，藏族的传统民居呈现出多姿多彩的特点，有游牧地区以牦牛毛编制而成的可随处迁居的氆氇，有农耕地区以石为材的碉房，有林区相对固定的以竹或木为材的竹楼或木楼，甚至还有窑洞等不同形式，其中以氆氇和碉房最为典型。

（1）氆氇

以放牧为主的藏族人民，逐水草而居是他们的居住特点，氆氇成为他们最主要也是最普遍的居住方式。氆氇也叫"帐篷""毡帐"等，是将

---

① 费孝通等：《中华民族多元一体格局》，中央民族学院出版社，1989，第4页。

牦牛身上毛根最粗的那部分毛剪下来捻成毛线编制而成,一律呈黑色。藏族牧民搭建的氆氇颇具特色,首先,他们将自家所养牦牛的毛剪下来,编织成一块一块的氆氇材料,作为搭建民居的基本材料;其次,将牦牛角、羚羊角或木桩等作为固定桩,用于固定氆氇免于坍塌;最后再围绕固定桩将提前准备好的氆氇材料缝合在一起,从而形成最终居住的氆氇民居。氆氇材质厚重,具有较好的防寒、防风、防雨、防晒等功能,而且耐磨耐熏,经久耐用,成为西藏游牧地区的民居首选。

搭建氆氇的位置选择意义重大。通常情况下,氆氇大多成片地集聚在背风向阳、水草近便的山洼地带。正所谓要选择"东如开放、南象堆积、西如屏障、北像垂帘"①的地方,或者是"靠山高低适中,正前或左右有一股清泉流淌"②的地方。

氆氇因放牧的需要而建,以牧民自家居住为主,因而其大小也因牧民家庭人数的多寡而不同。最大的氆氇能容纳上百人,可用于众人的聚会。

氆氇的朝向及内部格局都有一套严格的标准。通常情况下,牧民们会按照传统习俗将氆氇的正门开设在面朝东的方向。在氆氇内部格局上,通常会在中央放置火炉,用以取暖和做饭;在西侧的墙壁正中间旁供上神龛、佛经、酥油灯等;南侧用于摆放日常用品,同时也是厨房所在地;北侧则主要摆放藏被、藏毯等家居用品。

此外,氆氇内部又分为阴帐和阳帐,面对正门的是正厅,进帐左手为阴帐,右手为阳帐,以灶台为分界线。阴帐和阳帐在用途上也有明确的区分,其中,阴帐是妇女的起居室,是家庭生活用品的储藏室,也是厨房所在地,主妇在这里进行烧茶、做饭、打酥油等家务活动。阳帐则是男人

---

① 中国藏学研究中心社会经济研究所主编《西藏家庭四十年变迁——西藏百户家庭调查报告》,中国藏学出版社,1996,第92页。
② 中国藏学研究中心社会经济研究所主编《西藏家庭四十年变迁——西藏百户家庭调查报告》,中国藏学出版社,1996,第92页。

的卧室，也是家里接待男性客人的地方。

（2）碉房

相对于游牧区域随处可见的碉䂮，在农耕区或城镇地区则以平顶碉房为基本居住方式。这是一种以石头为基本原料的建筑形式，墙面下厚上薄，呈梯形状。受人口数量和经济水平等因素影响，整个藏族居住区有大小不一的碉房。总体而言，绝大多数碉房为三层建筑，底层主要用于饲养牲畜、堆放杂物等；第二层是人居住的主要场所，包括人的居室、储藏室等；第三层则是供奉佛像的地方，是家里进行佛事活动的主要场所。

西藏地区广泛分布着不同风格的碉房，其中以拉萨为代表的内院回廊式碉房和以山南为代表的外院式碉房最为典型。以拉萨为代表的内院回廊式碉房将活动的院子设在内部，远远望去，是在墙壁上凿出窗户和大门，除此之外别无其他。待走进院内，呈现在眼前的又是另一番风景，

图4-5 藏族碉房

各式内部建筑和格局使人仿佛进了迷宫一般。而山南地区的外院式碉房则刚好相反，人们经常到户外进行各种活动，院内则相对较为私密。当然，这两个地方的碉房建筑也并非迥异，两者在楼顶上具有高度的相似性。这两个地方的碉房楼顶皆为平顶，同时，楼顶的四个角较楼顶要高出许多，主要用于在重大节日或是有重要活动时放置五彩经幡，而其平顶的形式设计也主要是基于在楼顶散步、娱乐以及进行各种宗教活动的功能考虑。

2. 保安族民居

保安族人口较少，集中分布于青海省同仁市和甘肃省临夏市等地区，多与当地的藏族、土族、回族、撒拉族、东乡族等民族混居，其建筑风格也多受这些民族文化的影响，并呈现出一定的相似性。保安族民居俗称"庄廓"，墙体下宽上窄，墙高4米左右，以一楼平房最为普遍，每户人家通常建有相应的院子。

（1）庄廓结构

庄廓以土木结构为主，以木料搭建房屋架构，以当地的泥土为原料夯筑墙体，有出檐和挑檐两种形式，其中，出檐较为简陋，平顶无瓦；挑檐则更为复杂，起脊、有瓦，通过屋顶斜坡进行排水。典型的保安族民居以挑檐房最为普遍。在功能布局上，庄廓包括堂屋、灶房、客厅、圈舍四大主体部分。改革开放以来，保安族群众的经济水平有了较大改善，其居住条件也发生了巨大变化，新建的庄廓以青砖房为主，新式门窗使房屋变得更加宽敞明亮。

（2）庄廓布局

庄廓通常由堂屋、灶房、客厅和圈舍四大部分构成。其中，堂屋是主体建筑，同时也是家中长辈的卧室所在，堂屋高大宽敞，三间相连，处于庭院正中，大部分坐北朝南，也有小部分坐西向东。通常情况下，北房为堂屋，又叫上房，是由三间组成的双檐瓦房，由家中的老人居住。老人要是去世了，宽裕的人家并不急着安排别的家人入住堂屋，而是专门用于接待客人或请阿訇念经时使用。上房是所有房间中最舒适的，除了供家中老人居住之外，也是接待客人的主要场所，凡是有客人来，都要招呼到上房来，同老人见面。在堂屋的中央，设有八仙桌，八仙桌两旁则分别建有一个土炕用于取暖。东西房分别位于堂屋两边，是一种单檐瓦房结构，主要供儿媳妇以及子女居住。和上房比起来，这里的布置显得较为简陋，已婚子女多住在房屋的套间。在上房与东西房相连的地方，是灶房所在地，为了便于房屋构造和采光所需，灶房通常在房顶开设天窗，以保持四周墙体的完整。客厅或称客房是家里的备用房，没有客人来时，主要用于储藏和存放一些家用物品，当有小辈客人来时，便安排其在此住宿，但如果来的客人为长辈，则要安排其到堂屋住宿。饲养牲畜的圈舍大多建在庭院的东南角或西南角，与人居建筑相分离，圈舍主要用于关养牲畜和堆放柴火等杂物。

图 4-6　同仁县民居

（3）庄廓特色

在保安族院落里面，大多会在围墙上的每一个犄角顶上，竖立一块大鹅卵石，有青色的、白色的、蓝色的和红色的，个别人家则将其矗立在大门两侧，这些色彩纷呈的石头，有些如椭圆状，有些呈奇形怪状、千姿百态，为院落增添了几分特色，也成为保安族庄廓建筑的一大特色。

关于在院墙四周和大门两侧安放这些石头的原因，众说纷纭，有一种较为普遍的说法，认为这是由保安族祖先传袭下来的习惯，其目的是镇妖驱邪。在青海同仁地区的藏族聚居区，许多人家的院墙四角也安放着各种奇石用以镇邪。保安族认为这一习俗与藏族人的一个民间传说有关。

相传在古老的年代，藏族聚居地区有一个神通广大而又心狠手辣的魔鬼，它日夜不停地骚扰着藏族人民的劳动生活，抢走人们辛苦一年打下的青稞，吃掉人们畜养的牛羊。它还经常呼风唤雨，毁坏藏族人的帐篷，抓走妇女和儿童。人们不堪其扰，恨透了这个无恶不作的恶魔，就采取各种方法同它斗争，付出了很大的牺牲和代价。可是，由于这个恶魔魔法无边，一时竟难以降服。后来，有一位藏族青年决心铲除恶魔，他只身离家，经过长途跋涉，历经千辛万苦，找到了一位神仙，经这位神仙的指点，藏族青年用一个奇异的鹅卵石终于降服了恶魔，从此以后藏族人重建家园，过上了牛羊满山、五谷丰登的和平生活。藏族人民为了纪念这位英雄，也为了表达今后不再受恶魔破坏和干扰的美好愿望，逐渐开始在院落内竖立起一些奇石，以镇家院，祝愿美好的生活天长地久，于是这些石头便有了保护生活平安的功能。

在藏族文化中，石头具有神奇的功能，而且不同形状、不同颜色的石头有着不同的意义和作用。比如白石，它具有保护人们吉祥平安和惩凶除恶、消灾驱祸的功能，充当了保护神的角色；而黑石则被视为邪恶、污秽的代表。在有些藏族地区，石头还具有土地神、农业神、长寿之神的功能。

保安族在其形成、发展的过程中，经历了不少灾难和忧患，尤其是常年辗转迁徙、颠沛流离的生活，使他们渴望和平安定，因而在定居于同仁、临夏等地区后，在藏族文化的影响下，保安族人民也逐渐形成了在院落围墙上、大门两侧竖立鹅卵石以驱逐邪恶、祈求平安的习俗，并最终演变成为本民族的传统习俗和建筑文化。

3. 羌族民居

羌族作为我国西部地区发展历史悠久、文化底蕴深厚的重要民族之一，独特的发展历史和生存环境，造就了其独具特色的"邛笼式"建筑形态，以碉楼和庄房为主要代表。

（1）碉楼

碉楼作为羌族建筑的典型代表形式之一，是一种独具特色的空间创造形态，它是羌族人民在长期的历史发展过程中逐渐形成和积淀下来的宝贵建筑形态和建筑艺术，是羌族人民生产生活的智慧体现。

不同于藏族碉房形体高大、建造严谨、官府色彩和宗教氛围浓厚等

图 4-7 羌寨碉楼与民居

特点，羌族的碉楼建筑更具民间性，多为家碉、寨碉，官府和宗教背景的碉楼较少；在高度上相对较低，大多不超过 30 米；在构造上相对粗糙，但形态更加多样。此外，羌族碉楼的设计特点也不同于藏族碉楼，其造型特色也非常突出，但是由于地震、战争等原因，很多独具特色、艺术价值极高的碉楼已被摧毁或拆除。

羌族碉楼独特的建筑风格不仅表现在与藏族等周边民族建筑的差异上，即便是羌族群体聚居地内部，不同地区的碉楼在空间形态上也表现出明显的差异化特征，具有很强的地域性。比如位于四川阿坝藏族羌族自治州茂县地区的碉楼，尤其是茂县下辖黑虎、三龙、曲谷、白溪、洼底、维城等地区是羌族碉楼最具原始特点的地区。这些地区的碉楼平面有四角、六角和八角等不同形态，甚至还有多至十三角的，主要包括公共碉楼和私家碉楼等不同类型。这些地区的碉楼以石头为基本材料，高度并不太高，大多在 20 米左右，内部多呈圆形、方形、六边形或八边形等，顶部为平顶，整个碉楼呈锥形，边长 3~6 米不等。在内部构造方面，通常分为 3~4 层，多的有 13 层左右，每一层用木板隔开，层与层之间则用圆木锯状的楼梯连接作为上下楼的通道，这种内部空间结构被称作墙体承重木构分层空间。从外观上看去，这些地区的碉楼雄浑古朴，坚固沉稳。其外墙面多以凹面内收弧线形成锥状"乾棱子"造型，是适应地震多发区的独特构造。

而杂谷脑河下游地区的碉楼则风格迥异，该地区的碉楼以方形平面呈整体方锥形居多；以土泥夯筑墙体，有高达 20 米的布瓦寨群碉（布瓦寨是汶川县威州镇岷江西岸一个海拔 2170 米的山寨，布瓦寨现存 3 座上千年的稀有黄泥羌碉，是四川仅存一处且分布集中的黄土群碉）；顶端普遍呈椅子状造型；最高的碉楼在一层和二层有木桃枋从墙体中挑出，主要用于搁置木板以形成瞭望台。布瓦寨泥碉顶部还用斗拱挑承檐口，它直接受羌族民居屋顶设计的影响，并在防御中讲究审美需要，是羌族地区碉楼空间形态的一大发展。位于汶川县的羌峰寨则由于接近汉族地区，其碉楼建筑形式与汉族建筑日趋融合，表现出明显的融合化特点。尤其是羌峰寨所属草坡乡一带的碉楼，不仅在整体外观上表现为体型宽大，在局部的设计上也不同于传统碉楼形态，如碉楼顶部不再是平顶设计，而是采用汉族两坡水悬山屋面，风格气韵走形较大，其碉楼建筑受汉族建筑文化影响较为明显。

碉楼是一个乃至几个寨子的公共建筑，主要用于军事目的，根据其所处位置和主要功能，可分为两种类型。

第一种类型设在一个或几个寨子的隘口、险关或咽喉之地。该类别的碉楼就像寨子的眼睛，主要起着瞭望和通风报信的作用，同时又具有前哨防御功能，有时候也被称作"哨碉"。这一类碉楼的数量因具体情况和环境而有不同。位于崇山峻岭地区的碉楼，其形态根据当地地形和环境等自然因素而呈现出多样化特点，如黑虎寨及其周围寨子，均要先通过一个狭窄的河谷地带，方能进入开阔的黑虎地区，因此这一地区的碉楼就必须修建在各个寨子放哨者视线均能所及的位置，如发现来敌，以烟火或声响等方式报警，做好迎敌准备。今杨氏将军寨就是由前哨碉楼逐渐组群发展而成。反过来，碉楼的这种军事功能和空间选址要求也直接影响了村寨的选址和布局。即任何民居建筑的出现，都不允许有障碍物阻挡其与公共碉楼在视觉上的可见性，以便能及时收到"哨碉"传递回来的信号。黑虎鹰嘴寨民居之所以沿山脊展开而非错落设置，正是受此目的之影响。

另一类碉楼主要位于寨子中间或四周适当位置，其功能不仅是瞭望和观察，同时也是敌人冲入寨子后所有居民躲避和防御的场所。其数量及规模取决于村寨居民的数量、财力和环境等因素。这类碉楼的功能决定了其内部空间形态必须便于容纳全部村寨居民，同时，碉楼所在位置必须位于村寨中央或周围较近的地方，以便于村民及时转移到碉楼中躲避和防御。

此外，在结构方面，碉楼主要表现为上窄下宽的承重结构体系，主要依靠墙体进行承重。碉楼内部空间跨度大多在 4 米左右，即便最宽处通常也不会超过 5 米，这种相对较短的空间跨度为墙体承重创造了条件，碉楼内部各楼层以及楼顶的横梁都是横架在两边的墙体上，依托墙体进行承重。由于墙身极高，墙体的自重和载重都比较大，因而对墙基的厚度及宽度要求都比较高。碉楼由底层到楼顶逐步进行收缩,楼顶开口较小,有的碉楼顶只有簸箕大面积。另外,羌族聚居区大多位于龙门山地震带上,频繁的地震活动也促使羌族人民创造了抗震能力极强的碉楼建筑。为了使碉楼更加稳固,在修建时必须尽量加厚基脚,形成基墙一体、逐层收分,并增加转角,以增强其稳定性。墙脚埋入地下的深度根据坚硬度情况来定,所谓坚硬度,即坚硬的石头或硬泥情况。当遇到坚硬度较高的石头或硬泥时,则不再继续往下挖。茂县一带的碉楼,为了增加其稳定性,平面外轮廓形成凹面,类似于内收弧线,这就在各墙面形成不同方向的转角,从而使得各墙面相交处的角变得尖锐,羌族人民称之为"乾棱子",不管是四角、六角还是八角碉楼,通常都有这种设置。

在碉楼建筑方式上,无论是石砌碉楼还是土夯碉楼,通常采取分层构筑法进行修建。当砌筑好一层后,需要搁梁置桴放楼板,然后再进行第二层的修建,之后按此方法层层加高。每加一层都要间隔一段时间,待其

图 4-8 汶川震后重建的羌寨

完全风干之后方可进行上一层的砌筑。如若下层还是润泥或石泥尚未黏合牢固，那么将无法承受修建上一层带来的压力，最后必然坍塌。正因为如此，有的碉楼需要砌筑多年方可竣工。碉楼顶的构造各地略有差别，但和当地住宅屋顶的做法大致相同，其目的都是遮漏防雨。主要通过在大梁上加小梁，再加树枝或竹枝，并铺上高山耐寒硬草，最后铺上含沙的土层并拍打磨光，形成具有一定坡度的斜面，凿墙穿眼，用简槽挑出以排水。

此外，通常还在碉楼的顶层修建楼梯和孔道以便通向楼顶，各层上下多用圆木锯齿状楼梯。少数碉楼的底层并不设门，而是从第二层开门并通过楼梯上下。待人上去以后，抽梯上楼，以防不测。

总之，羌族碉楼以其自身的独特结构和与村寨、民居的结合构成了一个和谐的空间组合。以碉楼为代表的羌族建筑是羌族人民勤劳智慧的结晶，碉楼以其威严感、历史感向我们展示了羌族社会发展和文化变迁的历程。

（2）庄房

庄房是羌族人民的普通住宅形式，又叫碉房。通常情况下，羌族寨子由三五十户聚居而成，主要分布在高山、半山或河谷地带有饮用水和便于生产、自卫的地方。庄房一般分为二层或三层，底层主要用于饲养牲畜和堆放杂物；中层主要用于居住，包括卧室、厨房等，其中正中一间设有锅庄，即火塘，靠墙处设神龛供奉神灵，这里同时也是家庭会客和举行婚嫁丧葬等礼仪活动的地方；上层用来储藏粮食等；房顶为平顶，主要用于打粮和晒粮。在房顶四角和靠山一边的中间，用片石砌成一个高约一米的塔形小石龛，放置一块或数块白石，羌语称为"窝露匹"或"纳克西"，是家庭祭祀天神、山神的地方。

4.彝族民居

彝族主要分布在藏羌彝走廊沿线的大小凉山、黔西北、滇中、滇西南、滇西北等地区，受不同地势地貌及气候条件等因素的影响，不同地区的彝族民居也呈现出各不相同的建筑形式和风格。

图4-9 楚雄彝族土掌房

（1）凉山地区

凉山地区林木资源较为丰富，其房屋建筑以土木结构为主，主要采用原木作为房屋支柱、横梁等，穿榫呈现"树"形屋架，表现出凉山地区彝族历史上与大山、森林休戚相关的朴素原始的建筑美学观。同时由于受到四川汉族建筑文化的影响，逐渐形成以生土板筑为墙和木板为屋顶的穿斗搁架式民居结构。该结构充分利用杠杆原理，层层挑出，以大跨度的构架结构实现大面积的空间范围，成为凉山地区独具特色的彝族民居。该地区彝族通常会在其居住的屋顶上面覆盖一些长约六尺、宽七至八寸的云杉木板，称为"瓦板"，并在上面添加横木和石头以固定"瓦板"，雨水则顺着杉木的纹路往下流。因而，凉山地区彝族的传统民居也被称为"瓦板房"。

（2）滇黔交界及滇中地区

黔西北的毕节、威宁，滇东北昭通、会泽以及滇中昆明、楚雄等地区的彝族社会经济相对发达，这一区域森林资源较少，其房屋建筑材料以泥土和石头为主，并由此形成土掌房、石板房等民居特色。如黔西北毕节、威宁，云南东川、陆良等地区的彝族通过充分利用当地丰富的土壤资源，发展出以生土夯筑为特色的平顶土掌房。宜良地区则以石头为地基，在房屋墙体方面不再以单纯的生土为原材料，而是加入一定数量的竹条、树枝等，按照一定的结构形成类似篱笆墙的土木混合墙体。而在石林、弥勒、澄江等地区，喀斯特地貌带来了丰富的石材资源，因而这一区域的彝族民居大多以石头为主要建筑材料，以石砌成墙，以石片为瓦，形成独具一格的石板房。

（3）滇西南地区

滇西南红河哈尼族彝族自治州的彝族聚落主要分布在干热的河谷或干冷的山坡地带，以平顶土掌房为主要民居形式。这一地区的土掌房类似于羌族地区的邛笼式建筑结构，采用平顶密肋梁柱排架结构，就地取材，充分利用当地黏性较强的红土为基本材料，夯筑土墙，在墙顶设置木头横梁以分散房顶压力，并累土拍打形成平顶。土掌房墙体厚实，具有较好的

图 4-10 彝族民居

隔热和保温功能，能够较好抵御山坡地带的干冷气候。同时，这种建筑窗户少而小，使屋内受热或受冷面积都较小，既能有效将寒风抵制在外，又能有效阻挡热气涌进屋内，成为干冷山坡地带和干热河谷地带的彝族民居首选。此外，平顶式建筑为居民提供了良好的晾晒粮食的场所，有效解决了山坡地带缺乏平地的现实难题。而在元江等地区的彝族，为了有效适应当地的气候条件，在平顶土掌房主体建筑基础上，又在其顶部以棕叶、藤条等材料搭设一个坡度大于 45°的双面斜坡顶，从而在斜坡屋顶与平顶之间形成一个封闭空间，成为隔绝屋顶热气、防止屋顶漏水以及堆放杂物的多功能空间。

（4）滇西北地区

滇西北高寒地带自然环境恶劣，交通条件较差，生活在这一地区的彝族高度依赖自然资源，甚至还保留有游耕、游牧等生产方式。这一地区林木资源丰富，对外相对封闭，仍然保留着传统的井干式木楞房建筑。木楞房建筑以当地丰富的林木资源为原材料，简便易得，经济实惠，一根根圆木或方木被层层累叠，形成墙体，屋顶则以树皮加工而成的板瓦覆盖。木楞房易于搭建，成本低廉，非常适宜当地彝族游耕、游牧的生产特点，是一种适应当地经济发展水平和劳动技术水平的居住形式。

此外，居住于楚雄彝族自治州大姚、双柏等地高山林区的彝族，大多采用以松木等为原料累叠墙体、以薄木板为屋顶的纯木结构房屋，称为"垛木房"或"木罗罗"；三江并流地区的彝族俅人支系以二层楼房为主，一楼以石块筑墙，二楼用原木垒成，屋顶则搭设横梁并以条形木板覆盖，从而形成石木结合的"闪片房"；生活于泸沽湖地区的彝族同样以木垒墙，以木板盖顶，不同之处在于各房屋并非独立存在，而是围合成合院形式。同时，为了避免雨水的侵蚀，当地还形成了类似于歇山顶的屋顶形式，成为适应当地自然环境的独特建筑形态。

5.普米族民居

普米族大多居住在半山缓坡地带，根据血缘关系聚族而居。各村各寨之间相隔不远，炊烟相望，鸡犬相闻。各家各户则自成院落，互为邻里。不同地区的普米族民居和居住习惯不尽相同。普米族房屋多为木结构的井干式建筑，房屋四周墙壁均用圆木垒砌而成，在屋脊架设"人"字形横梁，用木板或瓦片盖顶，称为"木楞房"或"木垒子"。通常分上下两层，上层住人，下层关养牲畜或堆放杂物。

正房是普米族民居的核心所在，是家庭活动和聚集的中心。进入正房后，映入眼帘的是位于正房中央的大柱子，普米族称之为"擎天柱"，这是正房的中心所在。"擎天柱"两边分别设置上火塘和下火塘。其中，上火塘位于"擎天柱"右侧，当地居民通常在上火塘左右两侧设置床铺，在床铺中间摆上神龛。而下火塘则位于"擎天柱"左侧，这是灶房和饮食所在地，在下火塘上设有铁制三脚架，用于做饭时摆放各种炊具，围绕着下火塘的分别是三侧的板铺和墙壁，墙壁用于供奉大锅庄，三侧的板铺主要用于就座吃饭。此外，在正房的上方，还有用木板隔开形成的楼板，主要用于存放玉米、猪肉等相关物品。当需要取用存放在楼板上的物品时，则通过连接楼板与正房地面的木制楼梯上楼取用，也通过这个木制楼梯将需要存放的物品运送到楼板上去。

在正房外面，通常建有一圈围合的房屋，称为"圈房"。正房前面有前廊，主要用于放置水缸、农具等物品，同时也是连接正房、左室、右室的通道。左室通常为厨房，建有灶、磨等生活设施，右室主要作为卧室。在正房的后面，设有后室，主要用于堆放杂物等。

此外，在金沙江和雅砻江流域的普米族，由于受到藏族和羌族碉房（楼）建筑文化的影响，形成了以石垒砌或以土夯筑为墙的多层平顶碉房。在永胜、兰坪等地的普米族则由于受到汉族文化影响而形成类似汉族建筑的土木结构房屋。

6. 拉祜族民居

拉祜族主要分布于澜沧江西岸的临沧、耿马、澜沧、孟连等地，其民居主要是以竹、木、草、藤等自然资源为原料而建成的干栏式房屋，当地俗称"掌楼"。

拉祜族"掌楼"通常为二层建筑，上层是房屋的主体，主要用于住人，下层主要用于关养牲畜和存放杂物、舂米等。平面一般近似椭圆形，楼层低矮，被深深的山檐遮盖住，远望只见一根根木柱上，架着甚为硕大的黄色草顶，淳朴自然，不加装饰，颇有田园风光的韵味。在空间布局上，拉祜族民居的主体部分包括火塘、堂屋、卧室等不同功能分区。其中火塘是拉祜族主要的生活场所，拉祜族居民大多围绕火塘开展饮食、家庭聚会等重要活动。拉祜族的火塘通常用几块较厚的木板围合钉制而成，呈无顶方形，在火塘中央摆放铁制三脚架，用于做饭或烧水时摆放相应的器具。堂屋则是拉祜族居民供奉家神的地方，在堂屋中间，放有用当地盛产的竹片编制而成的方形箩筐，并用火塘里面的草木灰将其装满，用于祭祀敬神时将香插在里面。在方形箩筐前面，设有一个两层的木桌子，在木桌子下层摆放蜂蜡、棉线团等供品，上层则用于点蜂蜡等事项。当地居民通常隔两三天就要在此烧一次香，以祈求祖先庇佑，确保家人平安，六畜兴旺。要是遇到喜事、丧事以及一些重大节日时，每天都要来此烧香。

拉祜族干栏式房屋建筑受所在地区的自然环境以及毗邻民族的文化影响而呈现出各不相同的特点。如澜沧拉祜族自治县南部的糯福、东回等地区的民居主要由主房、牛圈和粮仓三部分组成。大部分宅地对外敞开，没有围墙，有的仅仅在房屋四周修建低矮的竹篱用以简单划分。在竹篱的入口处设有一个象征性的门形框架作为宅门，类似于村寨的寨门，但比起寨门来显得更为矮小。主房的平面近似于椭圆形，房顶以草覆盖，二楼的空间较大，主要由五榀两支点木屋架组成，各屋架的两支柱之间用竹席分隔成小隔间。整个二楼建筑的中央通道非常宽大，称为堂屋，在堂屋中设有三至四个火塘，其中一个专门用来煮猪食，其余的则用于生活，且在火塘上方挂上烤棚用于做饭、烤肉等。堂屋两端的椭圆形部分，主要用于储存粮食。在整个房屋一侧的两个小隔间位置设有楼梯和平台，为了避免被雨淋湿，楼梯和平台均设置在同一个屋顶之下，设在整个建筑的最左端或最右端，并有晒台设在屋角。有的人家将室内一小隔间设为神龛，如果主人是宗教神职人员，则神龛设于房屋中部最重要的位置上。

7. 白族民居

大理一带的民居受汉族文化影响较深，其民居主要表现为合院式建筑。其中以大理白族、丽江纳西族的民居最具代表性，且二者之间具有很大的相似性。大理白族民居大多为土木结构，"三坊一照壁"是白族民居的基本样式。就其格局而言，这种民居样式以二层楼房为构成单元，构筑

图 4-11　白族民居

以院子为中心的庭院，拼合成平面组合。每栋楼房称作一"坊"。"三坊"即指三栋楼房，外加一堵照壁，组成完整的四合院落。

（1）主要民居类型

传统的白族民居住宅根据平面组合的样式之别可以分为"三坊一照壁"、"四合五天井"、"四合头"、"两拐房"、"前后院"、"两进院"以及"多进多套院"等类型。其中以"三坊一照壁"民居建筑类型最具代表性。

"三坊一照壁"由正房一坊，即以面阔三开间成为独立单元称为"一坊"，左右厢房各一坊，外加一堵照壁合围成一个封闭的院落。

"四合五天井"通常是富裕家庭采用的民居形式，主要是由正房、下房、左右厢房共同组成一个封闭的四合院。中间为庭院，四角还有四个"漏角"的小天井，成为不同于汉族院落的重要内容。由四坊房屋和五个院子共同构成了"四合五天井"的院落格局。

"两拐房"一般为家庭经济有困难的条件下，既要围出一个院子，又要为将来构筑正房做出预留空间，因此先盖两坊。此时，这两坊屋不能以并列格局建盖，庭院格局必须形成直角形的布局，两坊构成一直角，同对角方向的照壁与围墙构成的直角墙体共同构成平面四边形院落。

"四合头"的基本格局与"四合五天井"等同，由正房、下房、左右厢房四坊组成一个封闭的四合院，两者之间的区别主要表现在正房与两侧厢房的高度上面。"四合五天井"中与正房相邻的两坊屋面高低有序分割，正房高于两侧的厢房，空间层次得到明确划分，而"四合头"相邻两坊房屋的屋顶屋面保持相同高度，两坊相交成斜沟，也即"合头"。

"前后院"，顾名思义就是分前后两个院子，其中前院大多是花园，配有相应的厅阁等小型建筑，后院是正院，是家人居住的主要地方。前院和后院分布在同一条中轴线上，而前述几种民居格局在平面上均以院子为中心，这是"前后院"不同于前面几种民居格局的一大特色。

与"前后院"相对应的是"两进院"，这种建筑类型的中轴线并非同一条，而是左右并行的两条中轴线，两个院落之间由过厅相联系，"前后院"及"两进院"一般属于中型民居。

"多进多套院"属于大型民居，一般为富人大户的住宅，是由上述几种基本平面形式的多院落综合而成，有南北向伸展的，有东西向伸展的，还有均匀向各方伸展的，"一进两院"式及"多进多套院"，入口在厢房的端墙上，通常设置一道门进行分割，使家中中央院落与"漏角"的小天井之间各自保持独立，使主院落保持整洁与宁静。

（2）三坊一照壁

"三坊一照壁"通常是大理白族经济实力较为适中的家庭采用的一种民居建筑形式，其面积大小因各家各户的财力雄厚程度而定。这种民居形式的典型布局是由"三坊"和照壁合围成一个院落，"三坊"包括正房和左右两个厢房。在结构上，正房是整个庭院中的主体建筑，整体高度也高于其他各坊。正房坐西朝东或坐北朝南，为三隔间的二层楼房，方向朝南或朝东，面对照壁墙，主要是老者的居室。同时，正房前通常设有三开间的厦子，也就是外廊，是全家起居、生活、待客和搞副业的重要地方。正房的左右两侧分别为东厢房和西厢房，东西厢房略低于正房，呈拱卫状，以突出正房的地位。厢房通常为子女和孙辈的居所。南面通常是饲养牲畜的圈舍。而厨房设在正房与厢房相交的角落西北角或西南角处，大门通常设在照壁与圈舍相连处，东南方居多，朝向略微斜朝东北。这种封闭式的院落布局和严格的对称结构表现出了一种稳定、严肃、庄严和有序的特点，也体现了长幼尊卑、敬人好客的家庭伦理秩序和人际交往准则。

正房二楼上端有一个伸长的"出檐"，既划分了楼层，而且"出檐"为一楼的厦子遮住了屋顶飘落下来的雨水，并遮挡了部分太阳强光，斜面坡式的"出檐"避免高楼耸立无依的感觉，形成过渡性的结构，"出檐"悬挑的架势使厦子显得很宽敞，墙体也随"出檐"做出适当的倾斜和收缩，有助于强化整个建筑的稳定感和层次分明的外观。

8.哈尼族民居

哈尼族主要分布在云南省红河哈尼族彝族自治州，受不同自然环境和人文因素的影响，不同区域的哈尼族民居类型各不相同，表现出不同的特点，其中以蘑菇房最具特色。元阳一带的哈尼族，由于所在区域降雨量较为充沛，其民居建筑形式主要表现为坡顶，其目的正是及时排水，而这一地区哈尼族民居的屋顶状如蘑菇，因而也被称作"蘑菇房"。

（1）蘑菇房的结构特点

哈尼族传统民居——蘑菇房一般分为两层。第一层主要用于牲畜、家禽的关养以及各种农业用具、杂物的堆放，村民主要居住在第二层，这里是他们休息、吃饭、娱乐等各种活动的场所，是哈尼族村民的生活空间。第一层与第二层之间放置有木梯子或竹梯子，村民可以由此下到地面。火塘和厨房是哈尼族村民的公共生活空间，尤其是火塘，平时大家就坐在火塘边闲谈或者对农活进行分工和安排。大部分房屋的厨房位于正

门的左侧，厨房旁边是
火塘，而卧室分布于火
塘旁边或者房子的右侧。
火塘后面的卧室较为暖
和，一般是家里老人的
卧室，房子的右侧是兄
弟姐妹的卧室。蘑菇房
的窗户都比较小，因而
房间里的光线通常比较
暗，刚进去的时候一下
子很难适应。不过这样
能够减少发生盗窃的可
能以及预防火灾。此外，
哈尼族村民供奉家庭祖
先的神龛也设置在第二
层，包括大神龛和小神
龛，其中小神龛中供奉
的是祖先中非正常死亡
者的亡灵。

　　在房屋的第二层与
屋顶之间有楼梯连接，
屋顶是哈尼族房屋最具

图4-12　哈尼族村寨

特色的部分。由梯子上到屋顶后，人得弯下腰，小心碰到蘑菇顶。蘑菇顶
是用稻草或者野草编成的，其形状远看去就像一朵蘑菇，因而哈尼族的这
种有着蘑菇顶的房子被称为蘑菇房。蘑菇顶起到了将雨水及时排掉的作
用，同时，火塘中常年不断的火焰，除了供村民取暖、做饭之外，也对整
个房屋空间起到了保暖的作用。因此，在蘑菇顶下面就显得比较干燥，成

为村民存放粮食的主要场所。

通常情况下，蘑菇顶是用稻草或野草编制而成，具有冬暖夏凉的功效，但也由于稻草或野草的有效使用时间不长，蘑菇顶需要经常更换。稻草做成的蘑菇顶一般两三年就得换一次。此外，由稻草或野草编制的蘑菇顶燃点较低，易于着火，且蘑菇房密度大，一户村民的蘑菇顶着火，很容易使周围其他房屋也跟着着火，成为蘑菇房的一大安全隐患。

正是由于这个原因，很多村民逐渐在第二层的屋顶上涂上厚泥以防止火苗往下窜，也就是所谓的"封火房"，意为将火封住，避免火势延伸到其他地方。现在的封火房以土木结构为主，全平顶，在顶上封泥后再铺设蘑菇顶。蘑菇顶的旁边还有一个被称为"厝戈"的平台，村民平时用来晒粮食或其他东西。"厝戈"一般没有围栏，通常在其周围摆放一盆盆植物作为装饰。

（2）蘑菇房的功能特点

总体看来，哈尼族蘑菇房主要具有以下几个重要功能。首先，由于当地气候较为潮湿，按照传统风格建造房屋的这一层往往非常潮湿，不适宜居住，因而第一层主要用于圈养牲口而非住人。其次，蘑菇房窗户较少，且往往很小，这一方面有助于保持房间的温度，另一方面有助于防火防盗。再次，为了节省房屋空间，厨房、卧室、闲暇活动空间等集中在第二层，厨房产生的烟雾一方面能够保持室内温度，另一方面则使得油烟附着在木质地板和柱子上，可以防止蛀虫毁坏木头，防止蚊虫进入室内侵害人体。最后，由于当地比较潮湿，将火塘安在室内既能够驱除寒气，又能保持室内温度。

9.傣族民居

傣族主要分布在云南省西双版纳州的坝区，这些区域海拔较低，气候炎热，降雨丰沛，空气潮湿，滋生了较多的蚊虫毒蛇等动物。同时这一地区植被茂盛，盛产竹子，逐渐形成以竹子为主要原料的干栏式建筑，俗

图 4-13　傣族村寨

称"竹楼"。每一种传统建筑形式都是依托当地自然资源、适应当地自然
环境的独特创造。傣族竹楼民居建筑形式充分体现了适应当地湿热、多蚊
虫等自然环境的功能特点，架空建筑有助于在雨季时躲避洪涝、防虫避蛇
以及躲避地表散发的瘴气，同时，以竹子为建筑原料，不仅经济节约、省
时省力，还具有透气、凉爽等适宜当地炎热气候的功能。

　　傣族人性格温柔平和，被誉为"水一样的民族"，其民族文化也在民
族建筑中留下了深深的烙印。民居建筑不仅仅是当地人民遮风避雨的居住
形态，更是当地人民文化创造和价值追求的物化体现。傣族竹楼不仅在建
筑材料上绿色环保，在构造上也充分体现了与大自然和谐相处的价值追求
和功能特点，充分体现了傣族人民天人合一、与自然和谐相处的生活哲
学。同时，傣族竹楼简洁、自然和流线型的外观设计，也反映出傣族人民

宁静、纯洁、温和的文化心理。

傣族竹楼的屋顶承重构架通常为木制构架，用草排或小挂瓦作为覆盖屋顶的主要材料，墙面则为垂直或向外倾斜的毛面平缝木板，大部分是就地取材，以当地盛产的竹子编制成为竹篾墙，并充分利用竹子内外两侧的不同颜色和质地，编制出带有不同图案的墙体，别具一番风格。

傣族竹楼通常为长方形布局的二层小楼，层高约两米，沿梯而上。竹楼的底层用木桩作为支柱，形成一个有柱无墙的架空层，主要用于关养牲畜、存放农具和杂物以及进行粗重的家务劳动等。二楼为人居住所，主要用于家人的日常生活起居，包括堂屋、卧室、回廊和展四个部分。其中，堂屋主要用于接待客人、日常饮食以及开展一些简单的家务活动，堂屋中心设有火塘，主要用于煮饭、烧水等。卧室设在堂屋侧边，用墙分隔

图 4-14　傣族古建筑

开来。二楼在房屋的三个侧面设有回廊，是架空层上面一条有顶无墙的通道，具有通过来往、乘凉休息等功能。平时也会在回廊上进行纺织和缝纫等活动。回廊的尽头有宽敞的平台，称为"展"，是室内空间向户外空间的延伸，主要用于冲浴、晾晒衣物、摆放植物等。

三、藏羌彝走廊建筑的特点

建筑是一个民族的外在文化表征，也是一个民族文化的集中体现。建筑既是一定社会和自然环境影响下的产物，也是一个民族利用自然、改造自然的智慧结晶。藏羌彝走廊上的民居建筑类型丰富，形式多样，集中呈现出以下两个特点。

1.适应自然的和谐性

无论是哪个民族的何种建筑，无不受到自然环境的影响和制约，如地形地势、气候条件、植被情况等因素对各民族建筑的选址、布局、取材、外形等方面都有很大影响。从藏羌彝走廊沿线各民族建筑来看，之所以会形成风格迥异、形式多样的建筑类型，正是沿线各民族适应所处自然环境、与自然和谐相处的必然结果，正所谓有什么样的生态环境就会有什么样与之相适应的建筑形式。如羌族所居住的川西北高山峡谷地区，由于石多木少、地震频发、气候恶劣，从而形成以石砌墙的碉房建筑，同时也成为古代抵御外敌的重要堡垒。而滇南炎热潮湿的傣族地区，则因防潮、避虫之需而形成干栏式建筑，其建筑材料大多采用当地盛产的竹子。

2.适应生产的合理性

传统农业社会的生产与生活是密切交织在一起的，而民居建筑作为各民族起居生活的重要乃至唯一场所，除了追求生活的便利之外，更注重与农事生产的合理配合，并由此形成适应生产的多样化民居建筑。如游牧地区的藏族人民所居住的镳鲁，正是为了适应逐水草而居的流动性游牧生活而形成的流动性民居建筑；云南小凉山彝族习惯于在山地草场游走放牧，"闪片竹篾房"棚屋成为这一区域的特色；而上层住人、下层养畜的干栏式建筑，以及以平顶为晒台的土掌房等建筑形式，则是农耕民族生产与生活的有机结合体，既节约了土地空间，节省了建筑材料，更方便了日常劳作，有利于农事生产活动的开展。

四、藏羌彝走廊建筑的现代走向

建筑不仅仅是人类用于遮风避雨、抵御虫兽的主要场所，同时也是民族文化的主要载体和民族精神的重要象征，是反映一个地区、一个民族社会生活、经济发展水平以及民俗风情的重要窗口。藏羌彝走廊从西藏雪域高原一直向南延伸至西双版纳等热带雨林地区，涵盖了牧区、半牧半农区和农耕区，生产形式多样，地形地貌复杂，民族特色明显，形成了多样化的民族建筑形式，可谓中国西南重要的建筑文化廊道。然而，随着现代化、城市化进程的不断推进，藏羌彝走廊沿线社会、经济、生态、文化等各方面都发生了深刻的变迁，作为沿线民族文化的重要组成部分，藏羌彝走廊上的建筑也遭遇着不同程度的破坏，面临和经历着从传统向现代的变革与创新。

1. 在城市化的冲击下走向消亡

随着沿线城市化进程的不断推进，大量农村青壮年纷纷涌向城市，并逐步将全家人都搬到城镇居住，这就使得农村传统民居因为无人居住、缺乏维修而日渐破败、坍塌，一些极具民族特色和文化价值的建筑形式逐渐走向消亡。同时，在现代化和城市化思想的推动下，很多农村地区形成一种普遍观念，即修建现代化楼房成为"有本事""能力强"的象征，而居住在传统民居里则是"没本事""能力弱"的体现，这样一来，反映民族传统文化的传统民居被现代化、标准化的现代建筑所取代，传统民族建筑日渐减少。

2. 在制度化的保护下得以存续

基于城市化发展对传统民族建筑的破坏日益严重，一些极具价值的传统民族建筑日渐破败和减少这一严峻形势，2014 年，住房和城乡建设部、文化部、国家文物局、财政部联合印发了《关于切实加强中国传统村落保护的指导意见》，对具有一定价值性、紧迫性的传统村落进行分类管理和保护。近年来，在传统村落认定与保护政策的制度化保障下，林芝地区工布江达县错高乡错高村、阿坝藏族羌族自治州理县桃坪乡桃坪村、黄南藏族自治州同仁县保安镇城内村、楚雄彝族自治州姚安县光禄镇西关村等一批传统村落得以修缮和保护，让沿线极具民族特色和文化价值的传统建筑得以保存。

3. 在产业化的开发下成为商品

随着大众旅游的兴盛和全域旅游的兴起，乡村文化旅游、古村落旅游、古城镇旅游等形式逐渐受到游客的青睐，成为旅客外出旅游的重要选择，尤其是一些具有怀旧情怀、摄影情怀、建筑情怀的游客，特别钟爱于各种传统建筑、民族建筑。在这一背景之下，原本供当地居民居住的传统建筑摇身一变成为供游客观赏的旅游商品，甚至成为供游客居住和体验的民宿与客栈。这些传统建筑因旅游产业的带动而变成有价值的商品。在商业利益的驱动下，很多居民自发地、积极地对传统建筑进行保护与利用，传统建筑也因产业化开发而成为一种商品，并以商品的形式完成了现代装饰与传统形式的有机结合，现代化的经济价值取代了传统的居住价值和文化价值而成为最主要的价值诉求。

藏羌彝走廊上的建筑形式多样、内涵丰富，是沿线各民族在长期的

生产、生活过程中，结合当地自然环境和经济水平，充分发挥其创造性和
能动性而逐渐形成与沉积下来的宝贵文化遗产。在现代化发展过程中，这
一遗产面临着多方面的挑战与威胁，加强藏羌彝走廊建筑的科学研究、促
进藏羌彝走廊上的建筑实现现代转型与发展、推动藏羌彝走廊建筑文化的
现代传承与创新，尤为重要和紧迫。

第五章

从藏袍到简裙
——藏羌彝走廊上的民族服饰

　　服饰是一个民族或族群的重要文化组成部分，是记录一个民族或族群的生产生活、迁徙历史，刻画部族图腾标记和信仰崇拜，描绘文化记忆、传承文化脉络的重要载体。人们一般把风格不同的民族服饰看作不同民族的重要标志，甚至当作某种意义上的"族徽"。[①]

　　在中国大地上的藏羌彝走廊一线，生活着大量以藏族、羌族、彝族为主体的少数民族。众多的少数民族带来了丰富的少数民族文化。服饰文化作为一个民族或族群文化的重要表现形式，既反映了不同民族的独特文化，也呈现出不同民族文化的差异性。由服饰可看出年龄、性别、职业、贫富等差别，在这些显见的区别中，就包含文化意识。从服饰中还能看出节庆、婚姻、丧葬、崇尚、信仰、礼仪等习俗。[②] 不同的民族及支系由于生活的区域不同，服饰都以不同的形态展现，服饰文化的差异大多与这些少数民族不同的生存环境、生产生活方式以及信仰习俗密切相关。

一、藏羌彝走廊上的民族服饰

（一）雪峰为领，圣湖为襟——雪域高原区域的民族服饰

1. 藏族服饰

　　从整体上看，传统的藏族服饰无论男女，都有其普遍的特征，尤其是男性服饰。传统的藏族男性服饰主要分为勒规、赘规及扎规三类，不同的服饰其使用场合也有所区分。

　　勒规，即藏族男性的劳动服饰。传统的藏族生活环境较为恶劣，一年四季气候差异较大，根据不同的季节变化，演化出不同样式的勒规。相对温暖的春季和夏季，男性所着勒规大多是以棉布或白茧绸制成的齐腰短衫，左襟大而右襟小，其间会镶嵌简单的花纹作为装饰。短衫外通常

---

① 徐万邦、祁庆富：《中国少数民族文化通论》，中央民族大学出版社，1996，第80页。
② 徐万邦、祁庆富：《中国少数民族文化通论》，中央民族大学出版社，1996，第84页。

会穿方便脱下的棉毛质地的圆领宽袖长袍，并以毛料制彩色腰带系于腰间，长袍齐于膝盖处并在腰间形成一个囊袋，便于携带日常随身用品。秋冬季节气候严寒，藏族男性通常会头戴具有护耳的皮帽或藏帽，服装多以牛皮或羊皮制成，脚穿皮质的长筒皮靴或皮底绒帮藏靴。随着经济状况的改善以及动物资源的减少，现在也有部分秋冬季的勒规是由人造绒制成。

　　赘规不同于日常穿戴的勒规，是藏族人民在传统节庆时穿着的礼服，该类礼服通常做工精致细腻，所用材料也较为昂贵。上衣有内衫和外衫，内衫为白色或浅黄、紫色的绸质长袖，对襟处会有金银镶边或彩布的纹路装饰，这种内衫在藏语中被称为"囊规""对搪"，多为白色、浅黄或紫色。外衫在藏语中为"交规"或"崩冬"，是由印有福寿纹、莲花纹等图案的锦缎制成的无袖外衣，领口、袖口、下摆会绲有水獭皮或虎皮、豹皮等皮料镶边，部分镶边还会以白色皮毛缝制出意为"永恒""牢固"等寓意的图样，裤子基本上由白茧绸制成，脚下则是皮底绒帮的传统长靴。

　　扎规和赘规一样，也是传统的藏族节日盛典着装，属于藏族男性武士服。传统的扎规是男子头戴狐皮帽，身着镶边的貂皮镗氇袍或毛呢楚巴，腰间佩带匕首或长刀。这种袍长袖宽的服饰多是浅黄色和紫红色，衣襟和领口为了美观，用金线或银线镶嵌装饰，为方便携带日常用品，腰部也有一个囊袋。

　　藏族女性的日常服饰与男性服饰大体上相似，都是较为保暖的宽大长袍，但大部分女性服饰为翻领且衣袖相较其他衣服的袖子更长，服装所绣纹样比起男性服饰更为精致多样，所佩戴的饰品也更为繁复华丽。

　　除了比较简便的日常生产生活服饰外，节日庆典和重大宗教仪式上的藏族女性服饰变化就更为多样。不同藏族分布区域根据当地气候、环境以及习俗的差异，有不同程度的变化，尤其女性在成人礼和结婚前后的服饰有较大不同。以青海农区的藏族女性服饰为例，青海农区的藏族女性在成年时，要择吉日进行将幼年辫套换作象征成年的"戴天头"的成人礼；

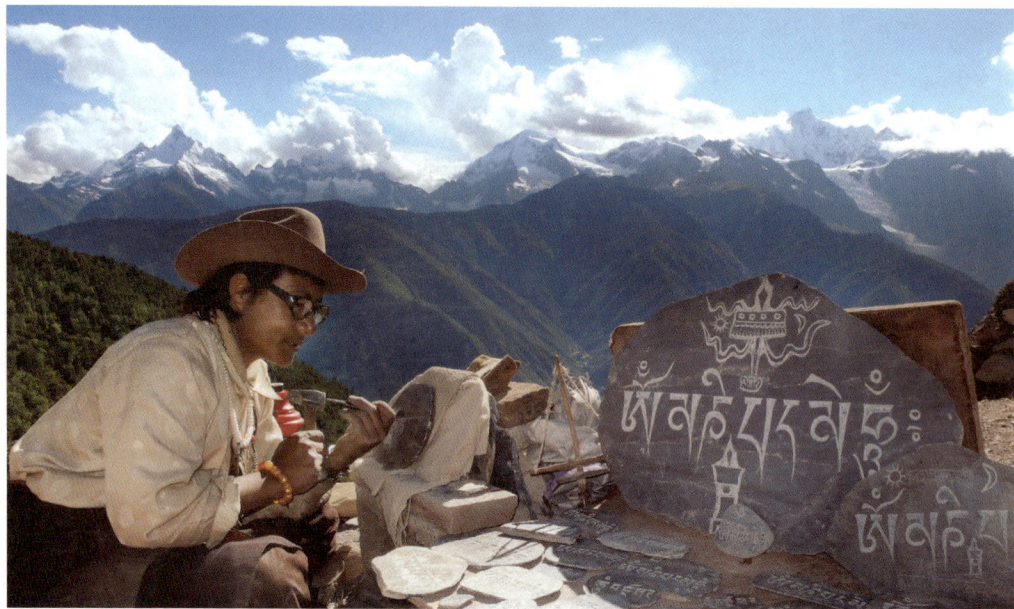

图 5-1 藏族服饰

阿坝藏族自治州的藏族女性在成人礼之后开始蓄发编辫；天祝地区未婚女性的发套比已婚妇女的发套更短。

虽然藏族分布区域广阔，在不同区域内的服饰也会随环境的变化而有所不同，但基本上藏族生活在海拔高、气温低的区域，因此服装宽松保暖，饰品繁杂多样的特点大致是不变的。

在藏羌彝走廊一带，所涉及的藏族聚集区主要有西藏自治区的拉萨市、昌都地区、林芝地区，甘肃省甘南藏族自治州，青海省黄南藏族自治州，四川省甘孜藏族自治州、阿坝藏族羌族自治州，云南省迪庆藏族自治州，等等。这些地区环境有所不同，服饰也有不同的表现形式。根据不同区域形成的不同藏族服饰形态进行划分，其中有几个较为典型区域的藏族服饰非常值得一提。

——甘孜藏族自治州

四川省甘孜藏族自治州是中国第二大藏族聚集区。在甘孜藏族自治州内不同区域的服饰有所区别，可分为康北、康南、木雅等类别，统称为"康装"。

康北服饰主要集中于甘孜、德格、新龙、炉霍等区域。与其他区域相似，康北农区服饰的外袍多为皮质长袍，但用以点缀领口、衣襟、袖口或下摆的毛皮多为豹皮或水獭皮，而非羊皮。女性则梳小辫、缀有头饰或额饰，并佩戴大量金银制成的饰品。

在甘孜藏族自治州的康南一带，除了藏族之外，还有部分彝族、纳西族、普米族、傈僳族等其他少数民族，多种少数民族文化交融使康南地区的民族文化呈现出多样性发展，长期的多元民族文化交融使康南地区的传统藏族文化更具包容性，也使该区域的藏族服饰区别于其他区域的藏族服饰。康南地区的藏族男性服饰较为单一，而女性的服饰则更为多样，右襟短衫和大襟坎肩既能驱寒又便于日常生产劳作，下身宽大保暖的百褶长裙有典型的藏族风情，也有纳西族和彝族服饰的缩影，腰间色泽鲜艳的绸带也为康南农区的藏族女性服饰增添一分色彩。

分布于道孚、雅江、康定、九龙县农区的木雅女性服饰以皮毛和棉布等面料为主，根据季节的不同，分为春夏和秋冬两季藏袍。春夏气候相对温暖时，大部分藏族妇女在劳作中会身着无袖的黑色或棕色上衫和长裤，部分女性劳作之余会穿传统的藏式百褶长裙；在秋冬较为寒冷的时节，除了更换较厚的上衫外，还会在上衫内加上保暖的长袖氆氇，部分妇女则穿皮袄和皮裤或毛裤。

——阿坝藏族羌族自治州

阿坝藏族羌族自治州位于四川省西北部，与青海省、甘肃省交界。阿坝州整体海拔较高，气候较为严寒，广阔的高山草甸使该区域的畜牧业较为发达。在阿坝藏族羌族自治州内，主要的藏族服饰类别有嘉绒服饰、青南阿坝高原牧业服饰等。

嘉绒服饰主要分布在阿坝州的马尔康、金川、小金、黑水、汶川、芦花等地，同时也涉及甘孜州部分区域。这些区域四季分明且较为湿润，肥沃的土地使该区域的藏民长期以农业为生。为了方便种田耕作，该区域的藏族妇女大多会在头上包有绣花头帕，腰间系有两片绣花围腰，这种穿衣方式也被称为带"三片"，为了方便保暖，还会穿锦缎质地的上衫和长裤，部分女性会身着传统的藏式百褶长裙，在秋冬较为寒冷的时节，会以方形的披风避寒。

青南阿坝高原牧业服饰除了分布在阿坝州以外，还有部分分布在松潘、红原、青南高原长江和黄河源等地，该类别的藏族服饰基本形式与其他区域相似，多以大襟长袖的宽大皮袍为主。在日常生活中，男性通常会袒露右臂，即为了生产劳作时方便行动，会脱下袖子；女性服饰则是以氆氇和动物皮毛作为服装边缘的装饰，同时，妇女们还会佩戴大量宝石、金银等饰品，在发辫上佩戴珊瑚、绿松石等做成的发套。[①]

——迪庆藏族自治州

迪庆藏族自治州位于云南省西北部，是云南唯一的藏族自治州。由于地处藏羌彝文化走廊沿线，在历史上也属于茶马古道的重要通道，因此迪庆藏族自治州的藏民们长期与其他区域的各个民族有经济和文化上的往来。同时，迪庆州除了大量藏族世居外，还有部分纳西族、白族等少数民族，外来文化进入迪庆州后与当地藏民文化不断交流融合，使迪庆州的藏族文化独具特色。

从服饰文化的角度看，迪庆州的藏族服饰，根据区域划分属于康巴服饰。由于迪庆州的地理位置特殊，藏族居住区域涵盖了高寒山区、高寒半山区、高寒坝区、河谷地区，因而形成了同一个区域不同的藏族服饰文化，又因各区域的生活习俗有所不同，迪庆州的藏族服饰在常见藏袍的基础上逐渐衍生出 30 多种不同的服装样式。

从宗教习俗的角度，可将迪庆州的藏族服饰分为"曲规""民纳规"两大类。"曲规"是藏族宗教僧侣的法衣，多以绛红色的氆氇作为面料。

---

① 李玉琴：《藏族服饰区划新探》，《民族研究》2007 年第 1 期，第 21~30 页。

不同品级的僧人所着的服
饰也有一定区别：普通的
僧人上身穿前后缀有黄布
的短坎肩；僧官穿的短坎
肩则是由金丝缎装饰，且
身披袈裟，下着长裙。不
同教派的僧侣在服饰上也
有差异：格鲁派举行法会
期间，僧人们会头戴带穗
鸡冠帽，身披绛红色氆氇
大氅；宁玛派的僧人则头
戴红氆氇制成的"乌坚边
夏"帽，帽尖长、前端开
口而帽檐上翻；萨迦教派
的活佛则披红色茧绸披肩，
下着白布长裙。

图5-2 藏族服饰

　　"民纳规"与"曲规"
不同，"民纳规"是普通藏民的服饰。男性的服饰相对女性较为简洁，头
戴皮帽或藏帽，身穿呢绒坎肩配白色内衫，脚踏马靴，花样不多但在配饰
的细节上会配有日常生活中常使用的嘎乌、银刀、鼻烟壶等饰物；女性藏
服的花样较多，不同区域的藏服都有所不同。小中甸、建塘镇的藏族，由
于长期与白族、纳西族混居，在保存传统藏服形制的同时也吸收了大量白
族与纳西族服饰的元素，与其他藏族区域的藏族妇女服饰不同，该区域的
藏族妇女服饰更为简洁。藏族妇女常头戴三角绒帽，穿大襟长衫，外搭呢
绒或绸缎的坎肩外套，注重保暖且没有过多配饰；东旺一带妇女着毛巾或
氆氇制作的双襟连衣长裙，披彩色氆氇坎肩；金沙江一带的藏族妇女服饰
则多是头包彩色毛线头帕，身着绸布长袖衫搭大襟坎肩，领口、衣襟和下

201

摆会绣金边或棉布花边，穿黑、白、蓝三色为主的百褶长裙；澜沧江流域的藏族妇女服饰与西藏芒康区域的妇女服饰相似，多是戴彩色毛线编制的头套或头巾，彩绸长袖上衫，"手袖"长三四尺，裤子外面套白茧绸长裙，腰间有彩色围裙。

迪庆州的藏族饰品也和其他藏族地区相同，都是华丽且多样的，主要有帽子、"那龙"（耳环）、项链、手镯、"嘎乌"（护身符）、"恰玛"（银腰带）、佩刀、围裙、绑腿、鼻烟壶、藏钱包等常见的饰品。大部分地区妇女的坎肩上有金线和银线绣的图案作为装饰，以红珊瑚作为衣扣，常佩戴金银镶嵌珊瑚的长耳环，颈带护身佛盒，还会佩戴各种以金银、珍珠、绿松石等做成的首饰。

饰物是具有观念意义的装饰物品，其外在形式具有审美意义，是直观的；而文化内涵是社会的、历史的、宗教的。[1] 藏族是把金银财富穿在身上的民族，饰品作为藏族服饰中不可缺少的一环，是藏族服饰文化的精华，也是藏族人民在长期生产劳作中创造的智慧结晶。在传统的藏族社会，饰品是财富与地位的象征，身上所佩戴的饰品越是华丽，说明身份越是尊贵。藏族无论男女老少，均爱佩戴各色各样的装饰品，尤其在盛大节日所佩戴的饰品更是华丽多变。

根据饰品佩戴部位的不同，大致可将藏族饰品分为头（辫）饰、颈饰、耳饰、手饰、腰饰等。头（辫）饰是头套、头绳等；颈饰多表现为项链、项圈、护身符等；耳饰多为耳环、耳坠；手饰则有手镯、手环、手链等；腰饰最常见的是银质的长刀、匕首、鼻烟壶，还有日常生活中常用的火镰、钱包和奶钩等。

饰品根据材质不同，可分为金属饰品、石饰品、骨饰品、皮制品。金属饰品大多由金、银、铜、铁等制成，尤其以金银为主；石饰品最为常见的有绿松石、玛瑙、珍珠、玉石、琥珀等，这些材料常镶嵌或串珠成颈部、

---

① 唐绪祥编《中国民间美术全集（饰物卷·概论）》，广西美术出版社，2002，第74页。

腕部的项链、护身符或指环、手环、手链；骨饰品则是以动物的牙、角为主，如狼牙、羊角、牦牛角等。长期的游牧生活造就了藏族人民耿直朴实的性格，这种性格渗透到藏族人民生活的各个方面，藏族饰品也不例外地继承了这种粗犷淳朴的特性。自然赋予了藏族饰品天然华美的外貌，藏民们在打造饰品时，既保留了原料自然的面貌，又给予饰品华美的风情。

藏族饰品由藏民生产生活中的必需品演化而来。骨饰品的来源是通过打猎所捕获的野兽，而早期的饰品又往往与生活器具和原始宗教祭祀有关，随着社会的不断发展，许多用于生产生活和宗教祭祀的饰品开始变成如今装饰意义多过实际用途的饰品。如今藏族常见的奶钩在早期就是藏族牧民在挤奶时挂奶桶的铁钩，现在渐渐变为藏民的装饰品，但在部分地区仍然具有实用功能；鼻烟壶、针线筒、腰刀等物品现在既是生活用品，也是装饰品。随着藏民对于饰品外观的要求逐渐增加，传统的外观简洁的生活用品逐渐被雕刻了许多图腾或镶嵌了宝石，越来越华丽的外观使藏族人民的服饰文化也越来越丰富。

藏族文化中，最重要的一部分是藏传佛教文化。藏族人民对于佛教的信仰使佛教文化渗透到藏民日常生活的方方面面，藏族饰品也尤为典型。佛像、舍利丸成为藏族人民的护身符，缠绕于颈部或腕间的一百零八颗佛珠都是藏族人民对佛教的虔诚信仰。在佛教经文中有"吉祥""如意"等寓意的图案，譬如吉祥八宝、六长寿图、莲花、孔雀等也是藏族饰品中最多见到的雕刻纹样。被用以制作饰品的各色宝石，有很多也是佛教《法华经》《般若经》等经文中的佛门七宝。

同时，藏族相信样式杂多且华丽的饰品，可以为他们抵御邪恶，保护身心的安宁。"他们身上的手镯、戒指、耳环、头饰之类，他们相信，凡戴这些东西的地方，都是人的命穴，邪恶不净可从此入，危害身体。如果戴上这些东西，能将命道遮断，邪进不来，命也出不去。"①

---

① 转引自觉安拉姆、袁溥钰《论藏族传统服饰文化的特点》，《西藏大学学报》（社会科学版）2013 年第 2 期，第 120 页。

2. 门巴族服饰

古老的门巴族分布于西藏自治区的门隅、墨脱一带，长期与藏族往来密切造就了门巴族在经济、文化、宗教习俗、生活习性等各个方面都与藏族有相似之处。

与其他少数民族相比，门巴族的传统服饰相对单一，没有太多复杂的元素和变化。但在门隅地区和墨脱地区，门巴族服饰又产生了一些差异。

在门隅生活的门巴族男女老少，喜着羊毛织成的氆氇衣袍。男性有穿绛红氆氇长袍、系赭色腰带的习惯；女性的内衫多为简单形制的彩色棉质或丝质制成，外穿长袍和黑色氆氇毛边的短上衫。同时，腰间系白色的"吉玛"（围裙），并在"吉玛"上绣有吉祥、坚韧等寓意的纹样。在门隅南部地区，女性会在长袍外加披一张小牛皮或羊皮。

墨脱地区的门巴族更喜欢穿棉麻料制成的服装。男性内衫通常为白绸制成，外面穿着以红、白、黄、绿、黑等色为主的土布外衣，在劳作时，通常会用布带作为裹腿以防止蚊虫叮咬；在同一个区域，门巴女性通常穿白色的短上衣，若是天气较冷，宽大无袖的"古休"（外套）就会出现在墨脱的门巴妇女身上。最出彩的是门巴女性的长裙有竖条纹理的裙摆流苏装饰，还有部分女性会在裙子上挂"朋巴林"或是小铃铛，与腰间的腰刀相呼应。

3. 珞巴族服饰

珞巴族主要分布于西藏察隅和门隅之间的珞渝一带，尤其集中在墨脱、米林、察隅、隆子、朗县区域。珞巴族只有3000左右人口，虽然是中国少数民族中人口最少的一个民族，但其服饰文化是中国少数民族服饰文化中极精彩的一部分。珞巴族没有文字，只有语言，因此其传统民族服饰的传承全靠口传相授，而非文字记载。

在珞巴族的传统服饰中，最为特殊的当属珞巴族部落博噶尔的男性服饰：上身内穿自制的野牛皮或山羊皮制的藏式袍子，外罩山羊毛纺织长到腹部的黑色套头大坎肩。坎肩是将两块窄幅的长条成品布拼在一起，呈长条毯状，在中间处留一尺左右的接口不缝做领口，穿时从头上套，捆上腰带，形成一件没有衣领、前襟，后幅不缝合的套装，下身一般围遮羞布。头戴熊皮盔帽，这种帽子由藤条织成，帽盔周围镶有一圈熊毛皮，后背还披挂一块与背部等宽、齐至腰部的熊头皮，上有眼窝。熊皮盔帽坚硬无比，戴上它既可在狩猎和械斗时防身，防止利器从身后攻击，又显得十分彪悍、英武。[①]

在饰品方面，珞巴族男性有佩戴耳饰的习俗，多为藤蔓、竹棍或金属制成的耳环；颈部佩戴多串用贝壳、兽骨、兽牙或石头等材料制成的项链；腕间佩戴铜制的"落根"或镶嵌贝壳的皮质"笛路"。骁勇的珞巴男子喜爱在腰间佩带珞巴族弯刀、弓箭等武器，是力量的象征；后背背名为"搭拉阿龙"的铜质圆盘，是珞巴族对太阳和月亮的崇拜象征。

4. 东乡族服饰

分布在甘肃省临夏回族自治州境内的东乡族，由于长期与汉族、回族、满族、蒙古族等民族来往密切，其文化受多个民族的影响深厚。东乡族服饰由此也融入了多个民族的服饰文化：名为"脑帽"的帽子与蒙古族的"敖包"相似；男性的腰带叫作"鞑子花腰带"，受到蒙古族服饰的影响；女性的"假袖"源自满族的"箭袖"；木底的高跟绣花鞋源于满族"花盆底"；东乡族喜爱佩戴的银饰和腰饰也有许多藏族服饰的影子。

东乡族女性习惯身着带"假袖"的上衣，在衣领和袖口处有绣花，下身的裤子在裤管处也有绣花，后端开衩并以布带束住裤脚处；男子则穿

---

① 郭小琦：《珞巴族男子服饰文化的发展》，《西部皮革》2016 年第 20 期，第 48 页。

与蒙古族服饰相似的宽袍，腰上常佩带腰刀或鼻烟壶、荷包等物。

信仰伊斯兰教的东乡族，其服饰也受到了宗教约束的影响。因此，东乡族的女性服饰多为宽松款式，服装上的纹样也多为几何状花纹，前者是因为伊斯兰教禁止穿着暴露的服饰，后者则是因为反对偶像崇拜，因此没有人物或动物纹样出现在服饰中。

5. 土族服饰

土族分布在青海省境内，主要集中于青海省民和县和大通县，在甘肃省的天祝藏族自治县也较为集中。土族的服饰，尤其是女性服饰色彩花样丰富，是土族文化中的重要部分。

图 5-3　土族服饰

传统的土族男性服饰，多为绣花的高领白短衫搭配黑色或蓝色、紫色的坎肩，也有男性喜欢穿着长袍，腰间系有绣花腰带，足蹬绣有云纹的布鞋；土族的女性服饰花样更多。土族的女性头饰无论是普通的毡帽、礼帽还是节庆活动时穿戴的样式繁复的"纽达""包头"等，都极为讲究。女性通常穿小领口的长袍并在外面穿紫红色坎肩，腰间系彩色的刺绣腰带，通常配有荷包或铜铃等腰饰，穿长裙或长裤，被称为"胡尔美"的长裙主要有两种形式：青海互助一带的红色蝴蝶裙和民和地区的百褶裙，主要有红、蓝、绿三种颜色。足下踏彩云纹的长筒绣花鞋。

6. 保安族服饰

保安族聚居于甘肃省临夏回族自治州的积石山保安族东乡族撒拉族自治县内，在新中国成立前仅有4000余人，新中国成立后，人口有少量增长，但仍然较少。由于长期居住在多个民族聚居区，受回族、东乡族等民族文化的影响较大。

过去较为传统的保安族男性喜爱头戴呢制或皮制的礼帽，也有黑顶蓝边的圆布帽；身着衬衫，外搭或墨绿或蓝色或紫红的藏式长袍，在袖口处有彩色的绲边。秋冬季节，保安族男性会穿褐色的翻领大襟皮袄，脚踏长筒皮靴。

保安族女性帽饰分为未婚和已婚两种。未婚女性所佩戴的圆顶布帽以淡蓝和粉红为主，帽檐有牡丹花团和红色流苏；已婚女性则是以黑布包头并戴黑色或绿色的纱布盖头。女性一般穿斜襟衬衫和长袍，也有部分女性穿坎肩外套；下身穿裤腰为花布的大裆长裤，脚踏绣花鞋。在饰品方面，保安族最具代表性的保安腰刀是凝结保安族智慧的工艺品，也是由日常生活用品逐渐演变而成的装饰品。130多年的制作历史，使保安族腰刀的制作技艺相当成熟，并开始衍生出形态各异的品种：主要有"什样锦""雅五其""双落""满把""扁鞘""双刀""细螺""波日季""哈萨刀""蒙古刀""一道线""鱼刀"等十多个品种，有五寸、七寸和十寸等不同规格。[①] 传统的腰带是生产生活的工具，为了方便携带，被保安族男性佩带腰间，随着保安族人民审美的不断提升，腰刀也逐渐成为装饰性大过实用性的物品。

---

① 桑吉才让：《保安族服饰及工艺美术的社会文化内涵》，《青海师专学报》（教育科学版）2006年第3期，第84~86页。

（二）茂林为披，山花为饰——高山峡谷中的民族服饰

1.羌族服饰

羌族又被称作"尔玛"，是西部地区的少数民族。目前，羌族主要集中于四川省阿坝藏族羌族自治州的汶川县、茂县、理县及绵阳市等地。极具特色的羌族服饰是羌族文化符号之一，无论是外在表现形态还是内在含义，羌族服饰都承载了羌族的历史文化和独特审美。

（1）羌族服饰的主要表现形式

羌族服饰在其漫长发展历程中，在不同时期有不同形式的表现。根据羌族服饰的使用功能及部位，可以分为编发与头饰、皮褂与长衫、绑腿与鞋饰以及其他配饰四个部分。

——编发与头饰

羌族服饰中，编发与头饰是不可或缺的部分，随着社会的不断发展，羌族的编发与头饰有不同的表现形式。《后汉书·西羌传》记载，传统的羌族人多以发覆面[①]，道光《茂州志》记载："其服饰，男毡帽，女编发，以布缠头，冬夏皆衣毡"[②]，乾隆年间《职贡图》也有羌族缠头的记录。然而，为了便于日常的生产劳动以及羌族人民审美的不断改变，覆面逐渐被缠头取代，如今只在茂县北部区域才有少部分男性还存有以发覆面的传统习俗。

羌族男女喜包头帕。男性使用的头帕以黑色、藏青或白色为主，将头帕缠绕在头部并做出前高后低的造型。除了头帕之外，男性还常戴毡帽或皮帽。女性的头帕花纹样式就更丰富一些，且不同的区域内会有不同的形态：汶川的萝卜寨，由于受到汉族文化的影响，头帕是以十字绣的

---

① 转引自罗徕《论羌族服饰的文化特色与可持续发展》，《四川戏剧》2014年第6期，第78~79页。

② 转引自曲义《四川省阿坝州茂县羌族传统服饰造型研究》，《赤峰学院学报》（汉文哲学社会科学版）2014年第9期，第245~248页。

方式绣成，被称为"十字帕"，这种头帕布料和绣线都较粗，但整体色彩鲜艳且价格相对便宜；在茂县的赤不苏地区，三层的绣花黑布"瓦帕"缀以银花或银链，是当地妇女常用的头帕；黑虎寨的妇女则用两块白色头帕交缠在头部，被称作"将军帕"或"万年孝"；理县的浦溪乡妇女则喜爱用"羊角帕"，即黑色绣花头帕缠绕头部并将形似羊角的顶端立于脑后。

图 5-4　羌族服饰

——皮褂与长衫

古羌族人以游牧为生，为适应自然环境和游牧生活，羌族的传统服饰多以毛皮料为主。《北史·宕昌传》提到羌人"皆衣裘褐"，"裘"即皮质的外衣，"褐"就是用羊毛呢子织成的衣衫。

在传统的羌族服饰中，男性的服装都是较为宽大简洁的白色长衫与长袍，衣襟和袖边有简单的花纹作为装饰，腰间则缠彩色腰带。"一杆旗"和"一把伞"是形容羌族男性在跳舞时的两个造型。"一杆旗"是将上衣前襟右角置于右侧腰间，"一把伞"的造型则是将衣襟下摆的中部拴在腰间。

羌族的传统女性服饰较为鲜艳，以藏蓝色和红色居多，长衫及长袍的衣襟、袖口、下摆会有镶边或是卷云纹、火镰纹等纹样的刺绣作为装饰。在长衫或长袍外面罩羌族传统的羊皮褂，羌族的羊皮褂是由经过浸泡、脱水等工序后的山羊皮或绵羊皮缝制而成。在相对温暖的春季和夏季，为了防晒和遮雨，羌族人民会将羊皮褂的毛面向外穿。气候严寒的秋冬季节，羊皮褂毛面向里有极强的保暖作用。

——绑腿与鞋饰

古羌族人长期生活在高寒地区，在游牧生活的过程中，羌族人就用羊毛和麻布织成绑腿，以起到御寒保暖、避免蚊虫叮咬和草木擦伤的作用。传统的羌族绑腿有纯色、彩虹纹和黑底织花等，色彩丰富，在穿戴绑腿时，通常先用白布缠裹膝盖到脚踝部分，再以彩色的绑腿缠绕在白布上，最后用脚带将其固定。但由于经济的发展、交通和信息的进入，少数民族地区受汉文化的不断影响，传统的羌族文化在其文化传承上也受到一定影响，绑腿的习俗渐渐只有部分羌寨里的老人有保留。

在羌族史诗《羌戈大战》中有提过，古羌人与戈基人大战战败后，羌族天神阿爸白构让腊一姐缝制五彩云纹的绣花鞋，羌族人在穿上云纹绣鞋后获得了胜利。因此，这种云纹绣花鞋在战后被羌族人视为天神赐予的神物，而后在整个羌族得到了普及。厚底翘尖，形似小船，就是这种羌族"云云鞋"的最大特征。云云鞋的鞋面色彩艳丽，绣有羌族常用的祥云纹和羊角纹。有羌族情歌唱道："我送阿哥一双云云鞋，阿哥穿上爱不爱？鞋是阿妹亲手绣，摇钱树儿换不来"，"听闻阿哥要远行，阿妹心中难舍分，送阿哥一双云云鞋，腾云驾雾快回来"。[1] 羌族的年轻女性常会缝制云云鞋赠予心仪的男性，将云云鞋作为爱情的信物。

——其他配饰

羌族的饰品无论是外形还是材料都没有藏族饰品那么复杂。羌族更喜欢以银质的饰品作为配饰使用。羌族男性饰品多是与日常生活相关的腰

---

① 罗徕：《论羌族服饰的文化特色与可持续发展》，《四川戏剧》2014 年第 6 期，第 78~79 页。

刀、烟盒、火镰等，在这些饰品上也会以白银镶嵌图案作为装饰；女性则基本上佩戴银发簪、银耳坠或银耳环、银项圈、银手镯、银戒指等，较为典型的是女性常佩戴的"如意头"。"如意头"是以鼓花工艺制作的银质发簪，簪头上刻云纹，根据喜好会在发簪上点缀彩色宝石，或是在发簪下端缀以银色流苏进行装饰。在羌族传统节庆活动时，也有部分羌族人以金银、玛瑙、珍珠或翠玉制成饰品佩戴。

（2）羌族刺绣文化

羌族刺绣作为羌族服饰中的重要组成部分，已经被列入国家级非物质文化遗产保护名录。传统的羌绣用作羌族服装的装饰点缀，在过去，羌族妇女在麻布服装上用棉线或毛线绣简单的纹样，整体的风格比较粗犷。常见的羌族刺绣技法主要是十字挑、串挑、编挑三种。受汉文化的影响，十字绣逐渐流传到羌族地区，羌族妇女也吸取了十字绣的技巧，在十字挑采用斜形交叉的十字针组成花纹，十字绣针脚细密，常见的桌布、墙画等日常用品都有十字绣的体现；串挑又称为"链子扣"，用白粉或粉笔画出图样并挑绣，由于较为省时，因而被大量运用在羌族的围腰装饰上；编挑是以彩色丝线进行编织，美观大方但不经洗，因此常用于较小面积的飘带、鞋面和头帕上；在汶川县的少部分羌寨中，羌族男性和女性的围腰上都有精细的架花秀，架花秀通常是用彩色的细棉线在麻布或细棉布做成的围腰上进行刺绣，这类刺绣整体织纹细密，色泽鲜艳。

在部分经济相对发达的羌族地区，羌族服装已经开始逐渐采用化纤或真丝等面料制作，妇女刺绣时也开始采用一些质地更细腻的丝线进行缝制，同时，出于对少数民族文化遗产的保护和传承，各区域的政府和民间组织、民间传承人也开始开发一些符合现代大众审美的产品，不断研究新的刺绣技法和材料，并将羌绣作为装饰点缀其中。

2. 彝族服饰

彝族人口众多，分布于中国西南片区的云南、贵州及四川等地，云

图 5-5　彝族头饰

图 5-6　彝族头饰

图 5-7　彝族头饰

南省楚雄彝族自治州及四川省凉山彝族自治州的彝族最为集中。由于支系繁多，不同区域的彝族服饰形态各异，带有各地区浓厚的地域色彩。彝族多居住在山区及半山区，气候较为寒冷，因此对服装的保暖效果要求较高，实用性和适应性是彝族服饰的重要形成因素；对黑色的崇尚让彝族服饰的整体色调以黑色、青色、蓝色为主，同时对于火的崇拜也使红色在彝族服饰中尤为突出。

分布广、支系多的彝族所生存的环境和生产生活方式各不相同，在服饰的表现上也呈现不同的形态：四川凉山彝族自治州地区的服饰代表性较强，包括喜德式、布拖式、美姑式；乌蒙山地区则有盘龙式、威宁式；云南楚雄彝族自治州是彝族支系较多的区域，彝族服饰变化大，在保留基本形式的同时，还存在披羊皮、穿火草布、着贯头衣的习俗；云南红河地区较偏远山区的彝族服饰较为传统，但大部分地区受汉文化影响深重，与汉族服饰较为相似，有石屏式、建水式等；滇西有景东式和巍山式；在滇东南地区则有路南式、文西式、弥勒式。以下将根据藏羌彝文化走廊所经区域，着重描述四川凉山彝族自治州、云南省楚雄彝族自治州的彝族服饰以及藏羌彝文化走廊辐射到的云南省石屏县的花腰彝服饰。

——四川省凉山彝族自治州

四川凉山彝族自治州位于四川省西南部，是全国最大的彝族聚集区。凉山自古就处于交通和信息较为封闭的区域，在新中国成立前还保存了原始的奴隶制，进入现代社会后，虽然原本区域之间的隔阂有所突破，当地文化与外来文化也有了一定的交流，但总体而言，凉山彝族服饰仍然保留着较为完好的传统样式。

凉山彝族的传统服饰中，最具代表性的是"查尔瓦"（"察尔瓦"）。查尔瓦是羊毛织成的披毡，外形与斗篷相似，长至双膝处，下摆有流苏作为装饰，有黑、白两色。这种男女皆穿的披毡实用性极强，可裹全身，也可做垫、盖，晴可遮日，雨可避水，日可做衣，夜可做被，就如同一间流动的毡屋，抗拒着高寒山区的雨雪风霜。[①]凉山男女老幼都有披查尔瓦、裹绑腿、套毡袜的习俗。男性会蓄名为"天菩萨"的发式，代表彝族男性的尊严不可侵犯。青色或蓝色的头巾包裹头部，前端缀有锥形的装饰，被称为"英雄结"。大部分凉山的彝族男性会在左耳佩戴蜜蜡珠或银耳圈；凉山的女性则身穿彩色百褶长裙，头戴头帕，若是产后则戴帽或头帕。根据男性裤装的特点，凉山彝族自治州的彝族服饰分为美姑式、喜德式和布拖式。

（1）美姑式

分布于四川省美姑、雷波、马边、昭觉，贵州省金阳，云南省巧家、

---

① 刘冬梅：《族群标识与象征——凉山彝族披衣服饰的符号指向初探》，《民间文化论坛》2005年第6期，第44页。

永善等地的彝族，因其服饰形态独特，男性的裤脚也较为宽大，被称为美姑式。美姑式的彝族服饰中，男性穿着紧身黑色或蓝色的大襟右衽上衣，衣服的领口、襟边、袖口都有刺绣装饰，比较具有特色和代表性的是，男性的裤脚约有五尺六寸宽，比起其他地区的男性裤装要宽出许多。

美姑式彝族女性服饰的上衣分为衬衫、罩衣、背心，在衣服的领口、袖摆都会镶嵌各色细纹盘花。少女上衫衣领高至齐耳，领口有挑花装饰，也会点缀银片或银坠，下装则是拼接缝制的五彩百褶裙，腰部至膝盖为直筒，膝下部分为宽大百褶；儿童穿的百褶裙分为两节，在成年后会举行换裙仪式，将两节百褶裙改为由裙腰、裙筒和百褶组成的三节裙。美姑式的彝族年轻女性的百褶裙较为艳丽，而中老年妇女的长裙则以黑、白、蓝色为主。

（2）喜德式

四川省的喜德、越西、冕宁、西昌、昭觉、九龙及云南省的宁蒗、中甸等区域的彝族服饰被称为喜德式。

传统的喜德式男性服饰分为内衣、外衣、坎肩三部分。其中，内衣为白布褂；外衣则是青色、蓝色紧身低领窄袖衫，肩部、衣襟和下摆处有细条花纹装饰。中老年男性的外衣分对襟和大襟两种，都是较宽大的素色外衫；坎肩常在青年和中年男性赶集、节庆时使用，细节刺绣和镶嵌的花纹较繁杂；裤子的裤脚虽然远看像裙摆，但相较于美姑式更窄，因此也被称为中脚裤。

喜德式彝族女式上衣袖口窄小，会用各色的布料镶嵌出鸡冠形、窗格形、火镰形的花样作为装饰，衣服的整体配色较为温和。妇女的外套多为坎肩，衣襟处有花纹，袖口和衣摆会镶嵌白色兔毛。坎肩做工精致华丽，是喜德式服装的特色之一。

（3）布拖式

四川省内的布拖、普格、金阳、会东、会理、西昌、昭觉、米易以及云南省的元谋、华坪等地区流行着布拖式彝族服饰。

　　穿布拖式服饰的男性虽然喜欢在头顶蓄一缕长发，但并没有"英雄结"；其上衣较短只到脐部；裤子的腰部和裆部较宽但裤脚比较小，因此该裤被称为小脚裤。

　　在布拖式服装中，年轻的女性会头戴花线锁边的青布头巾并折叠耸立于额头顶端；上披小袖披毡，身穿短至脐部并镶有大量各色花纹的内衫和外罩的短袖外衫；下穿以羊毛织成的长裙。

　　——云南省楚雄彝族自治州

　　云南省楚雄彝族自治州是彝族的主要聚居区域之一，在楚雄州境内有13个彝族支系，每个支系生活的地域环境、自然环境都有差异，服饰也更多样化。从服饰的功能角度来分，可分为日常劳作服、婚嫁服、丧服、战服及毕摩服等，根据支系划分，则能分为"罗罗濮""倮濮"等。

图5-8　楚雄彝族服饰

不同于四川省凉山彝族自治州，云南省楚雄彝族自治州是比较开放的区域，当地彝族与汉族及其他民族来往频繁，其文化在很大程度上都受到了汉族文化的影响，也形成了楚雄州彝族文化包容性较强的特点。在楚雄州，彝族男性服饰受中原汉文化的影响较大，日常的服装都偏汉化，只有部分较偏远的地区保留披羊皮褂、穿火草和麻布的习俗；楚雄州彝族女性服饰丰富多样，头饰则有包帕、缠头、绣花帽三大类，若是细分则有四十多种不同形态的头饰。当地彝族女性多穿色彩艳丽的右衽大襟的短上衣和长裤，在衣服边缘等细节处以平绣、镶补的方式绣有大量卷云纹和马缨花等纹样。

在楚雄州的牟定县、姚安县一带，彝族与汉族的交往密切，当地彝族百姓的服饰在日常的生活中与汉族并无太大区别。然而，每逢重大节庆活动时，当地彝族妇女就会用纱质头帕包头，并用红色、绿色的绒球作为头部装饰。许多彝族妇女还会用银链把绣有大量喜鹊、蝴蝶等纹样的黑色或紫红色、墨绿色丝绒围腰跨系在脖子上。

在大姚县、武定县一带的山区中，由于气温相对低一些，彝族妇女为了保暖会以青黑色的布帕包头或是头戴红线织的毛帽；身穿右衽大襟上衫，领口和袖口绣有花边；围腰则与牟定县、姚安县妇女围腰相似，都是用银链系在脖颈处，并绣有精致细腻的刺绣纹样，逢秋冬寒冷时节，还会在上衫外披一件羊皮褂。

禄丰县高峰一带的彝族服饰最具特色的是妇女所戴的鸡冠帽，鸡冠帽上以绒线绣的精美图案交织银片和银坠，在边缘处有用红色毛线围裹的红、黄、绿的璎珞。

"罗罗濮"是楚雄州彝族的主要支系之一，分布在大姚县、双柏县、牟定县、南华县及禄丰县。"罗罗濮"的男性服饰与其他地区大致相同，但女性和儿童的服饰特色鲜明。传统的"罗罗濮"女性头饰是用黑布条缠于头部并缀以银饰，外披羊皮褂，身着白衣红褂或白衣黑褂，脚蹬绣花鞋，许多妇女还会在一只耳朵上挂翠玉耳环。"罗罗濮"幼儿头饰为虎头帽或是兔子帽，帽子上以贝壳、蟹爪或甲虫等作为装饰，脚部则穿虎头鞋。

　　"俚濮"主要集中于楚雄州永仁县、大姚县及姚安县。"俚濮"男性上衣为青色对襟窄袖衫，在衣服的边角处镶有大量的花边，下身穿黑色的筒裤，脚穿麻草鞋；"俚濮"女性则喜欢外披羊皮褂，穿满襟的白色短宽袖上衫，上衫衣领处镶嵌花边，腰间系镶花边的围腰，腰带多为红、白、黑三色，下身穿青色布裤，脚穿麻草鞋。常见的"俚濮"女性还有挎布包的习俗，布包上绣有图案丰富的各色纹样，结实耐用的同时还方便随身携带日常用品。

　　——云南省滇中地区花腰彝服饰

　　在云南省石屏县的哨冲、龙武、龙朋地区有一支非常特殊的彝族支系——花腰彝，整个支系只有3万多人。花腰彝的服饰以黑、红两色为主，辅以蓝、白、绿等色作为点缀。由于妇女服饰色彩丰富，因此被人们称作"花腰彝"。

图 5-9　花腰彝服饰

花腰彝服饰特殊，区别于其他彝族支系，花腰彝的服饰色彩更为艳丽，常见的花腰彝服饰中红、黑之间点缀有蓝、白、绿等色彩。在花腰彝的服饰中，常见的刺绣纹样有日月星辰、花鸟鱼虫等图案，这些精美的纹样被双手灵巧的花腰彝妇女绣在头帕、领口、袖摆、衣角、后背、坎肩、裤脚等部位，花样精致繁杂。

传统的花腰彝服饰若根据不同的年龄层，可分为儿童服饰和成年人服饰。成年人服饰又可分为青年装、中年装和老年装。其中，儿童服饰较有特色，而成年男性服饰就相对朴素随意一些。最常见的花腰彝儿童帽式有绣满火纹的"褐骗撮"和"小猫帽"，也有黑白相间状似喜鹊的"喜鹊帽"；成年男性的服饰以深色为主，除了在少量细节部位有刺绣装饰外，整体都比较简洁。

花腰彝女性的服饰就复杂一些。传统的花腰彝服饰在制作前，要邀请民间剪纸艺人将各部位的装饰部分剪出来，把纸贴在布料上方便纹样刺绣。花腰彝妇女喜戴红、黑、绿等色的头帕，头帕用三块布料拼成，侧边缝有两条布带便于穿戴，配绣有花纹并缀银做成的流苏装饰；上衣分长衫和短褂，附腰带、围腰、飘带和兜肚。长衫为黑色或藏青色，背襟长及后腿，胸襟短至腰前，袖口处有精细的绣花纹样；在穿衣时，先着兜肚，再穿长衫，最后外罩绣有大量花草纹的短褂，腰系围裙，穿黑色或藏青色的宽腰纽裆裤，裤脚处有浅蓝或绿色布料的镶边，脚蹬黑底绣花鞋。

由于花腰彝服饰有大量刺绣图案，衣服部件多且零碎，在过去要完成一套完整的花腰彝女性服饰需要花费三至五年的时间。传统的花腰彝服饰也因此具有极高的观赏收藏价值。

——彝族刺绣文化

彝族服饰中，刺绣是必不可少的一部分，几乎每一个刺绣的图案都蕴含着彝族的传说和历史渊源。可以说，刺绣中的纹样记载了彝族的各个历史发展阶段，也承载着彝族人民对于神灵的崇拜与信仰。

传统楚雄彝族刺绣的针法繁杂，常见的有牵花、挑花、扣花等技法，楚雄彝族妇女在刺绣过程中，常会将几种针法结合从而完成刺绣。牵花也叫贴布绲花，是以红、黄、黑、白、绿的布条绲成长条后缝合，常点缀于衣领、托肩、袖口、衣襟和裤脚等部位，由于是较为立体的长条形，形似蟒蛇，因此被彝族人称为"蟒蛇绣"；挑花类似十字绣，分为顺针和翻针两种针法，顺针绣法费神难上手，但耗时较短，翻针虽然费时却容易上手；穿花也叫穿花平绣，是按照布料的经纬线和不同图案的样式，顺着布料纹理以经线压制纬线，反复穿绣成花而成。

花草、作物、斧头、砍刀、虎豹、猫狗、鱼虫，从花草到农作物，从劳作工具到飞禽走兽，彝族妇女在刺绣过程中，会将日常生活中的事物融入其中，从而创造出许多新的纹样。许多年轻的彝族青年男女，在结婚时会在衣服、围腰、鞋面上绣石榴纹，意味多子多福；绣桃纹是白头偕老；灯笼纹代表喜庆欢乐；牡丹是美丽富贵；鱼纹意为自由自在；蜈蚣纹象征珍贵；钩镰纹能祛邪消灾；甚至有心灵手巧的妇女会将彝族传统歌舞以图案形式绣于裤脚、裙摆或腰带间，以此展示彝族人民能歌善舞、热情好客的形象。不同的纹样也意味着勤劳的彝族人对于生活的感悟与向往。

3. 纳西族服饰

纳西族是云南特有的少数民族之一，主要居住在云南省丽江市、维西县、永胜县、宁蒗县、香格里拉三坝乡等地区。

根据区域划分，纳西族男性服饰可以分为丽江式和中甸三坝式两种。丽江纳西族男性蓄短发，喜戴毡帽或包头，名为"喜鹊窝帽"，毡帽一侧是卷边，样式独特。

较为传统的丽江式男性服饰由麻布或棉布制的内衫、外搭的羊毛或羊皮坎肩、黑色或蓝色的长裤及腰间束带构成。

中甸三坝式的男性服饰则由右衽或对襟的麻布长袖外套和麻布长裤、红布包头构成。

纳西族妇女的服饰也可以分为丽江式和中甸白地式。由于丽江有大

图 5-10 纳西族服饰

量纳西族聚居，穿丽江式的纳西族服饰的人数也比较多。丽江纳西族女性编辫、包头帕或戴帽子，身着蓝色或白色的立领右衽的长袖上衫，上衫宽大，前短后长。上衫外通常会穿浅蓝色、紫红色、大红色或黑色等棉布或毛料、灯芯绒制成的右衽圆领坎肩，腰间挂围腰或搭裙，下身穿黑色、蓝色或灰色的长裤，脚穿绣花鞋、布鞋或胶鞋，背部则披最具纳西特色的七星羊皮背饰。

中甸白地的纳西族妇女在脑后编长辫，并缀有带花纹的圆形银牌。身着开衩的搭襟麻布长衫，长衫的衣襟处有彩绣，腰带为黑底搭配彩色绣花和毛线流苏，穿长裤或有彩色条纹的百褶长裙，踏毡鞋或皮靴，背披白色的山羊皮。

4. 苗族服饰

苗族主要分布于贵州、湖南、云南、重庆、湖北、四川、海南、广西等地，由于区域间跨度大，支系众多，所呈现的服饰样式也是多样化的，若按区域分布划分，苗族服饰大体可分作湘西、黔东、川黔、川滇、黔中南、海南等几大类别。

较为普遍的苗族男性服饰通常是以藏青、藏蓝色为主的家织土布做成的对襟上衫，前摆平直而后摆有弧度。裤装则为家织土布做成的大裤脚长裤。

苗族女性服饰多为土织布、灯芯绒、平绒、士林布等制成的青色或蓝色上衣。各区域的苗族女装有一定的区别：雷山、凯里、台江交界地区的苗族妇女，常穿浅色右衽上衣，袖口及衣襟处绣有花草鱼鸟纹，有以银腰链系围腰的习惯，下身穿西装长裤。青年妇女带银梳、塑料花等作为装饰；中年妇女则包白毛巾作头巾；老年妇女大多穿右衽上衣或无领交叉式上衣，下着青色的百褶长裙，围腰与裙齐长。

苗族的银饰在苗族服饰中最具特色，也是苗族服饰中最为华丽的部分。湘西方言苗区以及黔东方言苗区的苗族喜爱银饰，常以大量的华丽银饰作为服装的一部分；黔南部分区域的苗族偏好贝壳类饰品；西部方言区的苗族则只有较少银饰。

苗族服饰的制作工艺复杂，包括种麻、收麻、绩麻、纺线、漂白、织布、刺绣、蜡染、缝制等过程，是苗族妇女心灵手巧的产物。华丽的银饰和繁复的刺绣，使苗族服饰具有极高的观赏价值。

（三）河川为裙，千红为色——平坝河谷与其他地区的民族服饰

1. 傣族服饰

云南省特有的少数民族之一傣族，分布在云南省西部及南部的西双版纳傣族自治州、德宏傣族景颇族自治州。此外，生活在云南省中部的玉溪市新平彝族傣族自治县的花腰傣也是傣族中非常特殊的一个支系。

——西双版纳傣族服饰

西双版纳地区的傣族男性多以白布、红布、蓝布包头，穿无领对襟或是大襟小袖的短衫，下身穿长管裤。传统的傣族男性服饰的面料是傣族织的土布，但随着技艺的不断流失，土布制成的服装已经较为少见。少数

的傣族年轻男性会戴银镯。

傣族女性喜穿窄袖短衣和长筒裙，一般是紧身内衣外面穿紧身短上衣，常见有水红、蛋黄、浅绿、天蓝、雪白等颜色；下身则为花色长筒裙，常以腰带系住短袖衫和筒裙口，筒裙布料轻柔，色彩鲜明，显得傣族女性体态婀娜。傣族女性常年盘发且讲究发饰，日常生活中在头上插梳子，每逢节日，会在头上缀鲜花。傣族女性喜爱金银质地的配饰，空心居多，刻有精美的花纹图案。银腰带是传统的配饰之一，也有银腰带是信物的说法，姑娘把银腰带送给心仪的男子以表达爱意。

传统的傣族服饰离不开傣族织锦。傣族织锦做工精细，有棉织锦和丝织锦两种，傣族妇女喜将傣族服饰文化中常见的孔雀、大象、龙凤、佛塔等重要元素编织到织锦上。被列入国家级非物质文化遗产名录的傣族织锦凝结了傣族人民的勤劳与智慧，体现了傣族人民独特的审美及对美好生活的向往。

——新平县花腰傣服饰

花腰傣生活在云南省新平县嘎洒、漠沙、腰街等地。汉代在滇实行的"屯田制"使云南境内的傣族向滇南迁徙，其中，花腰傣支系在经过元江河谷地带时，认为新平一带水源丰沛适合居住，便留下开始世居于此，虽与西双版纳地区的傣族同族，但其民族文化完全不同，是非常特殊的傣族支系。新平县内的傣雅、傣卡、傣洒有在腰间系彩色腰带的习俗，因此其被称为花腰傣。

傣雅的成年男性和男童的帽子形制基本相同，均以长方形织锦缠圈裹于头部；傣卡的成年男性及男童的帽子为黑色瓜皮帽，由上半部分的六片布料和下方的一块布料缝制而成，帽顶以粗绳打结作为装饰；傣洒的成年男性与男童帽子和傣雅相似，只是在左侧有流苏装饰。花腰傣男性的服装整体色彩偏暗，成年男性和男童都是青黑色的高领无袖对襟短衫，也有人着高领无袖对襟的褂子。成年男性的衣扣在中间，男童的衣扣在左侧。腰间系布带，穿黑色的阔腿长裤，脚蹬青黑布鞋。

图 5-11 新平傣洒服饰

　　花腰傣女性的服饰比男性服饰丰富得多。傣雅、傣卡、傣洒三个支系女装的最大差异在于头饰。傣雅女性与女童所佩戴的帽子相同，顶端有织锦呈十字状交叉，双耳处再以青黑色的长方形织锦对折压在上方进行固定；傣卡女性以长方形绣花头帕包头，女童则常包头帕或戴黑色的圆形无沿帽子；傣洒的头饰只遮盖头顶发髻，头饰内衬用米浆浆洗至发硬，帽子顶端用彩色织锦对折盖在内衬之上，外围用青黑色的织锦缠绕固定。女童则戴圆柱形无檐帽，帽顶用织锦封住，或用花边宽带缝合。除了这些帽子，傣雅和傣卡还有一种"鸡枞帽"，"鸡枞帽"是帽檐和帽顶微翘的样式。

　　傣雅、傣卡、傣洒支系的成年女性服装基本相同，外衣长于内衣，或穿两件内衣露出衣领。内衫的短坎肩，单独穿会露腰，但花腰傣妇女常以花腰带遮住腹部。花腰傣女性喜穿及膝筒裙，傣雅和傣卡妇女在穿着筒裙时，还会再裹一条或两条短围腰。傣洒不系围腰，而是在背面打结并用裙子把腰带遮住。

2. 景颇族服饰

聚集在云南省德宏傣族景颇族自治州的景颇族是一个跨境民族。景颇族男性长期穿着以黑白色为主的传统服饰,喜着白色外套、黑色对襟外套和黑色长宽裤。女性服饰则有日常便装和节日盛装的区分:便装多为黑色的无领窄袖紧身短上衣和纯色的棉质长裙。节日盛装则多为黑色无领窄袖紧身上衣,在肩背和前胸有大量的银泡、银缀作为装饰,下身则穿着黑、红、黄、绿等色的毛线织成的长筒裙,腰间通常会系红色的腰带,腿部缠裹腿,许多女性还会佩戴红色串珠的颈饰、耳饰或手链。

不同支系的景颇族服饰也有差异。浪峨支系的女性节日盛装的头饰在黑色包头的基础上,缀有许多彩色的毛线绒球,在黑色的紧身上衣上也做出了许多花样:衣领、衣袖和下摆处绲有红黄相间的花边,下身的黑色筒裙有蓝色的细化底纹,腰间系蓝色的腰带和筒裙相互映衬。勒期支系的女性除了在衣领、衣袖和上衣下摆绲花边外,在胸前还有两排银泡作为装饰,下身是黑底黄色纹样的筒裙,腰间系蓝色腰带,并系有红绿相间的围裙。

3. 哈尼族服饰

哈尼族是一个支系众多的少数民族,主要分布在云南省境内的元江和澜沧江一带,多聚居在红河哈尼族彝族自治州、墨江哈尼族自治县、宁洱哈尼族彝族自治县、江城哈尼族彝族自治县、元江哈尼族彝族傣族自治县、镇沅彝族哈尼族拉祜族自治县等地。

哈尼族善纺织,这与哈尼族的服饰文化息息相关。传统的哈尼族服饰中,哈尼族自己纺织染制的土布是制成哈尼族服饰的主要材料之一。众多的支系使哈尼族的服饰呈现出多样的形式。

较为普遍的哈尼族女性服饰多为上身着短衫,纽扣多为银质或布扣,衣襟、袖口处有彩色镶边,在节日活动时,部分女性也会多加一件坎肩。

在墨江县一带，居住有哈尼族的白宏支系，当地的妇女穿短小紧身的露脐上装，胸前有大量的银泡和银片作装饰，下装则是及膝短裤，有裹绑腿的习俗。女性在出嫁后会在腰后系名为"批甲"的百褶带；元江一带的哈尼族年轻女性喜戴青色的哈尼土布制成的帽子，帽子上有大量的银泡和丝线流苏作点缀；元阳一带的腊米支系女性喜着蓝色的短上衣和缀有银饰的青色坎肩，胸前缝有大量银饰；西双版纳和澜沧

图 5-12　哈尼族服饰

江一带的哈尼女性则多穿着青色的短上衣，下身穿及膝的短裙，裹护腿并习惯赤足。

　　在哈尼族众多的支系中，奕车支系的哈尼族服饰最为特殊。奕车支系生活在红河县的羊街、浪堤、车古等地。奕车女性头戴由白布缝制的"帕常"，是一种燕尾状的帽子，后端绣有火纹，是奕车族的身份象征；"龟式服"是对奕车哈尼女性上衣的统称，分为外衣、衬衣和内衫三类。外衣"确朗"（也有"雀朗"的写法）是藏青色的对襟短衣，襟边有布条缝制的装饰，宽而大的袖子长及手肘。"确巴"（也有"雀马"的写法）是无领的衬衣，下摆呈圆龟形，胸前两侧的斜襟交叉后搭在胸侧，左襟用棉线系在右腋处；内衣叫"确帕"（也有"雀帕"的写法）是贴身的无领、无扣的对襟内衫，缀有银链，在衣摆处有多道青蓝相间的假边。在传统奕车女性服饰中，女性的左胸遮掩严实，右胸则呈半袒露的状态，这种习俗

据说是奕车女子对于伴侣的情感表现方式；奕车女性的下装通常是靛青色的紧身纽裆短裤，腿部几乎是完全裸露在外的，不同年龄段的裤装也存在差异，"拉巴"是年轻女性的裤装，裤脚处勒在臀部下方，多余的部分向上翻卷包裹臀部，凸显哈尼女子丰满健康的身体轮廓；"拉朗"是中老年女性的裤装，裤脚处不向上卷起，同样体现了健康的美感。

4. 白族服饰

白族聚居在云南省大理白族自治州，是中国西南边疆的一个少数民族。白族人民崇尚白色，同样体现在白族服饰中。在白族，无论男女老少，其服饰都以白色为主。

大理地区的白族男性喜穿白色对襟上衣，外套镶边的黑褂，下身则是白色或蓝色的宽大裤子，传统的白族男性头饰有八角帽、八角巾白包头、黑包头、跨绣花布包等，部分男性包头有绣花或串珠作为装饰。居住

图 5-13　白族服饰

在山区的白族男性服饰则以羊皮褂、白色上衣及蓝色土布腰带为特征。中老年男性腰间佩戴的麂、羊皮兜是用来装烟草的。但受中原汉族文化的影响，大部分白族男性在日常生活中已经改穿汉族服装，在绕三灵、火把节、三月街等重要的活动中才会穿着白族服饰。

白族女性大多穿白色上衫，外穿精致的艳红、浅蓝、深蓝色领褂，下身着回蓝或绿色布料的长裤，裤脚处有花边，脚踏绣花鞋，腰系绣有花鸟纹样的短围裙。白族女性的头饰极讲究，通常是梳独辫，以折叠成长条状的挑花头巾加到独辫上，以红绳缠绕辫子挽马角凤尾状。

二、藏羌彝走廊上民族服饰的特点

（一）取法自然、天人合一

服饰最初的功能在于取暖和遮羞。人类的祖先在制作衣物时，最常用到周边与生活相关的、便于利用的材料。因此，无论是树叶草枝还是动物毛皮，都是与族群生活息息相关的一部分，服饰万千形态的形成是适应生产劳作的结果。

对于长期生活在雪域高原的藏族，游牧生活除了解决藏族人民基本的温饱问题之外，还为藏族人民提供了充足的动物毛皮以便于制作日常服饰和家居用品。为适应高海拔、低气温的生活环境和以游牧为主的生活方式，藏族服饰形成了宽松保暖、厚重结实的长袍、长袖以及长裙的主要形态，一方面是由于这类服饰有着较强的防寒和避暑作用，另一方面也便于藏族民众在游牧过程中随身携带食物。同时，身上穿戴大量的饰品，最初是为了方便游牧生活，后来逐渐演变成装饰意义大过实用意义，也形成了藏族把财富穿在身上的特色。

门巴族生活在高山峡谷地带，复杂的地形使门巴族与外界的联系较少，为了适应地形带来的运输问题，门巴族的鞋子多是由氆氇制成的牛皮底长靴，里面垫上干草或棉毛的鞋垫，既保暖又耐磨。

珞巴族同样是长期生活在寒冷区域，受地理及气候因素的影响，珞巴族形成了以野兽毛皮制成衣物的习俗，既是为了抵御严寒，又是对于珞巴族勇猛和力量的表征。

土族长期聚集在青海、甘肃一带，海拔高且气温低的生活环境使土族制作出了以羊皮、羊毛为主的保暖服饰。

景颇族生活在山区半山区，虽然同在气候炎热的德宏州，但比起坝区的傣族，景颇族的服饰更厚重，筒裙较短是为了便于日常生产劳作和来往山路。在走山路的过程中，长刀也从生产劳作工具变为防止野兽侵袭的武器。

由于傣族长期居住在自然资源丰富的热带、亚热带地区，相对炎热的气候使傣族服饰呈现出紧身、轻薄的特点，是与其他民族不同的特色。嘎洒、漠沙、腰街等地属于河谷深沟地带，花腰傣为适应炎热的气候，在制作衣物时都选用易吸汗的棉布或麻布，主要表现形制也是小领的无袖露腰短筒裙。生活在河谷地区，长期以种植为生的花腰傣，为方便日常的生产生活，男性的裤脚和女性的筒裙都较为宽大且能够随时上卷，同时，为避免在劳作过程中被蚊虫蚂蟥叮咬，花腰傣还制作出带有裹腿布的木屐。

服饰的形成与发展，与社会、文化等诸多因素有关，但究其根本，一个族群的服饰形成，最重要的是与该族群所处的自然环境密不可分，环境造就了服饰，服饰反映了环境。

（二）穿在身上的民族记忆

服饰除了遮羞、取暖、装饰的意义之外，更为重要的是记录了一个族群的迁徙和发展的过程，承载了一个族群的信仰崇拜，也是识别一个族群的外显标记。在藏羌彝走廊上居住的各个少数民族，都有不同特征的服饰，这些服饰记载了这些族群最深刻的文化精髓。

1. 羌族

羌族是一个多神崇拜的民族，古羌人认为万物皆有灵，常以巫术与天、地、神灵对话，在刺绣中在有大量的纹样与自然万物有关。常在羌族服饰中体现的刺绣图案有羊纹、羊角纹及其他花草纹，作为刺绣纹样的这些图案，背后所蕴含的是羌族人民对于自然和神灵的崇拜。

羊纹即羊头，在刻画纹样时，羌族人突出了羊角。这与传统羌族人的游牧生活密切相关：羊是性情较为温顺的动物，由于容易驯养，是羌族人主要的食物和衣料来源，长期以来，羊与羌族人的日常生活是无法分开的。羌族的传说中记载，羌族早期有一只羊将记录经文的书吞入腹中，羌族法师为了寻找经文，将羊皮做成了鼓面，认为经过敲打，经文便会出来。日常生活和传说的记载，使羊逐渐成为羌族的主要图腾之一。

羌族的民族民间史诗《羌戈大战》中把洁白的石块描述为帮助羌族人打赢外敌赢得胜利的武器，白石被赋予了神力，成为羌族天神阿爸木比达的象征。如今白石神也是羌族祭祀的主要神祇之一。对于白石的崇拜使羌族人也崇尚白色，认为白色代表吉祥。根据天空中白云所绘制的云纹也由此成为羌族人重要的图腾，象征着羌族人民对天空和白云的热爱，也是羌族人对白石崇拜的重要表现。由于云纹经常出现在羌族人的日常着装及生活用品装饰中，羌族也因此被称为“云朵上的民族”。

羊角纹表现的是羊角花，又称为高山杜鹃，是羌族地区常见的植被之一。相传古代羌族人是群婚生活，天神发现后十分生气，派婚姻女神俄巴巴瑟到杜鹃花丛中，令投胎的男女必经过此处，男的取一只右羊角，女的取一只左羊角，执同一头羊羊角的男女在来世才能成为夫妻，因此羊角花又称“姻缘花”。在传统的羌族婚嫁习俗中，羌族女性在婚前要送一束羊角花给男方作为信物。①

---

① 罗徕：《论羌族服饰的文化特色与可持续发展》，《四川戏剧》2014年第6期，第78~79页。

2.彝族

生活在云南的彝族，把马缨花视为重要的图腾纹样之一。每逢春季到来，马缨花盛开时，会在农历二月初八举行插花节，彝族男女老少都跳舞唱歌，把马缨花插到房屋前后来纪念彝族创世史祖。于是有彝族妇女将对自然和祖先的崇敬注入刺绣中，绣成马缨花图案，世代沿袭并保留至今。楚雄州的彝族妇女采用马缨花的形态和颜色，将马缨花图案绣在服装的各个部位；石屏"花腰彝"的女性头帕上都绣有马缨花；峨山地区的彝族女性在定情腰带和荷包上也绣有马缨花。在化为图腾后，马缨花被赋予了祛除病魔、吉祥如意的寓意，作为自然图腾，马缨花已然成为彝族最具特色的图腾之一。

彝族自古崇拜虎，认为虎是祖先，会在危难之时庇佑子孙。彝族民间史诗《梅葛》中记载，天神在创世之初，派遣他的五个儿子造天，当天造好后，便以雷电来试探天是否牢固，没想到天却裂开了。天神认为世上最凶猛的野兽是老虎，于是派五个儿子去降虎，以虎骨作为撑天柱，从此天就安稳了下来。天神又以虎头做天头，虎尾做天尾，虎鼻做天鼻，虎耳做天耳，左眼成了

图5-14 彝族服饰

太阳，右眼成了月亮，虎须是阳光，虎牙是星辰，虎油做运城，虎心做天心地胆，虎皮、虎毛做大地丛林，虎肚、虎血做江河湖海，从此以后便有了世间万物。彝族的"巫术说"认为，彝族祖先是虎变成的，过去彝族人民在祭祀时，会模仿老虎的动作跳舞，经过长期的发展演变，逐渐形成独特的以虎为对象的祭祀流程。在一些区域，为纪念"虎祖"，每年正月初八到正月十五，都要举行"虎节"，正月初八是"接虎祖"，正月十五是"送虎祖"，其间有祭虎、接虎、跳虎、送虎等一整套完整的流程。在楚雄州，彝族常自称为"罗罗"，"罗"在彝语中意为虎。现在常见的彝族虎面具、虎吞口、虎头寨桩以及男性的坎肩、挎包，幼儿的虎头帽、虎头鞋等都是彝族人崇拜虎的表现形式。

彝族崇尚火，许多彝族史诗神话中都有对火崇拜的描述：在彝族创始史诗《阿普独摩》中，有彝族的祖先阿普独摩以石取火；民间史诗《梅葛》中有龙王用火镰为人类带来了火；《查姆》中有独眼人"用火来御寒，用火来作伴侣，用火来烧东西"。最广为人知的彝族火把节，就是彝族人表达对火崇拜的主要途径。除了火把节以外，彝族还有其他许多拜火的习俗。彝族有火葬的传统，彝族人认为人死后有另一个世界的存在。彝语中"之木""实木"意为"尘世""天堂"。经过火化，灵魂会伴随烟气进入另一个世界；在彝族的宗教祭祀中，毕摩和苏尼在点燃烟火、祛除污邪以后才开始念经祭祀，在进食前，要舀少量汤水到火塘中向"都斯"（火神）和"苦鲁斯"（火塘神）表达敬意。彝族人喜黑色、红色，布料和图腾刻画、刺绣纹样中都运用了大量黑色和红色，黑色象征勇猛，红色象征热情奔放，也是彝族人民表达火崇拜的途径之一。

八角图在彝族刺绣中也是常见的纹样之一。相传八角图与彝族古代的"太阳历"或阴阳时空观有关，象征着天、地、雷、火、水、山等自然现象。①

---

① 郝云华：《楚雄彝族服饰的种类与文化内涵》，《云南民族大学学报》（哲学社会科学版）2008年第2期，第85页。

自然崇拜也好，鬼神崇拜也罢，彝族人民赋予图腾的含义以及对图腾的崇拜，使彝族服饰成为具有极强地域特色的文化载体，也让更多人了解到彝族的服饰文化和宗教文化。

3. 其他民族

在纳西族服饰中，最具代表性的就是丽江纳西人的"披星戴月"。在纳西神话中，旱魔以九个太阳灼烤大地，人间不再有黑夜，土地干旱不再肥沃。名为英姑的纳西姑娘到东海请龙王，爱上了龙三太子，旱魔施计将龙三太子困于深渊，英姑与旱魔缠斗九天九夜，最终力竭身亡。英姑倒地的地方就变成了后来的"英姑墩"（丽江），龙三太子冲出深渊化为丽江坝子的泉水。白沙三多神见状驭雪龙吞下七个太阳并变成七颗星镶嵌在英姑的顶阳衫上，另一个太阳则变成了月亮。为纪念英姑，纳西族妇女依照英姑的顶阳衫做出了羊皮披肩，象征纳西族人民勤劳勇敢，羊皮披肩世代相传，沿袭至今被称为"披星戴月"，成为纳西族最具代表性的标志之一。

在白族服饰历史上，"绛裙襦、黑头囊、金珐苴、画皮靴、首饰抹额、冠金宝化鬟、襦上复画半臂"，"霓裳彩斗、云鬟花垂、清歌互举、玉步徐移"是古代白族服饰的典型。随着时间的不断推移，白族的服饰也在不断适应现代白族人的审美而不断改变，史料上记载的白族服饰已不复存在。如今常见的白族女子的金花头饰，也是不断改良后的产物，但绣花头巾、雪白的缨穗、头帕上的白色绒毛、乌黑的长辫，都是白族人关于"上关花、下关风、苍山雪、洱海月"的唯美记忆，其意象被一顶金花帽表现得淋漓尽致。

在傣族的织锦中，常以孔雀和大象等图案作为纹样，除了筒裙、垫单、窗帘、手帕、被面等日用品外，还会在傣族男女常背的挎包（筒帕）上出现。孔雀象征吉祥如意，大象象征五谷丰登，其他常见的还有龙凤纹、麒麟纹、宝塔纹、青竹纹等，均象征着傣族人民对于美好生活的追求和向往。

图 5-15　傣族服饰

（三）社会结构的多样体现

　　从服饰的形式看，男性与女性的服饰有各自不同的表现，幼童、年轻群体和老年群体的服饰也各有特色，甚至在族群内不同的身份地位也有不同的服装形式。这些方面无时无刻不反映着各个民族的社会结构。

　　大部分少数民族的年轻女性服饰是较为轻快明丽的色彩，体现年轻女性的健康朝气；已婚的中老年妇女的服饰则多为端庄的深色系，体现的是上年纪妇女的稳重大方。

　　羌族的年轻女性会在绑腿上缠红布条，老年妇女则喜欢缠青色、黑色或是白色的头帕；保安族的年轻女性多着红色、绿色，中老年女性多着黑色；纳西族的衣服以黑白色为主，年轻人多着白色，老年人则穿代表尊贵的黑色；花腰傣女性日常装扮的绑腿，傣雅和傣卡的绑腿是黑色，傣洒年轻女性的绑腿是绿色带花纹的，老年女性的绑腿则是白色的。

　　从服饰的头饰上看，许多少数民族的头饰在不同的年龄阶段有不同的表现形式，幼儿的头饰普遍活泼可爱，常有诸如平平安安等寓意；年轻群体的头饰相对华丽；老年人的头饰则会更庄重。

四川凉山的彝族服饰中，男童的帽饰后端是燕尾状，通常3岁以后就不再戴帽，女童的帽饰后端则是圆形，3岁后换为鸡冠帽。在成年之前，少女的帽子两侧会绣有圆形或三角形的图案。已婚妇女则盘发后戴"竹架帽"。

东乡族的妇女喜戴盖头，从少女到婚后一年左右，盖头为绿色，已婚的中青年妇女戴黑色盖头，老年妇女则带白色盖头；女童戴圆形的"折子帽"，帽顶为绿色或蓝色，帽缘处是红色或绿色的花边，在耳朵附近有彩色的丝线流苏，流苏上也会有串珠作为装饰。

苗族男性大多是蓄发绾发髻于头顶，部分地区男性包头帕，大部分老年男性则戴皮帽；幼儿梳小辫，湘西地区的部分苗族幼儿戴狗头帽；女性头饰更为丰富多样，常绾发髻于头顶，以银针、银簪、银梳或木梳等插入发髻作为饰品。

在许多少数民族服饰文化中，女性的服饰在婚前与婚后有较大区别。贵州省凯里一带，苗族的传统女性服饰在婚前与婚后的差异体现在头饰上，未婚女性挽锥髻并带上遮住额头的帽子，发间有银饰做装饰；婚后，妇女多梳平髻并用银饰装饰。

景颇族的未婚女性会蓄童式短发，并用彩色的头巾束发，已婚女性则盘发或是戴包头。年轻男性戴白色包头，老年人则戴黑色包头。

三、藏羌彝走廊上民族服饰的现代走向

少数民族服饰是民族文化的重要文化符号，无论制作工艺还是表现形态，都是一个族群对于自身文化的理解与表达。在藏羌彝走廊上，大量以藏族、羌族、彝族为代表的少数民族世世代代居住于此，服饰不单纯是用以保暖驱寒的生活用品，更是这些少数民族文化变迁的载体。近年来，随着汉文化的影响和全球化的到来，越来越多少数民族地区的传统文

化也受到了冲击。各个少数民族为了适应现代社会的发展，也开始不断吸取许多外来文化元素并融入其中，使传统的少数民族服饰发生了许多新的转变。

（一）退出日常生活、成为身份标识

服饰是一个族群不可或缺的显著标识，在过去是族群身份的象征。然而，时代的变化使许多少数民族地区的民族服饰开始逐渐退出人们的生活。曾经日夜相伴的传统服饰渐渐被大众化的流行服饰所取代，传统的民族服饰更多地出现在少数民族的传统节庆活动或正式场合中。随着旅游市场的扩大以及互联网的普及，越来越多的少数民族传统服饰被大众所熟知，服饰成为大众认识不同少数民族的重要途径之一。以傣族服饰为例，在经历了无数变迁后，沿袭至今的服饰形态已经和早期有所不同，但每个支系的服饰也仍具风情。和其他民族一样，傣族关于服饰的礼仪风俗随现代社会制度的变化逐渐简略，西双版纳地区由于旅游业相对发达，且受南传上座部佛教影响深远，大部分村寨还保留着穿传统服饰的习俗；但在新平，花腰傣只有中老年人在节庆活动时会穿传统的服饰，年轻人受外来文化的吸引，逐渐丧失了对自身文化的认同。对于少数民族文化传承与保护的问题，政府已经开始重视并尝试解决，傣族人长年累月留下的对于自然的崇拜和朴实热情的生活态度也并未因外来文化而被改变。

又例如藏族，饰品文化可谓大众对于藏族服饰最深刻印象之一。精彩的饰品文化是藏族人民勤劳勇敢的产物，承载了藏族人民对于自然神灵的崇拜之情，包含了藏族人民对于宗教的信仰，也体现着藏族人民对于美好生活的追求向往。从早期随身携带的金银、生产生活的工具到如今精美神秘的装饰物品，虽然在外人看来，其装饰意义要大于实际用途，但其演变过程自始至终都与藏民的生活密切相关。在多元文化共生的今天，藏族的服饰文化虽与过去相比有了大量变化，但其作为藏族服饰文化中的重要

"符号",本质内容却依旧保留并始终贯穿在藏族的发展进程中。

(二)符号系统解码与重构

服饰作为一个民族群体的重要文化符号,直接体现的是一个族群的集体记忆、信仰崇拜、生活生产方式以及社会组织结构,但这些内容仅限于该族群的自我认同。在当今时代,服饰是外显的符号系统,在多元文化交流碰撞的过程中,是可以被他者解读的。创意设计将传统的少数民族服饰这个符号融入创新和传承的过程中,原本紧密联结在一起的传统少数民族符号系统被解码,设计者将其中的元素分离出来并通过符合当下大众审美的设计进行新的建构,从而形成了新的少数民族服饰形态。同时,新的服饰形态也并不完全是为了满足少数民族群体的需求,而是面向大众消费市场或是满足艺术的创作而进行生产的。

图 5-16 昌宁苗族服饰

少数民族服饰在解码与重构的过程中，最终面对的是大众审美和消费市场，因此，在现代创意设计的过程中，如何融入民族元素是重构过程中至关重要的一点。在国内，早期的少数民族服饰元素大多用于舞台服饰和礼服设计方面，如今的服装品牌如"裂帛""江南布衣"等品牌也或多或少地融入了民族元素，国际品牌 Kenzo 在西式的服装中融入大量少数民族图腾。随着少数民族服饰文化开始走向主流社会，越来越多的设计师关注到了民族元素的前景。

（三）吸睛霓裳的多元走向

全球化时代的来临打破了过去各区域间的隔阂，也让许多相对封闭落后地区的少数民族文化与现代主流文化进行碰撞，过去封闭的村落不断有新的文化注入，大量少数民族的年轻群体开始接触外面的世界，在这一过程中，传统的少数民族族群对于自身文化的认同感在逐渐减弱，老龄化手艺人也难以独自传承，而年轻人又在接触主流文化后不甘局限在传统的民族文化中。大众在感叹少数民族文化绮丽之余，也开始关注少数民族文化的传承保护与创新发展的问题。

尤其是随着文化产业的不断发展和大众对于精神文化需求的不断增加，更多的人意识到民族文化资源的可贵，由民族文化产业发展而来的特色文化产业也成为备受关注的一个领域。随着藏族毛纺织及擀制技艺、藏族编织及挑花刺绣工艺、藏族鎏钻技艺、彝族（撒尼）刺绣、傣族织锦技艺、苗族织锦技艺等少数民族传统工艺纷纷被列入国家级非物质文化遗产名录，各地区政府也意识到保护传承少数民族民间文化的重要性，许多地区开始创办大量的少数民族工艺培训班，培养少数民族技艺传承人，也有部分少数民族地区在当地政府的推动下，与艺术类院校展开合作，尝试将传统民族文化与现代审美结合后进入市场。

2015 年，中国服装协会和北京莱福士国际文化传媒有限公司联合举办了"莱福士杯"中国民族服装设计大赛。这类比赛的举办，促进了各民族间的文化交流，也能鼓励推动少数民族服饰文化的传承和创新，提升少数民族群体对于自身文化的认同感，同时带动越来越多的年轻群体关注少数民族文化。

在楚雄彝族自治州，每年农历正月十五的赛装节，除了传统的歌舞表演和刺绣比赛之外，还在政府的推动下举办了彝族服饰 T 台秀。2016年，楚雄州政府用 8 个月精心策划了"七彩云南 2016（国际）民族赛装文化节"。在此次赛装节上，除了传统的刺绣比赛、彝族传统歌舞表演之外，还加入了时装表演这一环节，主办方邀请国内服装行业的专业人士、娱乐圈明星参与，引发了各界关注。随着传统的彝族文化受到外来文化冲击，曾经复杂精美的服饰逐渐趋向于简洁，年轻群体对于新鲜文化的体验也使传统民族文化与技艺的传承面临严峻考验。但在多元文化交错的现代社会中，城市的不断发展也带动较偏远的乡村逐渐向城市靠拢，社会环境的变化虽然使民族文化最原始的含义被逐渐淡化，但彝族服饰作为重要的彝族文化资源，其审美意义在大众对于文化需求日益增长的状况下不断得到凸显，在市场带动需求的背景之下，彝族服饰的观赏功能和经济价值已经远高于其本身的实用价值，在其市场带动经济增长的同时，也在一定程度上使彝族人民开始注重传统文化的重要性，彝族服饰的传承与保护问题也得到了一定的解决。

藏羌彝走廊上的各个少数民族服饰文化，在文化产业的推动下，相互联结，相互借鉴，在寻找新的发展方向时，也不断通过旅游业的渗入和互联网技术的加入展现在大众面前，相较于主流社会，更偏小众的民族服饰文化逐渐被大众接受，甚至其民族文化元素也不断出现在世界舞台之上。

第六章

从祭舞神乐到生活美学
——藏羌彝走廊上的民族歌舞乐

一、藏羌彝走廊上民族歌舞乐的内容

（一）此曲只应天上有——藏羌彝走廊上的祭舞神乐

从文化形态源起的角度来说，民族歌舞乐大多与原始宗教信仰中的祭祀活动关系密切，在传统社会中民族歌舞的娱神功能远远大于娱人作用。随着社会的发展，很多的民族歌舞乐形态与日常生活加速融渗，一些歌舞乐形式较快地走下神圣祭坛，成为普通老百姓日常生活中也可以演绎的文化形态。

1. 藏族羌姆

在藏族歌舞中，囊玛、锅庄和弦子都具有从祭祀乐舞转变为娱乐活动的特点，但一些专门用于宗教活动的歌舞，至今仍保持着其特有的神圣形式。"羌姆"是藏传佛教与原始宗教信仰中某些仪式活动相结合形成的一种舞蹈，至今仍在特定的时间和宗教场所（寺院）中表演。"色莫钦姆羌姆"是西藏日喀则地区扎什伦布寺僧人表演的藏传佛教格鲁派羌姆，每年的藏历八月举行，在藏语中"色莫"是观赏的意思，"钦姆"是大型的意思，"色莫钦姆羌姆"即观赏大型宗教舞蹈之意。①

羌姆也称"跳神"，是藏族宗教舞蹈中知名度最高的乐舞形式，原意指"舞"或"跳舞"，专指寺庙及民俗中的宗教祭祀乐舞。其多在寺庙祭祀活动中表演，表演者多为喇嘛，表演时用鼓、钹、铜号等乐器伴奏，表演地点通常在藏传佛教的寺庙中，整体的氛围庄严肃穆，不同于民间舞蹈的轻松活跃。在表演造型方面，羌姆也由于宗教信仰的特殊性，表现出不同于民间的独特的服装造型艺术，尤其体现在羌姆面具上。神职人员在跳舞时会戴上形色各异的羌姆面具，手中紧握各种法器，在肢体的协调和舞

---

① https://baike.baidu.com/item/%E7%BE%8C%E5%A7%86/1592449?fr=aladdin，"羌姆"词条。

图 6-1　德钦县奔子栏东竹林寺羌舞"护法神"

动中建立与神灵的沟通，祈求神灵的庇护。对于信仰者来说，羌姆面具便象征着神灵，可以震慑鬼魂，因此面具被制作得形象怪异狰狞。羌姆面具主要用木头、泥土、兽皮、漆布、铜、铁等材料制成。面具的色彩多样，以黄色、蓝色、红色、绿色、黑色、白色等色彩的对比居多，通过各种色彩不同程度地凸显神灵在人们心中的形象，羌姆面具是将人们所信仰的神灵物化的过程，表现了藏民们对神灵的敬畏。

公元 7 世纪时，印度高僧莲花生到西藏传播佛教，当时藏民信仰多神崇拜的原始宗教"苯教"，佛教的传播受到阻滞。因此，莲花生采用了苯教的部分形态要素，将佛教和苯教相互融合，在继承佛教教义的基础上，又将苯教中多个神灵奉为护法神，以此来适应当地藏民对原始多神崇拜的文化传统，藏传佛教由此形成。随后，莲花生创设了藏传佛教的祭祀仪式，表演者头戴各类神祇面具，汇集、吸纳并重新组织民间舞蹈形式，改编成程式性舞蹈，以驱除鬼怪、造福来世、宣扬福音、演绎佛经的各类故事等为最终的功能指向。这种程式化舞乐形态经过广泛流传，逐渐被各个教派所接受，最终将其统一称为"羌姆"。每当遇到藏族重大的节庆活动，例如藏历新年、释迦牟尼的诞辰以及其他重大的宗教节日时，全国各大藏传佛教寺院都要举行大型的羌姆活动。

2. 土族於菟舞

於菟（虎）舞是土族最古老、最具代表性的舞蹈之一，是一种宗教祭祀性舞蹈。其起源于土族古老的"虎食鬼魅"观念，是民间一种驱逐鬼邪、灾病，祈求平安、吉祥的祭祀仪式。距今已有数百年历史，这种舞蹈集中保留在青海省黄南州同仁县位于隆务河源头的年都乎村。

年都乎村在每年农历十一月二十日，会举行盛大的於菟仪式，祛除村子里的鬼邪、疾病、不洁之气等，祈求村子能够在新的一年平平安安、吉祥如意。於菟仪式包括"祈祷—迎神—飨食—送傩"①四大部分。

"二郎神"是年都乎村土族人民信仰的山神，年都乎村民认为，全村每年能够五谷丰登、安居乐业，全是"二郎神"相助。甚至哪家哪户若是遇上困难，只要在家中大呼"二郎神"，就会逢凶化吉。因此年都乎村民将"二郎神"视为保护神。在每年农历十一月二十日，年都乎村的所有村民会聚集到村后的二郎神庙，举行"於菟"仪式，祭祀山神，跳起於菟舞。於菟舞的舞者要装扮成老虎模样，因为老虎是土族的图腾形象，与土族人民的生活息息相关；土族人民相信老虎能够吃掉恶鬼，带走村子里的不洁之气。

仪式当天清晨，所有村民聚集到村里寺庙进行诵经；正午时分，村

---

① 索端智：《仪式与象征——年都乎岁末傩疫活动的人类学研究》，《青海民族学院学报》2004年第4期，第95页。

中各家各户的男主人须前往二郎神庙进行"敬神"和"煨桑"仪式。[①]"煨桑"是由村中每家的男主人将松柏枝、青稞炒面、白糖等物品放入煨桑炉内点燃、敬神的仪式。烟雾缭绕，随清风飘向天际，人们最真诚的祈愿随着烟雾一齐飞向天穹，逐渐接近神灵，以得到神灵的庇佑。这是土族和藏族地区最常见的祭拜仪式。

煨桑仪式结束之后，便进入於菟仪式最重要的部分。首先从群众中挑选7名身强体壮的男子，作为於菟扮演者；其次由组织者敲响悬于庙门顶上的钟，并吹响海螺；过大约半小时，於菟扮演者们需脱去上身全部衣物，将裤子卷至大腿根处，并在腰间系上红腰带，佩带一把腰刀；然后由法师（土语称为"拉哇"）帮助在全身上下涂抹一层香灰，在其身上画上虎纹或者豹纹；最后，在每个於菟头顶上绑上折叠的白纸条，使其更接近于老虎形象。至此，於菟扮演者装扮完毕，法师则开始装扮自己。装扮完后，法师会召集7个於菟，依次让於菟喝酒，将其进行分组（2个大於菟，5个小於菟），为其讲述进村的路线；然后带领於菟们前往大殿，於菟留在殿外，法师进入殿内，手持并敲响单面羊皮鼓，向神灵报告此次仪式的内容。而后，法师出殿，让於菟们再次喝酒，准备按计划出发，从这个时点开始，於菟们禁止说话。於菟们双手持两米长杆（或棍），按照5个小於菟、2个大於菟的顺序，由法师手持羊皮鼓、助手敲锣殿后，依次向山下村庄前进。

下山之后，5个小於菟分为两组，快速分别沿着北路或者南路进入村中，而后往东行进。於菟进入村中时要求不能从正门或者大门进入，只能翻墙进入，但可以从大门出。於菟接受村民们前一天准备的於菟馍馍，将其套于手持的长杆之上。2个大於菟和法师及助手则缓慢地向村中舞去，直接前往东门。当小於菟与法师等人会合后，列队起舞；此时村民们会放

① 孕藏达杰：《浅谈土族民间舞蹈的种类及其动律特征》，《甘肃高师学报》2008年第3期，第52页。

起鞭炮，於菟们便会故作惊慌之状，急速向外跑，径直跑向年都乎河边，将手持的长杆（包括杆上的於菟馍馍）抛于河流之中，并用冰凉的河水洗干净身上的虎纹。让河流将村中所有"不好的、不干净的"东西全部带走，只留下美好之物。之后於菟们将穿回自己的衣物，在离河流不远处点燃火堆，在法师的主持下，一一跳过火堆，祛除身上沾染的邪气。在回到东门路口时，再次跨过火堆，整个於菟仪式结束。

於菟仪式中，於菟双手持长杆（或棍），所以上身和手上动作受到限制，动作较为简单；其舞蹈以腿部动作为主，基本动作包括跑、跳、吸腿等，其中垫步吸腿是最主要的动作。这些动作多数是在模仿老虎日常活动中的动作，但舞蹈动作节奏较为单一，给人一种古朴、粗犷、严肃、敬畏之感。整个於菟仪式，不论是仪式的先后顺序，还是於菟身上的虎纹，抑或是舞蹈动作，都带有浓郁的原始色彩，不仅反映了土族人民的原始图腾崇拜，更是土族原始宗教信仰的再现，即萨满遗风。[1]於菟舞蹈动作单一，没有故事情节，却充满了象征意义，是土族人民集体创作的智慧成果，是受到土族人民一致认可的具有趋利避害、祈福纳吉的重要意义的仪式，具有稳定民族生活、安抚民众心理的重要作用；其文化含义远远超越了舞蹈本身的功能，是土族人民信仰的寄托，是一种神圣的表达。[2]

3. 羌族羊皮鼓舞和巴绒舞

—— 羊皮鼓舞

羌族能歌善舞，其歌舞主要分为两类：宗教性歌舞和世俗歌舞。[3]世俗歌舞以圆圈舞为主，萨朗舞就是其中之一；宗教歌舞以羊皮鼓舞为主。

---

① 尕藏达杰：《浅谈土族民间舞蹈的种类及其动律特征》，《甘肃高师学报》2008年第3期，第52页。

② 范静、文忠祥：《同仁年都乎村土族"於菟"仪式舞蹈的文化蕴涵》，《青海民族大学学报》（社会科学版）2010年第4期，第37页。

③ 熊妍：《羌族舞蹈的田野考察分析报告》，《黄钟（武汉音乐学院学报）》，2004年第Z1期，第182页。

　　羊皮鼓舞最早可追溯到春秋战国时期，被认为是羌族最为古老的巫舞，一般在驱除鬼怪、救治病人、祈福祭祀或举办丧事的场合跳。[①] 羌族创造并崇尚原始拜物教，他们信仰"万物有灵"，认为自然万物皆有灵性，自然界中的万物控制着世间种种现象。他们将自己的精神信仰寄托于自然万物，构成了民族文化特有的内容和形态。其中最明显的是羌族的"释比"（即巫师），他们在羌族人民的生活中影响最大、地位最高。释比被认为是羌民的精神领袖，他们能力高强，懂占卜之术，上知天文、下知地理，能够与鬼神通话。在羌族人民的生活中，无论是生活琐事还是重大祭祀活动都离不开他们。

　　羊皮鼓舞是一种祭祀性舞蹈，专由释比进行表演。羌族人民一般在遭遇病痛、办丧事之时，都要请释比来跳羊皮鼓舞。跳羊皮鼓舞时，对释比人数有要求，一般为两人，每人手中的"舞器"不同，分别持短戈和单面鼓：持短戈者在前；持单面鼓者左手持鼓，右手持弯把鼓槌敲鼓，跳舞时还需晃动鼓内小铁环发出响声。释比在充满吆喝声和鼓声的热闹氛围中一边跳一边击鼓，跳动时脚需要持续颤动，充满强烈的神秘感。仪式刚开始时，鼓声沉闷、盘铃声轻，舞步单一且迟缓，通常是走一些形式简单的步伐，表示由于鬼怪的压迫，释比难以轻松。当鼓声由沉闷转为宏大、紧促时，释比的舞步动作力度会逐渐增强，舞步变换加快，呈现出一种令人振奋的情绪，意味着释比成功运用神力将鬼怪赶走。

　　在今天，羌族羊皮鼓舞在宗教色彩淡化后，已逐渐发展成为一种传统群众舞蹈。羌族人在各种节庆时，会在人群中击鼓起舞、迅速跑动，以展现其灵动的身姿、变换的舞步。

　　羌族是一个信仰多神灵的民族，崇尚万物有灵和祖先崇拜。祭祀活动在羌族日常生产生活中或者是战争等大型活动中必不可少，音乐歌舞贯

---

① 熊妍：《羌族舞蹈的田野考察分析报告》，《黄钟（武汉音乐学院学报）》，2004年第Z1期，第182页。

穿各种祭祀活动，具有强烈的神秘感。羌族羊皮鼓舞，作为羌族人驱鬼、治病、祭祀神灵的仪式性舞蹈，带有浓厚的羌族宗教信仰色彩，极具神秘性。羊皮鼓舞舞蹈动作简单、变化自由，没有严格的规范性，生动地展示了原始古朴的羌族生活气息，传承和展示着羌族珍贵的民族文化内涵。

——巴绒舞

在羌族传统节日"瓦尔俄足"中，羌族人会跳一种名叫"巴绒"的礼仪性舞蹈，这种舞蹈现主要流传于四川茂县曲谷乡的西湖寨、河西村与维城乡一带。巴绒舞是伴随着羌族民间传统祭祀庆典而产生的舞蹈形式，巴绒舞被众多学者认为是最具代表性的羌族礼仪性舞蹈，是研究羌族历史、民族礼仪和文化的重要资源。

"瓦尔俄足"是羌族重要的传统节日，以祭祀羌族人民信仰的歌舞女神"萨朗姐姐"为目的。"瓦尔俄足"祭祀活动有着严格的活动流程，在节日当天由村中每家依次承担接待、组织等工作。[①] 每年节日前一天，由被安排担任组织者的那户人家祭祀祖宗，向祖宗报告祭祀活动的相关信息；并安排各家准备好全村人节日当天的吃食和酒水。节日当天凌晨，各家各户都要准备太阳和月亮馍馍，以祭祀歌舞女神。节日当天，羌族妇女必须清洁身体，净身完毕的羌族妇女不分老幼，都身着盛装，佩戴上最美的装饰品，跟随族人前往"女神梁子"石塔举行祭祀活动。祭祀活动完毕后，下山回村。午餐时分，每家每户会将自家事先准备的吃食拿出来"比拼"，看谁家的吃食最佳。用餐完毕后，年满十二周岁的女孩在释比的主持下举行成人仪式；之后由最具权威的老人向女孩们讲述"萨朗姐姐"的故事，传递传统女性、女德等内容。在这一天，羌族男子需要承担起一切的农活以及家里的琐事。因此在用完午餐后，羌族男子们便承担起烹饪晚餐的责任。烹饪时，他们可以欣赏到展现女子柔美躯体的传统歌舞"巴绒"。

"巴绒"的基本舞蹈体态表现为下肢双膝微屈，胯部向前顶出，上身

---

① 张伟：《"巴绒"——羌族古老的仪式歌舞》，《艺海》2013年第9期，第119页。

略往后仰，在完成动作的过程中上身始终保持端庄而平稳。①巴绒舞动作特别注重下肢随腿部的颤膝舞动。巴绒舞舞蹈动作大部分来源于羌族先民模拟在生产、生活中的劳动动作，模拟自然界中飞禽走兽的动作，以及人们祭祀天神时的仪式动作，之后经过提炼使动作连贯，呈现明显的农耕文化色彩。

巴绒舞以载歌载舞的形式为主，在表演舞蹈时所演唱的歌曲旋律粗犷奔放，节奏自由、分明，具有浓郁的山歌风味。因为歌曲的特点如此，与之匹配的巴绒舞呈现的特点也是热情、高亢。这是巴绒舞最明显的艺术特色。同时由于"瓦尔俄足"是以妇女为主题的民俗庆典，并且妇女可以自由参与，因此巴绒舞在舞蹈动作设计、编排上，以展现纯美的柔和灵动的女性体态美为导向，展现了羌族女性特有的审美价值；同时，巴绒舞重腰部、胯部律动的舞蹈特色，也隐含着羌族人原始的两性观念以及对生殖繁衍从敬畏到模仿的发展痕迹。②

巴绒舞是羌族人民运用舞蹈语言表达情感诉求、满足精神需求的重要载体，舞蹈动作中蕴含着丰富的民族文化、审美价值。巴绒舞强调胯部动作，是对女子美好体态和特征的展示与赞美，展现了羌族女性独有的魅力，使其比其他羌族舞蹈更具特色。

4. 四川彝族征战舞

民族民间歌舞乐的源起与原始先民对自然力量的崇拜有着密切的关系，在传统社会中，很多少数民族歌舞乐的演绎过程实际上是娱神的仪式，祭祀时所表演的歌舞乐在长期历史发展中占据了特殊的地位，积淀了深厚的文化价值，即使到了神圣力量逐渐被科技取代的现代社会，也不乏祭祀性歌舞乐在民族群体中传承传播。四川凉山地区的彝族中，男性巫师"苏尼"和女性巫师"莫尼"，主要从事念咒、驱鬼等巫事活动，他们都会

① 张伟:《"巴绒"——羌族古老的仪式歌舞》,《艺海》2013年第9期，第120页。
② 张伟:《"巴绒"——羌族古老的仪式歌舞》,《艺海》2013年第9期，第120页。

跳技巧娴熟的羊皮鼓舞。皮鼓既是巫师的所用器具，也是舞蹈工具。实际上羊皮鼓舞是巫师进行巫事活动时必需的程序内容，同民众生活性的、娱乐性的舞蹈有较大的区别。

征战舞是从古时兵家械斗厮杀中演变而来的一种歌舞。在表演时，舞者会装扮成武士，手握兵器模拟战争的场景，每个武士设想一个假想敌，尽力击败。表演征战舞需要毕摩来伴诵颂唱，唱的主要内容是《莫果特依》，出兵征战鼓动的书；《扎么》，择定出征日子是否吉凶；《咒》，出征前还要举行断口嘴；《反咒》，即诅咒对方，意为祈禳念经，保佑出征获胜。① 征战舞的表演者只能是男性，但人数和时间并无限制。有学者认为凉山彝族的征战舞是一种娱乐性的舞蹈，应该说这种说法并不全面。从征战舞要请毕摩伴唱以及唱的内容来看，这种舞蹈其实是彝族先民参与战事之前通过特别的仪式活动祈求超自然力量对战争胜利的护佑，因此要模拟战争的场景，并且结束于打败"敌人"。而毕摩在彝族社会中是专门主持宗教祭祀仪式、诵经和占卜活动的祭司，具有较高的社会地位，从毕摩参与伴唱这点来看，征战舞的祭祀功能其实更加突出，只不过随着社会的发展，群体间不再发生战事。但征战舞所具有的情节性、表演性、观赏性等特征，使得它在现代社会中仍然得以传承，但已经不是祈求战事顺利的仪式，而是彰显和传达凉山彝族地方和民族文化的符号和品牌了。

5. 纳西古乐

纳西族民族歌舞乐主要特征表现为古朴、典雅。较为常见的纳西族民间音乐主要有民间歌曲、民间器乐和舞蹈音乐三种形式。民间歌曲具有悠久的历史和文化传统，一些民间歌曲在纳西族先民游猎时期就已产生。随着民族迁徙和宗教文化的发展，互动双向的吸收借鉴，形成了纳西族独特的民歌和宗教歌曲相互交融的存在形式。民间器乐以其演奏形式

---

① 利布（彝族）：《凉山彝族民间歌舞述略》，《凉山大学学报》2003 年第 4 期，第 177~179 页。

可分为独奏和合奏两类。独奏的有口簧、麦笛和葫芦笙曲。白沙细乐是迄今为止传承于纳西族民间并用于丧葬仪式的大型器乐、歌舞组曲。舞蹈音乐是纳西族整体音乐文化中表现形式最为古老的一种。例如喜闻乐见的"热窝窝""东巴舞曲""勒儿巴"等。

图 6-2 纳西族传统音乐演奏

在历史发展的进程中，纳西族先民在生产生活实践中创造了独具特色的音乐文化，在不同民族文化交融和对话中借鉴并融入外来文化元素对本民族音乐进行创新转化，于是便形成了传承发展至今的传统纳西古乐。纳西古乐作为一种汉族古典音乐和纳西民间古乐韵律交融的结晶，以其"稀世三宝"——"古老的曲子""古老的乐器""古老的艺人"闻名于世，被誉为"中国音乐的活化石"。纳西古乐由洞经音乐和白沙细乐组成，洞经音乐是中原道教与纳西族民间音乐文化交融的产物，其历史源远流长，曲调丰富，风格典雅，具有浓厚的地方文化特色，是我国珍贵的音乐遗产。洞经是道教经典大洞仙经的简称，也称为谈经，伴奏经文的音乐，称为"洞经音乐"。[①]洞经音乐主要服务于宗教仪式活动，是宣讲经文的一种重要手段。白沙细

---

① 何青:《云南丽江纳西族洞经音乐》,《中央民族学院学报》1992 年第 2 期，第 60~63 页。

乐是流传在丽江纳西族乡间的一种传统音乐形式，大约产生在元明之际，在其发展中不断汲取各民族的音乐文化，是迄今仍然保留、传承于纳西族民间的大型丧葬歌舞、器乐组曲。白沙细乐最初以民间歌舞的形式出现，在木氏土司府统治丽江期间，其曾作为土司府的礼仪音乐，清初"改土归流"后流散于民间。汉文化的传入，导致纳西族葬俗改变，随之丧葬仪式和丧葬音乐在风俗变革中发生演变，白沙细乐由民间歌舞音乐转化为丧葬歌舞器乐组曲。随着丽江旅游开发和文化消费迅速提升，白沙细乐作为民族文化资源被开发，以商业盈利为目的进行演出。纳西古乐由民俗仪式向表演性文化产品的演变，在现代大众文化消费时代是必然发展趋势，其社会功能的变迁也体现了纳西族文化发展的不同阶段和变化。纳西族人长期以来形成的喜文嗜乐的传统，使得纳西古乐在社会变迁中得以保留和发展，这种传统扎根于纳西族人精神生活的土壤之中，纳西古乐在民间的普及程度之深，根源于这个特定族群共同的集体记忆和文化认同。纳西古乐一方面突出民族文化融渗变化的过程，一方面又具有浓郁的民族特色，在现代社会发展中也有效强化了本民族的文化自觉和文化自信。

6. 白族大本曲

白族是一个具有较高文化艺术水平的民族，在历史发展过程中受汉文化的影响较大，加上与彝族、傈僳族、普米族等民族长期杂居，白族歌舞融合了汉、彝、傈僳、普米等民族文化成分，从而具有丰富的内涵和表现形态。白族的民间舞蹈有着悠久的历史，传统舞蹈有"打歌舞"和"仗鼓舞"，现今流行在白族民间的是"霸王鞭""狮子舞""八角舞"等。白族音乐类型包括说唱、戏曲、器乐、民歌等。根据靳丽芬在《白族及其音乐文化》一文中所述，白族民歌主要有白族调、汉调、小调、叙事歌、习俗歌、儿歌等六类。白族民间器乐主要有唢呐吹打乐、洞经音乐、三弦、竹笛、口簧、木叶等。白族戏曲也被称为"吹吹腔剧"，是现代白剧的前身，它是白族人自创的一种古老的民间艺术形式，包括唱腔音乐和伴奏曲谱两大部分。[①] 大本曲是白族独有的一种传统古朴的民间说唱艺术，是白剧的艺术形式之一。传统习惯于每年三月初三进行"开曲门"，农闲时节、传统本主节以及三月街、绕三灵、火把节、中秋节等传统节日，则是民间艺人演唱大本曲最繁忙的时期。

大本曲主要流传于大理白族地区，是一种民间说唱艺术类型。其曲本散韵相间，道白为汉语，散文形式，唱词为白语，是韵文形式。[②] 唱腔属于联曲体，每个曲牌都可用来抒发情感、叙述故事，凸显人物的多种情绪

图6-3　兰坪县金鼎镇龙潭村白族大本曲

---

① 靳丽芬：《白族及其音乐文化》，《民族音乐》2006年第3期，第39页。
② 董秀团：《白族大本曲的文化内涵及传承发展》，《云南民族大学学报》（哲学社会科学版）2012年第2期，第47页。

表达。从大本曲表达的主题看，传达的几乎都是悲欢离合和英雄忠孝气节等，素材主要取自汉族的通俗小说、民间戏曲以及传说等。

大本曲是白族文化系统中极具代表性的文化事象，具有丰富的文化内涵，大本曲在历史发展过程中与汉文化及其他外来文化动态交织在一起，深受白族人民的喜爱。作为文化交融和跨文化传播的典型文化形态，大本曲不仅对白族的文化传承起到重要作用，而且充当着汉文化以及外来文化的传播和普及的载体，大本曲的传承和传播，使得白族民族文化在不断的文化变迁中与时俱进、创新发展。

大本曲产生之初作为一种为民众喜闻乐见的娱乐消遣活动，从某种程度上起到了普及文化知识的作用。由于过去劳动人民的精神生活较为单调，鲜有人系统专业地学习过历史和文化知识，大本曲由民间艺人创造，关注民生、民事，表达着广大白族人民的生产生活、思想和信仰等方面的切身感受。大本曲大多取材于汉族和白族历史上的重大事件，叙述的是历史上著名的英雄传说，反映了一定时期人民的生产生活状况及在不同社会背景下人民的生活理想和精神信仰，因此大本曲也成为过去一个时期白族民众学习文化知识、充实精神生活的重要方式。

在大本曲兴盛时期，来自民间的大本曲艺人利用白族群众熟悉的民族民间传说故事，在为民众提供娱乐的同时，还普及民族文化，将白族人民熟悉的民歌民谣、风土人情、精神信仰注入大本曲的创造和表演中，使得大本曲具有浓郁的乡土气息和地方民族特色。精英阶层和下层民众共同创造了一个文化交流空间来表达自己的话语和情感，由此构成了白族民间特有的地方文化的表达系统。大本曲成为过去精英阶层与下层民众沟通的纽带。从文化发展层面来看，大本曲成为白族文化得以传播发展的重要载体。大本曲的发展历程、题材内容的变化反映了白族民族文化的变迁，并影响着民俗生活的变迁。大本曲是白族民众生产生活的反映，颂扬了高洁的情操和崇高的人格力量以及对理想的追求。这些现实的精神信念经过大本曲的传播，在潜移默化中凝聚民族意识，逐渐形成一种民族认同和一代代人的集体记忆，在文化交融中得以保持和宣扬民族文化特色，也使得白族文化不断向前发展。

7. 傣族孔雀舞

傣族是云南独有的民族之一，主要聚居在西双版纳傣族自治州、德宏傣族景颇族自治州及临沧市的耿马傣族佤族自治县、双江拉祜族佤族布朗族傣族自治县、普洱市的孟连傣族拉祜族佤族自治县、景谷傣族彝族自治县、玉溪市的新平彝族傣族自治县、元江哈尼族彝族傣族自治县、红河州的金平苗族瑶族傣族自治县等地区。[①]低热河谷地带的沃土滋养了傣族，地域的特殊性赋予了傣族人民独特的生活方式和文化特色。傣族和缅甸、老挝等东南亚地区接壤，利用边境的地理位置优势，融合包容其他多元文化，展现傣族文化开放包容的特点。

傣族舞蹈不仅历史悠久、风格独特，而且种类繁多、内容丰富多彩。傣族舞蹈类型主要有祭祀型、表演型等。民间主要流行的舞蹈有孔雀舞、象脚鼓舞、十二马舞、跟鼓舞等。这些丰富多彩的傣族音乐和舞蹈一起构成傣族歌舞文化较为完整的体系。随着现代化进程的加快，外来文化的进入影响了傣族音乐的传统文化生态环境。随着人们价值观念的转变，傣族人逐渐接受流行音乐，使得傣族传统歌舞文化的生存和发展受到巨大的挑战。傣族歌舞必须谋求新的发展路径。新傣族歌曲一般采用傣族民间歌曲，将传统民歌和现代流行音乐融合在一起，添加和吸收了很多现代音乐的元素，同时吸收了国外的音乐特色，形成了新的发展趋势。傣族舞蹈也在文化的变迁中演变，直到 20 世纪初，部分杰出的民间艺人积淀了丰富的艺术表演经验和技巧，为傣族舞的长久发展巩固了基础。

孔雀舞是傣族舞蹈中最具代表性的艺术形式之一。傣族人视孔雀为"神鸟"，认为孔雀象征幸福和吉祥，是傣族民族精神的代表。孔雀舞，傣

---

① 靳丽芬，黄清林：《傣族及其音乐文化》，《民族音乐》2009 年第 4 期，第 45 页。

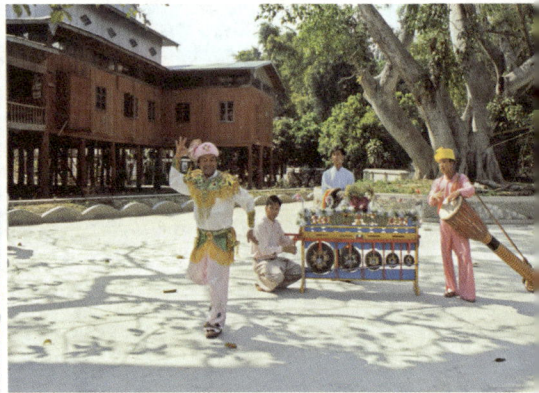

图 6-4　傣族孔雀舞

语叫"戛洛勇"，是孔雀跳的意思。[①]孔雀舞早期主要用于民族节庆或是宗教祭祀活动中的表演，这也是孔雀舞最初的功能性指向。传统的孔雀舞遵循着手形和各种跳跃、扭转等舞蹈姿势的严格规范和流程，以此来达到对孔雀姿态的模仿和情景的塑造。

　　毛相是傣族农民中成长起来的我国第一位傣族民间舞蹈家，他传承了傣族舞"三道弯"的传统，在动作的设计上强调对自然生态的亲近，将舞者的双手解放出来，开创了孔雀舞不用道具的先河，加大动作幅度，使之更加自然随性，形成一套简繁结合、表现清晰的舞蹈体系。在此基础

---

① 王娟：《由〈孔雀〉说孔雀舞》，《大众文艺》2013 年第 17 期，第 150 页。

上，整合傣族舞蹈，一再挑战高难度动作，规范傣族舞蹈的类型，提高了傣族舞蹈整体的表演艺术水平。并且颠覆了孔雀舞由男子独舞的传统，以男女双人舞的形式，呈现出阳刚与阴柔融合之态。刀美兰师从毛相，她开创了女性跳孔雀舞的先河，女性利用肢体的柔软度取代男性扮作孔雀，更能表现孔雀的妩媚和优雅。尤其是其代表作《金色的孔雀》，融入了其他民族文化的舞蹈元素和文化特色，赋予孔雀舞更多的柔美和典雅，使其具有更高的审美趣味、文化内涵及艺术张力，从而打破了早期孔雀舞中许多僵化的程序式的表演而更注重作品的精神文化内涵。[①] 毛相的孔雀舞传承了传统孔雀舞的艺术形式，刀美兰的孔雀舞则是在传统基础上的凝练和创新。现代著名的舞蹈艺术家杨丽萍的孔雀舞是在前人的基础上以诸多创新方式赋予传统孔雀舞更多的文化灵韵和民族气质，将孔雀舞的艺术层次提升到一个新的高度。《雀之灵》对傣族舞蹈的创新是其升华孔雀舞艺术价值的最好例证。其动作设计中，用手指塑造出孔雀头的造型，用手腕、双肩、双腿来模拟孔雀飞翔、盘旋、觅食、栖息等神态姿势，生动地展现了孔雀的灵动。[②] "三道弯"的姿态在创新中具有了更多的生命力，让观众在感官中得以深度体验一种特殊的艺术表达。杨丽萍从现代人审美视角出发，通过对传统傣族舞蹈全新的解读和艺术表达，赋予了孔雀舞迎合大众审美的艺术特征，启发大众对传统文化所处境遇的思考。当今的傣族舞蹈创作是对以往生活的艺术化表达，在艺术风格和舞蹈创作意境上，追求唯美特色和民族文化的创新呈现。大型歌舞《云南映象》中，演员大多来自云南各山寨。舞蹈演员身穿民族服装，通过美妙的现代灯光舞美的场景和道具，呈现出传统民族文化元素与现代舞蹈的完美融合，再现少数民族的生活状况。如今的傣族舞蹈作品，正以更多创新的表现手段将傣族舞蹈的

[①]　段世敏、李卫红:《傣族"孔雀舞"及其对傣族文化认同的影响》,《黑龙江民族丛刊》2015年第3期，第112页。

[②]　段世敏、李卫红:《傣族"孔雀舞"及其对傣族文化认同的影响》,《黑龙江民族丛刊》2015年第3期，第112页。

文化审美与现代元素结合，努力寻求少数民族文化保护与发展的平衡点。

8.西北"花儿"

"花儿"是我国西北地区的山歌，主要分布在甘肃、宁夏、青海、新疆等地，是由回、汉、撒拉、东乡、保安、土、藏等民族共同创造的极其辉煌的文化成果。2009年，"花儿"被联合国教科文组织列为世界非物质文化遗产，它是中国民族民间文化艺术的瑰宝，被称为"西北之魂"。[①]西北"花儿"类型丰富，异彩纷呈。李玮先生在《试论花儿分类的历史与现代》一文中，根据共同文化区传唱的类型和分布，将"花儿"分为"河湟花儿""洮岷花儿"两大类。按其传唱的主体可分为汉族、回族、土族以及撒拉族等不同的"花儿"类型。不同民族的"花儿"很多方面表现出惊人的一致性，包括语言、内容、韵律以及演唱"花儿"的禁忌和风俗等，这与民族文化的融合以及汉文化的影响有关。但由于不同民族的历史发展背景和民族性格的差异，各民族在传唱属于本民族的"花儿"时形成了不同的民族文化风格和艺术个性。

（1）回族"花儿"

在所有传唱"花儿"的民族中，最为人所熟知的是回族"花儿"。回族"花儿"具有鲜明的民族特色，从唱词来看，回族"花儿"具有较强的族源性。青海回族"花儿"中唱词部分源于阿拉伯语和波斯语。例如，"'胡大'的拨派应受哩，'赛白卜'（真主的恩赐）要自家做哩……"[②]这首"花儿"中的"胡大""赛白卜"等源自阿拉伯语或波斯语，体现了回族"花儿"唱词的族源特点。虽然回族已经从多语言变为统一使用汉语，但在用汉语演唱"花儿"时，依旧保留着部分先民语言，展现自身的伊斯兰文化特色。从唱法来看，尖音、苍音、尖苍音三种歌唱类型在回族"花

---

① 常洁琨：《甘肃少数民族非物质文化遗产的分类保护研究》，兰州大学博士学位论文，2017。
② 杨静、蒋贞慧：《回族歌谣"花儿"中的民族特色》，《商洛学院学报》2008年第4期，第45页。

儿"中较为经典。这三种类型中，尖音唱法最为普遍。尖音唱法是以假声为主，音频频次高，声带较紧，声音洪亮尖锐。[1] 著名"花儿"研究专家张亚雄先生认为尖音唱法产生的原因是"极适于荒漠高原地带，雪风冰川中间活动的人类高声唱歌，是一种自然的悲鸣，也是一种运动，拼命地高叫，可以增加体温，是抵抗寒气的另一种办法"[2]。回族"花儿"节奏急促，粗犷豪迈，刚劲有力，"花儿"演唱的结尾尾音拖得很长很高，给人一种亢奋激动的感觉，体现回族人开朗的性格。并且这种尖音唱法为人们所认可，通常能够将"花儿"唱得高亢嘹亮的人会被视为杰出的歌手，这成为衡量歌手演唱水平高低的一个重要标准。

20 世纪 40 年代，陈庚亚在《西北视察记》中说："无论居民或行人若在近村唱歌曲，执打柳鞭一百二十下。"[3] 大部分"花儿"是情歌，也就决定了其演唱的场所和对象受到了限制。例如不准在家中或周围唱，禁止在直系亲属或异性亲戚间唱。回族深受伊斯兰文化和中国儒家文化的影响，作为用来传情达意的情歌，"花儿"的演唱语言与传统文化观念有一定的冲突，因此言语禁忌使得回族"花儿"的演唱行为受诸多禁忌限制，这些禁忌表现出受儒家文化影响的回族民族文化价值观念。

（2）土族"花儿"

土族在历史发展进程中融合了蒙古、汉、藏等民族文化元素，因此土族文化是一种兼收并蓄的产物。在这种文化融合过程中，土族创作了"风搅雪"式的"花儿"。将多种民族语言杂糅在一起唱，即风中搅雪。"风搅雪"式的"花儿"主要包括以下几种：一是一句汉语混合一句土族语；二是用土族语语法形式组织汉语词汇（即将汉语动宾式结构变成土语宾动式结构）。[4] 从文化研究的角度来看，土族"花儿"的这种表达方式，

---

① 杨静、蒋贞慧：《回族歌谣"花儿"中的民族特色》，《商洛学院学报》2008 年第 4 期，第 46 页。

② 张亚雄编《花儿集》，中国文联出版公司，1986，第 100 页。

③ 乔建中：《"花儿"曲令的民族属性及其他》，《中国音乐》1986 年第 2 期，第 31 页。

④ 吕霞：《土族花儿的文化特征》，《西北民族研究》2004 年第 3 期，第 165 页。

体现了土族对周边民族包容开放的民族气质，这种文化交流并非建立在原样照搬的教条上，而是通过吸收和再创造的方式，形成了一种重要的文化艺术形态，构成了一个民族文化整体的一部分。

土族人以"花儿"这种艺术形式传情达意时，体现了其独特的审美思维和民族性格。从美学特征上看，土族"花儿"与河湟"花儿"相吻合，因而将其归为河湟"花儿"体系。土族人将周边民族的曲调进行标志性的本族化处理，因此在艺术精神表达和内容构成上形成了独特的风格。土族"花儿"的花儿令曲调多样，题材类型丰富。例如《土族令》《互助令》《黄花儿令》《杨柳姐令》《好花儿令》《梁梁上浪来》《尕连手令》《大通北山令》《门源令》《上山令》等，流行于民和土族地区的《马营令》《啦啦令》《古鄯令》《香水令》《硖门令》《依呀依令》等。土族"花儿"具有浓郁的生活气息，无论是创造手法还是内容和形式都体现了土族人的风俗习惯和宗教信仰。比如"天上的星星明着哩／月影里下雪着哩／尕妹的门上蹲着哩／毡帽里捂脚着哩。"这首"花儿"以含蓄的方式描写了一个痴情男子在风雪夜等待恋人的状态，将土族人对爱情的执着精神通过"花儿"完美地表达演绎出来。[1]"毡帽里捂脚"，表现了青藏高原的寒冷气候，又突出"毡帽"这一土族服饰标识。土族人大多生活在贫瘠的秃山荒岭，气候条件恶劣，这种艰辛的生活环境孕育了土族人的民族精神和性格，也奠定了土族"花儿"艺术创作中悲伤的基调。土族"花儿"在传情达意的过程中，利用本民族生活元素进行独具特色的艺术创作，也就是说，民族特殊的生产、生活方式成为"花儿"创作的文化根源和基础。

土族"花儿"同其他民族一样，遵循着同样的禁忌。由于不能够在家中传唱，田野耕种或者野外放牧便成了"花儿"歌唱的最好时光，于是，民间"花儿会"便在这样的条件下产生。"花儿会"就是一种演唱"花儿"的群众性集会活动。在青海省境内，土族的"花儿会"是最隆重

---

① 吕霞:《土族花儿的文化特征》,《西北民族研究》2004 年第 3 期，第 161 页。

的，主要有老爷山花儿会、五峰山花儿会、丹麻花儿会、扎藏寺花儿会、峡门花儿会等。"花儿会"一般设在山清水秀之地或寺庙林立之处。这些地方自然环境清幽，人文环境肃穆，一般是宗教祭祀活动的重要场地。举行时间在每年的六月初六，这个季节风和日丽，万物欣欣向荣，人们在大好时光里竞相歌唱。"花儿会"与宗教活动融合在一起，使得宗教互动日益世俗化，并借助宗教活动广泛传播，吸引越来越多的人参与到"花儿会"中，随之"花儿会"逐渐呈现规模化和类型化。现在，民间的"花儿会"，不仅是盛大的民族民间文艺演出活动，而且发展成为大规模的物资交流会。

（3）撒拉族"花儿"

"花儿"是对撒拉族、土族、回族等少数民族歌曲中情歌的称呼。在撒拉族，"花儿"也称为"少年"或者是"野曲"，一般指情歌。"野曲"即在户外、野外唱的歌曲。在撒拉族传统中，"花儿"这一类反映男女恋情的歌曲演唱，十分需要注意场合，即父母、同胞兄妹在场时绝对不能演唱；在专门演唱"花儿"的场合（即"花儿会"）中，也要躲避亲属，如果看到同胞兄妹在场，必须马上离去，跑到山林、野外演唱。

"花儿"与同属于撒拉族情歌的以撒拉语演唱的"玉尔"不同，"花儿"是以汉语演唱，有独唱、对唱、合唱等形式；与"玉尔"表达出的悠扬古朴之感不同，"花儿"的音调高亢嘹亮、旋律优美动听、歌声明亮清脆，歌词、歌声中蕴含的感情，或细腻，或深沉。[①]音乐风格同时体现了高雅和质朴两种特色。无论哪一类情歌，其内容主要是表现青年男女之间的爱情，但"花儿"除了展现男女之情外，还表达出一种对反动统治的控诉之情。这是撒拉族"花儿"作为情歌，与其他情歌最显著的区别。

撒拉族"花儿"没有固定的曲调，每位演唱者可以根据自己的演唱风格或个人喜好选择自己的曲调。目前，在撒拉族地区流传的"花儿"曲

---

① 张诨蕤:《撒拉族"玉尔"与"花儿"比较研究》,《民族音乐》2013 年第 2 期, 第 48 页。

令有四十多种，每种曲令风格各异、各有特色；并且，每一种曲令又会因演唱者的风格产生许多不同的变体，以此展现每位演唱者不同的创造力和审美观。不同的演唱者在表演中衍生出的各式各样的曲调，更加丰富了撒拉族"花儿"令。

撒拉族"花儿"的歌词受汉族"花儿"的影响，一般是四句一首或六句一首，结构形式基本固定，与汉族、回族"花儿"的歌词大同小异。[①]每一首的歌词篇幅大体上相同，节奏也一样。每首"花儿"的歌词中，句与句之间具有相对性，使歌曲更富有节奏感，更容易被演唱者掌握和表演。撒拉族"花儿"有长调子和短调子两种。其中长调子主要采用真声和真假声结合的方法演唱，旋律曲折，曲调较为婉转、缠绵、悠长。在歌唱时，人们常将某一具体的事项融入歌词表达情感，作即兴的表演。这些被用作比喻或起兴的事物，并不是随便想到或看到的具体事务，而是在撒拉族长期的发展过程中，具有特定文化意义和象征意义的事物。短调子与长调子相反，曲调平和、流畅，主要以真声演唱，情感表达直接、欢快，节奏鲜明。

撒拉族"花儿"在歌词内容上受汉族、回族"花儿"的影响，在润腔方法和装饰音的使用上，撒拉族"花儿"（少年）较多地吸收了本民族"玉尔"、藏族山歌"拉伊"、藏族酒曲"勒"的演唱习惯。[②]其中对撒拉族"花儿"影响较深的是藏族民歌中独具特色的花腔颤音，即用"喉头颤动产生上方大二度及小三度，或下方大二度及小三度均匀地颤动"[③]。撒拉族将这种唱腔与撒拉语、当地方言相结合，形成了撒拉族"花儿"独有的特色。

撒拉族"花儿"是青藏高原独有的艺术特色，也是撒拉族表达情感、展示民族文化的重要载体，具有极强的民族艺术感染力。撒拉族"花儿"

---

① 张连葵:《撒拉族"玉尔"与"花儿"比较研究》,《民族音乐》2013年第2期,第48页。
② 张连葵:《撒拉族"玉尔"与"花儿"比较研究》,《民族音乐》2013年第2期,第48页。
③ 张连葵:《撒拉族"玉尔"与"花儿"比较研究》,《民族音乐》2013年第2期,第48页。

的曲调、歌词、唱腔等具有鲜明的民族特色，蕴含着撒拉族人民在长期的生产、生活实践中形成的民族文化，是撒拉族宝贵的民族音乐资源，具有极高的民族文化研究价值。

（二）歌舞多姿收获丰——藏羌彝族走廊上的生产性歌舞乐

1. 珞巴族刀舞

珞巴族历史悠久，主要集中在西藏南部地区。珞巴族铁器刀斧的使用，在文献中最早可以追溯到公元7世纪。《卫藏图识》下卷中记载，自公元7世纪，吐蕃王朝开始向珞巴族输入为数极少的铁刀、铁斧等铁器后，在刀耕火种的原始农业耕作上，立即得到了广泛使用，促进了农业发展，提高了征服自然的能力。[①]直到解放前，珞巴族依旧从事刀耕火种的原始生产方式，由于长期在高山密林里，刻木结绳记事、刀耕火种、狩猎采集是他们的主要生计方式。珞巴族男子通常会在身上带着弓箭和长刀，这些是他们在林中打猎和保护自身安全的必备工具。珞巴族人对刀有一种特殊的情感，他们将珞巴长刀视为"生命之刀"。刀舞在人们原始农业耕作的漫长历史中逐渐形成完整规范的一整套艺术表现形式。其舞蹈艺术中也凸显着珞巴族粗犷、勇敢、豪迈的性格特点。

刀舞的舞者全部为男性，没有任何年龄和人数的限制，一般单人、双人和集体表演均可。每当进行民族节庆活动、宗教祭祀或者男子狩猎归来，人们便开始即兴表演。刀舞没有固定的表演场所，无伴奏，活动地点较为自由。动作难度相对简单，每一套舞蹈动作比较单一，主要以半蹲或全蹲姿态为主，动作由"前跳步""蹲转""交叉跳磋步""交叉跳步"四组动作组成。[②]这些动作大多是珞巴族人对农业耕作时动作的夸张演绎。通常一组舞蹈动作要进行四次，出现频率最高的动作是"蹲跳"和"砍

---

① 贺长亮：《珞巴族舞蹈生态研究》，西藏大学硕士学位论文，2014。
② 拉巴卓玛：《米林珞巴族舞蹈概况》，《西藏艺术研究》1996年第2期，第39页。

刀”，在进行动作演绎的同时表演者会齐声发出叫吼声，使得整个舞蹈场景气势威严，表现出珞巴族斗志昂扬、勇猛无畏的精神面貌。表演时舞者身穿用羊皮毛制的长到腹部的黑色坎肩，头戴用竹器编织、熊皮毛压制的"冬被塔贡"帽，肩披用熊皮制成的"林又"，肩背竹制箭筒。这是珞巴男子出征、打猎时的装束。[1]舞者脖子上所佩戴的饰物有玉石项链，或者猎物的牙齿或骨头，饰物越多则显示家庭越富足、地位越尊贵。打猎归来收获的这些兽骨是这些打猎人的勇猛气质和丰功伟绩的见证。而腰部装饰上有兽皮，贝壳镶嵌其中，在莽莽山林繁衍生息的珞巴族人眼中，海洋贝壳是珍贵美丽、圣洁无瑕的，而且在以前还是可以流通的货币。因此，贝壳便成为一种珞巴族服饰的时尚和财富、身份的象征。舞者在身着这些服饰表演刀舞的时候，整体形象刚劲雄健、气势轩昂、威风凛凛，其模仿生产动作的演绎以及服饰配件的穿搭，使传统的珞巴族传统文化伴随着刀舞淋漓尽致地呈现出来，将珞巴族人的勇敢机智、斗志昂扬、不屈不挠的英雄气概和精神传达给观众，让本民族的人和观众们都可通过刀舞的演绎加深对珞巴族文化符号的认知。

2. 土族纳顿舞

纳顿舞因土族的纳顿节得名。纳顿节是土族人民酬神娱神的一种庆祝丰收的仪式。纳顿节并不是具体的某一天，而是一段时间，具体时间以当年庄稼成熟的先后为依据，一般在每年农历七月二十日至九月十五日。因其开始时间为农历七月，故称其为"七月会"。

纳顿是土族最具地方特色和民族特色的祭祀仪式。纳顿祭祀仪式以土族人民评论本年丰收与否、祈求来年丰收为内涵，好似农业生产生活的节点、农耕文化和祭拜知识的汇合。[2]纳顿"其内容包括沐浴、请神、贡

---

① 拉巴卓玛：《米林珞巴族舞蹈概况》，《西藏艺术研究》1996 年第 2 期，第 39 页。
② 文忠祥、范静：《土族"纳顿"舞蹈的文化解读》，《青海民族学院学报》2009 年第 4 期，第66 页。

献祭品、舞蹈娱神、法拉附体、送神、血迹献牲等一系列仪式内容"①。

纳顿作为土族人民举办的一种大规模的民间传统仪式，反映了土族先民根据本地的气候变化，结合农耕生产实践，总结经验将重要的生产时节确定下来，为后世土族人民的生活生产提供便利。同时将生产时节与祭祀活动相结合，构成了土族人民农业生产文化极具特色的内容。纳顿节是土族人民生活中最重要的生产时节，往往只会在丰年举办，以该节展现其一年的收成情况。土族人通过仪式活动，请求"本村保护神"（土族人相信每个土族村落都有自己的保护神）以及三川总神二郎神的庇佑，祈求来年风调雨顺、五谷丰登、人畜兴旺。

纳顿舞蹈是纳顿节庆中的部分内容，以愉悦神灵为目的，可分为三类：会手舞、面具舞和神舞。会手舞是一种集体性舞蹈，参与人数一般为上百人，男女老少皆可参与，但在排列中有差别，"主客队各成一列，对老幼顺序排列，最前面为老人，其后为锣鼓手，再为大旗手，其后为手握色彩缤纷旗帜的中年人及儿童"②。会手舞一般会持续三四个小时，在这一时间段中，老幼的排列顺序会随着鼓点的变换、舞蹈动作的变化而不断地变换。因会手舞参与人数多、持续时间长、舞蹈场面宏大，常常被认为是类似藏族"锅庄"类的一种大型广场舞蹈。

会手舞之后，紧接着便是面具舞。面具，土语称为"面古子"，由村子里专门的匠人制作，制作完成后，需要放在村中的神庙里供奉一天，才可在面具舞表演时使用。面具舞的具体节目一般有"庄稼其""三将""五将""杀虎将"等。不同的节目、不同的剧情，佩戴不同的面具，以通过面具来展现主要人物特征。譬如，"庄稼其"主要讲述的是一位老汉劝说自己的儿子务农的故事，在情节中，先后出现老汉、老汉的妻子、儿子、儿媳四

---

① 李端：《土族"纳顿"民俗活动中的舞蹈研究》，中国艺术研究院硕士学位论文，2006，第9页。
② 文忠祥、范静：《土族"纳顿"舞蹈的文化解读》，《青海民族学院学报》2009年第4期，第66页。

个人物，这个节目中面具的作用是要展现不同年龄、性别的人物特征，让人们通过面具就能对故事中各个人物的性格、身份有一定的认识。而"三将""五将"主要讲述的是三国时期的故事，"三将"讲述的是刘备、关羽、张飞大战吕布的故事，"五将"是讲述曹操、刘备、关羽、张飞、吕布之间的故事。这些都是历史人物，没有人了解他们的真实面貌，因此他们的面具都具有较强的象征性，如鲁莽焦躁的黑脸张飞、阴险狡诈的白脸曹操、赤胆忠心的红脸关公。这与京剧表演中各个角色的脸谱有着异曲同工之处。

神舞是纳顿舞蹈中最后表演的宗教舞蹈，只能由法拉一人表演。法拉作为人神中介，是凡人与神灵沟通的桥梁。法拉表演神舞，以展示对神灵的敬仰和尊重，并为娱神表演结束之后的祭神仪式做准备。

纳顿舞蹈中所有类型舞蹈表演的伴奏乐器只有锣鼓，在表演不同类型的舞蹈时，锣鼓鼓点节奏不同。如在会手舞中，表演队伍的变换以锣鼓鼓点为依据；在表演神舞时，锣鼓手会整齐而猛烈地擂鼓，以营造神圣、肃穆的氛围。

纳顿舞作为土族人民在丰年时的一种庆祝祈愿仪式，在长期的发展过程中，逐渐形成了一套具有规律性、稳定性的程式。首先，在面具舞中，各个面具舞者动作颤动十分明显，重心向下，其舞蹈的表演顺序、动作都有特定的规范，不能随意变动。其次，在纳顿舞中不论哪种类型的舞蹈都存在重复三遍的现象，展现了土族人民对数字"三"的偏爱。并且纳顿舞中体现出显著的仪式性特征，纳顿舞只有在特定的时间、特定的场合中才能展示特定的舞蹈内容和形式。

纳顿舞是土族人民信仰与舞蹈的融合，二者互相助力，在历史的进程中不断地传承和发展。"信仰通过艺术而具象化，艺术通过信仰而提升生命力。"[①] 纳顿舞中传递的"敬天地""以农为本""尊老"等观念，展现

---

① 文忠祥、范静：《土族"纳顿"舞蹈的文化解读》，《青海民族学院学报》2009 年第 4 期，第69 页。

了土族人民长期以来的朴素自然观和社会习俗。纳顿舞中的舞蹈动作、道具等都具有象征意义，表达土族人民追求美好生活的民族心理。

（三）会走路就会跳舞——藏羌彝走廊上的生活性歌舞乐

1. 东乡族宴席曲

东乡族主要分布在甘肃省临夏回族自治州东乡族自治县境内，少数散居在兰州市、广河县、和政县、会宁县和玉门市等地，另外还有少量定居于宁夏、新疆伊犁州等地。[①]东乡族名字的由来是因其居住在甘肃临夏东乡地区。该民族融合当地回、汉、蒙古等族逐渐形成，在漫长的历史发展进程中创造了丰富灿烂的艺术文化，宴席曲就是其最具代表性的生活性歌舞艺术表现形式之一。

东乡族的宴席曲被统称为"家曲"，由于受传统观念和宗教的影响，宴席曲平时不在家中表演，主要是在结婚闹洞房时用来助兴，载歌载舞，具有较强的仪式感，能够让婚礼凸显热闹与隆重，增添喜庆色彩。宴席曲曲调多样化，题材广泛，曲调活泼欢快，或婉转优美。喜闻乐见的宴席曲有《阿丽玛》《阿舅儿》《寡妇大娘》《依秀儿玛秀儿》《尕老汉》《飞凤凰》等，这些都是东乡族婚俗中较为典型的歌舞。[②]东乡族的宴席曲主要表演场合是婚宴，人们将表演宴席曲的地方称为"宴席场"，而表演者被称为"唱把式"或"唱家"。宴席曲的表现形式多种多样，灵活多变。例如，一人单独演唱的形式；对唱的形式更为普遍，两人保持声音高度和唱法基本一致，音调相互协调；合唱是参加宴席的人们一起合唱祝福曲子，但这种方式并不常见；随唱是由两个人带头开场唱第一句，随后由其他人齐唱第二句；问答唱一般在人们喝酒时，主客双方以一问一答的方式互相敬酒和祝福。

---

① 陈艺：《独特的东乡族音乐文化》，《甘肃日报》2014年4月21日，第11版。
② 闫可欣：《东乡族民间歌舞的遗存形式和社会功能》，《黄河之声》2017年第11期，第110页。

宴席曲不用乐器伴奏，主要通过表演者之间眼神沟通和情感表达的声情并茂的方式展现。表演人数没有限制，但一般为双数，在正式和盛大的场合中一般八个人为最佳，俗称为"八大光棍"。东乡族将风俗习惯、人情冷暖、喜怒哀乐以千姿百态的形式融合在宴席曲舞中，使得宴席曲具有浓厚的民族特色。例如，东乡族人见面会以双手在胸前交叉为问好礼仪，而在宴席曲中"唱把式"邀请舞伴的动作便源于这种风俗礼仪。宴席曲主要通过头、臂、手、足四个部位的配合来展现。头部有节奏地摇摆晃动，双臂打拳式挥舞，手掌上下翻动，脚步跑跳反转，蹲跳互换。宴席曲的基本舞蹈动作有"老爷抽刀""燕落平沙""凤凰点头""鹞子翻身""犀牛望月"等。[①] 整套动作自然流畅，协调一致，朴实大方，彰显出挺拔强悍、风趣幽默的民族气质。

东乡族宴席曲受西北民间音乐和蒙古族音乐曲调的影响，在民族长期的发展过程中不断吸收融合汉、藏、土、蒙等民族文化形成了特有的歌舞艺术特色。宴席舞通过舞蹈动作的表现形式以及歌唱组合多样的演绎，以较为朴实、贴近日常生活习俗的方式展现出东乡族人的民族性格和审美情趣，充满着强烈的艺术魅力，成为民族民间艺术的一个重要组成部分。

2. 土族婚礼歌

婚礼歌是土族民族音乐的一大特色形式。土族婚礼同许多少数民族的婚礼相似，都是在一片载歌载舞、欢声笑语里进行，整个婚礼如同一个大型的歌舞表演场景。但土族婚礼又极具本民族特色，整个婚礼仪式过程是土族民俗文化、宗教文化、生活习惯等的集中展示，反映了大量的土族传承而下的文化习俗。

婚礼歌是土族人民在婚礼仪式过程中演唱的歌曲，并依据本民族的民风民俗和宗教信仰，在婚礼中的不同场合演唱，会伴有舞蹈，被认为是

---

① 闫可欣：《东乡族歌舞中"宴席曲"表演样态的考究》，《黄河之声》2016年第22期，第105页。

图 6-5　青海土族艺术舞蹈表演

土族具有代表性的风俗民歌。[1] 土族婚礼歌是由许多相对独立的歌曲，依据其内在联系，以及婚礼的次序而构成的一套相对完整、固定的歌曲组合，如前文提及的赞歌、问答歌、民间舞曲等都是婚礼歌。在土族婚礼歌中，绝大部分是运用土语演唱，但也有小部分使用汉语或者是藏语演唱。土族长期以来与汉族、藏族等民族杂居，各民族之间生产、生活活动有着密切的联系，尤其是宗教信仰的相互影响、各民族之间通婚等，更是加强了各民族之间的联系。因此，土族婚礼歌中有使用汉语或藏语演唱的段落，展示出民族之间共生共存、彼此交融的生活方式。

嫁娶仪式是土族婚礼中最盛大、最热烈、最具民族特色的仪式。从女方"嫁"到男方"娶"，整个仪式过程需用时三天。在这期间，人们可以自由嬉戏，不论行辈之间礼仪。因此，土族民间称之为"三天无大小"。

---

[1]　王金霞：《土族民间音乐》，西北民族大学硕士学位论文，2009，第 11 页。

在土族婚姻中，恋爱是自由的。土族儿女在日常生产生活中，经过相识、相知，彼此之间生出爱恋后，男方家人便会聘请媒人带着礼品（青稞酒、哈达、馍馍等）前往女方家中说亲；若是女方家中同意，则喝掉媒人带来的青稞酒，然后将酒瓶装满青稞交由媒人带回。而后男方便可再请媒人带着布匹、酒等礼物去女方家订亲。随后，男女双方便约定黄道吉日喝媒酒、谈彩礼，并另择送交彩礼的吉日。当彩礼送交后，便可商定举办婚礼仪式的好日子。这与古代汉族的"纳彩、闻名、纳吉、纳征、请期、亲迎"的娶亲之礼极为相似。

在迎娶新人的前两日，媒人会带着男方准备的礼品（土族人称为"麻泽"）送往女方。礼品一般包含猪肉或者羊肉，以及酥油等。到迎亲前一天下半晌，男方会再请两位唱跳俱佳的"纳什信"携带娶亲礼品（也称为"纳什信妥诺"）和新妇骑马时穿的衣裳、饰品等，并牵一只母羊前往女方家中迎娶。在娶亲队伍快到女方家门时，阿姑们会兴高采烈地接过礼物，唱起《纳什信妥诺》，挑剔男方家的礼物；到达女方家门口时，阿姑们便会关上大门，演唱曲调欢快的《唐德格玛》（土族的一种问答歌）。迎亲前一天晚上，"纳什信"与女方家值客及阿姑们唱啊、跳啊，一直到鸡叫头遍迎来了婚礼的主要仪式新娘"改发"，"纳什信"需在闺房门外边唱边跳"改发歌"。"改发"后，紧接着在堂房举行上马仪式，新娘上马预示着新娘即将离开娘家，新娘上马后，"纳什信"便会退至女方家门附近巷道，跳起"安昭舞"、唱起"谢马罗"歌（表达新人辞别家乡父老）；与此同时，新人哭诉表达对父母的不舍与感激其养育之恩。接下来是送亲，当新娘进入男方大门后，就紧接着举行拜天地仪式，而后新婚夫妇向父母长辈行礼。接着便会唱起《西买其瓦目哇》以感谢媒人，随后男女双方便举荐熟悉本民族婚礼的人来宣读婚礼祝词。然后歌手们纵情歌舞，直到日落黄昏。晚间主客饮酒唱歌，营造出祝福、和谐、美满的氛围。

第二天早上，宾主之间互敬"尕迭"（土族特色，用鸡蛋和酒一同翻炒），一边喝酒一边演唱。紧接着，男方家中摆出丰盛的饭菜和酒，款待送亲人员，最后以吃"其子"（即长面条）结束。当送亲人员刚准备就餐时，男方家中值客们便会在大门口唱起《依姐》并手端青稞酒；当送亲人员吃好准备返程时，值客们便会敬上"三杯酒"（祝福回程顺利）并继续唱起《依姐》。至此，婚礼仪式全部结束。

土族婚礼歌贯穿整个婚礼仪式过程，它不仅是一首首独立的歌曲、简单的串联，而且依据婚礼的不同程序，演唱不同的歌曲，表现不同的情绪，营造不同的气氛。土族婚礼歌犹如土族的一本百科全书，反映了土族人民生活、习俗、文化、信仰的方方面面。土族婚礼从开始至结束，无论是迎亲前准备的礼物，还是娶亲全过程中所唱的各首不同的歌曲，抑或是从议亲到完婚的整个过程，一直保持着极强的仪式感。这与土族人民长期以来的生产、生活实践有着密不可分的联系。

3. 凉山彝族蒙莫居兹和朵乐荷舞

凉山彝族在结婚仪式上有一种叫"蒙莫居兹"的舞蹈，唱跳的时候有一定的程式，新娘家派出两个青年男子身着披毡，前后跟随唱跳，边唱边舞，祝福新婚夫妻。之后主客双方各派两名选手上场，一边表演说唱一边跳被称为"阿斯牛牛"的助兴舞，一直跳到半夜或通宵。待鸡鸣时，以男方来接亲的男子为中心，女方这边的青年女子围成一个圆圈，手按在接亲男子的头上，边舞边唱，表示妇女地位的反转，即妇女要当家做主。[①]由于跳舞的时候都要披披毡，所以民间也将这种舞蹈称为披毡舞。披毡在凉山彝族的日常生活中具有十分重要的地位，凉山一带气候阴冷潮湿，披毡作为日常的服饰保暖防潮，在山区狩猎、农耕民族的生活中既是衣服也可以随时变成垫子、被盖等，因此披毡在舞蹈中的出现代表着歌舞与民族生产生活的密切关系。

凉山彝族在节日期间都要唱歌跳舞，朵乐荷舞是凉山彝族地区的一

---

① 利布（彝族）：《凉山彝族民间歌舞述略》，《凉山大学学报》2003年第4期，第177~179页。

种节日舞蹈，彝语中"朵乐"是火的意思，引申为火把，有火把节的含义，"荷"为演唱，朵乐荷的意思就是颂赞歌唱火把的意思，并且是一种仅有女子参与的集体歌舞。同时凉山彝族在举办丧事的时候有很多样的歌舞仪式，如表现古代战争场面的集体迎客舞"迪韦兹"，守灵夜的双人舞蹈"瓦子勒"，守灵时第三个舞蹈是颂扬死者的集体舞"泽格"。有五个以上儿媳或者侄儿媳的、被认为有很高福分的老人去世后，在守灵夜还会表演第四个集体舞，叫作"兹车"，表达对老人的深情怀念，对家属亲友的慰问和祝福。最后在出殡前，还要跳"阿古格"集体舞，唱"阿古啊！阿古啊！"开头，意为给死者灵魂引路，并按照《指路经》里的内容演唱，以指引死者的灵魂回归祖先故土。这些丧事中的歌舞只在老人葬礼中表演，青年丧事忌表演。

（四）众生的狂欢——藏羌彝走廊上的民众娱乐性歌舞乐

1. 藏族的民众娱乐性歌舞乐

囊玛是一种流行于西藏拉萨、日喀则、江孜等地的传统藏族歌舞乐综合艺术，或者被称为"朗玛"，在藏语中意为"内府乐"，因在拉萨布达拉宫内的囊玛岗（即内室）演出而得名。这种歌舞形式源于民间，历史悠久，大约兴起于 17 世纪中叶，是五世达赖从北京受封回到拉萨后，模仿清制在布达拉宫进行歌舞表演的基础上形成的。六世达赖喇嘛仓央嘉措创作了很多囊玛中的爱情歌曲，他创造的一些诗句读起来朗朗上口，韵味无穷，富含哲理，不仅提高了囊玛的艺术水准，同时也起到了很好的引导和推广作用，使得囊玛逐渐风行于贵族阶层，被上流社会所接受。在这个过程中，一名在内地生活过、非常热爱音乐的贵族丹增班久，将扬琴、二胡、笛子、京胡等内地传统乐器引入西藏，使得囊玛乐队的编制壮大起来，音乐也变得更为丰富。囊玛由引子、歌曲和舞曲三部分构成。常见的形式是引子—歌曲、引子—舞曲、引子—歌曲—舞曲。引子的曲调比较固定，以乐器的旋律为主。歌曲的旋律优雅，悠长情深。舞曲奏起时，表演者们用热情的舞蹈动作来代替歌唱。囊玛的舞蹈是从传统舞蹈——堆谐中借鉴变化而来，动作较为简单，多抬脚、甩手、踏步点，但节奏明快、气质典雅华贵。[①] 囊玛源于民间，后入宫廷，随着时代的发展，又回归民间并发展壮大。现在在拉萨的大街小巷，有很多集囊玛艺术表演和酒吧文化于一体的娱乐场所，称为"朗玛厅"。在朗玛厅中，顾客可以边喝酒边欣赏囊玛歌舞乐的表演，整个表演过程虽没有过去那么程序谨严，但是仍然有音乐、歌曲、舞蹈的交叉表演，当然为适应现代人休闲娱乐的需求，所表演的音乐歌曲都在保留了一定传统风格的基础上，融汇了很多流行时尚元素，演唱以现代曲风改造过的藏族歌曲为多。在舞蹈的环节，加入了互动的内容，观众可以自己走上舞台和着音乐跳舞，当地藏族的年轻人也很喜欢这样的娱乐形式，在跳舞环节会很主动地上台跳舞，并且自然成为领舞，其他民族的游客、观众只要跟随他们跳就可以，所以在这个环节不需要专业表演者来组织，基本上每一段舞曲响起时，观众们就很积极地参与其中。应该说囊玛这种传统艺术形式的发展，一定程度上体现了民族文化在现代社会中变迁的必然性和良性走向，任何珍贵艺术的传承和发扬光大都需要依靠人类群体这个载体，囊玛根据时代的步伐，适度地与现代人的生活方式相结合，因此可以得到较好的传播和弘扬。

堆谐是一种民间歌舞，"堆"是地名，指雅鲁藏布江流域从日喀则以西至阿里整个地区。"谐"在藏语中意指"歌唱"。堆谐最初是人们在丰收以后进行庆祝的舞蹈，后来逐渐传入拉萨、日喀则、江孜等地，随后便诞生了职业艺人。堆谐在适应本土文化的过程中逐渐演变成"拉萨踢踏舞"，对囊玛的形成产生了影响。堆谐音乐分为"降谐"和"觉谐"两种曲调，"降谐"悠长委婉，歌唱为主，舞蹈为辅，"觉谐"旋律轻快欢悦，主要通

---

① 赵丹宁:《民族艺术的瑰宝——藏族民间歌舞巡礼》,《西藏研究》2013年第4期，第107~111页。

过舞蹈动作来表达。舞蹈时，舞者们腿部做着藏族舞蹈最具特色的颤膝，脚上踢踏出明快的节奏，抑扬顿挫、轻重缓急、收放自如。不同于现代流行踢踏舞，堆谐具有鲜明的藏族特色，尤其体现在乐曲的强拍或前半拍抬起脚、弱拍或后半拍时踢踏打点，膝部松弛。堆谐最初只用扎木聂（一种六弦的弹拨乐器）伴奏，后来发展成为小型乐队，加入了铁胡、竹笛、串铃等乐器。①

锅庄舞也是藏族的一种民间歌舞，一般在重大节庆或者宴席上表演。传播于所有藏族聚居的地区。锅庄舞的伴奏乐器主要是扎木聂。跳锅庄时唱的内容大多是赞扬佛法的乐曲和男女间的互相慰问。根据史料记载和藏学家推测，锅庄舞可以回溯到 7 世纪前，最初与西藏奴隶社会时期的盟誓有关，后来逐渐演变为与歌舞结合、载歌载舞的圆圈歌舞形式。锅庄舞的类型多样，有体现日常生产生活的"羊毛锅庄"，用于婚宴的"吉庆锅庄"，还有模仿动物的"兔子锅庄"，模仿醉汉神态的"醉酒锅庄"，等等，都是对藏民族生产生活的符号化展示。清代周霭联《西藏记游》中说"男女数人或数十人，携手围绕，顿足歌笑，每歌一句，则曲踊三四以为节"，生动地描述了藏族跳锅庄舞的情状。流行于甘肃南部藏族居住区的锅庄舞与西藏的相比又有自己的特色。甘南藏族居住区的锅庄舞舞蹈动作幅度更大，踏跳运转自如，独具特色。每当年节庆典或者朋友聚会的时候，人们都会跳锅庄。此外，甘南地区的藏民，逢年过节就会举行"千人锅庄"的活动。那时，各地乡镇的万余藏民会聚集于此，盛装出席，一起踏地为节、挥袖旋转，非常壮观。

学者认为，锅庄舞是藏族歌舞中最具原生态的祝颂性的歌舞，词曲风格多运用鲁体格律，汇集了祝颂、叙事、抒情等内容。云南迪庆藏族学者勒敖汪堆认为"锅庄是一种图腾歌舞，带有原始宗教的属性"，解释了锅

---

① 赵丹宁：《民族艺术的瑰宝——藏族民间歌舞巡礼》，《西藏研究》2013 年第 4 期，第 107~111 页。

图 6-6　锅庄舞

庄最初的由来。按迪庆藏族居住区不成文的说法，认为锅庄起源于古代先民祭祀的舞蹈，是人们围着神龛和屋内的中柱，或者某一处奉为灶神的神舍点固定为祭拜的对象、加以供祭时跳的舞。[①] 锅庄舞的舞步和特殊的舞蹈动作，可以体现藏民的精神和情感寄托，以及对宗教信仰的虔诚和炙热。

　　弦子舞是以古老的锅庄形式为基础，并随着社会的发展，人们的传统观念与现代意识相融合，以满足或实现纯娱乐需求为目的，而逐渐发展起来的舞蹈，它是满足文化社会间实现多方面交流的产物。经考证，弦子舞的最早发源地位于澜沧江和金沙江两岸的德钦、巴塘等藏族地区。相较于锅庄、热巴等舞蹈，在迪庆藏族地区盛行的弦子舞，其蕴含的乐观向上的精神、简单明了且喜形于色的歌舞演出方式，更符合现代人的审美观念，满足现代人的娱乐需求。[②] 藏族的弦子形同二胡，不同的是琴弦用马

---

① 　七林卓玛：《迪庆藏族歌舞内容和形式演变初探》，《民族音乐》2016 年第 3 期，第 49~50 页。
② 　七林卓玛：《迪庆藏族歌舞内容和形式演变初探》，《民族音乐》2016 年第 3 期，第 49~50 页。

尾，琴杆较短。藏族男子钟爱弦子，大多数人能拉奏出优美的弦子曲调。跳弦子也是藏族男子的拿手好戏，一般遇到好事、心中舒畅或者有客人来访、节日等，都要跳弦子。弦子舞一般为群体舞，也有自己拉、自己跳的独舞。群体舞时候，男子数十人边跳边奏乐，相应人数的女子舒袖起舞。藏族弦子舞简洁明快，三步一踢腿，或直进直退。随着弦子的曲调，舞者们时而悠扬高歌，时而缓步踏脚。豁达乐观、悠然自得是藏族弦子舞的基本格调。①

2. 土族安昭舞（安召舞）

安昭舞是土族地区广泛流传的舞蹈之一，主要流行于今天青海省内的土族聚居区。土语"安召"意为"圆圈舞"。安昭舞是土族地区人民为歌颂人丁兴旺、六畜兴旺、粮食丰收，祈愿大吉大利的一种舞蹈，以歌舞诗三者为一体。②2011年，安昭舞被列入国家非物质文化遗产保护项目。

安昭舞是土族人民在长期的生产生活实践过程中，创作的具有土族特色的舞蹈。土族人在胜利、丰收、喜悦之时，围着夜幕下熊熊燃烧的篝火或者是"轮子秋"翩翩起舞。相传在远古时期，土族人居住在一片水草丰美的大草原上，在这片草原上有一名叫王莽的妖怪，常常聚集各方妖怪在草原作恶，致使草原遭受极大损害，危及土族人民生活，官府也拿他们没有办法。一位聪明伶俐的阿姑想到一招绝妙的法子：让土族阿姑们穿上五彩的服饰，手抡发光的铁环，围着妖怪们跳舞，跳着转、转着唱。妖怪们迷醉在美妙的舞姿和悠扬的歌声中，阿姑们趁此时机便使用铁环将妖怪们全都套住，草原恢复了平静，人们过上了安居乐业的日子。此后，土族人民开始一代又一代地学习安昭舞，一代比一代流行。正如土族人民自己所说：可以一天不吃饭，但歌不能一天不唱，安昭舞不能一天不跳。

土族安昭舞是一种歌舞共生的形式，有舞就有歌；其歌曲曲调多样，

---

① 王清华编著《浪漫的云霞——云南民族舞蹈》，云南教育出版社，2000，第127页。
② 王金霞：《土族民间音乐》，西北民族大学硕士学位论文，2009，第28页。

但其舞蹈在演出时历来不用乐器伴奏，常以领唱和合唱方式举行。因为土族长期以来跳安昭舞时就没有伴奏，并且土族中也没有单纯的舞曲帮舞蹈伴奏。同时，土族歌曲的词和曲调极为契合，歌词无论是诗歌形式还是散文形式，无论是用汉语、藏语还是土语演唱都极具韵律感，替代了乐器伴奏。安昭舞的唱词，有的歌颂自然山水，有的讲述劳动技能知识和地理知识，有的颂扬传统礼仪道德，等等。

安昭舞按舞蹈作用来讲，源起于生活习俗、宗教礼仪，也可以愉悦身心、进行社会交往等，还可以在婚礼、寿宴等场合跳，因此其娱乐的作用也十分突出。在跳舞时，众人会拉成一个圈，由其中一个或两个人领唱，其余的人则唱衬句并跳舞。安昭舞舞蹈基本动作有踏步、跳跃、转圈、下蹲、旋转，动作简单，极易学习和传播。在土族聚居地，每当节庆、婚礼、寿宴、庆祝丰收等场合，人们都可以围着轮子秋、在自家院子或者是广场跳安昭舞，以歌颂、祝愿幸福安康、大吉大利。土族人民在跳起安昭舞时，往往身着盛装，其饰品（头戴狐皮帽、插花礼帽等，胸佩由玛瑙、松石等制作的链珠和手工盘绣太阳花等多种图案的线褡）、服装（不同式样的花袖服、坎肩）都极具民族特色。

在跳安昭舞时，没有主客、尊卑之分，无论男女老少都可以参与，人越多，场面越宏大，越是吸引人跃跃欲试。不同年龄、不同职业、不同地域的人一起跳舞，可以随心所欲想跳多久就跳多久。它极强的包容性，增强了它的传播力。安昭舞是一种集体性舞蹈，强调的是所有跳舞的人共同感受、共同参与，营造一种欢快愉悦和谐的团体氛围，有助于强化本民族群体的凝聚力，促进不同民族群体间的文化交流和认同。

安昭舞是土族人民日常生活中不可或缺的部分，是土族人民对美好生活向往的一种祈福仪式，是土族人民之间情感、文化交流的重要渠道，是不同地区土族人民展示自身文化的重要平台，也是展现土族人民自身的文化观、教育观、自然观等价值观念的主要方式。

3. 羌族萨朗舞

萨朗舞主要流传于现四川境内的阿坝羌族自治县，是一种集体舞蹈。在羌族中有一句谚语："沙朗不歇，羌歌不断，月亮不落，星星不睡。"由此可见，萨朗舞在羌族十分受欢迎，受到羌族人民的认可。在羌族的传统节日、聚会、丰收时会跳萨郎舞庆祝，以表达愉悦欢快的心情；现今萨朗舞已经逐渐发展成为阿坝藏族羌族自治州的一种群众性体育健身活动。"萨朗舞可谓是集民俗、舞乐、艺术和体育于一体的民俗艺术奇葩。"①

羌族萨朗舞是娱乐性很强的舞蹈。跳萨朗舞时，对人数没有限制，男女老少以火塘或场院为中心围成一圈，手拉手，沿逆时针方向尽情歌舞。羌族"萨朗"与藏族的锅庄舞十分相似，但在细微之处略有不同。比如，藏族锅庄跳舞时是顺时针方向边歌边舞，而羌族的萨朗舞蹈是逆时针方向边歌边舞。究其本源，羌族"萨朗"是在藏族"锅庄"的影响之下形成的，因此有人将羌族"萨朗"称为羌族"锅庄"。但在羌族历史的发展进程中，在强调羌民族意识的文化背景下，藏族"锅庄"蕴含的藏族文化逐渐被剥离，而与羌族文化融合。在不同的场合跳不同类型，羌族萨朗舞可分为喜事、丧事、一般三种形式，形成了富有特色的羌族"锅庄"。

羌族萨朗舞起源于何时，没有具体的资料能够证实，羌族内流传着许多关于萨朗舞起源的民间故事。如《蒙格西送火》故事中，有关于羌族先民围着火跳舞的叙述：很久以前，一位羌族小伙子然碧瓦，在经历了重重磨难后，从他的父亲（天神）蒙格西处取得了点火的方法，即通过石头相互摩擦、撞击产生火星，点燃干燥的树枝或干草，由此便产生了世界上的第一堆火，羌族先民们兴奋地围着火堆翩翩起舞、唱歌……因此，多数羌族人便以此作为萨朗舞的源头。尽管这些民间故事描述的内容不一定真实，但反映出羌族人民对火的热爱，对舞蹈的热爱，对大自然的敬畏，说

---

① 刘少英、李祥：《羌族萨朗舞的演变》，《体育文化导刊》2014年第2期，第167页。

明萨朗舞起源于对火的崇拜。

现今羌族地区的民间萨朗舞蹈具有很强的自娱性、非限制性。非限制性包含三个方面内容。一是对跳萨朗舞的场地没有限制，可以在室内，也可在室外；可在现代化的广场，也可在山间田野中。二是年龄、性别不设限制，某些民族的舞蹈对性别年龄有限制。羌族萨朗舞没有这一限制，男女老少皆可参与跳舞。三是跳舞时长不设限制。跳舞时，舞者舞步怎么跳、转圈多少、舞蹈多久没有限定。

而今，萨朗舞已成为羌族人民表达情感诉求、提升审美能力、满足精神需求的重要文化事象，是羌族人民生产生活中的重要内容。萨朗舞中蕴含的丰富的文化内涵和多元的社会价值，使其与羌族的生产生活习俗、服饰、宗教、娱乐等文化表现形态，共同构建成羌族的民族精神。[1]

4.云南彝族的娱乐性歌舞乐

——打歌和左脚舞

打歌是对传统的彝族圆圈式集体歌舞的统称，是在所有的彝族聚居区都有的一种民众歌舞形式。在火把节期间人们会围绕着熊熊燃烧的大火堆手牵手或者肩并肩，以共同的节奏摆动手身、踢跳，形成圆环状移动，边移动边舞蹈，同时有三弦、锣鼓等的伴奏或者歌唱。圆圈式集体舞蹈，并非彝族的专利，在许多民族歌舞发展的历史中，都可以找到这种形式，甚至在世界各地的原始先民所创的记录人类生活生产的崖画、壁画等上面，都可以找到圆圈舞的痕迹。族群成员围绕着图腾以圆圈形式跳舞歌唱，是原始信仰崇拜的重要祭祀形式，是一种将人类集体意志向信仰崇拜的自然神传达的必要仪式，也是强化群体内部成员之间联系和凝聚力的有效形式。随着社会生产力的不断发展，传统社会中用祭神乐舞向神灵献祭祈愿的内涵逐渐淡化，但是圆圈舞"圆满、团圆、凝聚"的形式感仍然在

---

① 谢艺：《羌族萨朗舞蹈形态分析》，《艺海》2013年第1期，第118页。

图 6-7　彝族舞蹈

民众中具有极好的认同度，圆圈舞中成员间彼此形成面对面交流的舞蹈格局，也使得圆圈舞富于参与度。发展到今天，彝族的打歌不仅仅是围绕着篝火跳，在田间地头、村落空间、城市广场，人们可以在任何空间和业余休闲时间聚合在一起打跳，圆圈的形式也根据打歌的场地有所变化，可以是队列、方阵等各种多样的格局，游客、非本民族的群众都可以自然地融入打歌中，感受民族歌舞乐的韵味和文化内涵。

　　发源于云南牟定县的左脚舞，是彝族打歌中的一种特别形式，左脚舞流行于云南滇中楚雄彝族自治州周边的彝族聚居区内，是有文字记载的具有一千年历史的古老舞蹈形式。[1] 关于左脚舞的来源，主要有两种说法：

---

① 石裕祖：《云南民族舞蹈史》，云南大学出版社，2006。

一是彝族祖先惩治恶龙将其填于怪池①，二是为怀念彝族英雄李文学②。"左脚舞"的名称来源于《定远县志》记载："左脚舞先出左脚。"其主要的舞蹈动作集中在脚部的踏、搓、踩、抬、踢，以及小腿偏、转、跳等，手臂的摆动、腰身的弯折等都配合着抬腿踢腿的节律变化，可随着不同的曲调旋律和节奏即兴随意转换舞步。左脚舞的伴奏乐器主要是月琴和小二胡，同时跳舞的男女都用假嗓唱着"啰哩啰哩啰"的歌声与舞步配合。左脚舞的队形以逆时针的圆圈环绕及两个直排或者横排为主。舞蹈时人们手拉手、肩靠肩或者搭肩搂腰，跳舞时身体随节奏上下起伏，女性舞姿优雅抒情、男性动作粗犷奔放，形成阴阳互补、和谐统一的舞蹈格局，这也是左脚舞独有的特征。历史记载中的左脚舞主要在每年农历三月二十八日云南楚雄彝族自治州牟定县的地方物资交流集贸节庆"三月会"中出现，至今三月会和左脚舞仍然在相应区域中传承流行，不过左脚舞已经逐渐成为普及大众的娱乐健身性舞蹈，在平时的休闲时间，当地的彝族群体也会唱跳左脚舞。同时左脚舞作为历史悠久的彝族舞蹈，具有突出的民族文化和地方文化标识的作用，于2008年被列入第二批国家级非物质文化遗产名录。

——跳弦与烟盒舞

跳弦在有的地方又被称为跳乐，因在舞蹈的时候以弦乐伴奏而得名。发源于云南建水县和石屏县一带、流行于整个滇南地区的烟盒舞，是彝族跳弦类舞蹈中最具代表性的舞蹈之一。彝语将烟盒舞称为"龙苁""则比"，是以烟盒作为舞具和伴奏乐器的舞蹈，它源于两千多年前彝族先民拍手击节、联袂团旋、踏歌而舞的原始形态，历经朝代更迭，到明末清

---

① 传说很久以前，世间有一条恶龙，兴风作浪，造成洪水危害。两位彝族青年阿里和阿罗勇敢地站出来，前去制服恶龙。彝家人民在阿里和阿罗的带领下，一齐向恶龙开战，恶龙见势不妙，赶紧逃回龙潭。人们抓住时机，把事先烧红的栗炭往潭里倒，倒满后又抬石头、挖泥土，把龙潭填平。还怕夯压不紧恶龙翻身，就在上面燃起篝火，边唱边跳边跺脚，三天三夜恶龙终于死了。为了庆祝胜利，彝家人用恶龙的头、皮、骨、筋制成月琴，聚到一起跳脚弹琴，口唱左脚调"阿里罗"以示纪念。《左脚舞》，易门新闻网，http://ym.yuxinews.com/mswh/14811.shtml。
② 石裕祖：《云南民族舞蹈史》，云南大学出版社，2006。

初的时候，烟草传入云南，作为装烟草的竹木器皿，圆形一开两半的烟盒也被运用在了舞蹈中。①烟盒舞之所以具有代表性和珍贵的历史文化价值，是由于现代的烟盒舞中包含了从原始雏形的"三步弦""一步半""两步半"到数百人载歌载舞的"正弦""六穿花"，以及有人物情节、高难技巧的小舞剧《猴子掰苞谷》《哑巴砍柴》，并有双人舞、三人舞、四人舞、集体舞等多样的舞蹈艺术样式、风格和形态。民间艺人中流传着烟盒舞有"七十二套"和"一百零八套"的传说。民间艺人习惯把烟盒舞分为两类："正弦"（母弦）和"杂弦"（子弦）。学者在尊重民间艺人习惯的前提下，对烟盒舞的套路进行了更为细致的分类，分为正弦36套；杂弦41套，其中包括劳作生活舞、游戏舞；爱情舞41套；仿生舞27套，其中最为熟悉的是在《云南映象》等舞台表演中出现的"鸽子度食""苍蝇搓脚"等套路。烟盒舞产生发展至今，不断地根据新的社会生活和精神需求创新出新颖的样式和跳法，在新时期彝族群众结合烟盒舞的不同组合方式与具体情况，将其分为"新杂弦"和"旧杂弦"。烟盒舞从发端到现在，一直保持着娱乐性、大众性的特点，深入地结合在彝族民众的日常生活之中，因此与打歌一样得到广泛的传播，甚至在与彝族相邻而居的滇中、滇南汉族、白族和其他民族中也得到了传扬，并且不断融合着多元的民族和地方文化特色，包容性和开放性为烟盒舞源源不断的创新提供了广阔的空间。烟盒舞不仅将彝族厚重的历史文化和民族风情记录下来并承载至今，还成为现代滇南地区民族和地域的重要文化品牌。

——大三弦与阿细跳月

与很多其他少数民族一样，彝族的歌舞乐往往是整合在一起同时出现的，彝族乐器中非常重要且出现频率特别高的是弦乐，在左脚舞、烟盒舞等歌舞唱跳的时候，多用三弦、月琴等弦乐器伴奏。而三弦在彝族的歌舞乐中出现的场合更加多样，并且根据使用的需要出现了不同的形制，最

① 李永惠：《彝族烟盒舞的活态传承》，《四川戏剧》2014年第9期，第137~141页。

图 6-8　彝族阿细跳月

为惹眼的是大三弦，其琴身长一般在 130~140 厘米间；而特制的特大三弦，其琴身长在 180~200 厘米间。彝族人一般在打歌、烟盒舞伴奏时使用小三弦，云南石林、弥勒等一些地区的彝族，在唱歌跳舞的时候则会身背大三弦，边演奏边跳舞，大三弦在这样的歌舞中既是乐器也是道具，由于琴身巨大，身背大三弦跳舞会体现出较强的技巧性和力量之美，由此烘托出歌舞独特的魅力。

在滇南以弥勒为中心的一带聚居的一些彝族群落将自己称为阿细人，作为彝族的一个支系，阿细人传承着彝族特色的三弦乐舞，并且因这种乐舞唱跳一般是在晚上月明之时开始跳到月落而得名"阿细跳月",彝语中称为"嘎斯",意为"欢乐跳"。据说跳月是阿细青年男女社交恋爱的方式,因此避开村里的老人,在村落相对开阔的地方、选择晚上的时间举行,男子身背大三弦或者吹笛子、女子拍手,以集体的形式有进有退、有来有往地欢舞。当然在传统节日期间,如彝族火把节的时候,跳月必然参与到全民狂欢中,月亮升起来的时候,大家围绕着场地中间的篝火,数百个大三弦奏响,成百上千的舞者参与到其中。滇中地区石林的彝族支系撒尼人也以大三弦为伴奏跳月,因此也有人将这种以大三弦为主要伴奏、多在月夜奏跳的形式统称为"阿细跳月"。① 石林因为拥有世界自然遗产,旅游业发展迅速,跳月不仅作为彝族群众向游客展示自己特色文化的形象符号,也为来自世界的游客提供了亲自参与、体验彝族文化的文化产品和服务,获得世界各地人们的热爱,吸引了很多游客关注并参与到石林撒尼人文化传承创新体验中。如我国著名民族音乐家彭修文先生曾依据此舞蹈的旋律,创作了著名的民族管弦乐《阿细跳月》。

随着时代的发展,阿细跳月这种民间舞蹈形式也结合着社会变迁中人们新的需求发生了变化,传统以青年社交为主题的舞蹈现在为适应大众生活需要和文化传播,发展出了老年舞。老年舞缓慢轻松,相较于青年舞来说少了激烈,含蓄内敛,由于其需要的技巧相对简单、动作强度不大,因此参与度较高,无论哪个地方和民族的人都可以参与其中,青年舞则激烈张扬、热火朝天,观赏性更强。

——花鼓舞

从烟盒舞中看到彝族民间歌舞能将其他地域和民族文化的东西融合于自身文化的包容开放的特性,流行于滇中地区彝族聚居区的花鼓舞(以新中国第一个彝族自治县峨山县最为聚集),则将彝族文化海纳百川的气质充分体现出来。"者波必"是彝族人对花鼓舞的称呼。资料显示,花鼓

① 王清华编著《浪漫的云霞——云南民族舞蹈》,云南教育出版社,2000,第124~126页。

图 6-9　花鼓舞

舞在云南的历史可以追溯到明清时代。从其发展看，花鼓舞在峨山彝族地区的传承与发展已有上百年。早期，花鼓舞是一种在葬礼上跳的舞蹈，多用于祭祀活动，因此仪式性极强，程序、规矩十分严格，无论是唱词、说词还是舞蹈动作、跳法，都是如此。比如并非对所有去世的人其葬礼上都能跳花鼓舞，仅包括那些 50 岁以上且为正常去世的老人方可以花鼓舞为其送别、安葬。

以往，花鼓舞总是唱跳相伴、交替而行，在跳完一段后，由跳转唱，并以鼓槌敲打鼓边沿伴奏，直至唱完后方可再跳。花鼓舞的伴奏以打击乐器为主且十分简单，包括腰鼓、大鼓、铙钹等，此外再无其他伴奏。跳花鼓舞时，由五位青年男子斜跨腰鼓，一边击鼓一边跳舞；而其中一位青年男子为领舞者，他不背鼓而是手握"龙头"短杖（由木雕龙头、箐鸡尾翎和各色绸布条扎制而成）舞蹈。除此之外，所有舞者须用右手击鼓、左手甩毛巾，并按照节拍和领舞者的"龙头"指挥，完成踢、踏、跳、蹲、翻、旋、转、跃的动作。花鼓舞中的舞蹈动作、跳法复杂多样，具有鲜明风格。[①] 峨山县富良棚和塔甸一带流传着花鼓舞源起的传说。据说古时候有个能歌善舞的姑娘在洗瓦罐的时候，偶然用手拍打了罐口，瓦罐发出咚咚的声音，这启发姑娘以空心树干两端蒙上羊皮制成了鼓，从此后彝族有了自己的鼓，并跳起了花鼓舞。为了怀念发明并制作花鼓的人，彝族人民制作了写有"感花鼓娘娘之神位"字样的牌位，在每次跳起花鼓舞时必须进行杀鸡献祭的仪式，祈求保佑跳花鼓舞的人不会受伤。过去各村要成立花鼓队的时候都要"立社"，献祭花鼓娘娘的仪式在立社中必不可少。[②] 这个传说使得花鼓舞在峨山彝族文化渊源中占据了源头和重要的地位，但实际上花鼓舞明显是从其他民族甚至是中原地区借取来又融合了彝族"跳乐"等民间歌舞形式在传承中不断创新形成的，过去花鼓舞唱词中有"听唱凤阳鼓"的词句，透露了花鼓舞与中原汉族的花鼓灯、花鼓戏等可能存在的渊源和影响关系。

5. 拉祜族芦笙舞

拉祜族歌舞乐是生活的艺术化再现，源远流长，内容题材丰富多彩，具有独特的韵味和生命活力，在漫长的历史发展中形成独有风格，自成体系。拉祜族的民歌大多数来源于本民族生活的真实场景，主要类型有山歌、想念歌、儿歌和习俗歌等多种类型。在歌唱时多以传统乐器芦笙、响蔑、小三弦等作为伴奏。拉祜族民歌语言简单质朴，通俗易懂，易于传唱，内容多涉及本民族的风俗和情感，集中体现拉祜族的历史、生活方式、世界观、习俗禁忌以及民族精神和气质。值得一提的是基督教在19世纪末传入云南澜沧江地区，赞美诗演唱使拉祜族受到了西方的音乐风格

---

① 王佳:《传统民族民间艺术：乡村文化产业发展的核心资源——对云南峨山县彝族花鼓舞的考察》,《民族艺术研究》2009 年第 3 期, 第 41~47 页。

② 聂滨、张洪宾主编《花鼓舞彝山——解读峨山彝族花鼓舞》, 云南大学出版社, 2007, 第 14 页。

影响，吉他成为拉祜族很多人擅长的乐器，因此，拉祜族的民歌与西方音乐融合，表现出一种独特的音乐氛围和民族音乐个性。

拉祜族民间舞蹈具有广泛的群众基础，集宗教、娱乐、艺术和礼仪为一体，每种舞蹈都具有丰富的文化内涵。从题材类型上分为生产生活、模仿动物和祭祀礼仪三种类型，从功能上可以分为娱乐性、表演性和祭祀性三种，从形式上分为摆舞、跳歌和芦笙舞三种类型。拉祜族舞蹈多为集体舞，围圈流动，男女老少人人参加，欢聚在一起载歌载舞，通宵达旦，表现了拉祜族人聚合、团结的精神。拉祜族舞蹈主要来源于日常生产生活，从动物崇拜的生动模仿到对农耕生产方式的展现，从情景再现到情感的抒发，例如芦笙舞中模仿动物习性的"青蛙舞""老鹰舞""狮子舞""黄鼠狼舞"，跳歌中展现生活情景的"编篱笆"，等等。这些表现了拉祜族人对现实生活的记录，对过去的回顾和对未来美好生活的展望。

芦笙舞是拉祜族舞蹈中最具代表性的民间舞种之一，拉祜语称"诺美嘎阁"，"诺"译为"葫芦笙"，具有感应、召唤的意思，"美"译为吹奏，"嘎阁"则是众人一起跳舞欢腾，"诺美嘎阁"即是吹着葫芦笙、跳着舞蹈的意思。[①] 拉祜族的芦笙舞以芦笙乐作为伴奏，动作幅度较大，以走步、迈步、踏步和整个身体的仰、俯、摆等重要舞蹈动作为特征。拉祜族的芦笙舞或是其他一些民间舞蹈或多或少都会体现自然崇拜的内容，而也正是舞蹈所带有的信仰色彩把这些自然形态的舞蹈动作规范化，逐渐形成相对稳定的组合套路，这种舞蹈形式的模式化使得拉祜族群体对舞蹈所要表达的意义形成民族共识，也正是模式化，才使得这些舞蹈形式可以被模仿并传承下来。从文化背景来看，芦笙舞是群体智慧的结晶，这种模式化的艺术表现形式，使人的个性融于民俗传统的文化场域中。在历史发展的漫漫长河中，拉祜族经历了流离失所、动荡不安的战争时期，基于这一历史背景，民间舞蹈表现出人人参与、团结集聚的特点。除了拉祜族传统的信仰

---

① 王翠玲：《纳雍苗族芦笙舞"滚山珠"的文化研究》，贵州民族大学硕士学位论文，2012。

和文化观念赋予了芦笙舞灵魂之外，芦笙舞更具有一种民族认同的号召力和凝聚力，在维护民族团结方面发挥重要的作用。

二、藏羌彝走廊上民族歌舞乐的特征

（一）且歌且舞且乐——"三体合一"的艺术形式

随着时代的发展，人类的社会分工越来越具体，艺术形态的分类也越来越精细。在现代艺术中，歌唱、舞蹈和器乐既可以在戏剧形式或者影视等综合艺术中相互配合、共同呈现，也可以分别独立成为舞台上的一种艺术。而藏羌彝走廊上的民族歌舞乐，在更多的时候仍然以"且歌且舞且乐"三体合一的形式呈现。民族歌舞乐的三体合一与戏剧同现代综合艺术中歌舞乐相互配合的形式是明显不同的。在戏剧和现代综合艺术中歌舞乐是一种相互配合、映衬的关系，比如专门的乐团演奏出音乐为歌舞剧中的歌唱或者舞蹈伴奏，是不同的专门艺术家群体之间的合作，他们以一个内容主旨为方向，以不同的艺术语汇相互映衬配合着突出主题，而将这些艺术语汇单独剥离出来，也可以作为独立的作品来欣赏和传播。民族歌舞乐中的"三体合一"，在表演过程中不仅呈现为歌者舞者和器乐演奏者的相互配合，同时也体现为歌者、舞者、乐者是同一个群体，同一群人既唱又舞同时也演奏器乐，在这样的一种呈现方式中，艺术语汇之间保持着更为密切的关系，较少如纯粹艺术一样地精细化、独立化。当下我们看到的传承传播于民间的民族歌舞乐形式，其实是一种处于过渡期的艺术形式。所有人类的艺术形式最初都发源于人们适应生存环境的需要，在漫长的历史发展中与生活融为一体，在人类文明发展到一定程度的时候，随着分工的具体化抽离成为纯粹艺术。而大多数的民族歌舞乐正处于仍然与生产生活有着密切关系，但也可以作为表演艺术展示和传播的时期，表现出过渡时期的特质。

　　"三体合一"特点，与民族歌舞乐的传承主体是群体有必然关系。纯粹艺术从人们的日常生活中分离出去之后，艺术家、文化精英等成为艺术的创造者，其个人对于世界的认知和情感通过个性化的艺术语汇得以表达。而民族歌舞乐则以集体的形式得以创造和传承，在诸多的民族歌舞乐中，最具有代表性的都是集体舞蹈的形式。藏族的锅庄舞，彝族的弦子舞、左脚舞等，都是以集体同歌、同舞、同乐的形式呈现，作为表演者的歌舞乐者们，没有像纯粹艺术家一样以艺术创作为职业，而是都从事着民族群体赖以生存的农事或者其他生计活动。这些歌舞乐者，在日常生活中承担着多重的身份角色，在歌舞乐表演中大多是"全能"。我们可以看到在民族歌舞乐的集体表演中，会有适当地分工，比如在藏族锅庄舞中由一名弹弦子的男士作为领舞，边唱边弹边带领舞队按照一定的方向和节奏做

图 6-10　彝族磨皮鼓舞

出舞蹈动作，女士的舞蹈动作与男士的可能有所不同，但是他们都沉浸在以歌舞乐为形式的"我者"文化的完整系统和氛围中。大多数的歌舞乐者能够熟练掌握其民族歌舞乐的旋律、步伐、肢体动作等歌舞乐语汇。

（二）源于神性、融于生命——歌舞乐就是生存方式

很多学者对民族歌舞乐的起源进行了考察，大部分观点认为和原始先民对自然界的初始认知和信仰有着密切的关系。人类在对自然界的不断认知和适应中成长，在技术手段尚未能解答风雨雷电以及人生老病死等自然现象的时候，对于超自然力量的信仰在人们的生活中占据了主要地位。人们模仿现实生活在脑海中创造了男女诸神，或者相信万物有灵，相信离世的亲人灵魂还能存在以庇护后人，在信仰过程中，人们以歌舞乐的形式将脑海中的神灵世界演绎成为现实可见的形象，或者通过歌舞乐向超自然力量传达信息，以达成超自然力量和人的沟通。以虎为图腾的楚雄双柏县彝族，每年在特定的节日演绎老虎笙舞，要由几个青年男子披着扎有耳朵、尾巴的麻袋充作虎皮，身体、四肢模仿老虎画上彩色的条纹，通过特有的动作、遵循既定的仪式跳舞，表达对图腾的忠诚，向神灵祈求丰收吉庆、请神灵护佑族群繁衍生息。傣族的孔雀舞模仿的是傣族生活环境中常常出现的动物，孔雀因其美丽、会飞，被视为具有神力，被作为人神相通的使者加以崇拜和模仿。无论是模仿动物图腾，还是人们根据生产生活的场景创造出特别的歌舞形式，如彝族的左脚舞、藏族的锅庄舞等，人们聚集在一起载歌载舞在最初都是为了歌颂、取悦超自然力量，向超自然力量传达人类的期盼、愿望。

载歌载舞娱神的过程，也是同一族群的人们参加集体仪式的过程，歌舞自身的元素，如旋律、肢体动作、唱词等，自然而然、潜移默化地渗透人心，共同的歌舞不仅作为集体记忆成为族群的文化标记和共同情感的旨归，也必然地发挥着审美、娱人娱己、互相之间传递信息的作用。人们

在婚丧嫁娶、建新房上房梁、打猎、播种收获、喝酒吃饭、谈情说爱时，都要载歌载舞，歌舞本身已经成为诸多少数民族群体生产生活的一部分，因此"会说话就会唱歌，会走路就会跳舞"，歌舞乐诞生于人们向超自然力量祈祷和传递信息过程中，为的是生存和繁衍；歌舞乐繁盛于人们彰显自己的力量、凝聚集体的荣耀，目的也是更好地生产生活，传统社会中的歌舞乐从诞生到繁茂，是一种完全融于生命的生存方式。

三、我者的文化密符——传统社会关系的认知和建构

歌舞乐是文化的外显形态，由于其旋律唱词可听可闻、肢体动作可见可学，因此成为最容易被识别也最能够引起共鸣的文化符号之一。而歌舞乐的创造，本身就是文化持有者，即"我者"与自然、社会调试的过程，歌舞乐语汇的形成和组合呈现，遵循着"我者"特有的编码系统，体现着"我者"群体熟悉的社会关系。《梅葛》是流传在云南楚雄彝族自治州大姚、姚安等地区的彝族创世史诗，"梅葛"是彝语的音译，原意为"讲述过去的故事"，同时"梅葛"也是彝族民间的一种调子，用这种调子来传唱创世史诗，形成了《梅葛》现在呈现给世人的形态。创世史诗的内容讲述的是该地区彝族人开天辟地、迁徙发展的历史，讲述了他们的生产生活、知识经验、风俗习惯等包罗万象的内容。姚安县马游是"梅葛"的发源地，该村的国家非遗传承人郭氏老太太演唱的时候介绍，"梅葛"有老年人的、中年人的、青年人的，还有小孩子唱的，老人演唱了老年人、中年人和小孩子的"梅葛"，但是笑着说"青年人的梅葛"她不好意思唱了，意味青年人的"梅葛"中多是谈情说爱的内容。从郭氏老人的演唱中，或可听出略微沉重和悠远的韵味，稳重坚强的情致或欢快活泼的调子，但如果不是她介绍这些旋律分别属于老年人、中年人和小孩子，作为其他民族的"他者"是没有办法了解这其中的玄妙之处的，而老年人、中年人和小孩子都不能唱"青年人"所专属的那些谈情说爱的调子，体现

了歌舞乐在传统社会中呈现的严格规律性，因为它与身份、年龄、性别和地位相匹配。在大多数少数民族的葬礼中，歌舞乐是必需的仪式，而通过葬礼上歌舞乐演绎的内容、形式、参与人数、规模等，往往可见逝者生前的身份地位。过去，云南峨山彝族花鼓舞作为葬礼专用舞蹈，只有在年满五十岁以上正常死亡的长者葬礼中才能演绎，而来自本村、亲朋好友村落的花鼓队越多，说明逝者生前的身份地位越高、人缘越好。在宗教祭祀性仪式上，歌舞乐的指挥和带头人也基本是德高望重的神职人员，如景颇族目瑙纵歌队伍的带头人是瑙双，由四名巫师组成。民族歌舞乐的表演程序和规则中体现了少数民族多层的社会关系。

四、藏羌彝走廊上民族歌舞乐的现代走向

（一）歌声飞出山窝窝——走出传统社会边界的民族歌舞乐

高速发展的交通、信息传播和科学技术将现代化进程推展到世界的每个区域，甚至是原本地处高山深谷、偏远边缘地带的民族地区，藏羌彝走廊上的众多少数民族的生产生活也不得不受到现代化带来的影响，发生了明显不同于传统社会的急剧变化。传统社会中的民族歌舞乐，由文化持有者创造、演绎、传承和更新，其创造者、表演者和观众都是文化持有者群体本身，民族歌舞乐作为文化持有者群体内部凝结团体的符号系统、信息传递的有效载体、生产生活的必要仪式，与其他的文化形态同样受到不同族群间、不同地域间社会边界的保护。社会边界是不同文化系统之间形成的无形壁垒，即不同文化系统中的人对于异文化形态不了解不理解、差异文化各自为政形成的隔离状态。这种边界会随着交通条件、信息传播技术和生产生活方式的改变而被打破。进入现代社会之后，大量的人群在不同地域间流动，很多族群的传统农耕生计方式为现代农业、劳务输出和服务业所取代，使得其传统文化所处的社会边界被迅速瓦解。传统的民族文

化如歌舞乐等，随着旅游消费市场的兴起，作为最直观、最能迅速转化为文化消费品的文化符号，从田间地头被搬上城市舞台、从仪式习俗转化为旅游消费品，异文化群体成为民族歌舞乐的观众，甚至参与其再创作和演绎，传统民族歌舞乐在现代社会中，已经不仅仅是"我者"文化系统中的专属符号，在很大程度上走出了传统社会的边界，已经成为"他我共生"的文化形态了。

（二）被展示的歌舞乐——从生活方式转向文化展演

传统社会中，民族歌舞乐作为生存方式融于文化持有群体生产生活的方方面面，吃饭喝酒、婚丧嫁娶、建房搬家、谈情说爱、播种收获无时不歌、无处不舞，歌舞乐就是生活的有机部分，歌舞乐与传统社会民族群体生产生活几乎难分彼此。传统社会中，歌舞乐在宗教祭祀中扮演着极其重要的角色，实际上歌舞乐本身就是祭祀活动中必需的仪程。歌舞乐的演绎必须遵循一整套的仪式程序，并且不同的歌舞乐在既定的场合、时间表演，必须按照禁忌和规则来，是不能够随意更改的。云南峨山彝族的花鼓舞，原本是专用于葬礼的舞蹈，对于表演者的性别、人数和表演套路的先后顺序有着明确的规定。五名青壮年男性为一队，发挥指挥作用的"龙头"领舞者只有一名，在进入逝者家中、起棺、送上山、埋棺等不同的场所跳的动作套路都有不同，而且按照规矩先跳哪个动作、后跳哪个动作都是不能错的。由于葬礼有诸多禁忌，所以女性是不被允许参与表演的。但是进入现代社会之后，民族歌舞乐作为文化符号向不同文化群体进行展演的功能大大提升，花鼓舞也被推广到葬礼以外的各种场合，逢年过节、结婚盖新房，甚至店铺开业、过生日、考学等都可以表演花鼓舞。花鼓舞的动作套路也摈弃了严格的程序规则可以随意拆解搭配，根据表演时候的场地大小，表演的人数也不再限定为五人，演员的性别、年龄都不再受制约，为了舞蹈的规模效果，原本一名指挥者"龙头"也可能变成好多名。

从这些种种变化来看，进入现代社会的民族歌舞乐文化展演的作用更加明显，好看、热闹、烘托氛围、彰显民族文化特色，是民族歌舞乐更为重要的作用。从生产生活本身到文化展演，大多数从传统社会进入现代社会的民族歌舞乐，都发生了这样的变化。

（三）大家一起来跳舞——在传承中创新发展

传统社会中，民族歌舞乐作为一种具体的文化形态，其创造、演绎、传承和创新都由民族群体自身完成。进入现代社会之后，不同文化之间交流碰撞大大加剧，文化系统的社会边界被瓦解，人们相互之间要欣赏文化多样性、了解理解甚至认同文化差异性的存在。而从欣赏、了解、理解到认同的过程，不可避免地带有人的主观性，因此现代社会中民族文化的传承和再创造，很难像传统社会一样由单一主体来实现，多元的文化主体不可避免地会参与到民族文化的发展中。进入现代社会的民族歌舞乐，被艺术家汲取精华重新包装设计搬上文化消费的舞台成为文化产品、文化商品，被用于发展旅游业中一项有代表性的旅游消费品在旅游景区进行展演，并成为本民族和异文化群体的游客们共同狂欢的交互式文化体验活动。为适应现代社会人们的审美趋向和文化传播方式，满足文化消费的诉求，民族歌舞乐不断地进行调适，艺术家、文化投资商、游客、文化学者等都不可避免地参与到民族歌舞乐的传承和创新发展中。"大家一起来跳舞"，是传统民族歌舞进入现代社会之后主要的生存状态。

第七章

从创世神话到英雄史诗

——藏羌彝走廊上的文学

藏羌彝走廊上的文学包罗万象，异彩纷呈，是中国传统文化的有机组成部分。习近平总书记指出："中华文明经历了 5000 多年的历史变迁，但始终一脉相承，积淀着中华民族最深层的精神追求，代表着中华民族独特的精神标识，为中华民族生生不息、发展壮大提供了丰厚滋养。中华文明是中国大地上产生的文明，也是同其他文明不断交流互鉴而形成的文明。"[①] 文学作为文明的重要内容，一直被视为一个国家和民族文化传统的根脉。长期以来，人们重点关注以汉字为主要载体的文学样式，对藏羌彝地区少数民族的文学研究不够深入，对这些地区口头传承的民间文学认识不足。藏羌彝走廊民族众多，地域辽阔，文化间的交往十分频繁，自然地理气候独特典型，生产生活方式多种多样，在此基础上产生了丰厚的文学宝藏，是今天藏羌彝走廊上极为珍贵的文化资源。随着非物质文化遗产保护和中华大国学体系的建立，藏羌彝走廊上的文学应当受到越来越多的重视，其文学价值、审美特征、历史内涵应当对接现代社会，成为中华民族重要的整体文化资源，焕发出璀璨光芒，为促进社会和谐稳定发展起到积极作用。

一、藏羌彝走廊文学的内容

藏羌彝走廊文学历史上长期以自发状态散落在民间社会、民族上层知识分子和宗教文化当中，这些民族文学很长一段时间以来都处于主流文化的边缘，被作为整个少数民族文化的日常生活来看待。20 世纪初叶，随着杨堃、林耀华、杨成志、江应樑、姚荷生等早期人类学、民族学家先后进入西南地区从事田野调查工作，藏羌彝走廊文学的迷人面纱才逐渐被揭开。20 世纪 50 年代，在政府的大力支持下，以民族平等观念和民族文化整理保护为基础，开展了最大规模的全国少数民族文化普查活动，这

① 《习近平在联合国教科文组织总部的演讲》，新华网，http://www.xinhuanet.com/world/2014-03/28/c_119982831_2.htm，最后检索时间：2021 年 8 月 26 日。

一时期对藏羌彝走廊的民族文学做了系统的收集、整理、翻译工作，很多少数民族的口头文学作品受到极大重视，被全面纳入国家文化工程进行收集、整理、翻译、出版，为保留少数民族文化做出了突出贡献。直到今天，这项工作仍然没有间断。我们熟知的《格萨尔王传》《姜戈大战》《目瑙斋瓦》《阿诗玛》《召树屯》《哈尼阿培聪坡坡》《巴塔麻嘎捧尚罗》《阿细的先基》《勒俄特依》《查姆》《梅葛》《创世纪》《黑白战争》等藏羌彝走廊地区少数民族文学的精品，都是在这期间陆续得到系统整理后翻译成汉语出版并多次再版，得到了广泛传播和大量关注，产生了巨大影响。随着社会经济不断发展，藏羌彝走廊文学也受到现代文化和外来文化的冲击，很多民间口头文学面临消亡的窘境。20 世纪 90 年代在国内开展的非物质文化遗产保护，触角敏感地关注到民族民间文学的非物质文化遗产特质，积极进行民间文学的口头性在地化保护，将重要的口承民族民间文学纳入国家级、省级、县市级非物质文化遗产保护名录，对民间传承工作实

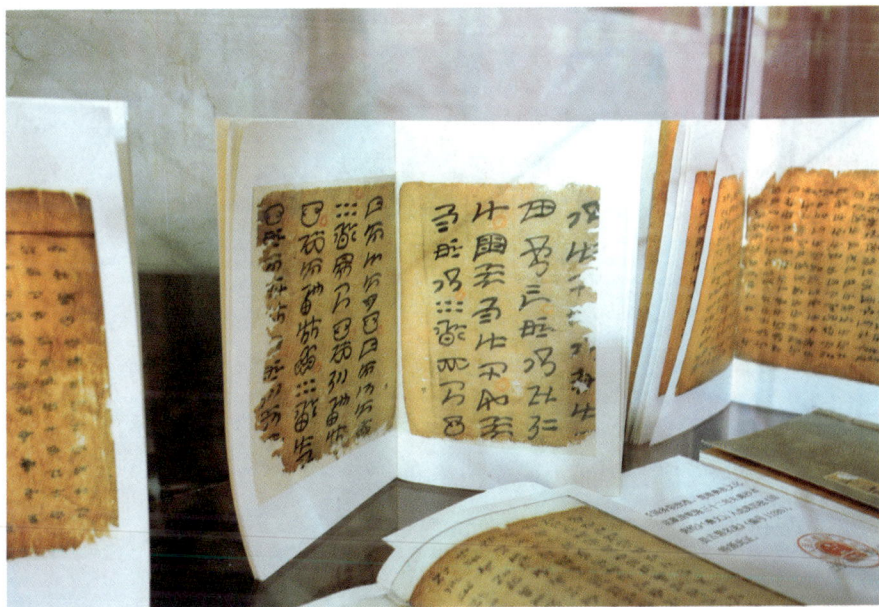

图 7-1　经文典籍中的文学——彝族《查姆》

行抢救性保护、资金扶持、传承人培养等系列措施，再一次掀起了保护民族民间文学的高潮。经过长期坚持不懈地努力挖掘、整理、保护，藏羌彝走廊文学成果丰硕，内容广博深厚，成为人们传承民族文化、开展民族研究、搭建民族沟通桥梁和促进特色民族文化产业发展的重要文化资源。现就民族学家、人类学家、文学艺术工作者长期工作成果和国家级非物质文化遗产代表名录中民族文学相关方面的内容，对藏羌彝走廊民族文学的经典做简单梳理。

1. 远古的时候没有人——藏羌彝走廊文学的创世神话

创世神话在藏羌彝走廊文学作品中占据非常重要的地位，这些创世神话阐释了各个少数民族如何看待世界起源和民族自身起源，规范了自己民族与周边族群的关系，在少数民族心目中具有坚信不疑的神圣地位，是民族文化的精髓，也是民族文学的精品。

珞巴族始祖传说《阿巴达尼的传说》。珞巴族主要分布在西藏自治区米林县、墨脱县和察隅县等地，总人口两千八百余人。其中米林县的珞巴族人口达一千六百余人。米林县博嘎尔部落的传说认为：天父和地母结合后，生子金东，金东又生子东日，东日生两子日尼、日洛，即阿巴达尼和阿巴达洛。阿巴达尼即为珞巴族祖先，阿巴达洛为藏族祖先。阿巴达尼与太阳的女儿冬尼海依成婚，繁衍了许多个部落和飞禽走兽、虫、家禽、风魔、青蛙、苍蝇、竹女、岩女等，并形成了以动物、竹子和岩石为图腾的氏族。经历过频繁的氏族部落战争后，推动了部落联盟的形成与巩固。[1]关于种子的起源和刀耕火种生产方式下的农业文明、部落迁徙等方面的内容，在传说中都有描述。珞巴族没有自己的文字，关于本民族的传说、历史故事等只能靠口头传诵，代代相传。其中以歌颂珞巴族祖先的勤劳美德、优良传统、社会功绩等一系列故事最具代表性，逐渐形成了流传至今

---

[1] 中国非物质文化遗产网，http://www.ihchina.cn/55/51166.html。

的珞巴族始祖传说《阿巴达尼的传说》。根据目前搜集的资料，具有典型意义的阿巴达尼的传说就有十个左右，是在博嘎尔部落中流传最广、影响最大的神话系列。

纳西族创世史诗《创世纪》。主要流传在云南西北部纳西族聚居区，是纳西族创世神话最为著名的作品。《创世纪》分为"开天辟地""洪水翻天""天上烽火""迁徙人间"四个部分，共有"茫茫远古，初辟天地，野牛撞天，耳辟天地，人类诞生，触怒天神，洪水滔天，利恩余生，初遇白鹤，东神造人，白鹤仙女，天上险境，十度交锋，天地美缘，天神诅咒，迁徙人间，击败凶神，定居创业，遣使探秘，山高水长"二十个章节，中心内容是突出人类的代表从忍利恩在困难面前不屈不挠，顽强地与天神抗争、与恶神抗争、与洪祸抗争，最终化险为夷，重建家园的英雄形象，赞扬了他英勇、果断、智慧、坚毅的美好品格。开天辟地，并不是家喻户晓的盘古开天辟地，而是九个兄弟去开天，七个姊妹去辟地。天和地开辟出来以后，他们发现开出的天像是要塌下来，倒悬着；辟出的地，像是要陷裂。乐观的九兄弟和七姐妹像工匠一样对天地进行修补，用不同的五根柱子撑起了天，又用黄金铺平了地。又如描述洪水翻天，利恩兄妹匹配招致了洪祸，从忍利恩藏身于牦牛皮革囊，用九条铁链将皮囊分别拴在杉树、柏树、岩石上，洪水过后只剩下孑然一身的从忍利恩得以幸存。《创世纪》表现了纳西族先民朴素的宇宙观，对自然

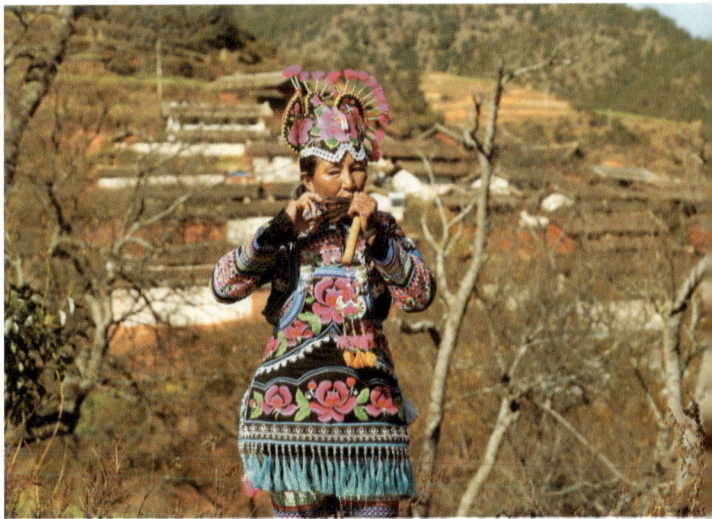

图 7-2　歌舞中的文学——彝族艺人演唱《梅葛》

的敬畏，对苦难不屈不挠，对生活勤劳向上的美好品格。

彝族创世史诗《梅葛》。起源于云南省楚雄彝族自治州姚安县。彝族民间歌曲大多用"梅葛调"演唱，这种彝语曲调总称为"梅葛"，创世史诗《梅葛》正是取名于此。在长期口耳相传、沿袭演唱的过程中，形成了一部千百年来流传于楚雄州彝族聚居山寨、有影响的彝族历史叙事长诗。目前口传的彝族创世史诗长达五千七百七十余行，分为"创世""造物""婚事和恋歌""丧葬"四个部分。《梅葛》勾画了彝族古代发展历史、彝族先民生产劳动和社会生活的轮廓，展示了古代彝族先民的恋爱、婚事、丧葬、怀亲等风俗，具有重要的民俗学、文学研究价值。①

彝族创世史诗《阿细的先基》。又名《阿细人的歌》，是彝族支系阿细人的一部宏伟史诗，流传于云南省弥勒县西山地区阿细人聚居地。由于长诗是由艺人用阿细语创作并演唱，散落于民间，所以长期不被外界所知闻。20世纪40年代，经诗人光未然、语言学家袁家骅先后搜集整理出版，才得以广为外界所知。诗篇全文约计2000行，由"引子""最古的时候""男女说合成一家""尾声"四部分组成。内容包括阿细人的神话传说（天地万物的起源、自然现象的成因等）、男女爱情与婚姻（"男女说合成一家"）以及早期的民族生活（人类早期的艰苦生活和所经受的磨难）与阿细人的风俗习惯。《阿细的先基》是阿细人的"根谱"，体现了阿细人探寻自然、认识自然的执着、勇武与睿智，折射出朴素的唯物主义。由于很大篇幅以男女情爱为主线，描述了阿细人对纯真爱情、美好事物的热烈追求与憧憬，对现实社会的各种见解，故而在阿细人村落里，男女青年常在耕作之暇互相对唱，成为求偶的手段。《阿细的先基》的起源年代无考，有学者认为其发端于原始社会时期，在封建社会时期逐渐成形，涉及内容广泛、生动、形象，为研究阿细人的历史、文化、经济、哲学、宗教、伦理道德、审美观念等提供了珍贵的资料和独特的视角，具有多学科的研究价值。

---

① 中国非物质文化遗产网，http://www.ihchina.cn/5/5_1.html。

　　彝族创世史诗《查姆》。广泛流传于云南省双柏县大麦地镇、安龙堡乡等彝族纳苏支系聚居区。"查姆"在彝语中为"大"和"起源"之意，一般意译为"万物的起源"。据彝族《毕摩经》记载，彝文古籍《查姆》共有一百二十查（"查"是彝族人民记录天地事物的起源），分为《吾查》和《迈查》上下两部。上部内容包括开天辟地、洪水泛滥、人类起源、万物起源等；下部内容包括天文地理、占卜历算、生产技术、诗歌文学等，描述历史悠久，内容繁多，是一部名副其实的彝族百科全书，彝族人称之为"根谱"。《查姆》以神话传说的方式记叙了在人类漫长的进化过程中，彝族祖先经历的艰难困苦事件，以此警醒、教育、启示后代。《查姆》由通晓彝文典籍的毕摩（彝族祭司）用彝文记录在书笺上进行传承，其结构庞杂、神话色彩浓厚。《查姆》在关于人类社会的内容里讲述了"洪水淹天"之前的三个时代：独眼时代、长眼时代、横眼时代，展现了族人从蒙昧到开化的历程，并且提出了猴子变人的朴素观点，为研究彝族社会发展史和民族形成史提供了较高的价值。

　　阿昌族创世神话《遮帕麻和遮咪麻》。主要流传在云南省德宏傣族景颇族自治州梁河县阿昌族聚居区，它是一部长篇诗体创世神话，以唱诗和口头白话的形式流传至今。在半个世纪以前，家喻户晓的遮帕麻和遮咪麻的故事，阿昌族的男女老少都会用阿昌古语口头讲述。遮帕麻和遮咪麻的传说，唱诗和白话故事内容大体上相似，讲述了阿昌族始祖遮帕麻和遮咪麻造天织地、创造人类、抗旱治水、智斗妖魔而使人们得以繁衍生息，过上平稳生活的过程。[①] 在阿昌族人心目中最崇拜的至尊善神便是遮帕麻和遮咪麻。《遮帕麻和遮咪麻》作为一部叙述创世的长诗，同时也形象地反映了人类从母权制向父权制过渡的状况。《遮帕麻和遮咪麻》深受阿昌族人民喜爱，被称为"我们民族的歌"，同时也是阿昌族文学作品发展过程中的一座丰碑。

---

① 　中国非物质文化遗产网，http://www.ihchina.cn/5/5_1.html。

拉祜族创世史诗《牡帕密帕》。流传在云南省普洱市澜沧拉祜族自治县境内，《牡帕密帕》是一部长篇诗体创世神话。"牡帕密帕"是拉祜语音译，意为"开天辟地"。《牡帕密帕》讲述了"厄萨"创造了宇宙、自然和人类的过程，以及远古时期人类繁衍、生存、发展的历史内容，是拉祜族民间流传最广、传承悠久历史的口传文学精品。在拉祜族的传统节日、宗教祭祀或农闲时期，由"嘎木科"（会唱诗的人）和"魔巴"（宗教活动主持者）声情并茂地说唱，说唱往往通宵达旦。《牡帕密帕》是拉祜族文化的重要载体，是研究拉祜族历史文化的宝贵资料，更是维系拉祜族精神生活的纽带。

佤族创世神话《司岗里》。流传在云南省临沧市沧源佤族自治县，以及邻近各县市和周边国家的佤族聚居区。"司岗"意为崖洞，"里"是出来，"司岗里"是从岩洞里出来之意。《司岗里》中描写到，在远古的时候，密闭的大山洞里囚禁着人，人出不来，万能的神灵则派遣使者帮助人走出山洞。密封的山洞被小米雀用嘴巴啄开了，负责在山洞咬人的老虎被老鼠引开了，堵住洞口不让人走出去的大树被蜘蛛缠住了，最终人类走出了山洞，到各地安居乐业、生息繁衍。《司岗里》涵盖了神话、传说、故事等诸多佤族民间文学样式，内容涉及天文地理、人文风情等，是研究佤族先民宇宙观、世界观、人生观最为重要的材料。《司岗里》融佤族历史、文化、艺术、宗教等为一体，在研究佤族社会历史发展以及佤族人文道德理念方面具有重要的学术价值。

德昂族创世神话《达古达楞格莱标》。流传于云南省德宏傣族景颇族自治州、保山市隆阳区潞江坝乡和临沧市及缅甸掸邦、佤邦一带。《达古达楞格莱标》是德昂族先民植物崇拜"茶神"的产物，是"集体创作的部落故事"。约14世纪后，德昂族艺人借用傣族文字对其进行了整理、记录，使这一古老的史诗能够同时用傣文抄本和口传的形式流布传承。原傣文抄本长约两千行，由"序歌"、"茶神下凡诞生人类"、"光明与黑暗的斗争"、"战胜洪水和恶势力"、"百花百果的由来与腰箍的来历"及"先祖的诞生和各民族的繁衍"六部分组成。史诗主要讲述德昂民族的诞生与发展，以及德昂人同大自然顽强斗争的艰苦历史，揭示了德昂族悠久的茶文化及其"古老茶农"称谓的历史渊源。《达古达楞格莱标》是德昂族心中的历史，对指导人们行为规范有重要作用，体现着德昂族的民族精神和人文思想，具有历史学、文化学、民俗学和伦理学等诸多方面的研究价值。

2. 从青藏高原一路向南——藏羌彝走廊文学的迁徙记忆

藏羌彝走廊是民族迁徙的走廊，很多民族在他们的历史文化记忆里，都有非常明晰的线索讲述民族祖先从北方的青藏高原一路向南迁徙的故事。经过现代民族学地理学考证，这些民族迁徙诗歌的地名、地域、过程都有很大的可靠性，因而佐证了藏羌彝走廊民族迁徙的历史。此外，很多少数民族在人死亡之后有准确的"指路经""送魂经"，通过丧葬仪式将亡人送回祖先生活的故土或灵魂安葬的地方，也指向藏羌彝走廊的迁徙历程。因为很多迁徙历史与民族英雄、祖先起源、天地崇拜的关系密不可分，所以创世、迁徙、英雄祖先的故事往往囊括在同一部史诗里，只是侧重点有所不同，并不能截然分离。

景颇族史诗《目瑙斋瓦》。据有关专家研究，《目瑙斋瓦》滥觞于原始社会父系氏族时期，是景颇族先民祭祀天神、太阳神的祭词，长 8900 行，分为六章。第一章讲述了天地万物的形成及人类的诞生。第二章讲述了景颇族的创世英雄宁贯瓦率领天下豪杰改造天地，使土壤肥沃、庄稼生长的奋斗过程。第三章讲述大地洪水泛滥。第四章讲述宁贯瓦寻找财富，娶龙女扎圣为妻。第五章讲述景颇族跳"目瑙纵歌"舞的来历。第六章讲述大地上的生活，包括钻木取火、寻找水源、制造生产生活用具、学会穿衣裤、种谷、建房、男婚女嫁等。其中景颇族流传至今的"目瑙纵歌"舞蹈是景颇族全民参与的集体舞蹈，相传其舞蹈线路就是回溯祖先从青藏高原一路向南的迁徙历史，在"目瑙纵歌"舞蹈上吟唱的《目瑙斋瓦》也是对迁徙历史的讲述。史诗是研究景颇族诞生、迁徙、原始宗教起源、婚姻制度演

图 7-3　歌舞中的文学——景颇族瑙双

变、山官制度产生及民族交往的珍贵资料。景颇族的政治、历史、哲学、文学、艺术、习俗、伦理道德等各个领域的内容也被囊括在内，有很高的学术和艺术价值。国内现存的《目瑙斋瓦》创世史诗最早是根据景颇族大经师沙万福口述记录、整理而成的，1975年景颇族学者李向前又收集整理、出版了景颇文本和汉译本。《目瑙斋瓦》是景颇族传统文化的经典，景颇族的各种文化艺术都可以从这里找到它的源头，因此应当加以保护和传承。

哈尼族迁徙史诗《哈尼阿培聪坡坡》。流传在红河两岸的哈尼族迁徙史诗，讲述了哈尼族祖先漫长、曲折的迁徙历史，世世代代口耳相传。《哈尼阿培聪坡坡》全诗长5000余行，由歌头和以下七章组成："远古的虎尼虎那高山""从什虽湖到嘎鲁嘎则""惹罗普楚""好地诺马阿美""色厄作娘""谷哈密查""森林密密的红河两岸"，被称作哈尼族人的"史记"。它以现实主义手法，完整、生动、丰富地记叙了哈尼族祖先在各个历史时期的迁徙情况，并对其迁徙各地的原因、路线、途程、在各个迁居地的社会生活、生产、风习、宗教，以及与毗邻民族的关系等，均做了详细而生动的辑录，是目前发现的较为系统、完整地记载哈尼族历史变迁的长篇史诗。据目前整理发现，它不仅具有文学价值，而且具有重大的历史学、社会学及宗教学价值。①

3. 我们的祖先是英雄——藏羌彝走廊文学的英雄史诗

藏羌彝走廊上几乎每个民族都有自己的民族英雄和英雄祖先，这些英雄祖先带领族群打败妖魔鬼怪，战胜自然灾害，获取生活必需的水源、火种、食物，繁衍种群，与其他部落战争，保护了族人。此外，这些英雄祖先也寄托了人们对理想化人格的追求，他们善良勇猛，眷顾家人，以集体的利益为重，有牺牲精神，是藏羌彝少数民族对完善人格的价值追求体现。

藏族等民族英雄史诗《格萨尔王传》。流传于中国青藏高原上及周边的藏族、蒙古族、土族、裕固族、纳西族、普米族等民族中，是一部由藏族及兄弟民族集体创作的伟大英雄史诗。《格萨尔王传》以格萨尔王为中心人物，围绕他展开故事内容，以口耳相传的形式讲述了古代人间妖魔横行，灾祸连连，民不聊生，格萨尔王降临下界后降妖除魔、扬善抑恶、一生戎马、平息战乱、统一各部，百姓得以休养生息、安居乐业，最后回归天国的英雄业绩。《格萨尔王传》整个故事结构主要分为三个部分：降生、征战、结束，第二部分关于征战的篇幅较大、内容丰富、气势磅礴。据目前统计，收集整理出来的《格萨尔王传》就有120多部，100多万诗行，2000多万字，是世界上规模最大、演唱篇幅最长的史诗。②据著名藏学家王沂暖判断，《格萨尔》有两种本子，一种是分章本，一种是分部本。分章本是把格萨尔王一生大的事迹分为若干章，集中写在一本中。分部本有的是把分章本中的一个情节扩充成首尾完整独立的一部，有的于分章本情节之外，另讲新的情节，独立成部。所有分部本的中心人物都是格萨尔

① 中国非物质文化遗产网，http://www.ihchina.cn/5/5_1.html。
② 王沂暖：《藏族史诗〈格萨尔王传〉》，《中央民族学院学报》1981年第3期，第28页。

图7-4 《格萨尔王传》在民间流传

王，各分部本都是《格萨尔王传》的一个组成部分，综合起来就是《格萨尔王传》的全部。按时间顺序来讲，较为原始的本子或较原始的说唱情节应该是分章本。在藏族文体分类中，分章本和分部本都是诗文合体，也就是说说唱唱体。唱词占的比重比叙说大，唱词有独立的内容，不是叙说的重复。《格萨尔王传》是一部活形态史诗，目前伴随着艺人的吟唱，仍然在不断地创作完善，数量和内容都在不断地增加。伴随着口耳相传，蒙古国、俄罗斯的布里亚特、卡尔梅克地区以及喜马拉雅山以南的印度、巴基斯坦、尼泊尔、不丹等国家和周边地区都流传着格萨尔王的英雄事迹，这种跨文化传播的影响力是异常罕见的。《格萨尔王传》在民族文化传播的过程中有力地促进了各民族相互交流和相互理解，是凝聚民族精神的重要纽带，也是族群文化多样性和多民族民间文化可持续发展的重要见证，为研究藏族地区的生活习俗、宗教信仰、伦理道德等政治、经济、文化各个方面的内容提供了宝贵材料。

　　蒙古族英雄史诗《汗青格勒》。主要流传于青海海西蒙古族藏族自治州蒙古族聚居的地区。"汗青格勒"蒙古语叫"图吉"，由"图吉齐"（说唱艺人）演述，是蒙古族劳动人民创作的口头文学。史诗《汗青格勒》以形象生动的语言讲述了蒙古族英雄汗青格勒通过一系列艰难困苦的斗争，先后降服蟒古斯和凶恶的汗王，从魔窟中解救出受苦受难百姓的故事。史诗通过对英雄人物丰功伟绩的歌颂，表达了蒙古族人民追求和平、自由、平等的崇高理想及坚信正义必将战胜邪恶的美好信念，闪烁着人们追求美好生活的智慧光芒。《汗青格勒》不仅是蒙古族文学作品中的一朵奇葩，具有极高的文学艺术价值，而且对研究古代蒙古族文化提供了很大帮助。

藏族神话《阿尼玛卿》。阿尼玛卿雪山，藏语称"玛卿岗日"，海拔6282 米，冰封雄峙、巍峨险峻、山色壮丽，系昆仑山支脉，位于青海省果洛藏族自治州玛沁县西北部。在藏民心目中，阿尼玛卿雪山是雪域藏区21 座神圣雪山中的一座，是世界九尊神山之一（九位开天辟地造化神之一）。"阿尼玛卿"的字面意思是"祖先大玛神"。阿尼玛卿神话的内容，主要是将山人格化，以英雄的形象出现，为民造福、除恶行善。玛卿山神作为黄河流域的大山神，有着庞大的神灵王国，强大的军事集团，如同世俗的统治者，玛卿山神是这个王国的最高首脑，被称为大王、大首领，他还有王妃、公主、公子及大臣、将军和难以计量的千万兵卒，被藏人称为祖神、战神和保护神的阿尼玛卿掌管着青藏高原东北部人们的生死福祸，所有山神和妖魔鬼怪，保护着人们的安全。据传，阿尼玛卿山神身披铠甲，骁勇善战，所向披靡。日间巡视虚空和人间，行云布雨，施放雷电，或降吉祥，或降灾祸，奖惩人神，监视敌人。阿尼玛卿神话起源相当古老，据《噶当书》《西藏王统记》《敦煌本吐蕃历史文书》记载，从第一代藏王聂赤赞普苯教兴起时，就称阿尼玛卿为"玛念博热"，赋予了神的色彩，也就是说，苯教兴起之日，亦即阿尼玛卿神话传说起源之时。神山沉淀着深厚的藏文化底蕴，具有丰富的文化价值和艺术价值。阿尼玛卿雪山的影响，有赖于其神话传说和宗教崇拜的传播，传遍全国各藏族居住区及澳大利亚、美国、印度、意大利等国家，每年5~9月，世界各地的信仰者从四面八方涌向神山进行朝拜。

羌族英雄史诗《羌戈大战》。流传在四川省阿坝藏族羌族自治州的羌族群众聚居区，史诗记述了一支羌族先民从西北高原南迁的历史进程中，与原住在岷江上游一带的"嘎"人（戈基人）之间的战争，并最终取得胜利，从而定居于此的历史。《羌戈大战》长达六百余行，由"序歌""羊皮鼓的来源""大雪山的来源""羌戈相遇""寻找神牛""羌戈大战""重建家园"7个部分组成。史诗在叙述历史事件和描写战争场面的同时也记述了羌族的民间信仰观念，如在战争中古羌人如何得到天神之助，白石作为古羌人的庇护所和对敌战争中的制胜武器，等等。《羌戈大战》文辞优美，音韵铿锵，包含了大量远古的历史、文化、民俗等信息，具有较高的文学价值和多学科研究价值。《羌戈大战》是羌族"释比"在祭山还愿时演唱的经典之一。"释比"是羌族祭祀活动的主持者，是羌文化的最高传承人。《羌戈大战》通常用古羌语演唱。诗长难于记忆，给它的传承带来了极大的困难，使之面临式微乃至消逝的危险。国家与各级文化相关部门对《羌戈大战》进行了录音、录像和记录。"5·12"汶川特大地震以后，文化部授牌成立了"羌族文化生态保护实验区"，建立传习所，完善保护机制，确保文化传承。

纳西族英雄史诗《黑白之战》。流传在云南西北部、青藏高原南端纳西族聚居区，《黑白之战》纳西语称为"东埃术埃"，意为"东术仇斗"，即东部落和术部落之间的战斗。它主要以散文的形式在民间口头流传，同时也是东巴经记载的诗体文学之一。《黑白之战》的故事主干围绕东部落和术部落之间的争斗展开，起初两个部落为争夺神树早已结下了恩怨，术部落偶然得知东部落有会发光的太阳和月亮，两个部落为争夺太阳和月亮多次交战。东部落誓死捍卫象征光明的日月，不让术部落得逞，术部落几次三番使用诡计试图夺取，几经较量并没有成功。东主的儿子善良的阿璐在与术部落的抗争中不幸牺牲，矛盾激化，东部落奋起反击，一举消灭术部落，太阳和月亮永久地照耀着东部落。史诗的整个故事结构严谨，情节环环相扣，跌宕起伏，一气呵成。《黑白之战》是纳西族东巴文学的代表作，反映了善良的纳西族人民对光明、正义、和平的美好追求，是南方少数民族英雄史诗的典范。

图7-5　纳西族壁画里的故事

4.哥哥像顶帽子，妹妹像朵菌子——藏羌彝走廊文学的爱情故事

藏羌彝走廊文学作品中有很多描写青年男女爱情故事的篇章。通常是有地位差异、身份差异或种族差异的青年男女，因为种种阻碍不能相爱，通过青年人的不懈努力和奋斗，最终化解了神人之间、代辈之间、阶层之间或民族之间的隔阂，终成眷属的故事。这些青年男女的爱情故事不仅讲述了族群的婚姻家庭观念及习俗的形成与制度，也表达了藏羌彝走廊人们对美好爱情和幸福生活的向往。

羌族爱情故事《木姐珠与斗安珠》。流传在四川省阿坝藏族羌族自治州羌族聚居区，是羌族著名的民间叙事长诗，讲述了羌族天神与凡人相恋的故事。很久以前，天神最小的女儿木姐珠喜欢上了人间的斗安珠，善良的斗安珠勤劳、踏实、能干。木姐珠来到人间之后想带斗安珠上天宫，斗安珠便同意和美丽的木姐珠去天宫，但是木姐珠父亲天神反对人神的结合。天神多次刁难斗安珠，要求斗安珠在一天之内砍完99座山上的树，第二天又要求斗安珠在一天之内用火烧光99座山上的树，之后又要求他在几天之内把 99 座山种满玉米。天神提出这些斗安珠不可能完成的任务后，木姐珠想办法请求风神、火神、雨神前来一一帮助斗安珠完成了天神的要求。冲破天神的层层阻碍，木姐珠和斗安珠终于结为夫妻，同返人间。《木姐珠和斗安珠》反映了古代羌族人民的生活面貌，同时也表达了对天命神权的蔑视、反抗包办婚姻的婚姻观念，热情歌颂了对自由恋爱的追求。

纳西族叙事长诗《鲁般鲁饶》。它与《创世纪》《黑白之战》并称纳西族文学作品的"三明珠"。"鲁般鲁饶"是古纳西语的音译，"鲁"原指未婚男青年，也可以泛指男女青年。这里另一个"鲁"是去声字，放牧的意思，"般"为迁徙之意，"饶"是上方（指西方、北方）和高处下来的意思，从字面上理解是游牧的男女青年从高处迁徙下来。《鲁般鲁饶》用纳西族的象形文字记载在东巴经里，通常在祭风的仪式上吟唱，以口耳相传的方式在民间流传。它讲述了一段凄美的爱情故事，口诵心记的方式使得流传在各地的故事内容略有出入，大体上讲述了一群青年认为长寿无意义，不顾父母反对相约殉情。男主朱古羽勒盘因为家人的反对未能按时赴约，女主开美久命金苦苦等待。女主多次让乌鸦给男主捎信，表达心中对他无尽的思念，希望他早日前来与她相聚，男主每一次试图出逃都被家人极力阻挠。男主迟迟未来，女主在一次次等待中逐渐绝望，最终选择了自缢。男主得知女主去世的消息后悲痛欲绝，一对相爱的男女最终阴阳两隔。《鲁般鲁饶》是纳西族东巴文学中殉情文学的代表，同时为研究纳西族的社会、历史、婚姻、祭祀、民族性格等方面提供了丰富的史料。

彝族叙事长诗《阿诗玛》。流传于云南省石林彝族自治县彝族支系撒尼人群众当中，一般在祭祀、劳动、婚嫁、丧葬等不同的场合中传唱，1964 年被改编成电影上映，被全国人民所熟知。《阿诗玛》的故事讲述了主人公美丽聪慧的阿诗玛与憨厚勇敢的男青年阿黑哥相爱，可是族中头人之子阿支也想得到阿诗玛。阿支派媒人花言巧语、威逼利诱阿诗玛，坚毅勇敢的阿诗玛不为所动，阿支开始强取豪夺，掳走了阿诗玛。阿黑哥与阿支家斗智斗勇，救回了阿诗玛。在回家的途中，邪恶的神魔将阿诗玛粘在了崖壁上，阿黑哥使劲浑身力气也没有把阿诗玛救下来，阿诗玛化身成山林里的"石峰"，与山河共存、与日月同辉，把美丽留在了人间。撒尼彝语传唱的《阿诗玛》赞颂了勇敢智慧的阿黑和善良美丽的阿诗玛，反映了撒尼人"断得弯不得"的民族精神。作为极具地方特色和民族特色的文学作品，《阿诗玛》的创作手法为后人所借鉴，也为研究彝族撒尼人的传统文化提供了大量素材。

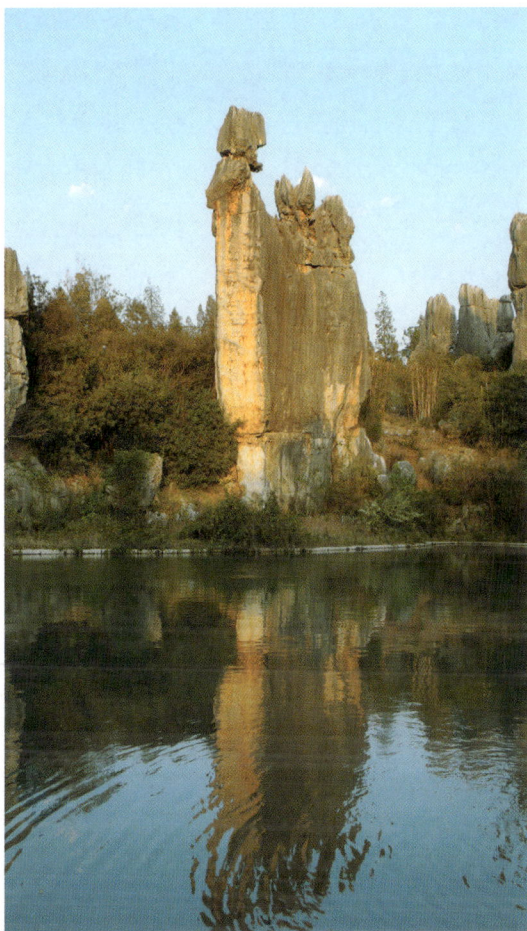

图 7-6　彝族史诗《阿诗玛》

东乡族《米拉尕黑》。东乡族最著名的民间长诗，大约产生于明代，在东乡族民间口耳相传已有五百多年。长诗叙说一位名叫米拉尕黑的青年猎手在结婚前夕与心爱的未婚妻玛芝露分别，为了保家卫国而毅然奔赴前线。18年后米拉尕黑回到家，见未婚妻正被强盗凌逼，他战胜了强盗，与玛芝露一起过上了美好幸福的生活。这部长诗共五百多行，可说可唱，反映了东乡族人民不屈不挠的奋斗精神和向往和平、追求自由幸福生活的美好理想。作为反映东乡族根谱的口传历史教科书，米拉尕黑还充分展示了东乡族民间文学和民间语言的朴素简洁之美，具有很强的艺术魅力。米拉尕黑不仅在东乡族文化史上占有重要的地位，在中国少数民族文学史上也有一席之地。

傣族《召树屯与喃木诺娜》。傣族最著名、最优秀且流传最广泛的爱情赞美诗，在西双版纳傣族地区和东南亚地区广为流传。它历史久远，版本众多，不仅有口头传承的说唱韵文（长诗）和散文体长篇故事，还被民间画师用作佛寺壁画、经画的创作题材，有的地方甚至连湖泊、池塘也以召树屯与喃木诺娜中的"金湖"命名。傣族人民用傣泐文记载、傣泐语吟唱召树屯与喃木诺娜，以傣族独特的艺术手法栩栩如生地塑造了召树屯、喃木诺娜这两个代表傣家人典型性格、寄托傣族人民理想追求的完美形象。《召树屯与喃木诺娜》不仅着力描绘主人公外在的美，更揭示出他们忠于爱情、热爱家乡的高尚品德，歌颂了他们勇敢顽强、坚忍不拔的刚毅精神，集中体现了傣族传统文化的精髓。[①]

图 7-7 《召树屯与喃木诺娜》故事壁画

---

① 中国非物质文化遗产网，http://www.ihchina.cn/5/5_1.html。

　　哈尼族《洛奇洛耶与扎斯扎依》。哈尼族碧约人口传叙事长诗，以吟唱的形式流传于云南省滇南哈尼族聚居地区，主要为普洱市墨江哈尼族自治县、江城哈尼族彝族自治县、宁洱哈尼族彝族自治县及红河州、玉溪市的哈尼族碧约人支系聚居的村寨。长诗中描述的两位青年，洛奇洛耶是英雄智慧的象征，扎斯扎依是美丽纯真的化身，歌颂了哈尼人淳朴、倔强不屈的民族性格。全诗分为"开头的歌""扎斯扎依""洛奇洛耶""赶街相会""秧田对歌""串门求亲""成家立业""领头抗租""不死的魂""结尾的歌"，共10个章节，近两千行。[①]故事的结尾部分，特别是抗租失败后，主人公被砍成肉块、剁成肉酱后依然复活，被铜钉钉在山崖下，淌了七天七夜的血仍然不屈的情节，将哈尼族人民对英雄的特殊爱戴表现得淋漓尽致，充分体现了哈尼族坚强的民族性格。[②]《洛奇洛耶与扎斯扎依》包含了哈尼族生产方式、婚丧嫁娶、宗教信仰、风俗习惯等内容，对人类学、民族学、民俗学研究具有较高的价值；起伏跌宕的故事情节，浪漫而又悲壮，诗情浓郁，同时具有很高的文学价值。在一代代人的吟唱中，不断丰富内容，成为哈尼族优秀的口传文学作品。

5. 翻年的十月来到了——藏羌彝走廊文学的地方性知识

　　藏羌彝走廊各民族的地方性生产生活知识也普遍存在于文学作品中，常常在讲述祖先故事、爱情故事的时候穿插很多生产生活的知识，起到将民族知识潜移默化地传递给下一代的作用，很多与生产知识有关的民间歌谣是藏羌彝走廊沿线各民族千百年来生产生活智慧以及生态知识、生态观念的集成，具有非常重要的价值和意义。

　　哈尼族四季生产调。流传于云南省红河哈尼族彝族自治州红河、元阳、绿春、金平、建水等县的哈尼族聚居区，其起源时间不晚于唐代。作为山区梯田生产技术及其礼仪禁忌的百科大典，哈尼族四季生产调包括引

① 李广学等整理《洛奇洛耶与扎斯扎依》，云南民族出版社，1999，第153页。

② 中国非物质文化遗产网，http://www.ihchina.cn/5/5_1.html。

子、冬季、春季、夏季和秋季五大单元的内容。引子部分强调祖先传承下来的四季生产调对哈尼族生存所具有的意义，其余部分按季节顺序讲述梯田耕作的程序、技术要领，以及与之相应的天文历法知识、自然物候变化规律、节庆祭典知识和人生礼节规范等。四季生产调体系严整，通俗易懂，可诵可唱，语言生动活泼，贴近生产、生活，而且传承历史悠久，具有广泛的群众基础。它不仅是梯田生产技术的全面总结，也是哈尼族社会伦理道德规范的集大成之作。四季生产调见证了哈尼族梯田稻作文明的变迁历程，对人类梯田稻作文明的历史和科学价值的研究具有重要的参考价值。同时，它直白、朴素、幽默风趣的语言表述风格给人以亲切感人的艺术享受和审美体验。无论是过去还是现在，口传心授的四季生产调都在哈尼族社会的生产、生活中起着指导作用。①

6. 细细唱来慢慢讲——藏羌彝走廊文学的民间说唱、传说和故事

藏羌彝走廊上的文学与民间曲艺、戏曲、歌舞等说唱艺术密不可分，尤其是深入人心的一些民间故事、传说、典故，都存在于日常说唱艺术当中并不断流传，是少数民族群众喜闻乐见的文学形式，也是藏羌彝走廊广大群众最重要的文化消费内容。

藏族婚宴十八说。是流传在青海省东部农业区藏族聚居地的一种民间口头文学。它伴随藏族婚俗而形成，具有丰富的民族文化内涵。民间有一种说法——"婚宴进行十八昼夜，婚礼祝词有十八道程序"，即婚宴十八说的真实情况。婚宴十八说始终贯穿于婚礼之中，大多为说唱，都是即兴表演的，一般由十几人分阶段完成，有时需要几天时间。藏族婚宴十八说的具体内容有：祭神、梳辫说、梳子说、哭嫁歌、出路歌、父母的教诫、马说、垫子、土地颂、房屋、茶、酒、婚礼宴说、系腰带、衣服、祝福、嘱托、吉祥。伴随着婚宴十八说，还有丰富多彩的歌舞活动和美味

---

① 中国非物质文化遗产网，http://www.ihchina.cn/5/5_1.html。

佳肴，以及艳丽而华贵的藏族服饰，场面热烈浪漫、庄重华丽。藏族婚宴十八说在历史学、民俗学、民族学、语言文学等方面具有很高的学术研究价值，对丰富我国民族民间文化、提高人民群众的整体素质、促进社会发展具有非常重要的作用。

藏族《康巴拉伊》。藏族古老的口头传统文学，是藏族传统韵文体说唱形式，由 12 部分组成，在康巴及其周边地区广泛流传，是藏族青年男女表达感情的重要形式。藏族青年从相识、相爱到最后终成眷属或分手的整个恋爱过程，都可以通过它来表现。《康巴拉伊》说唱内容经整理分为祭歌、颂歌、引歌、启歌、竞歌、谜语歌、汇歌、恋歌、别离歌、贬歌、咒歌及吉祥祝福歌等 12 卷，每卷由一万首诗歌组成。其内容纷繁，结构紧凑，语言优美，为藏族民间诗歌集大成之作，对研究藏族的历史、宗教信仰、风俗习惯、社会制度等具有一定的学术价值。①

白族大本曲。大理白族大本曲是用汉文记录白族语言的唱本，因有一定人物、情节，所以又称为本子曲。它是大理白族特有的一种古老的民

图 7-8 白族说唱文学

---

① 中国非物质文化遗产网，http://www.ihchina.cn/5/5_1.html。

间曲艺，每逢节日，一人说唱，一人三弦伴奏，其唱词中大理白语、汉语混用，以大理白语为主，汉字白读。剑川白曲是白族大本曲的重要部分，是白族地区流传较广、历史悠久的古老音乐品种。主要流行于剑川、洱源及与剑川接壤的怒江州兰坪县通甸、金顶和丽江的九河等地。在其他地区流传的传统唱本，都由剑川传入。多数有故事情节，但不复杂，以抒情为主。传统作品有《鸿雁带书》《黄氏女对金刚经》等50多部。白族歌谣内容丰富、题材广泛，在白族的文学发展史上，有着十分重要的地位和作用。它是时代和社会的一面镜子，不仅生动地反映了不同时代白族的思想意识、宗教信仰、生产生活、民族风情，而且形象地刻画出白族的形象、心理和性格特征、审美情趣和理想追求等，是白族人民智慧的结晶，堪称白族的百科全书，对白族历史、语言、民俗等的研究都具有极其宝贵的价值。它不仅是白族文学艺术精品和作家艺术家的乳汁，同时也为民族学、人类学、社会学、历史学、考古学、美学等学科提供了珍贵的资料。[1]

图7-9 布朗族弹唱

布朗族弹唱。布朗族弹唱是布朗族人民喜闻乐见的一种民歌形式，主要流行于西双版纳傣族自治州勐海县的布朗山乡、西定乡、打洛镇、勐满镇等布朗族聚居区。它源于布朗族先民的歌唱，是在布朗族民间音乐基础上吸收傣族音乐而形成的。布朗族弹唱有

---

[1] 中国非物质文化遗产网，http://www.ihchina.cn/5/5_1.html。

"索""甚""拽""宰""团曼"五种基本曲调，其中以"索"调最为丰富多彩，它包括五个调子，或欢快跳跃，或舒缓深沉，风格各异。因"索"调使用布朗族传统乐器四弦琴伴奏，故称"布朗族弹唱"。[1]"索"调的"索克里克罗"是谈情说爱的曲调，多用来歌唱热烈的爱情，表达青年男女对未来美好生活的向往。布朗族弹唱一般为男女对唱，男子边唱边弹奏四弦琴，女子则接以对应的词句，唱腔圆润委婉，旋律清甜优美，歌词多反映男女恋慕之情。布朗族弹唱主要用于重大节庆、婚丧嫁娶等场合，演唱涉及本民族迁徙历史、生产知识、祭祀等内容，此外也会唱一些山歌、情歌、劳动生活情景歌和儿歌等。近年来，布朗族弹唱的题材内容有了很大扩展，增添了表现社会进步、新人新事不断涌现的一些内容。其代表作品有《欢乐的布朗》《两朵花儿一样香》《今夜月色多美好》等。

傣族章哈。流传于云南省南部边陲的西双版纳傣族自治州及普洱市江城、孟连、景谷等地傣族村寨，与傣族毗邻而居的布朗族中也有传唱。章哈既是歌手称谓，也是作为曲艺表演形式的曲种名称。章哈的具体演出形式可分为独唱和对唱两种，其中对唱有赛唱的性质。演出因伴奏乐器不同也分为两种形式，一种以傣族拉弦乐器玎伴奏，演唱内容多为山歌、情歌，多倾诉小伙子对姑娘的爱慕之情，称作"哈赛玎"；另一种以单簧吹管乐器筚伴奏，称作"哈塞筚"。章哈的演唱既有即兴演唱，也有程式化的祝福歌、祈祷歌，还有固定本子的叙事长歌等。其曲调与唱词语调联系密切，朗诵性与歌唱性有机结合，具有柔美抒情的特色。章哈在傣族社会生活中有着不可替代的作用，其演出极为广泛，傣族新年、关门节、开门节、祭寨神、赕佛及贺新房、婚嫁礼仪、孩子满月等多种喜庆场合都要请艺人演唱章哈。章哈曲目众多，保存了诸多傣族最原始古老的歌谣、神话和传说。它兴盛时期曾产生过康朗甩、康朗英、波玉温等享誉全国的著名艺人。[2]

---

[1] 中国非物质文化遗产网，http://www.ihchina.cn/5/5_1.html。
[2] 中国非物质文化遗产网，http://www.ihchina.cn/5/5_1.html。

二、藏羌彝走廊文学的特征

藏羌彝走廊上的文学植根于独特的地域文化和民族文化，具有鲜明的民族民间文学特征。藏羌彝走廊上少数民族的创世神话、英雄史诗、迁徙史诗、祖先传说很少因为毁灭性战争、自然灾害、文人教化等原因发生湮灭或整体性的改造迁移，因此保留了古老的神圣叙事状态，是研究人类社会早期思维的重要佐证材料，同时也是少数民族社会历史的重要记忆，对研究民族文化和民族历史有重要的参考价值。藏羌彝走廊上的文学大多以民间口承的形态存在，在民间社会和世俗生活中承担着风俗教化的重要功能，是传承民间社会宗教宇宙时空观念、生产生活知识技能和婚姻家庭道德伦理的重要载体，是具有强大生命力的活的文学。藏羌彝走廊上的文学类型和形态都十分丰富，是少数民族文化多样性的典型代表，也是民间文学充满生机与活力的表现，与此同时，这一区域内的文学又往往呈现出相似或相近的文化价值观和道德伦理趋向，是民族同根、文化同源的佐证，也是藏羌彝走廊民族团结、社会和谐的重要表达。

1. 神圣叙事与民间记忆的历史讲述

中国地域内的神话、史诗、传说、民间故事等民族民间文学灿若繁星，中国西南地区尤其藏羌彝走廊沿线更是其发展的沃土。神话、史诗、传说作为一种精神产品，是人类早期共有的文化现象。在漫长的历史发展进程中，人类逐渐从现实生活中抬起头来，仰望星空，抽离出系统性的想象、意识、思维，开始思考天地万物、宇宙时空、人类起源、人与世界等诸多终极性本源问题。列维·斯特劳斯在《野性的思维》一书中阐释了早期人类思维具有非时间性和非连续性的特点，通过具体性和整体性的方式来把握世界。这样的思维是此后人类社会科学思维和艺术思维的基础。在不同的人类群体中，神话及神话思维产生了不同的发展和分化，在世界各地流传或演变至今，形成了不同样式和传统的神话，对地区和民族的宗教、艺术、文学、习俗、制度等文化事项产生了深刻的影响，成为考察了解地区民族思想、情感、观念的重要载体。中国的神话学研究是在西方神话学研究的基础上和影响下发展起来的。20世纪20年代，伴随着北京大学歌谣研究会的工作和整理国故的思潮，一些学者一方面开始翻译和整理西方神话学理论的流派和论著，一方面借鉴西方的研究范式开始考察和研究中国的上古神话，力图重构早熟或分化了的汉民族神话系统。此后，岑家梧、王孝廉、李子贤、邓启耀等学者先后运用人类学理论、民俗学材料和神话文本相结合的研究方法，将研究视野拓展到中国少数民族尤其是西南诸民族的神话研究中，拓展了中国神话研究的领域及范畴，其成果具有重构中国文化史的重要启示。

藏羌彝走廊上的各个民族在漫长的历史长河中，形成了自己独特的文化系统。这些文化系统往往以神话、史诗、民间传说、习俗、宗教经文、文章典籍的形式存在，既是文学文本，又是文化载体。藏羌彝走廊沿线各民族的文学传统在很大程度上保留了族群童年时期的神话思维，为构建中国神话学体系提供了丰富支撑，同时又有显著的史诗特征，可以结合民族学、考古学材料考证民族起源、迁徙、变迁的历史，形成神圣叙事与民间记忆相结合的历史讲述特征。在藏羌彝走廊地区，很多少数民族以口耳相传的形式保留了早期神话，其中最为珍贵的是各个民族的创世神话、迁徙史诗和英雄史诗。神话通常被视为"神圣的叙事"，讲述的是天神的事情。在远古人类的思维里，人们根据自己的生活世界投射出一个神的世界，用以解释一些神秘的自然现象和人类的意识谜团，如梦境等，他们认为这样的解释是合理的并且是"真实"的，所以神话又往往被认为是"真实的叙事"。藏羌彝走廊上的神话，其价值远远超越了文学的价值和意义，是民族历史和文化的重要载体。

因此，藏羌彝走廊地区流传下来的神话具有两个方面的重要意义。其一，是阐述了各个民族的"神的系统"。几乎每一个民族的创世神话里都有自己完整的神灵系统，神灵是远古人类认识和期望的理想化形象，有的是天父地母，有的是风云雷电之神，有的是水火之神，有的是动植物图

腾神灵，有的是掌管生产劳作的自然神灵……理解这些民族神话中的神灵
系统，是我们理解该民族宗教、历史、生产、生态、家庭、社会观念的重
要通道。与神话相伴产生的万物有灵观念、巫术行为和思想，都是这些民
族早期探索世界的可贵努力和结论，要客观认识其重要价值。其二，神话
讲述了各个民族自身的"真实"历史。藏羌彝走廊沿线各民族的历史文化
记忆，主要是通过口耳相传的神话和史诗来保存。宗教和文字出现之后，
藏族、纳西族、彝族等民族的一部分神话和史诗被写入典籍，有的翻译成
了汉语，但依然有大量的民族神话和史诗在口头流传，没有得到系统整
理。在民间流传和讲述的过程中，各个民族的知识分子起到了重要作用，
他们凭借惊人的记忆力和强烈的文化责任感将一代一代流传的民族历史传
承下来，成为我们今天结合考古学、社会学相关发掘和调查，研究民族起

图 7-10　木雕上的神话故事

源、迁徙、战争、交往、生产、发展的重要史料。

　　一般而言，神话是散文体的叙事，史诗是韵文体的诗歌。藏羌彝走廊文学中的史诗很多以叙事为主，兼具抒情，具有很高的艺术和审美造诣。诗歌以其独特的形式便于人们记忆和传诵，经常在一些庄重的活动中，由祭司、头人、说唱艺人以颂唱的形式念诵史诗，在祈福禳灾、祭祀神灵、婚丧礼仪、宗教规仪、节日庆典中吟唱，起到祈祷天地自然护佑、传承传播民族历史文化、凝聚民族团结互助、实现民族认同的作用。因而史诗大多讲述民族英雄祖先英勇智慧、勤劳正直、顺应天命的故事，其间也会阐述社会和谐、家庭和睦、夫妻齐心、孝亲敬老的道理。一个有趣的现象就是，在藏羌彝走廊民族的史诗文学中，开端、起源、早期迁徙的事实十分详尽，对内容和情节的描述已经相对稳定，中期世代与历史相关的内容在史诗文学中则较为简略，与事实存在较大出入，晚近关于事实的描述则又比较清晰明了，从中可以看出一代代民间艺人在创作过程中发挥的主观能动性和文学服务社会生活的实用价值。

2. 口承传统与世俗生活的诗意表达

　　口承传统是藏羌彝走廊文学发展过程中的一个显著特征。在哈尼族迁徙史诗《哈尼阿培聪坡坡》开篇，歌手这样唱道："萨——哦——萨！讲了，亲亲的兄弟姐妹们！唱了，围坐在火塘边的哈尼人！让我饮一口辣酒润润嗓门，来把先祖的古今唱给你们！"[1]这样的场景是藏羌彝走廊文学存在的常态，在藏族的火塘边，人们一边喝酥油茶一边听老人讲唱，在羌族的碉楼里，在白族的渔船上，在傈僳族行走的山道上，在彝族的土屋里，人们围坐在一起，侧耳聆听古老的故事。庄重的历史故事、祖先故事在正式的场合严肃地讲，温暖的故事在祖母与母亲陪伴孩子的时候讲，凄美的爱情故事在夜幕下悄悄地讲，禁忌和避讳的故事在私底下神秘地讲，欢快娱乐的故

---

[1]　朱小和演唱《哈尼阿培聪坡坡》，史军超等翻译，中国国际广播出版社，2016，第1页。

事在节庆丰收的时候讲。神和人的故事，世俗与超验的生活，遥远的传说与刚刚发生的异闻，都记录在人们的脑海里，传播在人们的口耳间。这样的创作是鲜活生动在场性的，不一定见诸文字，却有强大的生命力。

口承文学传统使藏羌彝地区民族文学文本的丰富变化和地域特征更为凸显。藏羌彝地区民族民间文学风格的形成与该民族的生活方式、风俗习惯、民族性格等密切相关，具体表现在文学作品的语言、结构与文辞润饰等方面。以流传在云南石林彝族撒尼人地区的《阿诗玛》为例，它也是一部保留着极大民间口头文学特色的作品。1953 年 5 月，云南省人民文工团组织了包括文学、音乐、舞蹈和文献等相关人员的圭山工作组，开始深入彝族撒尼人支系聚居的路南县（今石林县）圭山区进行发掘工作。工作组深入群众，虚心向群众学习，搜集到《阿诗玛》材料共 20 份，其他民间故事 33 个，民歌 300 多首。工作组在发掘期间对撒尼人的政治、经济、文化生活、风俗习惯、婚姻制度、民族性格等方面也进行了调查。经过分析讨论、综合整理和反复修改等工作阶段，历时半年，完成了《阿诗玛》的文字定稿。李广田先生的研究表明，圭山工作组经过三个月的调查，搜集到关于《阿诗玛》的传说异文共 20 种，假如再进行深入的调查，放宽调查范围，假如能直接用撒尼人的语言进行工作，还可以得到更多更宝贵的材料。李广田说道："由于《阿诗玛》是长期流传在撒尼人民口头上的诗篇，在故事结构上，在描述的或详或略上，都有很大的差异，有的这一部分过分烦琐而另一部分过分简略，有的则是有头无尾，或中间缺乏联系……整理这样一部叙事诗，要能保持撒尼人民的艺术风格，确是一件相当困难的事。反复阅读 20 份材料，回头再读整理本，总感到整理本中少了一点什么，同时又多了一点什么。少了点什么呢？恐怕就是撒尼劳动人民口头创作的艺术特色。多了点什么呢？恐怕就是非撒尼劳动人民口头创作的气味。"[1] 尽管如此，我们今天阅读整理翻译后的《阿诗玛》，依然

---

① 黄铁、杨智勇、刘绮、公刘整理《阿诗玛》，云南人民出版社，1960，第 4 页。

能感受到它的语言极具特色，富有音乐节奏美的唱词，很多生动贴切的比喻，全诗充满了自然、朴素、简洁、新鲜、明朗而风趣的表现手法，都来源于撒尼人民的智慧创造。

除了民族文学中的精品如藏族等民族的《格萨尔》、景颇族《目瑙斋瓦》、佤族《司岗里》大部分作品以口头形式传承传播外，藏羌彝走廊上还有数量繁多的民间传说、故事、戏曲是以口头文学的形式存在的。比如大理地区流传着很多关于南诏始祖细奴逻的传说，其中有太上老君点化细奴逻的故事。相传南诏国的开国君王、彝族先祖细奴逻年轻的时候在巍宝山耕种，妻子每天为劳作的他送饭。有一天，太上老君化身一位普通老人下界到巍宝山。在巍宝山上，老人故意偶遇正在上山送饭的细奴逻妻子，太上老君为了考验细奴逻和他妻子的品行，就向细奴逻的妻子讨要午饭，细奴逻的妻子毫不犹豫地就把本来准备给细奴逻的午饭送给了老人，回家重新做饭。谁知第二次送饭上山又遇见这个老人，依然像她索求午餐，她依然把饭送给了老人。直到第三次做好饭送上山来，又遇见老人，同时细奴逻也下山查看究竟，明白原委后，称赞妻子做得对。见此情景，太上老君便对着细奴逻的犁头连敲十三下，然后腾云而去。太上老君敲的这十三下，就是后来南诏国传位十三代君王国运的预兆。类似这样传说在洱海地区数不胜数，有雨铜观音的传说、观音负石抗兵的传说、梵僧的传说、望夫云的传说、罗刹洞的传说、大黑天神的传说、沙壹母的传说、柏洁夫人的传说、三公主的传说、金翅鸟的传说、孔雀胆的传说……异彩纷呈，无法穷尽。这些传说以民间说唱如白族大本曲、宗教经文、壁画、雕塑、木刻、石窟、房屋装饰等多种形态存在，成为人们耳濡目染、家喻户晓的文学内容。

千百年来，民间艺人一直担任着讲述历史、传达知识、规范行为、维护社区、调节生活的角色，以文学对民族成员进行温和教育。口传和非物质形态的文学具有直接而亲切的沟通作用，在表达民族情感、促进社会互动、秉持传统信仰方面不可或缺，同时也起到增强民族认同、塑造价值观念和影响民间审美取向的功能。纵观整个藏羌彝走廊上的文学，能清晰地领会到各少数民族文学不仅富有高超的文学技巧和美学造诣，是各民族人民生产、生活、情感、心理的艺术创造，而且普遍具有独特的口承非物质的活形态传统，在民间社会具有强大的影响力和生命力，历史悠久，丰富多彩，是民族记忆和文化传承的诗意表达。

3. 多元多样与文化通约的价值追求

藏羌彝走廊是民族迁徙的走廊，也是沿线各民族"大杂居，小聚居，交错杂居"的生活世界。这广袤的地域，容纳了雪山、草地、高原、峡谷、巨流、涓溪等各种各样的自然生态景观，独特的气候类型和地貌特征也催生了游牧、养殖、农耕、采集、捕捞、狩猎、商贸等多种多样的生计方式，族群的迁徙、流动产生文化的交往与吸纳，并由此衍生出更多的文化形态。作为一条鲜活的、不断流动变迁的走廊，藏羌彝的边界同样是无法确定的。随着经济社会的发展，藏羌彝走廊不仅可以在南北方向上不断延伸，也可以在东西方向上不断拓展，从而囊括更加多元多样的文化形态。这样一种多样性的状态也必然带来藏羌彝走廊文学大花园的多样化特征。

藏羌彝走廊上的文学从主题、题材、内容方面来说，涉及各民族的哲学宇宙观、人类本源论、人的哲学、天地物态、生物认知、生产生活经验、政治伦理、婚姻制度、德行规范教化、鬼神信仰、巫术祭祀、祖灵崇拜、岁时民俗、丧葬祭辞、日常生活、家族谱系、民族迁徙、社群划分等丰富的内容，几乎囊括了社会生活的方方面面。从民族种类来说，有藏族、门巴族、珞巴族、保安族、东乡族、土族、撒拉族、羌族、彝族、苗族、普米族、傈僳族、独龙族、怒族、纳西族、白族、哈尼族、拉祜族、基诺族、景颇族、傣族等走廊沿线或延伸范围内的各民族。从文学类型、风格、样式来说，藏羌彝走廊上的文学包括神话、史诗、诗歌、小说、戏剧、散文、传说、寓言、笑话等多种体裁，有口头文学、书面文学和影视文学，有民间文学和作家文学，全方位体现了主题的多样性、内容的多样性、题材的多样性、类型的多样性、风格的多样性、语言的多样性等诸多方面。

同时，考察藏羌彝
走廊上的文学，会发现
这些反映走廊沿线民族
思想、情感、生活的文
学作品又呈现出极大地
文化通约性。文化通约
性即不同文化互通与共
享彼此成果的特性，具
体表现为"共性与相似
性，互通性与共享性，
开放性，可传播性，增
值性"①。藏羌彝走廊上
的各民族文化同根，民
族同源，共处于相似的
大的地理环境之内，形
成了可以互相理解和共
享的生态保护观念、伦
理道德观念、宗教信仰
观念、经济发展观念等
文化价值观，在文学作
品的表现中尤其突出。

图 7-11　傣族戏剧

图 7-12　关索戏

以创世神话为例，
阿昌族创世史诗《遮帕
麻与遮咪麻》开篇唱
道"在远古的时候，既

图 7-13　皮影戏

① 李炳全：《文化心理学》，上海教育出版社，2007，第 229 页。

没有天，又没有地，只有'混沌'"；景颇族的《目瑙斋瓦》形容在天地出现之前，宇宙间只有一团小小的云雾在旋转；拉祜族《牡帕密帕》说"很久以前，没有天地，没有日月星辰，不分东南西北，不分白天黑夜，世间黑茫茫一片，宇宙在沉睡"；哈尼族《天、地、人的形成》说"远古年代，世间只有一片混沌的雾，上无天，下无地，空荡荡，冷清清"……这些不同少数民族的创世神话里都不约而同地讲到早期的世界天地是混沌一片。学者认为，宇宙初始于混沌，是因为人类初民的思维混沌，于是大家一起找到了"混沌"，站在同一个起点上。"混沌"之后，各个民族的先民就显露出各自丰富的想象力，在作品中呈现出丰富的多样性。

藏羌彝走廊沿线各民族相似的伦理道德价值观也可在文学作品中比较得出。景颇族的《金草帽和糯米粑粑》、傈僳族的《懒汉的故事》、佤族的《懒人岩坎》、拉祜族的《佐嫫俄马江》等都是宣扬勤劳致富、懒惰使人困顿窘迫的故事。诸如孝敬父母的传说、夫妻恩爱家庭和睦的传说、敬畏天地自然鬼神的传说，在各个少数民族的民间传说里也十分普遍。此外，兄妹成婚造人、洪水神话、天神帮助人们渡过灾难、破坏自然遭受惩罚等传说在各个少数民族的文学作品中数量众多，具有很大的相似性、互通性和共享性。在现代社会背景下，藏羌彝走廊沿线民族文学是搭建文化交往和交流桥梁、实现各民族文化多样性和非物质文化遗产保护、促进民族间理解与认同的重要基础。

三、藏羌彝走廊文学的现代建构

就藏羌彝走廊上民族文学的数量和相关学术研究而言，目前取得的成果是十分丰硕的。大规模的少数民族经典文学遗产收集、整理、翻译和出版工作已经持续多年，针对民间口承文学和说唱艺术的非物质文化遗产保护也方兴未艾，已经出版的各民族文学史和学术研究论文及专著非常丰富。这些都是藏羌彝走廊上文学发展悠久的历史传统和文化资源。但是在全球化背景下，藏羌彝走廊上的民族如何在悠久的文学创作传统和丰富的文学资源基础上，通过现代建构实现世界认同、国家认同与"多元一体"的中华民族认同，通过本土"地方性知识"的重新建构来回应地方社会文化的现代化要求，需要有识之士立足于地方体验和民族自我意识的思想追求与精神传统来实现。

藏羌彝走廊文学的现代建构至少有三个方面的走向。

第一，从自然"祛魅"走向文化传承。藏羌彝走廊区域民族与自然生态的关系密切相连，流传至今的文学作品大多保留了早期人们对自然世界的巫性认知，这种"万物有灵"的观念和对神秘自然的敬畏是历史上各个民族生态观念的隐秘呈现，也是人与自然和谐相处的重要方式。这从一定程度上限制了人们对自然资源的无限攫取，有利于人们遵从克制、忍让、敬畏的道德观念，维系了地方社会的和平稳定。伴随着科学技术的发展、全球知识观念的传播，人们对自然、宇宙、时空、鬼神的信仰发生了一个"祛魅"的过程。传统的观念有一定的固守力量，但现代社会发展也对各种神秘现象做出了科学解释。在这样的情况下，需要厘清传统文学中有价值的优秀的生态观念、社会道德观念、家庭伦理观念，将其合理地并接到现代生活当中，从传统文化中汲取养分并生发出对现代社会的理解和解释，遵循文化自身发展的规律，实现文化从传统向现代的有效承续。不应该简单粗暴地将现代文化直接灌输到这些区域，从而引起大的反弹和对抗。文化传承是一个扬弃的过程，在这个过程中要尊重文化持有者自身的选择，要提供并保障他们拥有选择的机会和权利。

第二，从文化资源走向产业资源。藏羌彝走廊地区处于我国西部，经济落后，贫困人口数量众多，科学技术不够发达，生产力较为低下，缺少发展现代商品经济和信息化产业的先天优势，走廊沿线各省区基本依赖传统产业、资源输出、开发民族文化旅游等发展模式，很多需要来自国家和发达地区的经济扶持，成为文化资源"富饶"的贫困地区。在这样的背景下，藏羌彝走廊根据地方自然地理历史条件，充分开发利用丰富的文化资源，使文化资源走向"产业"资源，实现地区经济社会的跨越式发展成为必然选择。文化资源与传统经济学资源不同，它具有边际效应递增的特点，可以循环开发利用，并且能够在开发利用过程中实现自身的传承发展，呈现出新鲜生动的活力，是藏羌彝地区最有价值，并且不易形成破坏性和掠夺性的资源开发模式。在文化资源中，藏羌彝走廊的文学资源内涵丰富，有巨大的挖掘空间，生命力极强，能够为广大人民群众认同和欢迎，其信仰价值观念具有普世意义，与世界各民族相容相通，具有与世界交流和对话的可能，生存范围辽阔，开发价值很大。

第三，从民族文化走向公民社会。藏羌彝走廊各民族作为中华民族大家庭的重要成员，与全国人民一样是"同呼吸，共命运"的命运共同体，习近平总书记在党的十九大报告中提出"全面建成小康社会"、基本实现"全体人民共同富裕"，加大力度支持"民族地区、边疆地区、贫困地区加快发展"，支持"资源性地区经济转型发展"，"加快边疆发展，确保边疆巩固、边境安全"。藏羌彝走廊地区作为边疆民族地区，既要结合实际发展社会经济，也要积极努力构筑边疆安全和稳定，二者相辅相成。在保护和尊重民族文化的同时，要推动边疆民族地区的经济文化积极向现代社会发展和转变，要重视藏羌彝走廊地区的各民族和社会的现代化问题。民族文化与公民社会并不矛盾，是并行不悖的关系，没有现代公民社会保障的民族文化无法长久，丧失了民族文化也无法建立完善的公民社会。藏羌彝走廊文学在深厚的历史积淀基础上应当焕发新的时代精神。

藏羌彝走廊上的文学在现代社会中是少数民族实现族群交往和认同的文化桥梁，是少数民族传播观念、表达诉求、获得理解的文化符号，是少数民族在现代社会中谋求生存和发展的重要文化资源。藏羌彝走廊上文学的现代建构十分必要。

第八章

从文化集约到精神狂欢
——藏羌彝走廊上的节日

　　中国著名民俗学家乌丙安先生认为节日是"一年当中由种种传承线路形成的固定的或不完全固定的活动时间，以开展有特定主题的约定俗成的社会活动日"①。这个定义较为宽泛，从节日主题、节日时间、传承路线及社会活动等方面确定了节日的范畴，包括了一些尚未定型的社会活动如体育、集会等内容。从藏羌彝走廊民族节日的实际情况来说，很多节日和祭祀，有已经完善成形的，在举行时间、主题、形式上都约定俗成形成了规范程序和内容的节日，但更多的则是处于祭祀、集会、社群活动向节日过渡阶段，广义和包容性的节日定义对于考察藏羌彝民族节日文化是必要且得当的。云南大学黄泽教授在考察了以藏羌彝为核心区域的西南民族节日文化之后，提出西南民族节日文化，首先不同于汉族节日以农事节令、岁时为时间凝结点，适应农事需求，涵加进宗教祭祀内容，并逐步增添其他信仰、传说、习俗复合而成的节日，也不同于西方文化传统对节日（holiday）"圣日"的表述，即节日是人们不用工作，而充分用来休息、沉思、祈祷的日子，并且西南民族节日文化还不同于现代文明意义的节日庆典，而具有文化积淀场、文化集约丛等文化整合意义上，文化要素、经济联系、社群联系、娱乐等功能集合的特色鲜明的文化内涵。黄泽先生在此基础上从西南民族节日文化的本体出发，把节日定义为"各民族依据传统的宗教祭祀、农事生产、历法等因素而形成的有相对凝固的时间及地点、活动方式的社群活动日，它具有全民性、集体性、传统性"②。藏羌彝走廊的民族范围与西南民族范围是大致吻合的，我们可以将西南民族节日的基本内容和特征与藏羌彝走廊民族节日的内涵和特征基本视为一致，从而在此定义基础上考察藏羌彝走廊地区民族的节日文化。

---

① 乌丙安：《中国民俗学》，辽宁大学出版社，1985。
② 黄泽：《西南民族节日文化》，云南大学出版社，2012。

一、藏羌彝走廊上节日的形态及分类

藏羌彝走廊处于东西向两种文化交汇的地带，具有畜牧、牧耕、游耕、农耕等多重经济结构，走廊区域内近 30 个民族间的经济、文化发展极不平衡，从而决定了各民族节日文化的形态差异性和发展序列性。相对而言，聚居坝区的民族经济生产方式较为先进，节日文化的历史积淀期长，形态较完整，内容较丰富，相应地因现代社会生活影响导致的变异也比较多；居于山区半山区的民族受到交通、文化交流和自然环境的影响，经济文化形态较为单一，节日文化的内容也比较单一，保留古风较多，自然因素对节日文化的影响较大。总的来说，藏羌彝走廊沿线的民族节日大致可以分为岁时庆典、宗教祭祀、农事丰收、娱乐交游、商贸集会等五大类别。

（一）藏羌彝走廊上的岁时庆典节日

节日的产生与历法及岁时密切相关，"节"是对岁时的分段，把岁时的渐变分成像竹节一样的间距，把两节气相交接的时间定为交节，并由此得到"节日"的含义。由历法年、月、日和气候时令结合构成的岁时，在一年的周期轮回中，对生产、生活、祭祀等活动进行规律性的重复和安排，渐渐形成制度，从而发展出了大大小小的岁时节庆。在藏羌彝走廊沿线，很多少数民族都有自己的历法，从而形成自己对"年"的观念、认识和周期划分，又根据生产生活方式不同，依据各个民族自己的生产需要产生了岁时节庆。

最重要的岁时节庆是年节，一般而言，年节也是藏羌彝走廊各民族节庆中最盛大的节日。藏族、羌族、彝族、撒拉族、白族、纳西族、苗族、哈尼族、佤族、回族、拉祜族、基诺族、傈僳族、独龙族都有自己本民族的历法，他们的年节是根据本民族历法或者使用中的历法来确定的。

虽然各个民族年节的节期不尽相同，但是作为一年之首的年节，大多与该民族传统信仰和仪式有关。藏羌彝走廊地区的少数民族，很多保留着早期万物有灵的信仰，祭祀天地、祖先、山神、寨神、水神等神灵。在他们的观念里，天神、祖先创造了人类，并解救人类于危难之中，应当受到尊崇并被奉为神祇，要以本民族最隆重盛大的祭典来祭祀，祭天、祭祖的日子往往又与年节重合，兼具祭祀天神和祖先、开启新年的职能，是人们希望神灵保佑、人畜平安、除旧布新、生命轮回等文化意识的综合反映。

羌族的年节羌语称为"日美吉"，意思是羌人逢九，是吉祥欢乐的日子。按照古羌太阳十月历和羌族"释比"的推算，算出羌历九月初一（约农历十月初一）为羌历年，并以这一天作为本民族最隆重、最喜庆的节日，节期一般为三到五天，也有的村寨要过十天。年节的宴会又叫"收成酒"，全寨人要到"神树林"还愿，用面粉做成牛、羊、马、鸡等各种常见的动物作为祭品，全村人要吃团圆饭、喝酒、跳舞，一起庆祝收获时节的到来。

彝族的年节称为"十月年"，节期在农历六月，由彝族毕摩选定每年的日子，节日的主要活动是祭祖。三天的节庆，第一天"接祖"，由毕摩做法事，德高望重的老人带领，把祖先接回村寨，把祖宗的灵位供奉起来，并杀猪宰羊，用血、酒等祭品祭祀祖先，唱诵祭词歌颂祖先的功绩；第二天"与祖同乐"，全村人在广场上欢聚，弹起月琴，围成圆圈跳舞，吹芦笙伴奏，有的地方还举行摔跤、斗牛等体育活动；第三天"送祖"，夜晚再次以酒肉祭祖，祈求祖先保佑，然后吹奏起乐器将祖先送走。

藏历与农历基本相同，藏历年与春节相差无几。藏历始于1027年，一年为十二个月，大月三十天，小月二十九天。藏历的正月初一就是藏历的元旦，是神圣吉祥的日子，家中要摆设象征五谷丰登的五谷斗，清早家中成年男子要到神山上挂经幡、烧天香，祈求全家幸福安康，妇女们要在家准备丰盛的节日饭菜，给家中的佛龛点酥油灯、供圣水、献祭品。晚上，人们在村寨广场上燃起篝火，跳弦子舞、锅庄舞。尽情歌舞，有时与汉族春节一起庆祝，节期长达半个月，人们赛马、射箭，尽情联欢。

　　泼水节是使用傣历的傣族、布朗族、德昂族等民族的年节，傣历与汉族农历、藏历一样，是一种阴阳合历。傣历年的交替之日被人们俗称为泼水节，是傣族辞旧迎新的日子，节期为三到四天。第一天叫"腕多桑康"，即除夕；最后一天叫"腕叭腕"，意为"日子之王到来之日"，即新年元旦；中间的一天或两天叫"腕脑"，意为"空日"，"空日"是新旧年交替中的过渡日子。傣历中关键的是岁首，即泼水节最后一天才是新年。

　　除此之外，傈僳族阔时节、哈尼族扎勒特、拉祜扩节、基诺族特懋克节也是比较有代表性的少数民族年节。基于历法的时间观念是一种人类文化和文明的表现，而春夏秋冬四季轮回和干湿分明的雨旱两季的物候现象则是自然现象，藏羌彝走廊上的民族有些根据生产生活或宗教习俗建立了自己的历法体系，有些没有形成自己的历法，有些是借用其他民族的历法，但无论如何，都体现了各个民族对自然时间的认知，并在这种认知的基础上

图 8-1　傣历年泼水狂欢

确定了自己民族或群体包括年节在内的岁时节日。通过将节日与日常生活区隔开来，在特定的时令赋予节日特殊意义和神圣地位，从而实现了自然时间与人文时间的互嵌与互释，从一个侧面体现了藏羌彝走廊各民族与自然亲近和谐的生态观念。同时，进入近现代以来，文化的交往和交流日益频繁，民族间节日的共享现象也日渐增多，传统汉族的年节春节成为中华民族共同的节日，藏羌彝走廊上的民族也结合自身对节日的理解，赋予了春节很多地方民族的含义，创造性地丰富了春节的节日内容和文化内涵。

（二）藏羌彝走廊上的宗教祭祀节日

藏羌彝走廊上的民族宗教信仰复杂多样，既有图腾崇拜、自然崇拜、祖先崇拜、万物有灵等早期原始宗教，如景颇族的鬼崇拜、白族的本主崇拜等，也发育出一些制度化、体系化的本土宗教，如藏族的苯教、纳西族的东巴教，还容纳了很多外来的世界性的宗教，如佛教、伊斯兰教、基督教、天主教等。各种不同的宗教都有自己节日和庆典，由此形成了种类繁多的宗教祭祀节日。这些宗教祭祀节日大致可以分为原始宗教祭祀节日、佛教节日、道教及民间信仰节日、伊斯兰教节日、基督教节日等几种形态。

藏羌彝走廊上的很多少数民族在新中国成立前都保留有万物有灵观念及多神信仰，包括彝族、景颇族、独龙族、羌族、怒族、佤族、布朗族、德昂族、拉祜族、傈僳族、基诺族、哈尼族、苗族、瑶族等，傣族、藏族、白族、纳西族、普米族还部分地保留有万物有灵的原始宗教内容，这些民族普遍存在自然崇拜，由此形成的祭祀、节日众多，以祭天、祭地、祭山、祭水、祭火、祭树神、祭寨神、祭地方神等比较突出。各民族对他们最高神祇的祭祀，往往就是一定生存环境内特定民族传统上最盛大的祭祀或节日，有时甚至是唯一的节日，比如永宁摩梭人的"转山节"对格姆女神的祭祀，西盟佤族"拉木鼓"对木依吉神的祭祀，景颇族的"金斋斋"祭鬼，等等，这些节日都与他们的神话传说和神灵观念系统紧密联系。

图 8-2 基诺族特懋克节

　　彝族的密枝祭祀。密枝节也叫"祭密枝"，流行于滇南彝族地区，一般在农历十一月举行，历时七天。节日前一天，民间祭祀神职人员要把密林中的祭祀场地打扫干净，在神树下布置好神坛和神门。节日的第一天，天刚亮，祭祀人员集中后出发到密枝林，毕摩摇着神铃，人们携带家什、食物，赶着牲畜走在最后。进入密林中的祭祀场地后，人们杀牲做饭准备举行祭神仪式。祭祀以村寨为单位，人们跪在神坛前，由毕摩念经祈求神灵保佑寨子里的人平安。祭拜神灵后，人们要吃祭饭。下午，在林中摔跤娱神。晚饭后，与神灵道别而归。

　　哈尼族祭竜树林。祭竜节是哈尼族主要的祭祀节日，一年有两次。正月竜是祭祀寨神，祈求灭灾降福，人畜兴旺。三月竜是农业祭祀，祈求风调雨顺，五谷丰登。竜神的象征通常是万年古树，称为竜树，过去每形

333

成一个村寨，不论十家八家还是一户人家，都要首先在寨头选定地点栽培一棵树，这棵树就是竜树。两次祭竜活动都要在这棵树下举行，据说竜树能起到保护寨子的作用。

瑶族盘王节。流行于广西、湖南、云南、广东、贵州、江西等省（区）瑶族聚居区，节期是农历六月十六日。瑶族盘王节有固定的程序，首先就是敬奉盘王。过节时要设置祭坛，悬挂诸神像，正中最大的一张就是盘王像，左右是真武、功曹、田公、地母等的神像。祭祀开始，鸣火枪三响，接着鞭炮齐鸣。在鞭炮声中，族老寨老在神像前供奉猪头、糯米粑、鸡肉、酒等祭品，人们面对神像，低头默祷，表示敬仰、怀念。

拉祜族葫芦节。葫芦节拉祜语称为"阿朋阿龙尼"，是澜沧县拉祜族最隆重的节日，每年农历十月十五日举行。届时，各村寨都要举行歌舞狂欢，男子吹奏葫芦笙领舞，男女共跳"嘎克"舞；女子敲打象脚鼓跳摆舞；男女青年进行民歌对唱；举行体育与游戏表演，如荡秋千、背水、打陀螺、射弩比赛。老人们相约在火塘边，边饮酒边颂唱创世史诗《牡帕密帕》。在歌舞场地中央放置一对葫芦，象征拉祜族的祖先，让每个人都对它表示恭敬，随时把祖先的恩情记在心里。

傈僳族刀杆节。每年农历二月初八举行，流行于云南保山地区及怒江傈僳族自治州的傈僳族地区，每年的这一天，人们都穿上节日的盛装，成群结队地来到"刀杆节"会场，观看"上刀山，下火海"活动。"上刀山，下火海"包括点花、点刀、耍刀、迎花、设坛、祭刀杆、竖杆、祭龙、上刀、折刀、下火海等步骤，其间有一套严格的仪式。上刀山和下火海是仪式中最为惊心动魄的环节。表演者表演"上刀山""下火海"，表现了傈僳族人民不畏艰险的精神，意味着在新的一年里消除各种灾难。

藏羌彝走廊地区是中国佛教文化最丰富的地区，有直接传自印度的阿吒力密教，有经由北方丝绸之路传入的北传梵语系佛教和藏传佛教，有传入中原本土化了的汉传佛教，还有经斯里兰卡、东南亚诸国传入的巴利语系南传佛教。因此，藏羌彝走廊上信仰佛教的民族吸收、内化、改造了大量佛教

图 8-3　傈僳族刀杆节

节日。藏族的藏历年、灯节、雪顿节、萨格达瓦节、释迦牟尼成佛日、谢水节、嘛呢经会、转山节、跳绳法会、转经节、宗喀巴成道日等都是重要的藏传佛教节庆；傣族、佤族、布朗族、德昂族等信仰南传佛教的民族有烧白柴、傣历年、赕坦（献佛经）、关门节（进洼）、开门节（出洼）、赕帕、升和尚、赕塔、堆沙、水灯节、做摆等节日。信仰阿吒力密教的大理白族有莲池会、太子会等佛教节日，还有多种佛教融合的鸡足山朝山会等节日。

信仰伊斯兰教的回族、撒拉族、东乡族等民族主要有圣节、开斋节、古尔邦节、忙人节等宗教节日。信仰基督教的傈僳族、景颇族、怒族、佤族则有主显节、耶稣受割礼日、圣诞节等宗教节日。

（三）藏羌彝走廊上的农事丰收节日

藏羌彝走廊自然环境复杂多样，总体来说从高山深峡逐渐向中低山脉过渡，最后进入低山平坝区域，受到自然条件的影响和限制，人们因地制宜，创造出了多种多样的生产方式，高山草甸地区以畜牧和农耕为主，山区半山区则兼顾狩猎、采集和农耕，河谷平坝地区常见渔猎和稻作。农业耕作在各民族的生产方式都占有比较重要的地位，因而围绕农业生产出现了很多农耕祭祀、祛除灾邪、庆祝丰收的农事节日，尤其是很多以农业为主要生活来源、农耕文明发育程度较高的民族，在几乎每个重要的农业生产节点都有相应的节日，形成了完整的农耕节日祭祀链，是我们理解这些民族农业生产观念、地方性知识和生态理念的重要途径。

根据各民族的经济模式和经济类型，大致可以将藏羌彝走廊民族划分为四个经济类型：山地耕牧型、刀耕火种型、梯田稻作型、坝区稻作型。山地牧耕型经济模式的民族主要是藏族、纳西族、羌族、普米族、部分居住于山区的白族、四川凉山彝族等，基本上是氐羌族群后裔。这些民族的农事节日注重祭天、祭祖、祭山、祭火，有一些与畜牧业相关的节日。如纳西族的祭天、三朵节、棒棒会、丽江骡马会、牧神节等。由于农耕生产不占主要地位，并未形成系统的农事祭祀节日，各民族历法形成的节日也很少。聚居独龙江两岸山地的独龙族，怒江两岸的傈僳族、怒族，阿佤山区的佤族，德宏陇川的景颇族，普洱澜沧一带的拉祜族，西双版纳布朗山的布朗族，基诺山的基诺族，贵州、广西、云南交界山地的苗族、瑶族等少数民族，历史上都曾经广泛地采用刀耕火种的生产方式，通过火烧山地、周期轮歇的方式进行农业生产，形成游耕传统。这些民族的节日大多没有独立成型，几乎全是祭祀性的活动，有部分民族与物候历相配合，形成了农事节日的雏形。属于梯田稻作型的有彝、白、哈尼、阿昌等民族，多为氐羌族群后裔，由于民族迁徙需要适应生态环境，从山地牧耕型演化而成。他们既保留了氐羌族群祭祀天地神灵的祭祀性节日，又吸收了稻作文化的内容，发展出较为完备的农事生产节日，很多节日具有二元并存的特征。比如白族有农事节日栽秧会、青苗会、葛根会等，也有祭祀洱海的开渔节。傣、壮等百越族群则以坝区稻作型经济模式为主，他们主要居住在河谷平坝地区，土壤肥沃、灌溉便利，气候属亚热带季风气候，长夏无冬、雨量充沛，为水稻等农作物栽培提供了良好的自然环境。傣族有发达的稻作文化，再加上信仰南传佛教，由此形成了与佛教文化相关联的农事节日，其特点是历史积淀期长，内容丰富，社会生活内容多，自然因素的制约较少，祭天、祭祖不突出，仅保留了祭祀寨神勐神、崇拜水神等民俗。经济模式对藏羌彝走廊节日产生发展的影响和制约是重要的，但仍要以民族文化传统、生态条件、文化交流等因素的作用为中介。

大理州洱源地区的白族农民，每年栽秧插苗季节都会举行集体互助的活动和娱乐，形成了"栽秧会"。栽秧是注重时令的稻田劳作，需要集中大家的力量在短时间内尽快完成，为了发挥集体的力量，争取早日插完秧苗，人们根据村落关系和习惯自愿组合，形成"秧赊"，由25人至30人组成，选一人为"赊首"，又叫"秧官"。秧官负责领导集体栽秧，扎彩秧旗，请人吹唢呐，组织乐队，负责分派拔秧、挑秧、栽秧的人，进行劳力调配，安排各家各户栽秧的顺序，统计工作量，掌握进度，检查质量，等等，待栽完秧，要组织大家聚餐，举行田间歌舞娱乐等活动。

在藏羌彝走廊沿线，彝族、白族、纳西族、傈僳族、普米族等民族都有过火把节的传统习俗，由于火把节分布地域广泛，过节的民族支系众多，关于火把节的来源传说十分丰富，主要的说法其一是祭祀火神，其二是纪念英雄祖先，其三是夏季祛除稻田里的虫害。

图8-4 楚雄火把节

火把节的节期一般为农历六月二十四日至二十六日，节日活动内容因民族地域不同而各具特点，共同的特点是都要燃起火把，驱除邪魔和灾害。

哈尼族生活在红河南岸的哀牢山地区，利用山林涵养水源，收集雨水灌溉梯田，形成了精细的耕作技术，使用竹木器具，在稻田里养鱼，使用贝壳作为装饰物，具有高原文化和滨海文化的双重特性。哈尼族的很多节日

图 8-5　哈尼族嘎汤帕节

和活动都围绕着梯田耕作进行，紧密对应季节、时令、月份，按照农耕生产各个环节的特殊要求进行相应的祭祀，从开秧门到尝新米，形成农事活动的链环，秋收农闲后过"十月年"，中间农事告一段落时则以"六月节"加以调节。在所有的农事活动中，春耕栽秧是基础和前提，秋收则是对一年辛劳的报答，其间的中耕、薅草、除病、灭虫等农事活动作为补充，因此栽秧会、开秧门等象征春耕开始的节日，以及尝新节、新米节等庆祝丰收、感谢天神的收获节庆在所有农业文化积淀深厚的民族中都依然保留并附加了很多传说、社交、娱乐等文化内涵。

农耕生产是藏羌彝走廊民族根本的经济形态，在这个大背景下，藏羌彝走廊各民族围绕农耕核心，创造了内涵各异但都服从于农耕需要的一些祭祀与节日，这些祭祀、节日以其紧密联系于农耕生产的特殊角度和不同侧面，启示我们从实际出发，较为广义地看待农耕祭祀与节日这一对概念。

（四）藏羌彝走廊上的娱乐交游节日

藏羌彝走廊地区多高山峡谷，江河并流，造成植物群落、气候、民族、经济生产类型垂直分布，多样立体。许多地区两山对峙，喊话听得见，见面要走半天。一方面，各个民族多呈大散居、小聚居状况，小聚居又多以若干小村寨相互毗邻为一个文化地理单元；另一方面，由于各民族交错杂居，又导致处于同一分布高度或同一生态、气候条件下的不同民族容易形成相同或相近的经济模式和文化特色，尤其是节日文化的交流、渗透十分频繁。各个民族节日之间出现了你中有我、我中有你的现象，发端于某个民族的节日，往往可以吸引杂居于周围的民族前来参加、庆祝，形成节日开放交流的氛围。[①]

地理环境相对封闭性对藏羌彝走廊民族的节日会产生两方面的影响，一方面是内生性封闭的节日，比如独龙族，由于独龙江流域交通条件十分闭塞，再加之语言文化生产方式等差异，在独龙江公路修通之前，独龙族与其他民族沟通交流的机会很少，几乎没有什么娱乐交流类的节日产生。独龙族每年基本上只过一个剽牛祭天的"卡雀哇"节，集合了年节、祭祀、庆贺、民族内部交往交流等几乎所有节日功能。在缺少与外界进行节日文化交流的背景下，独龙族反而较好地保留了"卡雀哇"节日的文化内涵和节日仪式庆典习俗，延续了相对独立完整的节日习俗。但是另一方面，藏羌彝地区封闭的自然环境反而激发了人们相互交往交流的愿望和热情，而节日是实现这种娱乐和交流的重要载体。平时人们由于交往不便，娱乐项目不多，就更加期待能够有固定的节期或节会来促进各个村寨、族群之间的交往，因而产生了大量以娱乐交游为主要目的或核心内容的娱乐交游性节日。娱乐节日是藏羌彝走廊民族节日最丰富的部分，娱乐性也是

[①]　贵州省群众文化学会、贵州省文化厅群文处编《贵州少数民族节日大观》，贵州民族出版社，1991。

民族节日的显著特征和主要功能。娱乐有利于身心健康，有利于日后的生产劳动，有利于族内和族际的人际交往和了解。每个民族都会从自身的条件和需要出发，开展自己的娱乐活动，并逐渐固定成娱乐性节日，包括歌舞类、体育竞技类、社交性、观赏性、综合性等类别。

贵州省的苗族聚居区，普遍盛行"踩山""跳花场""跳花坡"的男女交游机会活动，就属于一定的封闭自然环境和社会文化条件下的产物。这类节日包括凯里市附近的舟溪芦笙会、黔西县的化屋花坡节、织金县与六枝特区交界处的岁首跳花节、大方县的牛场及法乐跳花坡、龙里县的跳正月场、惠水县鸭寨的跳花场、仁怀县的踩山、遵义县的踩山节、安顺的跳花节、紫云县城郊的跳花、金沙县麻啄坡的踩山节、织金北部的二月花坡、大方县八堡的跳花节、赫章县轿顶山花场、织金县青山花场。这些节日大多在农历正月间或春耕后的农闲时节，春暖花开的时候。苗族跳

图 8-6　花山节上的苗族

340

场是流行最广的民俗节日活动，又称为跳厂、跳步、跳月、跳花场、芦笙会等。跳花坡则意为男女青年有如盛开的鲜花，为了让他们不耽误青春妙龄，就在春意盎然、草木繁盛的时节，约定场地，形成固定时间，让各场次花坡举行日期上相互交错衔接，使青年男女相聚一起，通过跳舞、吹唱等活动，增进了解，并有机会表露心意，倾诉衷肠，从而结下百年之好。历史上苗族西迁贵州后，人口锐减，通过提倡、组织这类"花场"，能够达到人口繁衍、社会稳定、生产发展的多重目的。

四川九寨沟最隆重的节日当数农历三月十五日的藏族"麻孜会"。这天男女老少都身着盛装去扎如寺参加庙会，烧香敬神，朝佛转山，向师长亲友、和尚喇嘛敬献哈达，表达美好的祝愿。庙会上也有唱歌跳舞、演藏戏等庆典活动。青年男女也常在这天寻觅知音，交结朋友。

云南楚雄州的彝族由于连片分布，也形成了类似苗族的交游性节日，但更加集中，规模也更大。一年一度的牟定"三月三"就带有浓厚的男女青年交游择偶的色彩。禄丰、南华、武定、双柏等相邻县区的彝族男女青年届时都会盛装赴会，乐此不疲。牟定彝族三月会期间，来自各地的彝族青年举行"跳左脚舞"活动，分属不同氏族的男女青年各自围成圆圈挽臂而舞，并能根据舞步的差异判断群体和地域。新中国成立前，藏羌彝走廊一些少数民族实行本民族内通婚的制度，出于不同民族不通婚的传统习惯，这类男女交游节日表现为跨越不同封闭自然地理单元的交流节日，体现了地域性的开放和民族性的闭合相互统一的特点。

大理地区的白族在每年农历二月的时候举行"绕三灵"节庆活动，有学者考察，"绕三灵"的外在活动内容是绕佛都、圣都、仙都"三灵"，融本主信仰、佛教、道教等多元宗教信仰于一体的祭祀活动，但追溯"绕三灵"的起源和民间传说，发现溯源于大理民间的野游交流遗风。"绕三灵"又译作"绕山林""观上览"，在节日期间，人们成群结队，徒步从洱海地区的喜洲仙都，走到崇圣寺佛都，抵达大理福星村接回圣姑"三公主"，其间要在野外餐饮、露宿、集会、宴飨。晚上，人们在寺庙周围山林地上休息，青年男女们谈情说爱的活动。他们双双对对，隐藏在树木丛中，一唱一和。按照风俗，在"绕三灵"期间，人们可以自由恋爱，不受年龄、婚否的限制，并且不受社会道德的指责和约束。

除此之外，羌族传歌节，彝族的赛装节，大理白族的蝴蝶会、石宝山歌会、梨花会，怒江傈僳族的春浴节、澡堂会，德昂族泼花节，阿昌族采花节都是热闹非凡的娱乐交游类节日。

（五）藏羌彝走廊上的商贸集会节日

藏羌彝走廊是民族迁徙交往的重要通道，是印度文化、中原文化、吐蕃文化、东南亚文化等多个文化圈层接触、碰撞的地区，也是各个民族文化交融汇聚的场所，茶马古道密布整个走廊区域，并向外延伸，古道沿线分布着很多集市，交换不同经济模式生产的产品，人们互通有无，形成固定节期和固定的节日内容。这些集市有一个非常突出的特点就是各个民族间相互交换生产工具，新中国成立前，山地民族多以兽皮、药材、茶叶、棉花、香茅草、柴薪、水果、香料等山地土特产交换坝区的铁器、锅碗、锄犁等物品。各个民族在商贸集会节日上实现了生产工具的流通，进而推动了各个地区生产技术和生产力的发展，最终导致民族间的文化因子互相借用、变迁和同化。因此，商贸集会节日是最具开放性、适应性的文化变迁突破口，通过它可以发动对民族文化内在的传统的渗透、分化、组合和新生。

大理三月街。远在唐代南诏时期，南诏羊苴咩城（即今大理古城），不仅是云南的政治、经济、文化中心，还是南诏与东南亚诸古国进行文化交流、贸易通商的重要门户。此时，佛教已传入南诏国。南诏白族先民，对佛教传说中的观音菩萨十分崇拜。相传观音制服了盘踞大理的恶魔罗刹，人们为报答观音菩萨的功德，"年年三月十五日，众皆聚焦，以蔬食祭之，名曰祭观音处。后人于此交易，传为祭观音街"（《白国因由》）。

明代嘉靖进士、白族史学家李元阳编撰的《云南通志》中，也有这样的文字记载，"观音节，三月十五日在苍山下贸易各省之货。自唐永徽间至今，朝代累更，此市不变，知是观音入大理，后人至日烧香，四方闻风，各以货来也"。这些文字记载，都从一个侧面说明，大理三月街的产生，在很大程度上，是与佛教传入大理有关，并在民间佛教讲经会的基础上产生的。现在，三月街成为大理地区最盛大的民族节日，也是重要的物资交流商贸节会，来自各地的药材如党参、红花、白芍、川芎、虫草、雪莲、猪沙、人参、天麻、砂仁、贝母、秦归、附片等，其交易量大且种类繁多；其次是大牲畜买卖，包括缅甸的黄牛、云南各地的骡马、耕牛等，每次会期交易量在万头以上；再次是云南各地的土特产品如凤庆、普洱的茶叶，景东的糖，宣威和鹤庆的火腿，保山、腾冲的宝石、琥珀、玉器，大理草帽、扎染、大理石、祥云辣子、漾濞核桃、洱源乳扇、梅子，弥渡的卷蹄、剑川木雕等，堪称云南民间土特产品的盛会。

图 8-7　白族三月街

丽江骡马会。丽江骡马会一年两度,即"三月会"与"七月会"。三月会原为黑龙潭会,为清代以来纳西族群众进行祭祀龙王、祈求丰收及物资交流的活动。时间在农历三月中旬,会期五至七天,会场原在丽江黑龙潭边广场中。"七月会"始于民国元年,以大牲畜交易为主,时间在农历七月中下旬,会期十天左右。会址原在丽江狮子山后坡。

文山三七节。云南文山壮族苗族自治州作为三七的主产地,被誉为"世界三七之乡"。文山三七种植历史悠久,品质优越,全国 95% 以上的三七产于文山,目前已经发展到 50 万亩,年产量达 2 万吨以上,三七流通企业和门店达 500 多户,为了推广文山三七,增加文山三七产供销一体产业化发展,塑造地方文化形象,当地政府举办了现代商贸节日"文山三七节"。

应该看到,传统的商贸集会节日随着社会的发展和经济模式的转变,也会发生嬗变,一些传统的大宗贸易可能会逐渐减少甚至消失,而一些新兴产业的新兴商品也会出现,并进而形成新的商贸集会。因此,这类节日与个民族间的经济活动和经济交往关系最为密切,也是最容易发生变化变迁的部分。随着民族间交往交流日益频繁,一些跨区域跨民族甚至是跨国界的商贸集会节日也方兴未艾,如瑞丽的中缅胞波节、西双版纳的澜沧江—湄公河流域国家艺术节、普洱茶叶节、腾冲火山热海旅游节、大理国际影会等,交流的内容也不再局限于生产生活物资,而进入艺术展演、艺术品交易、旅游地推介、特色产品文化提升、学术讨论、观念交流等文化艺术领域,具有节庆会展经济的节庆文化产业特征。

二、藏羌彝走廊上节日的特征及深层内涵

藏羌彝走廊上的民族节日数量丰富、种类繁多,是各个民族珍贵的文化资源,为藏羌彝地区民族经济社会文化发展提供了重要基础。这些特色鲜明的民族节庆是散落在崇山峻岭、江河湖海间熠熠生辉的明珠,人们

不仅被它们璀璨夺目的光
辉吸引，沉浸于节日欢乐
盛大的氛围之中，而且深
深着迷于节日鲜明的文化
特征和深层的文化内涵之
中，探寻、追问、解释节
日的由来与传说，思考节
日的意义与变迁，我们理
解了一个民族的节日，可
能也就能理解了这个民族
的过去、现在和未来。

图 8-8　哈尼族"昂突玛节"

（一）藏羌彝走廊上节日的神圣欢娱性

　　民族节日的形成是一个复杂的过程，受到多种因素的影响和制约，
同一类节日因民族不同、地域不同，其起源或形成过程就不一定相同，藏
羌彝走廊沿线传统节日大多与民族早期先民的传统祭祀有关，而这些传统
祭祀的仪式、典礼和程序又是早期人类先民野性的原始思维的反映，能从
中窥见神秘的人类思维世界里，时间的观念如何形成，空间的概念如何界
定，以及人们如何解释自我与世界。节日作为时间的节点和空间的聚集形
态，具有神圣性和欢娱性双重特征。

　　节日从日常平凡普通的日子里抽离出来，成为具有特殊意义的时间，
这个时间被赋予特殊性，这种特殊性往往又通过特定的仪式表现出来，体
现了初民的信仰里最深层核心的内容。遥远的蛮荒世界，是人类与野兽、
森林为伍的世界，原始人类需要不断克服、战胜大自然所带来的巨大威
胁，常常会感到自身的渺小，在惶惑、恐惧和幻想当中，往往就把希望
和力量寄托在神灵身上，试图通过一系列的祭祀，求得神灵欢悦，保佑弱

小的人类生灵。今天人们称为节日娱乐、宴饮的内容，最初的动机都是祭神、娱神。人类学认为，仪式通常是与宗教或巫术有关的按照传统所定的顺序而进行的一整套或一系列的活动，通过仪式表达对神圣者的敬畏或祈求的感情。节日的仪式赋予节日一种神圣性与庄严性，从而强化了节日的功能。在节日活动中有特定的器物、用语、禁忌、饮食、服饰、歌舞、娱乐，它们同仪式一道成为节日的构成要素。

独龙族"卡雀哇"节祭天的时候，人们要举行最为隆重的射猎和剽牛祭天仪式。剽牛是独龙族预卜吉凶和庆祝节日的最高形式。他们将牛刺倒，从牛倒下的方向、姿态，预卜下一年的吉凶。一般认为，牛倒向主方为吉，倒向客方为凶；左背朝天为吉，反之则为凶。剽牛意味着把牛献给神，希望神保佑来年能猎到野兽，祈求丰收和平安。之后，人们当场把牛肉煮熟，凡参加者都有一份，人们边吃边唱边跳，共祝节日快乐，来年平安，人寿年丰。拿节日饮食来说，最初的祭祀活动中，原本所有准备的最珍贵美食都是祭献给神灵供神灵享用的，但是低下的生产力状况使得人们并没有条件浪费更多的食物，因此人们就本着先宴飨神灵，保佑人畜平安、五谷丰登，以尊崇神灵、先神后人的原则，认为吃了祭祀过神灵的祭品便会拥有神灵的力量护佑，形成节日大家分食祭祀食品的饮食习俗。随着生产力的提高，食物比较充裕之后，人们也会借节日祭祀的机会，提高饮食标准，享用积攒了一年的肉类、野味等优质食品，为恢复体力、分享一年辛劳的成果而聚饮。时至今日，藏羌彝走廊很多民族节日饮食的一个普遍规则仍然是不祭过祖先等神灵，人不能擅自吃喝，这正是节日神圣性的体现。

明清以前的火把节，彝族人以祭神驱鬼为主，明清以后，除了照旧祭神驱鬼，祭祀后的耍龙、跳乐活动，在场地、内容、气氛等方面都与祭神大不相同，甚至欢娱的情趣变得喧宾夺主，以至人们认为火把节是以耍龙、点火把、跳乐为主要内容的节日，这样的趋向逐渐发展到现在，火把节等节日的祭祀更是呈现出明显的展演性质，以自娱和娱人为中心。这种表层的演化逐渐将"祭神"的原始心理意向封存在节日民俗表象堆积层之下，成为潜在而不易观察的民族深层心理。从祭神到娱人的节日民俗演化过程，同时也就是人类观念意识演化发展的过程，在原始文化和现代民族文化的嬗变传递中，藏羌彝走廊民族节日扮演了非常重要的中介角色，是体现这一变迁趋向最突出的文化传统途径和载体。

最早的节庆以祭祀为主要目的，有固定节期和相当规模的祭仪就可以演化成节日，而原始崇拜、迷信与禁忌是节庆活动产生的思维根源。另一方面，人们凭借对天文、历法、数学等知识的逐步增加，产生了一系列岁时祭祀、岁时歌舞、岁时农事、岁时庆典、岁时禁忌和岁时饮食。从而发展出祭祀天地日月、山河林木、飞禽走兽等世间万物神灵的节日，同时也发展出很多用以表达怀念祖先、寄托思念、企盼团聚等情感的节庆，随着宗教的产生和发展，很多宗教节日也相继出现并在人们的社会生活中占据了重要地位。总的来说，构成早期节庆活动的主要因素有两个，即原始信仰和节气系统。随着历史的演进、时间的流逝，人类节日文化的内涵也

图 8-9　大理白族开渔节

从单一逐渐走向多元。节日逐渐增加了认识、传播、教育、审美和娱乐功能，人们在节日活动中获得知识、技能、生产经验和社会生活经验，并掌握良好的思想道德和行为规范，从中获得愉悦和放松，为社会创造健康和谐的文化氛围，是人类社会必不可少的精神文化活动。在特定的时间和空间中进行的节庆活动，不仅是对日常生活的升华，也是人们重要的情感寄托和精神信仰方式。

（二）藏羌彝走廊上节日的多元交融性

藏羌彝走廊上的民族，几乎天天都可以有节过。众多的民族形成了民族文化的多样性，民族节日是这种文化多样性的典型体现。藏羌彝走廊上的节日在漫长的历史长河中构成的特殊的结构形态，在时间和空间上具备发生学意义，保留了节日文化由初始形态、发展形态、现代形态的完整节日序列，为人类节日发展历程提供了参考。考察独龙族仅有的"卡雀哇"（祭天节）节日，哈尼族一系列的农耕生产祭祀节日，以及傣族佛教化的各项农事节日、佛教节日等民族节日，发现它们反映了人类从没有节日到产生节日，再到形成丰富完整的民族节日体系的过程。正因为如此，藏羌彝走廊的节日文化与其民族文化的母体联系十分密切，通过节日文化可以追溯民族文化的起源和变迁过程。

节日的产生根源于人类社会的精神生产活动。早在人类文明开始之前，满足了温饱的人类祖先就会聚集在一起，用声音和肢体表达情感，即使缺乏食物保障，人们也会群聚祭祀天地鬼神，吁求自然的眷顾。在一个民族历史发展进程中，不断孕育、形成、发展、衍化出节日的诸多形态，正如一个民族的文化形态也是一个不断发展变化的动态过程一样，一些消失了，新的又不断涌现。藏羌彝走廊节日的内容涵盖岁时民俗、生产祭祀、情感寄托、英雄崇拜、宗教信仰、经济贸易、文化交往等各个方面。作为活形态的民俗活动，节庆还在不断地发展变化，一些传统节庆被赋予新的内涵，一些新兴节庆蓬勃发展，一些外来节庆越来越流行，一些从属于会展业的专题节庆被创造，一些时代主题以节庆的形式被命名。在这个过程中逐渐稳定和固定下来的节日内核往往就是这个民族千百年来凝聚在其中的民族精神、民族性格和民族特质。

　　节日是人们在社会生活中加强沟通、进行交流的重要生活方式。节日一定有鲜明的主题和活动内容，活动的对象是广大的公众而不是个人。不同的节庆活动根据自身的内容和主题有确定的周期。节庆活动不同于日常活动，它能够带给公众超越常规的体验。节庆活动还有特殊的仪式典礼，用以传达特殊的文化信息。总之，节日是具有特殊意义、特殊活动内容的日子，并且以年度为周期，循环往复，周而复始。节日是一定族群中所有成员共同具有的认识、思想、信仰、价值的体现。反映了族群中每个成员对周围世界以及族群本身的认知体系，反映了该族群的利益取向和价值取向，为节庆的集体行为提供合理性和必要性的文化认知。因此，节庆活动能够把单个的分散的社会个体集合起来，形成一种共同的社会文化氛围，进而演化成一种民族认同和文化认同，使社会成员中的个体获得文化归属感。节庆是社会遗传的一种重要形式，是人类文化和文明的重要积淀和文化再生产过程。节庆中所蕴含的思想、知识、精神、情趣、信仰，会通过一次又一次的重复节庆活动，通过节庆中的祭祀和仪式，传递来自远古祖先的信息，也传递人类一代代积累的文明成果。

（三）藏羌彝走廊上节日的文化集约性

　　民族节日是民族文化的载体，是民族文化高度的凝练和综合性表现，是展现民族文化事象，进行民族交流，追忆民族历史，表达民族意识，折射民族精神，增强民族团结和民族认同的重要形式，因而各个少数民族在节日期间都要以最隆重的礼节来祭祀祖先和神灵，准备最丰盛的食物，排演最精彩的歌舞，穿上最具特点的民族服装，邀请最多的亲友，把所有最斑斓的内容囊括进节日活动当中。所以民族节日就成为民族文化最集中的展示时间和展示场所，承担了文化积淀场的作用，具有显著的文化集约特征。

以藏羌彝地区的赛马会来说，其在以畜牧业为主的藏族地区具有深刻的社会与历史文化根源，是藏族民间最古老、最盛行的竞技活动和娱乐方式之一。玉树赛马会是青海省玉树藏族自治州藏族民众最具特色的民族节日，也是玉树藏族居住区乃至康巴藏族居住区最具代表性的节庆活动，具有浓郁的康巴艺术特色。第一届康巴艺术节于1994年7月在青海玉树举行，此后每四年在康巴藏族居住区举办一届。康巴藏族居住区包括云南迪庆州、四川甘孜州、青海玉树州和西藏昌都地区，它们有着共同的文化底蕴和民族特征。为加强四地州的文化交流和经济交往，整合文化资源，使康巴文化品牌成为国际性品牌，进一步延续传统友谊，促进共同发展，20世纪90年代初经四地州共同协商，达成了定期举办"康巴艺术节"的

图8-10　康巴艺术节

协议，确定"康巴艺术节"是四地州共同的节日，每四年由各地州各自承办一次，轮流进行。2014年7月25日，第八届康巴艺术节在玉树州州府结古镇举行，镇西边3公里的扎西科草原上举行了盛大的赛马会。来自西藏昌都、云南迪庆、四川甘孜等地区的藏族民众与玉树藏族共同参与，在赛马会上除了各种马术竞技，还会有各种歌舞表演、服饰展示等。玉树赛马会深刻反映了藏族的物质生产、历史文化、民间风俗、宗教信仰、价值观念和审美取向。玉树赛马会在当今的发展现状，逐渐突破了传统体育文化竞技内容，逐渐成为集民间体育、文艺表演、服饰展示、物资交流等于一体的民族盛会，具有浓郁的康巴艺术特色，深刻反映了玉树乃至康巴其他地区藏族的物质生产、历史文化、民间风俗、宗教信仰、价值观念和审美取向，也是藏族民众休闲集会的民族文化盛会。在这届康巴艺术节上，集中了格萨尔文化集体展演、格萨尔艺人说唱、传统卓舞表演、藏戏表演

图 8-11 景颇族目瑙纵歌节

《赛马称王》《达色施才》、走马比赛、玉树民间曲艺展演比赛、藏族服饰表演、山歌比赛、骑牦牛比赛、宗教法舞羌姆展演、选美比赛、广场歌舞表演等非常丰富的民族文化内容，堪称藏羌彝走廊上藏族文化艺术最盛大的博览会。

藏羌彝走廊上很多民族节日都具有这种文化集约性，比如彝族的火把节、景颇族的目瑙纵歌节、傣族的泼水节、白族的三月街、哈尼族的昂突玛等，在现代节日发展演变过程中，体现承续传统、包容现代，凸显民族特色和民族文化，增进民族文化认同，传播民族文化理念的重要价值和意义。总之，饮食、服饰、歌舞、巫术、交通、器物、民间工艺、说唱、丧葬、生育、婚恋、伦理、道德、艺术、科学、宗教礼仪、称谓、禁忌等几乎所有的民族文化因子，几乎都能在节日文化中得到凝聚和展示。

三、藏羌彝走廊上节日的现代走向

藏羌彝走廊上的民族节日因其开放性多元交融的文化特征，是最容易沟通传统和现代的文化事象。当代藏羌彝民族节日文化的变迁反映了人们在新的民族生存环境里与新的时代氛围下对民族节日文化做出的新阐释，也是民族传统节日文化为适应新的现实生活而做出的积极回应。

（一）从节日活动走向节日文化

节日所蕴含的节庆文化隐藏在节庆活动的深层，具有潜在性的特点。节庆文化是以文化活动、文化产品、文化服务和文化氛围为主要表象，以民族心理、道德伦理、精神气质、价值取向和审美情趣为深层底蕴，以特定时间、特定地域为时空布局，以特定主题为活动内容的一种社会文化现象。它是人类文化的组成部分，是社会文化的重要分支，是观察民族文化的一个窗口，是研究地域文化的一把钥匙。节日文化是一个历史的范畴，始终处于一个发展和变迁的过程当中。节日文化在当下的主要变化表现在：参与者群体的变化，节日内容的调整、增减、创新，新的节日层出不穷等方面。文化的变迁总是先从表象的形式开始，最终触及深层的文化观念。节庆活动和节庆文化是一而二、二而一的关系，节庆活动中孕育着节庆文化，节庆文化是节庆活动的深层内核。节庆活动有一定的时间段，有流动的人群参与，有特定的文化空间，处于流变过程当中。节庆文化具有相对稳定性，在一定时间和一定地域范围内表现特定族群的思想、认知、道德、信仰等观念文化内容，是抽象的文化观念。节庆活动和节庆文化都可以视为一种文化资源。

（二）从节日文化走向节庆产业

　　节庆活动是一个动态的过程，传统民间节日功能也正在经历巨大变化，已经由原来的娱乐功能、管理功能、沟通村民情感的功能、精神寄托和补偿功能演变为当下经济功能的增加和原有一些功能的慢慢弱化。节庆活动具有文化和经济的双重属性，其文化属性表现在能够满足人们求知、求美、求乐的欲望，实现欣赏价值、审美价值和认识价值的总和。节庆活动的经济属性在于它能够向社会提供文化性消费，通过对节庆资源的利用，实现经济产出。丰富多样的节庆资源是节庆产业发展的基础。任何一个产业的崛起和发展，都与资源的开发利用密切相关。文化产业的崛起与发展同样离不开对文化资源的开发和利用。文化资源与其他经济资源一样，在一定时期，一定条件下相对于人们的需求来说总是稀缺的，节庆资源还具有区域性、多样性、季节性、稳定性、短期性、敏感性等特点。这就有一个如何使有限的节庆文化资源得到合理配置的问题。通过节庆文化资源的市场配置和市场机制与宏观调控相结合，建立以政府引导文化市场调节文化资源的配置模式。这种配置模式使市场机制与国家宏观调控的功能优势得到充分发挥，各自的短处能得到相互弥补，从而实现节庆文化资源充分、合理和有效的使用。

（三）节庆旅游的独特价值

　　节庆旅游适于在中西部一些节庆资源丰富、自然风光优美、保留有较多地方文化和民族文化的区域实施。人们在领略神奇秀美的自然风光的同时，能够体验丰富多彩的民族风情，参与各种各样的民族狂欢节庆，获得不一样的旅游感受。最近 10 年，以云南、贵州、四川、广西、湖南为代表的省份在节庆旅游打造和发展方面取得了骄人的成绩。云南少数民族众多，25 个世居少数民族均有众多独特的民族节庆，一些大的民族节日如傣族的泼水节、景颇族的目瑙纵歌节原本就是跨越国境的盛大节日，在中国—东盟战略中，云南作为面向东南亚、南亚辐射中心，其节庆旅游产业更是推动了国际国内游客的广泛参与，与云南的旅游业一起获得长足发展；广西发掘壮族文化，在传统壮族歌圩的基础上，打造了南宁国际民歌艺术节，并与"中国—东盟博览会"合并举行，为广西带来了前所未有的

图 8-12　藏族过林卡

旅游热潮，以及最直接的经济效益和社会效益。

同时也应该看到，目前我国旅游节庆市场竞争日趋激烈，旅游节庆品牌建设环境不断发生变化。在这种动态环境下，旅游节庆对外界环境的适应性以及节庆自身的品牌运营过程都有可能引发危机。比如羌族的羌年、瓦尔俄足等传统节日，被大众化、世俗化、娱乐化、商业化、产业化，羌年新添了汉族地区的舞龙活动、文艺汇演等；瓦尔俄足庆典上，加入了"萨朗姐"选美大赛；传统节日期间，召开学术研讨会，推出节日纪念品、邮票等。羌族传统节日增添的新元素，使羌文化在传承过程中出现新的模式，促进了羌族传统节日文化内涵的变迁。人们对节日背后的文化象征意义渐渐淡漠，仅仅停留在"看热闹"的层面上。藏羌彝走廊大部分旅游节庆尚处于品牌创建阶段，缺乏品牌危机管理意识，亟须提高旅游节庆品牌危机管理意识。研究民族节日文化作为旅游资源的特点，确定开发民族节日文化资源的战略和措施，把民族节日文化从潜在的旅游资源转化为良性发展的现实旅游经济，仍然是各级各地政府部门和广大文化产业和旅游业从业人员的重要任务。

（四）节日文化资源开发应避免走入误区

节庆文化资源在商业性的活动中得到一定程度的发展，节庆与旅游、经贸的结合使节日文化得到宣扬、保护和挖掘，稀缺性、独特性的节庆文化资源成为经市场配置后进入文化产业的优质资源。当然，文化产业的市场机制有种种缺陷，市场调节具有短期性、滞后性和不确定性，在某些领域，市场调节是无效的。纯粹的市场配置资源，以获取经济利益为第一，也必然会给特殊的文化市场配置特殊的文化资源造成很大的缺陷。从而造成节庆产品结构单一、集中，节庆文化商品和节庆文化服务的价格失衡，节庆文化环境产生污染和破坏，节庆文化生产行为短期化。一些地方政府把传统节日打扮成时尚少女，使传统节庆变味与缺失，使民族文化和民族精神丧失，这样一些做法已经受到人们的诟病，没有市场基础和文化基础的节庆产品必然不会长久。与此同时，许多传统节庆存在的前提条件早已不复存在。要做到让时尚节庆更传统一点，传统节日更现代一点，现代节庆活动更民族化一点，更符合当下人们的精神文化需求和文化消费需求。

政府在现代节庆活动当中的作用也不容忽视。在现代社会中，各地各民族的节日从内容到功能及形态上都发生了变迁，尤其是政府参与到节日开发与管理上来后，节日的形态更是呈现了新的面貌，这就更需要我们对节日的结构、功能、社会性、价值、意义等方面进行深入的研究，在发展节庆产业的过程当中，应当强调政府行为是民族节日文化开发的"服务者"，不应该成为民族节日活动的主体部分。

要解决和避免这些问题，必须提高对节庆文化和节庆产业的认识和研究，探索节庆产业发展的规律性和科学性，实施定量的节庆产业价值评估体系，尊重节庆文化的客观事实和生存环境，保护节庆文化的原生性。政府部门应该转变思路，现代节庆非得有个开幕式吗？或者换个方式来开幕，把大型开幕式与精品舞台节目创作结合起来，形成为市场打造的专题晚会。或者用专题音乐会、诗歌朗诵会、篝火晚会、广场上群众活动来代替耗资巨大的开幕式，也不失为一种选择。政府也可以不搞大型开幕式，让民间和企业来承办。总之，应当用科学发展观来举办大型现代经济节庆活动，避免地方政府的经济行为与节庆活动设计出现有节办节、无节编节，因人而变、因人而废的现代节庆活动，以及节变不节的情况。

节庆活动应走塑造特色和追求多元相结合的道路。特色要通过丰富多彩的活动内容来展示，既体现节庆活动鲜明的主题思想和显著的地方特色，又展示传统文化与现代文明交相辉映的时代特征。追求多元，既打造具有知识性、趣味性、参与性的节目，又突出规模大、规格高、国际性等特点，形成各地节庆文化和节庆产业独特的风格和魅力。

第九章

从藏传佛教到多元和谐的信仰体系

——藏羌彝走廊上的宗教

宗教是人类在发展中形成的一种文化现象，它的出现是同人类祖先开始探讨自然与人生的奥秘，逐步摆脱动物性，向往更美好的生活紧密联系在一起的。中国是一个统一的多民族融合并共存的国家，各民族人民以自己辛勤的劳动共同创造了光辉灿烂的历史，创造了多姿多彩的文化，构筑了博大精深的文明，中国的传统文化也是在这种多元多样的不断碰撞与交融中发展而来，最终形成了一体的结构。数千年来，中国对各民族不同的宗教与信仰都持有相当开放包容的态度，各种不同的宗教及其不同教派都能在这片多元的土地上存在和发展，和平共处，人们可以信仰不同宗教。许多外来宗教都是以和平方式，通过正常的文化经贸交流途径传入中国。佛教进入中国，主要是中国人主动请进来的，取经、译经和传经的活动绵延了千百年。中国人在理解、消化和改造佛学上，态度认真，思索深密，耗时持久。同时，唐、宋、元、明、清在朝代的更迭中，景教、伊斯兰教、犹太教和近代西方天主教、基督教陆续传入中国。这些宗教除了天主教、基督教的传教与西方列强对中国的侵略有联系外，其他基本是以和平的正常的方式传入中国，并在中国大地上生存与发展。

藏羌彝走廊位于中国西部的腹心地带，是众多民族南来北往、繁衍迁徙和沟通交流的重要廊道，区域内文化形态多样，文化资源丰富，自然生态独特，宗教形态多元，是中国重要的历史文明文化沉积带。藏羌彝地区宗教形态纷繁复杂，多元多样。道教、佛教、天主教、基督教和伊斯兰教五大宗教俱全，同时这里的少数民族还不同程度地保留着本民族的传统宗教信仰，有些民族全民普遍信仰一种宗教，如藏族信仰藏传佛教，傣族信仰南传上座部佛教，回族信仰伊斯兰教。这些地方的民族自古传承并延续至今的日常生活和传统习俗都与其信仰的宗教息息相关。

除了五大宗教外，藏羌彝地区还存在着大量具有本民族特色的原生型和次生性宗教。"原生型宗教指本民族固有的原始宗教，如藏族的苯教，纳西族的东巴教，彝族的毕摩教。次生性宗教指在民族形成和发展的重要时期，吸纳改造或置换本民族原始宗教，并成为民族文化传统重要组成部分

图 9-1　若尔盖县姜东村经幡

的外来宗教。如傣族信仰的南传上座部佛教，藏族信仰的藏传佛教等。藏羌彝地区少数民族宗教信仰，具有典型的多元和谐性与重叠共生性。在某一特定区域或社区一种宗教为多民族信仰，一个民族信仰多种宗教的现象也非常普遍。随着民族之间日益频繁的社会经济交往，主体民族的宗教形态逐渐为其他民族所接受。"[①]现在民族地区的内部原生型宗教和次生性宗教一直交织交融并存，为民族地区的和谐稳定发展起着不可忽视的作用。

宗教作为藏羌彝走廊地区一项重要的社会活动，在演化和发展过程中与各民族的政治、文化、经济、哲学、心理等各层面都有更密切关联，随着时间的推进，藏羌彝走廊地区宗教发展更加多元、立体和复杂。历史上藏羌彝地区的宗教与少数民族关系非常密切，是该地区民族文化的重要组成部分。经过现代文明发展和演变之后，一部分少数民族宗教随着时间

[①]　宝贵贞：《中国少数民族宗教》，中国民主法制出版社，2015。

的发展在现代社会中虽然有所衰败，但其蕴含的保护自然生态、乐于助人、善良和谐的意识和价值理念，源远流长，都将进一步为人们所珍视，成为促进民族社会发展的有益文化资源。

一、藏羌彝走廊上宗教的内容

（一）从布达拉官的红白墙走到大理崇圣寺的三塔
——藏羌彝走廊上的佛教

藏羌彝走廊上的佛教是该地区分布面积较广、信仰人口较多的宗教门类，在藏羌彝走廊地区有着较大的影响力，主要包含的佛教派系有南传上座部佛教、藏传佛教和汉传佛教。

1.藏羌彝走廊上的南传上座部佛教

佛教的起源地为古印度，上座部佛教历经上千年的历史发展，由印度流传到斯里兰卡、缅甸、柬埔寨、泰国、老挝等东南亚和南亚国家后再传入我国。南传上座部佛教主要分布在藏羌彝走廊中的云南地区，自传入云南起主要分布在我国云南地区的西南部，即今天云南的西双版纳、德宏和保山等地，同时覆盖了普洱市、临沧市的部分地区。信仰南传上座部佛教的民族主要有傣族、德昂族、阿昌族、布朗族和佤族等少数民族，其中傣族、德昂族、布朗族等少数民族普遍信仰南传上座部佛教，佛教文化是他们日常生活的重要组成部分。保山和临沧等地的部分阿昌族、佤族人也信仰南传上座部佛教。

南传上座部佛教又称南传佛教，其主要经典是用巴利文写成的，有完整的经律论三藏经典以及繁杂的巴利文佛教论著，所以也被称为"巴利语系佛教"。云南傣族等民族的语言属于巴利语系，傣族、德昂族等少数民族占据了藏羌彝走廊地区信仰南传上座部佛教人口的大部分，这些少数民族信仰南传上座部佛教，佛教文化是他们传统文化的重要组成部分。关于云南地区南传上座部佛教传入时间，并无明确的历史记载。根据现有史料记载和考古发现来看，南传上座部佛教于公元 5 世纪已经传入中南半岛，公元 6~8 世纪，南传上座部佛教传入我国云南西双版纳，并在西双版纳地区获得广泛的发展。20 世纪 50 年代初期，在维修勐海景龙总佛寺时，人们在总佛寺大殿顶部发现一块刻有傣文的银片，上面写有"该寺建于祖腊历十三年，于三十三年落成，举行开光法会，以闷干丙君

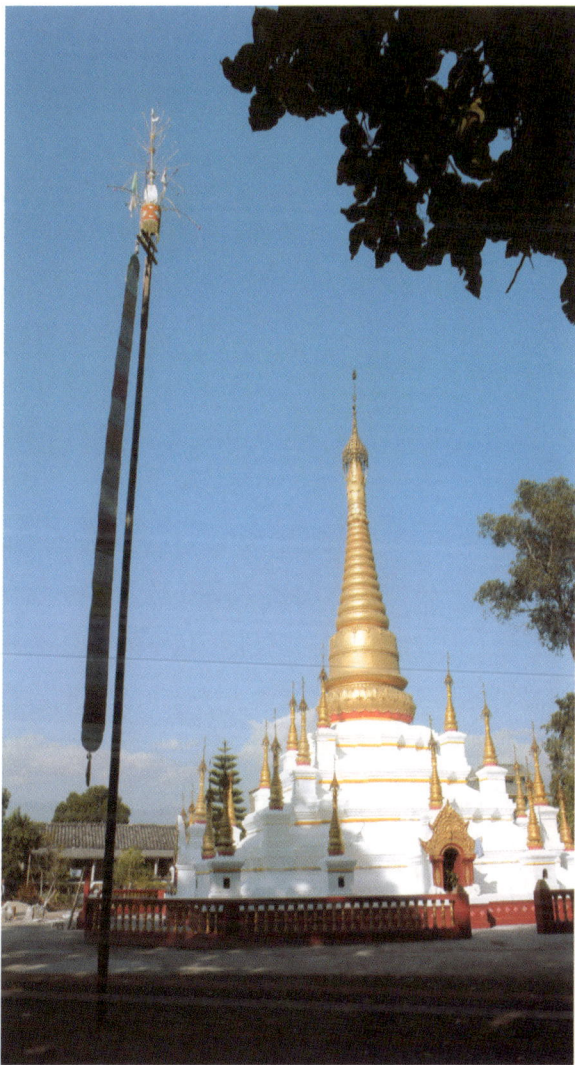

图 9-2 南传佛教佛塔

主为首的全勐百姓布施兴建，为护持佛法，求功德圆满"。另外，据勐海土司府相传下来的《地方大事记》手抄本有关建造总佛寺的记载："我勐海总佛寺于祖腊历三十三年（公元 671 年）完工，举行隆重开光法会时，特到景洪敬请宣慰府总佛寺大僧正长老亲自前来主持法会。"另外，在勐

海曼喷佛寺维修时，人们在大殿上发现有傣文记载，称该村佛寺建于祖腊历十六年。[①] 从这些零碎的文物资料中可以发现，早在一千五百年前，南传上座部佛教已在我国云南部分地区进行了广泛的传播，在修建佛寺、发展信徒的佛教传播过程中得到了当地上层阶级的广泛支持，并在公元 7 世纪和 8 世纪得到了快速发展。隋唐之时傣族出现了领主阶级，这一阶级要建立地区性的统一政权，就需要更加强大的精神武器来统一各部落人们的思想，南传佛教的普世性和对唯一教主释迦牟尼的崇拜，正适合领主阶级的政治诉求。因此，佛教很快得到了当时统治阶级的信赖，统治阶级对之加以扶持，继而很快在群众中推广。[②] 南传上座部佛教的主要教派有摆奘派、润派、多列派、左底派等分支派别。

南传上座部佛教对于所传入地区人们的生活有很大影响，几乎每个村寨都会有一个佛寺和驻寺僧侣，较大的村寨会有两个或多个寺院。佛教是当地人们日常习俗、礼仪必不可少的组成部分，也是人们传统文化与精神活动必不可少的仪式选择。在整个藏羌彝走廊地区，南传上座部佛教留下了大量的物质和非物质文化遗产，包含佛寺建筑、节庆等各个方面，南传上座部佛教已经成为傣族、德昂族、阿昌族等民族传统文化的重要组成部分。

2. 藏羌彝走廊上的藏传佛教

藏传佛教在整个藏羌彝走廊地区有着广泛的分布，主要分布在我国的藏族聚居区。作为佛教的重要派别，藏传佛教的起源和传播有着悠久的历史过程，在上千年的传承发展中，不断融合了西藏原始宗教、苯教和汉传佛教等宗教派别的特色，并呈现出自身独有的文化特点。藏传佛教形成

① 据 1962 年刀永明、刀述仁、曹成章调查，后经刀永明、曹成章整理的材料《西双版纳傣族信仰佛教的一些情况》，见《民族问题五种丛书》云南省编辑委员会编《西双版纳傣族社会综合调查》（二），云南民族出版社，1984，第 113 页。
② 张公瑾、杨明康、戴红亮：《中华佛教史·云南上座部佛教史卷》，山西教育出版社，2014，第 48 页。

的具体时间现在已经无从考证，传统上人们习惯于认为是我国西藏历史上的赞普松赞干布（617~650年）将佛教引入西藏后逐渐形成。

　　唐代贞观年间，中国正经历着繁荣的贞观之治，与前朝统治者不同，唐太宗对外来文化表现出巨大的包容性，这一时期政治开明、经济繁荣、文化兴盛，各民族之间实现了空前的融合。在加强对外文化交流的同时，唐太宗实行宽松的宗教政策，佛教、道教、景教和祆教等不同宗教在贞观年间获得了广泛的传播。佛教在经历了南北朝至隋代年间的政治动乱和社会动荡之后，获得了稳定的发展环境。唐朝建立后，中国佛教的发展进入了新的发展黄金时期。与唐太宗处于同一时期的吐蕃首领松赞干布在统一吐蕃后向唐太宗提出了和亲请求，唐太宗远嫁文成公主进藏。信仰佛教的文成公主在进藏时带去了大量的佛教典籍和一尊释迦牟尼十二岁等身佛像（现供奉于大昭寺）。盛行于唐朝时期的汉传佛教以文成公主进藏为标志，开始了在西藏的传播。同时，松赞干布也迎娶了同样信仰佛教的泥婆罗尺尊公主，印度佛教也开始传入吐蕃。印度佛教和汉传佛教，作为两种具有不同文化特质的佛教派别，与当地苯教、原始宗教共同融合而形成了独具

图 9-3　青海塔尔寺

高原特色的藏传佛教，并从松赞干布时期开始，藏传佛教在西藏这片雪域高原上逐渐生根发芽。作为吐蕃的领袖，松赞干布对佛教的尊崇对藏传佛教发展影响很大，藏传佛教在形成之初就获得了吐蕃上层统治阶级的支持，自身也有了传播推广的政治基础。

从松赞干布引入佛教到赤松德赞时期，佛教才确立了在吐蕃可以立足的地位。再到后来的赤祖德赞则将佛教的发展推向了一个顶峰，赤祖德赞、赤松德赞和松赞干布三位赞普一起被称为藏传佛教的"三大法王"。但佛教的发展在繁荣的局面之下，也掩藏着深刻的危机。佛教的快速发展和壮大，引起了苯教势力的强烈不满，苯教势力伺机反扑。与此同时，吐蕃藏传佛教自身发展面临着危机，由于赤祖德赞大力支持佛教，将佛教的地位提到了至高无上的地位，僧阶集团迅速被置于吐蕃社会的顶端，很多僧人开始介入统治集团的权力体系之中。过度的崇佛，也为下层民众带来了空前的社会负担，引起了社会各个阶层的不满。838年，赤祖德赞死于一场宫廷谋杀，朗达玛上台执政，藏传佛教的发展进入历史上著名的"朗达玛灭佛"时期。朗达玛实行全面的禁佛政策，大量焚烧佛经、破坏佛像和佛教壁画，关闭和拆毁佛教寺院。他还取消了佛教在吐蕃的一系列特权，将佛教僧人从寺院驱逐出去，大批佛教僧侣被迫从寺院还俗，部分仍坚持信仰的僧人被迫流亡，自上而下的僧阶集团遭到粉碎性的破坏。[①] 朗达玛灭佛是藏传佛教发展历史上的一件大事，以此为界史学家们将藏传佛教的发展分为"前弘期"和"后弘期"两个部分。

藏传佛教的"前弘期"从松赞干布引入佛教开始，到朗达玛灭佛结束，前后持续了两百年。"前弘期"的藏传佛教与整个王室的支持态度紧紧联系在一起，为整个藏传佛教势力的传播打下了基础，虽然历经朗达玛灭佛，但藏传佛教的传播并没有停止，在大量僧人流亡、逃散的同时，藏传佛教的火种得以保留下来，为"后弘期"藏传佛教的发展奠定了基础。

① 巴代·祖拉陈瓦：《贤者喜宴——吐蕃史译注》，黄颢、周润年译注，中央民族大学出版社，2010。

朗达玛灭佛后的一百年间，大量佛教僧人开始走向民间，在平民阶层传法布道，逐渐在广泛的民间阶层集聚了大量的影响力。地域上信仰群体范围的扩大，为藏传佛教的复兴和壮大开辟了广阔的空间。藏传佛教的民间信仰群体不断得到扩充，标示着藏传佛教真正由一种贵族宗教转化为民间宗教，也是藏传佛教"后弘期"开始的标志。在朗达玛灭佛后，西藏陷入各种地方势力的割据，许多拥有强大地方势力的领主，为了加强割据统治和稳定民心的需要再次推行佛教，藏传佛教经历过灭佛后再度获得新生。整个"后弘期"是藏传佛教发展的又一个黄金阶段，在此期间奠定了藏传佛教发展的基础格局，形成了包含萨迦派、噶举派、噶当派、格鲁派和宁玛派等在内的众多藏传佛教宗派。1270年，八思巴·罗卓坚赞作为萨迦派的领袖，被元朝忽必烈皇帝尊为"帝师"。八思巴在元朝的支持下，统一了全藏，结束了四百年间西藏各种割据势力相对独立的长期分裂局面。忽

图9-4　青海隆务寺

365

必烈任命八思巴·罗卓坚赞统领西藏政教，西藏开始了政教合一的历史进程。元朝中央政府对西藏事务进行直接管辖，西藏地方纳入大一统的中国版图，成为中国领土不可分割的一部分。

在藏羌彝走廊藏传佛教的地理分布上，西藏自治区拉萨市、昌都地区和林芝地区等是藏羌彝走廊藏传佛教分布的核心区域。在藏羌彝走廊的四川地区，藏传佛教主要分布在甘孜藏族自治州、阿坝藏族羌族自治州，当地的教派主要有格鲁派、萨迦派、宁玛派和噶举派，其中格鲁派多分布在甘孜的农区，宁玛派几乎遍布全州，多分布在牧区，萨迦派主要分布在德格县，噶举派主要分布在康定。云南的藏传佛教主要分布在迪庆藏族自治州、丽江市等地区，迪庆藏族自治州位于西南地区同青藏高原的接壤和辐射地带，藏传佛教辐射藏族、纳西族和摩梭人等少数民族，涵盖了格鲁派、噶举派和萨迦派等藏传佛教教派，是除西藏以外藏传佛教在我国的主要分布区域。此外，在藏羌彝走廊的藏传佛教其他的分布区域还包括甘肃省甘南藏族自治州、青海省黄南藏族自治州等地区，并呈现出由这些分布的核心区向其周边辐射的分布态势，整个藏羌彝走廊地区也是世界藏传佛教信仰人口最多、分布最密集的地区。

3. 藏羌彝走廊上的汉传佛教

史载，东汉永平七年（公元64年），汉明帝刘庄夜宿皇城之中南宫时，梦见有一个身高三丈、全身焕发着金光的神仙自西方而来，飞绕大殿后离去。在第二天的朝会之上，汉明帝请众大臣为其解梦，大臣傅毅解释说汉明帝梦见的是西方的佛。汉明帝深信不疑，第二年便派遣蔡愔等十四个大臣前往西域求法，这两个典故被后世称为"夜梦金人"和"永平求法"。使者们走到大月氏国遇见高僧摄摩腾和竺法兰，便邀请二位高僧来中原传播佛教。永平十年（公元67年），二位高僧携带佛经佛像来到当时的国都洛阳，受到了汉明帝的礼遇，汉明帝下令建造白马寺安置两位印度高僧，白马寺遂成为我国第一座佛教寺院，被称为"释源"和"祖庭"，此后绵延两千年的中国汉传佛教遂起源于此。佛教发端于古印度，我国的佛教也是由古印度传播而来，外来的佛教通过与中国本土文化相结合，产生了对整个中国传统文化具有较大影响力的汉传佛教。汉传佛教的广泛传播，标志着佛教作为一种外来宗教真正融入中国传统文化的基因之中。以民族多样性和文化多样性为主要特征的藏羌彝走廊地区是我国汉传佛教分布的重要区域。藏羌彝走廊四川地区，位于四川盆地，其历来被称为"天府之国"，人口众多，物产丰富。佛教自印度传入我国以后，历代中原王朝发生战乱和对抗，如南北朝时期、安史之乱时期，包含佛教徒在内的大批人口汇涌入四川盆地躲避战乱，这些佛教群体促进了四川盆地汉传佛教的发展。四川地区的富饶和地方统治者的崇佛政策都促进了汉传佛教在四川地区的传播。云南汉传佛教的发展，得益于四川佛教的繁荣。元代的《云南志略》《记古滇说集》等较早记录云南地方历史的文献都有云南的汉传佛教是从四川传入的记载，汉传佛教在公元 7 世纪前后传入藏羌彝走廊的云南地区。传播的途径主要有以下几种：首先，通过南方丝绸之路这

图 9-5 大理宾川鸡足山

367

条历史上的经贸与文化交流之路，从中原和四川地区传入云南。南诏、大理时期的经济文化繁荣也为汉传佛教的发展奠定了基础，大理三圣塔等一批重要的佛教建筑正是在此期间建立。其次，云南在历史上各个时期的地方政权如南诏、大理等都与中原王朝有着密切的经济文化交流，中原先进的文化理念、不同的宗教信仰也随之流入云南，汉传佛教是其中重要的一部分。最后，汉代及其之后历代的王朝开边，云南逐渐被纳入大一统的中央王朝管理体系之中，大量中原地区的人口迁徙到云南、贵州等地，或谋生、或戍边，中原文化也随之扩展到云南地区，汉传佛教随着人口的流动和文化的传播被带到了云南。元代以后，云南的汉传佛教以禅宗为主，其先自汉地传入，至中庆城（昆明），而后传到洱海地区。[①]藏羌彝走廊所包含的西藏、青海、甘肃等地区的汉传佛教通过西北陆上丝绸之路的传播和历史上当地的地方政权对汉传佛教的吸收与推崇，而得到广泛的传播。

在藏羌彝走廊地区汉传佛教的地理分布上，汉传佛教在藏羌彝走廊地区的南部主要分布在四川省成都、乐山、绵阳以及云南的昆明、楚雄、保山、大理、曲靖等地区，比较著名的寺院有四川万年寺、昭觉寺、文殊院，云南的圆通寺、邛竹寺和三塔寺，等等。汉传佛教在南诏时期就已经传入云南，并留下众多的汉传佛教印记。例如，现存于云南安宁的"王仁求碑"刻于唐武周圣历元年（698），因其碑额雕刻有与当时中原内地佛教风格一致的浮雕，被认为是追溯汉传佛教在遇难后传播的最早佐证之一。在藏羌彝走廊地区的北部汉传佛教主要分布在陕西省宝鸡、汉中和甘肃省的武威、张掖等部分地区，主要的汉传佛教寺院有甘肃武威的大云寺和陕西宝鸡的法门寺等。汉传佛教在藏羌彝走廊地区的信仰群体以汉族为主，还包含部分彝族、白族、拉祜族等少数民族，整个藏羌彝走廊地区的汉传佛教涵盖了禅宗、净土宗、法相宗、天台宗、密宗和华严宗等宗派，其中净土宗和禅宗是藏羌彝走廊地区汉传佛教较大的派别。

[①] 颜思久主编《云南宗教概况》，云南大学出版社，1991，第76页。

（二）古兰经在南关清真寺和沙甸大清真寺回响
——藏羌彝走廊上的伊斯兰教

公元 7 世纪初创建的伊斯兰教，与佛教、基督教并称为世界三大宗教。"中国穆斯林是一个笼统的概念，主要指中国信仰伊斯兰教的 10 个穆斯林少数民族，包括回族、塔吉克族、乌孜别克族、塔塔尔族、东乡族、撒拉族、保安族、维吾尔族、哈萨克族、柯尔克孜族。"伊斯兰教兴起后不久，随着阿拉伯和波斯穆斯林商人来华经商而传入中国。651 年，阿拉伯国王第三任哈里发·奥斯曼遣使长安，觐见唐高宗，中国史学家大多将这一年作为伊斯兰教传入中国之始。此后，中国伊斯兰教的形成经过了三次大的演变。[1] 第一次是唐宋时期的阿拉伯、波斯商人的东来和中国西部部分回鹘人在信仰上改宗伊斯兰教，这是中国伊斯兰教的最早源流；第二次是在元代随着蒙古人的西征，大批波斯人、阿拉伯人和中亚各族人迁居中国各地，使伊斯兰教的传播范围扩大，信教人数大量增加；第三次是明代伊斯兰教在新疆地区得到进一步发展，成为原具有不同信仰的维吾尔族的统一宗教。伊斯兰教在中国同中国的回、维吾尔、哈萨克、柯尔克孜、塔塔尔、乌孜别克、塔吉克、东乡、撒拉、保安等十个民族相结合，在历史长河的演变和发展中得到了广泛的传播和发展，逐渐形成具有民族特色的中国伊斯兰教。

回族，又称回民、回回民族，是中国少数民族中人口较多、分布最广的一个民族，在藏羌彝走廊也有不少聚居区。公元 7 世纪以来，有少数波斯人和阿拉伯人久居中国，他们和他们的后裔被称为"藩客"或"回回藩客"。13 世纪，随着蒙古人的军事活动，葱岭东西的中亚、波斯、阿拉伯广大地区的穆斯林迁徙到中国，被称为回回人。这些信仰伊斯兰教的回回人在同中国各民族长期杂居的过程中，吸收了汉、蒙古、维吾尔等民族

---

① 宝贵贞：《中国少数民族宗教》，中国民主法制出版社，2015。

成分，逐渐形成了民族共同体。伊斯兰教在回族中的传播具有普遍性且影响深远。学术界一般认为回族大致形成于明代，而元代是回族形成的准备时期。元代蒙古军队西侵后，把中亚西亚各族人编入探马赤军签发东来。按照规定，探马赤军"上马则备战斗，下马则屯聚牧养"。当时回回屯聚牧养的地方，有甘肃河西、宁夏、河南、山东、河北一带，以及云南等地。时至今日，伊斯兰教在很大程度上支配和影响着回族穆斯林的心理状态和生活习俗，宗教信仰的饮食禁忌、丧葬、婚俗、节庆已演变为本民族的风俗习惯，伊斯兰教的痕迹已经深深烙印在回族的文化中。

甘肃地理位置特别，自古为中外交通枢纽。儒家文化和域外文化在此冲撞融合，造就了河陇地区的辉煌。从魏晋至唐宋这段时间，佛教的传入使甘肃诞生了大量高僧和石窟。河西高僧之多见于梁代慧皎撰《高僧

图 9-6　白族地区的清真寺

传》，石窟自西向东有莫高窟、榆林窟、天梯山石窟、炳林寺石窟、麦积山石窟等。宋元明清这段时间，伊斯兰教的传入使甘肃再次绽放异彩。中国伊斯兰教三大教派有两大教派自甘肃发轫，四大门宦创始人有三人是甘肃人。此前之佛教河西至陇东皆有分布，此时之伊斯兰教则集中于河湟一域，特别以河州（今临夏）为主。河州西接中亚传教士之余绪并进而传之于东，在三大教派、四大门宦创始过程中举足轻重，号为中国的麦加。国际上的伊斯兰教有逊尼、什叶两大教派，国内穆斯林似无此分际，属相对独立的一个群体。格底目是中国最早形成的伊斯兰教教派，"格底目"即为古老之义。格底目是目前中国最大的伊斯兰教教派，回族穆斯林多数属于这个教派。它反对朝拜拱北，但总体是一个温和派。[①]

元世祖至元元年（1264），赛典赤·赡思丁任陕西五路西蜀四川行中书省平章政事，大德八年（1304）赡思丁第三子忽辛出任四川行省左丞，成都为其中枢所在。他们的部属、家眷、工匠、阿訇、随行商人也在成都居住，实行军民屯田制，穆斯林们定居下来，繁衍子孙。[②]明末清初，成都遭遇长期战争，沃野荒芜，之后经过"湖广填四川"，许多穆斯林来川并散居四川各地。后又有较多的穆斯林由陕甘、湖广、云南迁徙来川，成都有了不少的穆斯林，尤以在皇城坝、土桥金泉场经商定居者为多。四川省有回族穆斯林10万人，清真寺116座。除甘孜州的石渠、新龙两县外，其余各市、县均有回族穆斯林居住，具有大分散特点。在四川18个地、市、州中，阿坝、绵阳、凉山、成都四地区回族穆斯林最为集中，占全省回族穆斯林总数的66.41%，而且大多围绕清真寺居住，形成小集中的街巷或村庄。[③]

1253年，忽必烈率领蒙古大军平定大理，伊斯兰教开始传入云南。后来，忽必烈派赛典赤·赡思丁任云南平章政事（1274~1279），赡思丁

① 　哈宝玉：《蒙元时期的穆斯林与伊斯兰教法》，《十四次全国回族学研讨会论文汇编》，2003。

② 　宝贵贞：《中国少数民族宗教》，中国民主法制出版社，2015。

③ 　张泽洪：《四川穆斯林的来源》，《中国穆斯林》1990年第3期。

在昆明创建了 12 所清真寺。现在，伊斯兰教在云南全省均有分布，主要在昆明、玉溪、红河、文山、大理、曲靖等州市，为回族和部分傣族、白族、藏族、壮族群众所信仰。云南伊斯兰教历史上分为老教、新教和新新教 3 个教派。老教分布最广、人数最多，它吸收儒家思想较多，所倡行的"中阿并授式"的经堂教育在全国独具特点。经堂教育是中国伊斯兰教历史上一种在清真寺内附设学校的宗教教育。云南清真寺的分布与回族大分散、小聚居的状况相适应。云南的清真寺除有的具有阿拉伯风格外，大多为典型的中国庙宇式建筑，是伊斯兰文化和汉族、傣族、藏族、白族等云南各民族文化有机结合的建筑艺术形式。[①]

（三）"圣光"照耀下的平凉基督教堂和茨中天主教堂
——藏羌彝走廊上的基督宗教

基督宗教是与佛教、伊斯兰教并列的世界三大宗教之一，崇奉耶稣为救世主，信仰上帝（天主）创造并主宰世界，以《旧约全书》和《新约全书》为圣经，包括罗马公教（在中国亦称天主教）、正教（亦称东正教）、新教（在中国通称基督教或耶稣教）三大派系和其他一些较小宗派。新教于 19 世纪初传入中国，1807 年英国伦敦会传教士马礼逊来华，是基督教新教（以下称基督教）传入中国大陆的开始。1840 年鸦片战争后，西方基督教凭借不平等条约获得特权，开始大规模传入中国，从东南地区少数口岸向我国内地、边境发展，由于传教活动受到列强不平等条约保护，教会受外国差会控制，基督教在中国被称为"洋教"。藏羌彝走廊的基督教主要有两大教派：新教和天主教。新教又称耶稣教，在信仰上与天主教大致相同，不同之处主要是：新教不承认玛利亚为天主之母，不承认有炼狱，不接受罗马教廷的统一领导。

其实早在唐代，藏羌彝走廊地区就有基督教开始出现。四川就是景

---

① 孙浩然编著《云南少数民族宗教文化》，云南大学出版社，2015。

图 9-7　维西茨中教堂

教（基督教的一支）传播的地区之一，从波斯传入的景教在成都西门石笋街、峨眉山等地建有大秦寺，四川的地方官员曾倡导景教。明代，基督宗教再次传入四川，崇祯十三年（1640），天主教葡萄牙耶稣会教士利类思"首先入川，传扬福音"。在今绵竹、成都、重庆、宜宾、西昌等地建立教堂、传教布道。清代，入川的传教士不断增多，至清中叶，四川已成为天主教在中国最大的教区。四川主要的府县、城镇都有了传教士活动的踪迹。天主教士进入四川藏族居住区，是在鸦片战争之后。道光二十六年

（1846），西藏成为独立教区。至民国年间，天主教已在四川藏族居住区完全站稳。康定教区所辖范围之广，居全国八大教区之首。基督教在四川藏族居住区的传播差不多是与天主教同时进行的，同样取得了相当大的进展。第一个进入四川的传教士，是英国伦敦会的杨格非（Griffith John）和大英圣经公会的伟力（A. Wylie）。第一个进入藏族居住区的传教士，是英国内地会的康慕伦，他于1876年12月开始，步行跋涉，经湖北进入四川，到达打箭炉（康定），考察藏族居住区生活，后经理塘、巴塘，渡过金沙江，进入西藏，被称为"中国的李文斯顿"。随后，大量的传教士进入四川，并从四川深入西部。至1920年，各差会在四川的51个城镇开辟了76个总堂（下有369个礼拜堂和无数的布道所），仅次于沿海首先开放的广东和江苏两省，居全国第三位。基督教在四川全省都有分布，主要分布在成都、绵阳、阆中、广元、南江、南充、达县、泸县、宜宾、西昌、康定、雅安等百余市、县。

甘肃省西南部的汉藏边界地带是基督教发展的主要地区。自1894年始，宣道会、神召会在甘肃西南部"拓荒"，至今在甘南仍有以录巴寺为代表的村落，有稳定的信仰群体和宗教活动。基督教的传播和发展为甘肃汉藏边界的宗教和文化格局增添了新的因素。

根据有关史料记载，最早进入云南的基督教传教士是内地会的英国传教士麦嘉底（John M'Carthy）。1881年，基督教内地会传教士乔治·克拉克（George Clarke）夫妇率先在大理开设教会，成为基督教在云南传播的先导。约1883年，基督教开始传至昭通地区。1892年，开始传入昆明地区。此后，基督教各派及团体和自传道者相继入滇，并逐渐形成各自的传播范围和势力。天主教传入云南是在明末清初。清康熙三十五年（1696），云南建立天主教区。道光二十三年（1843），云南天主教在今盐津县建立主教公署，并于1881年迁至昆明。1948年昆明教区升为"云南总主教区"。新中国成立后，云南基督教爱国人士开展"三自革新"（自治、自传、自养）运动。基督教在云南16个地州均有分布，传播地域主要有今昭通地区、曲靖市、楚雄州东北部、昆明、大理白族自治州、怒江傈僳族自治州、迪庆藏族自治州、德宏傣族景颇族自治州、临沧、普洱、红河哈尼族彝族自治州等地。信仰民族主要有汉族、苗族、傈僳族、景颇族、彝族、佤族、怒族、独龙族、拉祜族和傣族等族的部分群众。[①] 天主教在云南主要分布在昆明、红河、文山、大理、丽江、曲靖等地州市，为汉族、彝族、苗族、傈僳族和景颇族等族部分群众所信仰。

基督教对生活在云南的傈僳族民众的社会生活具有相当重要的影响。19 世纪下半叶，伴随帝国主义的入侵，基督宗教传入云南怒江等地。掀起了前后历时约 40 年的"基督宗教群众运动"。云南少数民族中改信基督教的主要有傈僳族、拉祜族、景颇族等。英国人傅能仁（J. O. Fraser）是第一个到傈僳族地区传教的牧师，他受内地会差遣于 1908 年进入滇西腾冲一带开始向傈僳人传教。1888 年，法国籍传教士司铎任安收在白哈罗等地霸占土地修建天主教堂两所，有 600 多名傈僳族群众入了天主教。1912 年以后，法籍军人安德勒由巴塘到白哈罗"传教"，把天主教堂发展到 6 所，发展教徒 1016 人，法籍"神甫" 6 人，傈僳族怒江主要神职人员 3 人，并且把这些教堂划归康定天主教会管辖。[②]1920~1925 年，英国传教士傅能仁在缅甸传教士巴托的帮助下创造了傈僳文，以之翻译了《圣经》中的《四福音书》和《创世纪》。为了让傈僳族容易接受，傅能仁把上帝译为"乌撒"，乌撒是傈僳族原生宗教中的创造之灵。把上帝译为乌撒，使傈僳族觉得这位神早就与他们同在，只不过以前不那么了解他。他们信的是早已存在的神，这就在接受基督教时保留了原有的宗教资本。[③]

近代西方基督宗教的传入，给藏羌彝当地人民的生活带来的影响无

---

① 宝贵贞:《中国少数民族宗教》，中国民主法制出版社，2015。
② 沈坚:《基督教与云南怒江傈僳族社会》，《历史教学问题》2006 年第 1 期。
③ 宝贵贞:《中国少数民族宗教》，中国民主法制出版社，2015。

疑是十分复杂的，正面、负面皆有。总体而言，基督宗教的弘布，紧随近代历史的脚步而来，堪称全球化背景下展现的一个侧面，在推介其宗教意识形态的同时，客观上将西方一部分科学文化知识、生活方式和价值观念传播到中国边疆，引进到藏羌彝走廊上的一些民族之中，对促进这一地区人们同外部世界的接触和交流、打破长期闭塞落后的地理文化格局，有一定积极作用。传教士通过创立传教文字、创办教会学校、设立医疗机构和慈善机构等举措，带来了先进的教育手段和实用的教材、有利于增强国人体质的卫生知识和前所未有的医药器材。这些显然有益于本地区的少数民族拓宽视野、增强体质、学习先进科技和文化知识，使这些地区人们在精神面貌发生了变化。

（四）八卦图中的青城山天师洞与魏宝山三清观
——藏羌彝走廊上的道教

"道教是中国本土性的宗教，道教以'道'为最高信仰。道教在中国古代鬼神崇拜观念上，以黄、老道家思想为理论根据，承袭战国以来的神仙方术衍化形成。东汉末年出现大量道教组织，著名的有太平道、五斗米道。祖天师张道陵正式创立教团组织，距今已有 1800 年历史。"[1] 历经南北朝的社会动乱，道教逐渐被社会普遍接受，至隋唐时和儒、佛一起成为中国社会的三大主要宗教，对于中华文化的形成具有重要影响。藏羌彝走廊上的道教主要分布在云南、四川和甘肃的部分地区，信仰民族主要有汉族、土族、白族和苗族等。

《庄子·在宥篇》记载有"黄帝问道广成子"的事情，传说黄帝问道于崆峒山的广成子，所以甘肃崆峒山被认为是道教的发源地，称为道家第一山。崆峒山素有八台九宫十二院四十二座建筑群七十二处石府洞天，被誉为中国西北的道、佛宗教圣地。"据史书记载，崆峒山在隋朝统一之后

---

[1]　宝贵贞：《中国少数民族宗教》，中国民主法制出版社，2015。

图 9-8　云龙天然太极图

获得了一个安定时期，于是唐朝便有僧人、道士先后开创寺院和宫观，其后，经宋、元、明、清直到民国，历代皆有兴建或重建。"①峨嵋山最著名的是建于明代的三教洞，三教洞原是道教场所，后来发展为儒、释、道三教共存，它真实地反映了中国土生道教文化和外来佛教文化从冲突到融合，最终形成了中国传统文化的历史事实，再次证明中华民族文化是一种开放的、博大的、多样化的文化体系。

藏羌彝走廊的四川地区历来是各种宗教的云集之地，川蜀地区自古以来拥有富庶的经济环境及依附于其上的众多人口，优越的经济环境和大量的人口为道教的传播创造了便利的条件。其中，道教的原始宗派五斗米道就产生于四川，由张道陵入四川鹤鸣山，造作符书而创，是道教形成过

---

① 宝贵贞:《中国少数民族宗教》，中国民主法制出版社，2015。

程中的雏形，后经张道陵子孙张衡、张鲁的传播，流行于四川与汉中，再由四川传到中原以及江南。"据记载东汉顺帝汉安二年（143年），道教创始人'天师'张道陵来到青城山，选中青城山结茅传道，青城山遂成为道教的发祥地，被道教列为'第五洞天'。全山的道教宫观以天师洞为核心，包括建福宫、上清宫、祖师殿、圆明宫、老君阁、玉清宫和朝阳洞等，至今完好地保存有数十座道教宫观。"①

道教在东汉末年就已经传入云南，大致因为当时具备了两个重要的历史条件：首先是秦汉经营西南开启蜀滇交通线，蜀滇人民的交往是道教传入云南的渠道；其次是滇与巴蜀相近的民俗为道教传入创造了文化基础。② 道教在隋唐时期逐渐发展到顶峰，而这一时期，通过南方丝绸之路这一重要文化线路，中原王朝与处于西南边疆的南诏、大理等地方政权在经济、文化和政治上往来密切，再加上当时宗教环境相对宽松，中原的道教逐渐由四川传入云南。道教文化对于云南当时存在的地方割据政权产生了重要影响，大理王朝的许多年号如"元亨""利贞"都出自《易经》，可见当时大理王朝对于道教的遵从，但在南诏和大理时期，道教在社会上的地位并不如佛教位置之高，道教受到统治者的尊崇始终有限，在当地社会中的影响远远低于其在中原王朝所获得的影响力。元代是云南历史发展的重要阶段，云南从元代开始逐渐纳入中央王朝的制度话语体系中，从政治、经济和文化等各个方面深度融入大一统的中华文化圈。同伊斯兰教一样，元朝统治者在经营西南的同时，包含道教在内的大量宗教文化被带到藏羌彝走廊地区，特别是云南大量道观的兴建，推动了云南道教发展的繁荣。据史料可知，元代所见宫观已遍布了今天的昆明、玉溪、曲靖、楚雄等州市。③ 元代以后，大理巍宝山逐渐成为许多道士云集修炼之地，成为道教的名山。

① 宝贵贞：《中国少数民族宗教》，中国民主法制出版社，2015。
② 萧霁虹、董允：《云南道教史》，云南大学出版社，2007。
③ 萧霁虹，董允：《云南道教史》，云南大学出版社，2007。

（五）"五色""五神"万物皆有灵——藏羌彝走廊地区的原始宗教

根据目前所掌握的研究资料，中国少数民族宗教的起源大致可以归纳为自然崇拜、动植物崇拜、图腾崇拜、祖先崇拜和英雄崇拜等几个主要方面。自然崇拜是一种认为自然物和自然力具有生命、意志以及超自然力的信念，是原始人类一种极其普遍的信仰形式。自然崇拜的对象多是事关人类生死存亡的自然现象，包括土地、天体、山峰、岩石、河流、水、火等，其中尤以对山水崇拜最为普遍和持久。人们把图腾作为神祇对待，并加以神化祭祀，被称为图腾信仰或图腾崇拜。图腾崇拜融自然崇拜、动植物崇拜、鬼神崇拜、祖先崇拜为一体，在世界原始民族中都曾普遍盛行过。祖先崇拜也是原始宗教极为普遍的信仰形式之一，祖先崇拜以祭祀祖先为崇拜活动的主要仪式。[1]

原始社会，人们靠猎取野生动物和采集野生植物来生存，因此便把幻想和希望寄予所要采集和猎取的动植物上，加之它们可以左右人们的生活，这种希望又被化成精神寄托和内心信仰，于是便出现了对动植物的崇拜，动植物崇拜是原始宗教信仰的重要形式之一。在中国南方少数民族原始宗教文化圈内，动物是动植物崇拜的重要对象。如瑶族对狗和鼠等动物的崇拜、布依族的狗祭、高山族的鱼祭、侗族的蛇祭、哈尼族的敬牛、傈僳族的神鸟崇拜、壮族的"蛙神"信仰等。植物崇拜的对象有很大一部分是与人们生活关系最密切的农作物，如阿昌族、壮族、布朗族、德昂族、独龙族、基诺族、侗族等都有谷魂信仰。除此之外，中国少数民族动植物信仰对象还有树木、草类等。在壮族、怒族、佤族、侗族、彝族中都有关于树和林的信仰，在彝族中有"竹崇拜"和"葫芦崇拜"，在黎族人中有古老的"草魂"信仰。

---

① 宝贵贞：《中国少数民族宗教》，中国民主法制出版社，2015。

1. 藏族原始宗教

在藏族中相继出现过由山水崇拜、植物崇拜、动物崇拜、图腾崇拜到英雄崇拜、偶像崇拜等几种原始崇拜观念信仰过程。当藏族居住区社会进入父系氏族社会，诞生了西藏本土宗教——苯教。苯教以崇拜天、地、火等自然物为特征，与之前的原始宗教信仰有着千丝万缕的联系。对自然的崇拜，是藏族原始宗教观念的重要表现形态之一。[1]

藏族推崇的五种颜色"红、蓝、黄、绿、白"是藏族的原始宗教——"苯教"所蕴含的五种代表世界本源的象征颜色。苯教又称"苯波教"，因教徒头裹黑巾，故俗称"黑教"，是佛教传入西藏之前流行于藏族居住区的原生型宗教。据史载，苯教的发祥地是象雄，即今之阿里地区，其主要中心在古格、琼隆。苯教始祖辛饶·米沃且即出生于象雄魏摩隆仁。"象雄"一词在象雄语中意为鹏地即大鹏鸟所居之地，早在公元前5世纪前就产生过极高的远古文明，史称古象雄文明，并创制了自己的文字——象雄文亦称雍宗神文。苯教与中亚、西伯利亚和中国东北等地的萨满教有相似之处。苯教崇奉天地、山林、水泽的鬼神精灵和自然物，重祭祀、跳神、占卜等，特别重视动物祭祀。苯教继承了藏族远古原始宗教的基本信仰，早期主要崇拜天地山川、水火雪山、土石草木、日月星宿、雷电冰雹、禽兽生灵等自然物，事祇为大神；苯教早期崇拜的内容可归纳为自然崇拜、神灵崇拜、生灵崇拜、图腾崇拜、图符崇拜、灵物崇拜、祖先崇拜等，并崇尚念咒、驱鬼、占卜、禳祓、重鬼右巫等仪式。之后随着生产力的发展和氏族社会的嬗变演绎，对守护神和神灵的崇拜逐渐成为主要的信仰。早期原始苯教十分重视祭祀，并用上千只动物做祭祀时的牺牲；苯教的另一个重要特征为十分注重丧葬仪式，且保持着远古以石为棺、以石为墓的葬俗形式。[2]

---

[1] 宝贵贞:《中国少数民族宗教》，中国民主法制出版社，2015。
[2] 宝贵贞:《中国少数民族宗教》，中国民主法制出版社，2015。

苯教在吐蕃王朝前期的意识形态领域占统治地位，佛教传入后受抑制，部分教义被佛教吸收，成为藏传佛教中的重要内容。公元5世纪初，佛教传入藏族居住区。从松赞干布时期，佛教受到王室的扶植。755年，赤松德赞即位后，提出让佛教和苯教的代表人物互相辩论两种宗教的优劣。当辩论结束时，早已明显地倾向于佛教的赤松德赞宣布，他认为佛教是有道理的，他自己是信奉佛教道理的；苯教是没有道理的。紧

图9-9　藏族祭祀

接着，他把信奉苯教的人集中起来，给他们指出三条出路：一是改信佛教；二是放弃宗教职业，做吐蕃王朝的纳税百姓；三是如果不愿意改教，又不愿意当平民，就流放到边地。苯教从此受到很大的压制。佛教传入西藏后，苯教同佛教曾经进行过长期的斗争，在斗争中苯教虽然不断地变换

斗争策略和手法，但终因其教义不能适应统治阶级的需要，渐渐失去统治者的支持，教义方面也无法与佛教庞大精密的思想体系相抗衡，退出了西藏的政治舞台，演变为一种民间信仰，在西藏偏僻地区流传。到20世纪中叶，藏族仍有苯教信徒几万人。西藏各地苯教寺庙大小有30多个，后来大多改建为佛教寺院。随着佛教在藏族居住区取得统治地位，苯教的势力逐渐被削弱。现在，藏北地区仍有其信徒。

2. 羌族原始宗教

羌族，自称"尔玛"，是中国西部的一个古老民族。现在羌族主要聚居在四川省阿坝藏族羌族自治州、茂县、汶川、理县等，绵阳市的北川县、平武县等地区。人口约30.6万（2000年）。羌族部分地区至今仍保留原始宗教，盛行万物有灵、多种信仰的灵物崇拜。部分羌民信仰佛教、藏传佛教、道教或基督教，但本族固有的宗教信仰仍相当普遍。羌族，其族名之羌与族姓之姜，皆源于羊图腾。汉代许慎的《说文解字》中解释"羌"为："羌，西戎牧羊人也，从人从羊，羊亦声。"古文字研究证明，羌和姜的汉字构形反映了一种首戴羊角的图腾风俗，这种首戴羊角的习俗反映了羌族人对羊图腾祖先的信仰。他们相信，通过这种象征性的模仿行为，可以使图腾祖先的神力交感传播到自己身上。羌族多神崇拜主要为供奉"五神"。羌族住房的平顶上，一般有五块白石英石，代表天神、地神、山神、山神娘娘和树神。他们认为天神的地位最高。据民间传说，羌族先民在一次大迁徙中来到岷江上游与异族作战，屡败，意将弃地而走。梦中忽得天神启示，在颈上悬挂羊毛线为标志，用木棍和白石作武器，终于取胜而安居乐业。为报答天神恩典，后遂以白石作为天神以及一切神灵的象征，朝夕膜拜。除每家屋顶上有五块白石外，村寨附近的神林内也供有白石。前者供私祭，后者属全寨公祭。除上述五神以外，他们还在室内供奉白石，象征本家族的祖先神灵以及男性和女性的主宰神。一些被认为与生产和生活直接有关的神灵，如火神、地界神、六畜神、门神、水缸神、仓神、碉堡神、石匠神、铁匠神等，也备受重视。各寨还各有自己的地方神，并有正邪之分。正神被认为是地方保护神，邪神则作祟害人。[①]

"释比"，汉族称为端公，羌族不同地域的称呼又有好几种，"许""比""释古""释比"等。释比是古老的羌民族遗留至今的一大奇特原始的宗教文化现象。羌族的祖先们在远古时期制定、规范祭仪和主持祭司的首领逐渐变成了释比，一切敬神、压邪、治病、送穷以及成年冠礼、婚丧事均由释比包办。释比来自天，能传神谕，达民情，充当祭司；释比又能同魔鬼打交道，并能以法降之，故又兼巫师。一般许愿还愿祭祀之类的神事，得靠释比来主持。近代释比的传承是以师徒的形式完成的。老释比授徒要进行严格的挑选。由于当时羌族无文字书本，所有经典全凭口传耳授，且只能在劳动之余或阴雨天进行，所以只有记忆力强、能吃苦、心无恶念之人方可拜师授业，学艺短则 3 年、长则 9 年，而拜师后能学成盖卦者屈指可数。[②]

3. 彝族原始宗教

彝族是中国西南地区人口较多、影响较大的民族之一，主要分布在四川、云南、贵州等省区。彝族的宗教信仰基本上还处于原始宗教的阶段，自然崇拜、图腾崇拜、祖先崇拜和万物有灵的观念普遍存在于社会当中。本民族的祭司"毕摩""苏尼"在彝族地区有一定的影响，这种情况在川、滇毗邻处的大、小凉山较为突出。在滇、黔、桂彝区，除保留本民族固有的原始宗教信仰外，部分地区还流行道教、佛教。近代以来，基督教与天主教也传入少数彝族地区。彝族对自然的崇拜来源于万物有灵的观念。由于过去彝族地区生产力长期发展不充分，人们对大自然缺乏驾驭能力，因而将万事万物皆视为有灵之物，将它们看作与人一样具有生命与

[①]　耿静：《羌族研究综述》，《贵州民族研究》2004 年第 3 期。
[②]　周毓华：《羌族原始宗教中的"释比"》，《西藏民族学院学报》(哲学社会科学版) 2000 年第 4 期。

图 9-10　彝族毕摩祭祀

意志。这种自然崇拜是和人类灵魂崇拜同时发展起来的。彝族认为，人出生时灵魂附于肉体，死后灵魂离开肉体而存在。由这一灵魂观念推想到世界上万事万物都有灵魂，并把它们的活动或自然现象都视为灵魂支配的结果，从而形成了对大自然的崇拜。它以民间信仰的形式普遍存在于彝族社会中。主要有天崇拜、地崇拜、水崇拜、石崇拜、火崇拜、山崇拜等。根据彝文典籍记载，在原始时代彝族曾有过图腾崇拜，相信人类与动物、植物有着血缘关系。史诗《勒俄特衣》中的"雪子十二支"、《雪族（子史篇）》就有这方面的记载。目前彝族社会还存在大量的图腾崇拜遗迹，主要有竹崇拜、葫芦崇拜、松树崇拜、栗树崇拜、动物崇拜等。如云南澄江县松子园一带的彝族将"金竹"视为祖神。云南哀牢山区彝族一直流传有供奉"祖灵葫芦"的习俗。云南、贵州、四川彝族地区许多村寨都有自己的"神树"，云南哀牢山自称为"罗罗"的一支彝族就把虎作为自己的祖先，"罗罗"即其语言中"虎虎"的意思。每家都供奉一幅祖先画像，称为"涅罗摩"，意为"母虎祖先"。①

毕摩教是彝族的传统宗教，由原始崇拜发展而来，属多神教，在古代彝族社会的意识形态中占有重要地位。历史上，毕摩教曾被汉文学者称为鬼教，现代一些学者又称它为巫教。四川省凉山彝族自治州的美姑县等地是毕摩教最盛行的地区。毕摩作为一个宗教名词在彝语中被称为毕或毕摩，"毕摩"有多种意义：一是指诵读、讲解献祭之礼或教导神灵鬼魂等传统宗教法事、宗教礼仪；二是指传统宗教法师即主持毕教法事的神职人员；三是古代彝族政权中主持文化和教育的官员也称为"毕"，为土司做法事的毕摩地位很高。彝族的毕摩教有着一整套细密的祭祀崇拜的礼仪，毕摩教以毕摩为核心，毕摩的地位很高，用彝文书写记录历史、神话、史诗、宗教祭仪典章、医药等经典，重视祭礼、招魂、咒语、法术、占卜等道场，善于推知阴阳、历算、天文。毕摩教有特定的信仰和观念体系。毕摩教信仰多神，其中天神和祖先神为信仰主神。其信仰和观念体系可分为以下几个方面：信仰天神，信仰祖先神，信仰山神和各种自然神灵与鬼怪，信仰毕神即毕摩祖师神，信仰神座。②

二、藏羌彝走廊宗教特点

（一）民族的多样性与宗教信仰的多元性相统一

藏羌彝走廊是我国较大的多民族聚居区之一，现在在藏羌彝走廊沿线上生活着藏族、门巴族、珞巴族、保安族、东乡族、土族、撒拉族、羌族、彝族、苗族、普米族、傈僳族、独龙族、怒族、纳西族、白族、哈尼族、拉祜族、基诺族、景颇族、傣族等多个民族。藏羌彝走廊地区多样的

---

① 翁古合加：《原始宗教与彝族丧葬》，《中国民族报》2004年11月16日，第003版。
② 宝贵贞：《中国少数民族宗教》，中国民主法制出版社，2015。

自然和地理环境孕育了该地区为数众多的少数民族、丰富的民族文化生态景观，藏羌彝走廊地区宗教信仰也呈现多元化的特征。藏羌彝走廊宗教信仰的多元性根植于民族多样性的文化土壤，由于藏羌彝地区跨越地域较广，民族与民族之间、区域与区域之间在历史上的相互交流，不同民族之间的相互影响，不同宗教的跨民族、跨地域传播，促进了多元宗教交错相嵌的分布态势，在宗教信仰上藏羌彝地区呈现出民族的多样性与宗教信仰的多元性相统一。藏羌彝走廊宗教信仰的多元性表现为：首先，生活在藏羌彝走廊的多民族都有自己的宗教信仰，众多少数民族所信仰的宗教种类各异、区别很大；其次，藏羌彝走廊生活的有些少数民族不单单信仰一种宗教，有些少数民族信仰多种宗教；最后，就少数民族个体而言，有的不单单信奉一种宗教，人们可以兼信二教或三教，多神崇拜、多宗教信仰在藏羌彝走廊也十分普遍。

藏羌彝走廊地区的有些民族只信奉单一宗教，比如藏族几乎全民普遍信仰藏传佛教，傣族几乎全民普遍信仰南传上座部佛教。东乡族、保安族和撒拉族等几乎全民普遍信仰伊斯兰教，伊斯兰教对其民族文化的发展产生了巨大的影响。此外，多宗教信仰的少数民族在藏羌彝地区中也占据了重要组成部分，表现为在同一个民族的内部，可以拆分为不同类别的宗教信仰团体。例如藏羌彝地区的门巴族信仰苯教、藏传佛教和原始宗教，门巴族的苯教信仰是从藏族居住区传入，此外藏传佛教信众数量众多。同时，许多门巴族人又笃信原始宗教，它们认为万物有灵，人的衣食住行、生老病死以及家畜兴旺、庄稼的丰收歉产都与自然界无处不在的"鬼神"存在着密切的关系，人的所有疾病和灾祸都与"鬼神"存在着密切的联系，在门巴族的社会里，还存在着能够沟通"鬼神"与人之间的巫师，并且有司职不同的男巫师和女巫师。藏羌彝地区的土族信仰藏传佛教、萨满教、苯教、汉传佛教、道教等宗教，在历史上，土族先民处于汉藏文化的交界地带，分别受到了汉文化和藏文化的影响，在与汉、藏两个民族的文化交往中，受到了西藏地区的藏传佛教和苯教的影响，藏传佛教的格鲁派对土族的影响十分巨大。同时，汉地和中原地区的汉传佛教和道教也随之传入土族地区，成为土族宗教的重要组成部分。此外，藏羌彝地区分布较广的苗族宗教信仰也呈现出多元化的特征，苗族的主要信仰有自然崇拜和图腾崇拜等原始宗教，基督教、道教和佛教等在苗族社会里也有一定的影响力。在一些苗族地区，家神崇拜、土地菩萨、巫术等原始宗教盛行，成为当地苗族宗教信仰结构的主要部分。由于苗族在藏羌彝地区分布较广，清末基督教传入苗族社会，道教和佛教随汉文化一起传入苗族社会，基督教、道教和佛教等一并成为苗族社会信仰的重要宗教类别。

（二）历史的悠久性与分布的广泛性相统一

根据藏羌彝走廊地区的宗教体系结构，无论是从信仰人口的覆盖还是宗教种类的覆盖以及地域范围的覆盖来看，该地区的宗教分布都具有广泛性特征，这种广泛性特征深深地烙印在藏羌彝走廊地区的宗教特点之中。以藏羌彝地区宗教种类覆盖的广泛性为例，藏羌彝地区分布最广的宗教是佛教、道教、伊斯兰教以及分布较为广泛的各种原始宗教。种类繁多的原始宗教，是藏羌彝走廊地区众多少数民族所持有的特殊民间信仰，深刻地反映了藏羌彝走廊地区不同民族的文化心理。原始宗教在藏羌彝走廊地区覆盖广泛，涉及民族众多，这种宗教分布的广泛性在全国乃至世界都是极其罕见的。纵观藏羌彝走廊地区，信仰原始宗教的民族有珞巴族、土族、羌族、彝族、苗族、普米族、独龙族、怒族、哈尼族、拉祜族、基诺族、景颇族等少数民族，这些少数民族所信奉的原始宗教各有特色，民族与民族之间的原始宗教区分较大，并没有形成统一的宗教内涵。以拉祜族的葫芦信仰为例，在拉祜族广泛流传着人类源自葫芦的传说，拉祜族人将葫芦作为本民族的神圣吉祥之物，人们爱穿戴嵌有葫芦以及葫芦花纹饰的衣服和首饰。拉祜族人将葫芦作为自己的始祖和保护神，每年农历的十月十五日，是拉祜族人民的"葫芦节"，拉祜

图 9-11 甘肃天水伏羲庙

族人会载歌载舞庆祝这一传统节日。葫芦信仰是拉祜族人日常生活重要
的组成部分，对葫芦的信仰体现了拉祜族与大自然之间紧密的关系。在
藏羌彝走廊地区几个较大类别的宗教中，信仰藏传佛教的有藏族、门巴
族、怒族、纳西族等少数民族；信仰基督教的有苗族、傈僳族、怒族、
拉祜族、景颇族等少数民族；信仰伊斯兰教的有东乡族、保安族、撒拉
族等少数民族。从纵向的视角来看，地区与民族分布的广泛性是藏羌彝
地区宗教的重要特征。

　　与宗教分布的广泛性相统一、相承接的另一个重要特征是藏羌彝走
廊地区宗教传播的历史悠久性。藏羌彝走廊地区存在的形态各异的各种
原始宗教原生于各民族形成与发展的各个过程，贯穿各民族历史发展的
古今，各种原始宗教有着悠久的历史。此外，随着时间的推移，藏羌彝

走廊地区与外界的交往更加频繁，在不同历史时期，藏羌彝走廊地区始终伴随着不同宗教的加入而形成今天的多元的宗教信仰格局。例如藏传佛教在藏羌彝走廊地区的传播就有着悠久的历史，藏传佛教的形成始于汉传佛教和印度佛教两大系统佛教的并入，历经前弘期和后弘期两个藏传佛教发展的重要阶段，已经有一千五百年左右的发展历史，是藏羌彝地区历史较为悠久的宗教。与藏羌彝走廊地区藏传佛教同样具有悠久历史的是汉传佛教、南传上座部佛教等宗教类

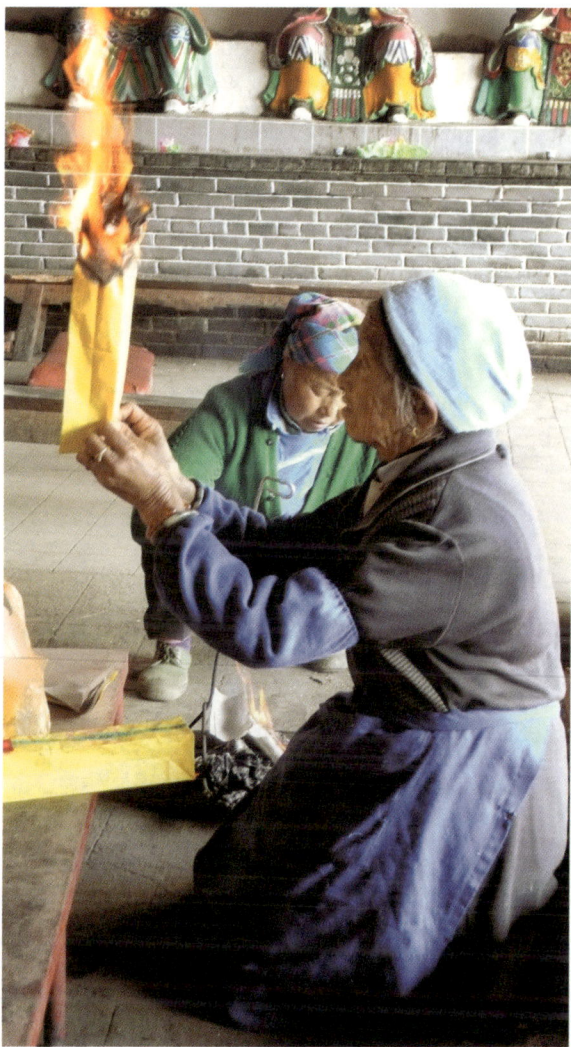

图9-12 白族民间祭祀

型。汉传佛教和藏传佛教一样，都是较早地影响藏羌彝走廊地区的宗教，佛教自汉末传入中国之后便开始了汉化的过程，其间因中原战乱、中央王朝与南亚和中亚等国家的贸易，通过丝绸之路、唐蕃古道等文化线路，佛教逐渐影响到藏羌彝走廊地区。南传上座部佛教在公元6~8世纪也开

始传到我国云南地区，并成为藏羌彝走廊地区重要的宗教类型。在近代，特别是清末以来，大量基督教传教士涌入藏羌彝走廊地区，建立了大量的教堂，一些民族逐渐开始信仰基督教，如傈僳族、苗族等。基督教的传入，改变了藏羌彝走廊地区的宗教结构。从纵向的视角来看，贯穿古今的藏羌彝走廊地区民族迁徙、文化传播的绵长性，也是使藏羌彝走廊地区宗教结构不断改变、宗教分布不断延伸的原因，形成了藏羌彝走廊地区宗教传播的历史悠久性。

（三）宗教的本土性与文化的外来性相统一

藏羌彝走廊地区位于我国西南，区域内涵盖了高原、山地、平原、河谷等多种地形，也包含了温带、热带、高原、山地等多种气候类型。多元的地理条件和气候条件等自然因素对整个藏羌彝地区宗教的发展与成型有着深刻的影响。总体来说，藏羌彝地区的自然地理条件并不优越，当地民族的生产、生活条件并不优渥。长期以来，藏羌彝地区属于我国地理位置较为偏远的地区，许多少数民族所生活的高原、山区等地自然环境恶劣、社会环境闭塞，生产力不高。生活在这里的人们与大自然环境关系密切，人们不得不为了生存同大自然作斗争，在长期的生产实践中，大自然总有人们所解释不了的现象，人们对大自然的力量充满敬畏，于是将"神"作为他们精神的寄托，渴求在"神"的帮助和护佑下平安健康、丰衣足食及子孙繁密，尤其体现在这一地区本土性的原始宗教数量众多，这些原始宗教的文化内核与大自然的关系密切，在整个藏羌彝走廊地区的宗教体系中占重要比重。因此，地理环境是藏羌彝走廊地区宗教分布密集、宗教信仰多元的重要原因。

同时，外界的人文环境对藏羌彝走廊地区的宗教影响也十分巨大。首先是不同文化线路的作用，许多宗教通过网络状的古代文化线路从外界进入藏羌彝走廊地区。因藏羌彝走廊地区处于中华汉文化圈、南亚文化圈以及东南亚文化圈的交汇地带，历史上是众多文明的辐射地带，多元宗教对该地区的影响也十分深刻。汉地的道教和汉传佛教等宗教通过丝绸之路、唐蕃古道和茶马古道等文化线路传入藏羌彝走廊地区，逐渐在藏羌彝走廊地区落地生根。例如，汉传佛教和古印度佛教共同作用下形成了独具特色的藏羌彝走廊的藏传佛教；通过南方丝绸之路，南诏、大理同中原汉王朝之间文化经济来往密切，奠定了云南大理汉传佛教兴盛的基础；受丝绸之路汉文化西传影响，居住在甘肃的土族民众受汉传佛教和道教的影响很大。与此同时，中亚、南亚的伊斯兰教、景教、祆教、印度佛教等也通过丝绸之路传入藏羌彝走廊地带，并深入影响着整个藏羌彝走廊地区的宗教系统。在某种程度上，藏羌彝走廊成为不同宗教文明的汇聚之地，也显示了该地区宗教的复杂性和多样性。其次，受我国历代封建社会王朝开边、边疆治理的影响，藏羌彝走廊地区的宗教结构随着纳入我国统一的中央政权管理体系之中而发生着重大变化。例如元朝将云南纳入中央政府管辖之时，留下了大量信仰伊斯兰教的回族、蒙古族和契丹士兵戍边，将伊斯兰教人大量带入云南。明朝时，同样是为了加强边疆稳固的需要，将大量汉族迁徙至云南，汉传佛教和道教等宗教随汉文化入滇而在云南地区开枝散叶。近代社会国门渐开、社会的逐渐开放对藏羌彝地区宗教结构也有着深刻的影响，比较明显的是基督教在藏羌彝走廊地区的传播。19 世纪后，西方传教士深入苗族地区传播基督教，据统计，20 世纪 30 年代，基督教在贵州、云南和湖南三省有教堂四百六十多所，覆盖了三省的众多苗族人口。同样的传教活动也发生在怒江流域的傈僳族，19 世纪中叶，基督教和天主教逐渐传入傈僳族聚居的地方，传教士大量建立教堂，傈僳族逐渐放弃了崇尚自然和图腾崇拜的原始宗教而改信基督教，基督教遂成为傈僳族的主要宗教信仰。因此，宗教本土性与文化的外来性相统一是该地区宗教的重要特点。

三、藏羌彝走廊上宗教的现代走向

2015 年 5 月 18~20 日，在中央统战工作会议上，习近平主席再次强调，民族工作、宗教工作都是全局性工作。他指出：“去年召开的中央民族工作会议，明确了当前和今后一个时期民族工作的大政方针和战略任务，各级党委要抓好会议精神贯彻落实，促进各民族和睦相处、和衷共济、和谐发展。”其中，围绕宗教问题，习近平专门强调，“宗教工作本质上是群众工作，要全面贯彻党的宗教信仰自由政策，依法管理宗教事务，坚持独立自主自办原则，积极引导宗教与社会主义社会相适应，必须坚持中国化方向，必须提高宗教工作法治化水平，必须辩证看待宗教的社会作用，必须重视发挥宗教界人士作用，引导宗教努力为促进经济发展、社会和谐、文化繁荣、民族团结、祖国统一服务”[①]。

藏羌彝地区民族宗教的特点是宗教的形态多样、复杂、并生、并存。同时此地区的民族信教比例大，宗教信仰程度比较深。原始宗教在一些少数民族中至今保存得比较完整。一些信仰民族宗教的民族化特征比较鲜明，同时与政治又有十分密切的关系。宗教信仰长期以来影响着藏羌彝地区民族的文化、心理、风俗、习惯。从这些特点可以看出，藏羌彝地区宗教与民族关系是密切交织的，具有特殊的政治敏锐性，必须高度重视藏羌彝地区绝大多数信仰宗教的少数民族。如信仰藏传佛教、南传上座部佛教和伊斯兰教的 20 多个少数民族，他们信仰虔诚，生活方式和风俗习惯受宗教的影响更加深刻。由于其产生的宗教信仰带有某种特殊性，如果对这些民族宗教信仰特殊性稍有疏忽和伤害，往往会引起该民族的强烈反应，处理不好就会严重伤害民族团结，影响社会稳定。藏羌彝地区多元宗教和谐相处的历史，就是一部藏羌彝走廊民族团结的历史，多元宗教和谐

---

① 中国共产党新闻网，http://cpc.people.com.cn/xuexi/n/2015/0611/c385474-27139087.html，最后检索时间：2021 年 8 月 23 日。

是隐含在藏羌彝走廊地区的一个重要背景。藏羌彝地区自古以来就是一个多民族聚居的地区，加强各民族的团结至关重要，民族团结是各族人民生命线。多种宗教在藏羌彝地区并生并存，宗教的和谐发展对于藏羌彝地区的社会稳定和经济发展具有十分重要的意义，宗教与民族周边环境问题紧密交织，做好民族宗教工作，直接关系藏羌彝走廊的稳定和社会的长治久安。

未来藏羌彝走廊的宗教文化多元多样应该服务于该地区的发展建设，服务社会主义社会。通过加强该地区宗教文化的交流，可以促进该地区不同民族、不同文化、不同背景的人群得以亲近和沟通，达到互相了解支持。做好藏羌彝地区民族宗教工作，必须用科学发展观认识和对待民族宗教问题，全面贯彻宗教工作的基本方针，发挥宗教界人士和信教群众在促进社会和谐和经济建设中的积极作用。积极引导民族宗教与社会主义社会相适应。要引导宗教界群众爱国爱教，拥护社会主义制度和共产党的领导，促进藏羌彝走廊地区宗教在维护法律尊严、维护人民利益、维护民族团结和维护国家统一中发挥带头作用。既要务实解决具体问题，又要善于沟通，通过办实事，做好民族群众思想的政治工作，既要全面贯彻党的宗教信仰自由政策，平等对待藏羌彝走廊的各民族各宗教，又要始终保持高度的政治觉醒，坚持"保护合法，抵制非法，抵御渗透，打击犯罪"的要旨，积极引导藏羌彝走廊的民族宗教和社会主义社会相适应。

随着中国宗教信仰自由政策的深入贯彻，人们对民间信仰认识日趋深入，宗教的文化性和社会功能日渐彰显，经历千百年发展的民间信仰仍存留于少数民族精神生活中，无处不在地影响着藏羌彝走廊众多民族的生活。作为少数民族传统文化的主要载体，民间信仰对传统文化的传承与保护有重要的作用。在国家重视民族文化传承和文化遗产保护、重视文化产业发展与创新的大背景下，民族宗教信仰以文化的名义逐渐复兴，重新唤醒了沉淀在民族文化心理结构深处的神圣因素。21世纪的中国政府将会更加正面、更加积极地对待藏羌彝走廊各民族的宗教信仰，鼓励和支持各民族和各宗教发挥弘扬爱国爱教、团结进步、服务社会的作用，鼓励积极参与中国社会建设，积极从事各种公益事业和文化事业。鼓励和支持藏羌彝走廊的各民族各宗教不断地探索服务中国社会的新途径，为民族团结、经济发展、社会和谐、文化传承和生态保护不断发挥出更积极的作用。

第十章

从布达拉宫到元阳梯田
——藏羌彝走廊上的世界遗产

　　国家藏羌彝文化产业走廊项目涉及四川、贵州、西藏、甘肃、陕西、青海及云南等七省（区），其中包括两个国家命名的文化生态保护区，即"热贡文化生态保护实验区"和"羌族文化生态保护实验区"。其核心区域位于七省（区）的交汇地带，这个地带也是中国世界级人类遗产资源的一个高度富集区域。这种富集并非仅仅表现在数量上，也不是突出集中于自然遗产或文化遗产的某一方面，而是在各个门类均呈现出高度的多样性。这里不仅是一条藏羌彝等民族迁徙交流的廊道，也是一条世界遗产的廊道、文化资源的廊道，是一条世界遗产资源的"黄金矿带"。

一、藏羌彝走廊上的世界遗产

　　藏羌彝走廊横跨藏、青、甘、川、陕、云、贵七省（区），无论是与全人类的生存息息相关的珍贵自然遗产还是具有极为突出历史文化价值的物质、非物质文化遗产都极为丰富，甚至某些不同类目的世界级濒危遗产

图 10-1　青海湖

也有不少。这些遗产资源不仅数量众多，种类较全，而且在横向的空间分布以及纵向的历史脉络上都有极为紧密的联系，共同构成了一个你中有我、我中有你的密不可分的体系。

1. 大自然的挑战与厚爱——藏羌彝走廊上的自然遗产

地球是人类的母亲，大自然哺育了人类，是人类一切社会活动的基础，同时也形塑着人类的历史进程和文化创造。《保护世界文化和自然遗产公约》中将自然遗产定义为："从审美或科学角度看具有突出的普遍价值的由物质和生物结构或这类结构群组成的自然景观；从科学或保护角度看具有突出的普遍价值的地质和地文结构以及明确划为受到威胁的动物和植物生境区；从科学、保存或自然美角度看具有突出的普遍价值的天然名胜或明确划分的自然区域。"[①]

列入世界自然遗产名录的自然遗产项目必须符合下列一项或几项标准并获得批准：

①构成代表地球演化史中重要阶段的突出例证；

②构成代表进行中的重要地质过程、生物演化过程以及人类与自然环境相互关系的突出例证；

③独特、稀有或绝妙的自然现象、地貌或具有罕见自然美的地带；

④尚存的珍稀或濒危动植物种的栖息地。[②]

至 2019 年 7 月，中国共有 14 个世界自然遗产，藏羌彝文化产业走廊七省（区）涉及其中 7 项（含云南澄江化石遗址及青海可可西里），占50%。藏羌彝文化产业走廊所涉及的区域是我国现今自然生态保护较为完好的地区，成为构建国家和地方生态安全的一道屏障，是国家生态文明建

---

① 《保护世界文化和自然遗产公约》，中国人大网，http://www.npc.gov.cn/wxzl/gongbao/2000-12/26/content_5001720.htm，最后检索时间：2021 年 8 月 23 日。

② 世界遗产网，http://www.shijieyichan.org.cn/knowledge/general-knowledge/55-world-heritage-classification-evaluation-criteria_2.html。

设的一个重要的地方资源支撑。

青海省拥有世界自然遗产可可西里自然保护区，虽然它不在藏羌彝走廊核心区内，但作为青海省境内世界闻名的珍贵自然遗产，在文化发展的视域中，同样是非常重要的文化资源。

九寨沟风景名胜区。九寨沟风景名胜区位于四川省阿坝州的九寨沟县，因当地有九个藏族村寨而得名。九寨沟总面积约 720 平方公里，包括长海、剑岩、诺日朗、树正、扎如、黑海等六大景区，其地势南高北低，北部沟口海拔仅 2000 米，南缘则在 4500 米以上，高差悬殊。整个景区有大片面积被原始森林覆盖，大量湖泊、瀑布、雪山掩映其间，被誉为"童话王国"。景区内还有大熊猫、金丝猴等珍稀动物，以及红豆杉、独叶草等国家一级保护植物，高度丰富的动植物资源，使九寨沟成为全国生物多样性保护的核心地区之一。九寨沟作为中国的第一批世界自然遗产被列入世界遗产名录。

黄龙风景名胜区。黄龙风景名胜区位于四川省阿坝州松潘县，整个景区面积 700 平方公里，主要的景区集中于约 3.6 公里长的黄龙沟。景区内有雪山、瀑布、峡谷、原始森林等大量自然景观，由碳酸钙沉积而形成的"钙华"景观遍布沟内更是黄龙的一大特色。此外，这里还拥有大熊猫、金丝猴等珍贵动物资源，岷山冷杉、星叶草等国家保护植物，丰富的动植物资源使黄龙景区享有"世界奇观""人间瑶池"等美名。由于黄龙自然保护区的生态系统复杂多样，具有极高的生态多样性，1982 年，国务院就审定黄龙为国家重点风景名胜区；1992 年黄龙风景名胜区与九寨沟一起作为中国的第一批世界自然遗产被列入世界自然遗产名录。

四川大熊猫栖息地。大熊猫栖息地位于四川省境内，总面积 9245 平方公里，涉及成都市、雅安市、阿坝州以及甘孜州等 4 州市 12 县，共由 7 处自然保护区和 9 处风景名胜区组成。四川大熊猫栖息地拥有的野生大熊猫总数占全球 30% 以上，是全世界最大的大熊猫栖息地，同时也是全球所有温带区域（热带雨林除外）中植物含量最丰富的区域和世界自然基金会（WWF）的全球 200 个生态区之一。整个四川大熊猫栖息地共有 7 个自然保护区：卧龙自然保护区（于 1963 年成立，主要保护大熊猫及森林生态系统）、喇叭河自然保护区（于 1963 年成立，主要保护大熊猫、牛羚等珍稀动物）、蜂桶寨自然保护区（于 1975 年成立，主要保护大熊猫及森林生态系统）、黑水河自然保护区（于 1993 年成立，主要保护大熊猫及森林生态系统）、金汤 - 孔玉自然保护区（于 1995 年成立，主要保护珍稀动物及生态环境）、四姑娘山自然保护区（于 1996 年成立，主要保护野生动物及高山生态系统）、草坡自然保护区（于 2000 年成立，主要保护大熊猫及生态环境）。2006 年，四川大熊猫栖息地作为世界自然遗产被正式列入世界遗产名录。

峨眉山 - 乐山风景名胜区。峨眉山 - 乐山风景名胜区位于四川省乐山市，其间蕴含着丰富的动植物资源以及独特地貌。目前，峨眉山已知的高等植物有 3000 多种，其中 107 种为其特有。动物资源和自然景观资源也是极为多样。1996 年，峨眉山 - 乐山风景名胜区作为自然与文化双遗产被正式列入世界遗产名录。

三江并流。三江并流指的是发源于青藏高原的金沙江、澜沧江和怒江三条大江，在云南省西北部横断山脉纵谷地区自北向南并行 170 多公里，三江之间的直线距离最近处只有不到 20 公里。整个区域内的自然景观构成了世界上极为罕见的高山深峡地貌，这里也是全球生物物种最为丰富的区域之一。三江并流自然景观跨越云南省的 9 个自然保护区和 10 个风景名胜区，涉及丽江市、迪庆藏族自治州、怒江傈僳族自治州等 3 个州市。在其流经区域内，汇集了高山、峡谷、雪山、冰川、湿地、草甸、湖泊等多种地貌，珍稀动植物资源也高度丰富。同时，三江并流区域也是世界上罕见的多民族、多语言、多种宗教和风俗长期并存的地区，长期有 16 个少数民族聚居于此。从自然科学和人文科学的角度来说，三江并流具有非常重要的价值。2003 年，三江并流作为世界自然遗产被正式列入世界自然遗产名录。

图 10-2　德钦县奔子栏镇金沙江第一湾

　　中国南方喀斯特。喀斯特是地球上一种卓越的景观，"主要由碳酸盐岩上发育的特殊地形及相关的生态系统组成"。中国是世界喀斯特比例最高的国家。"'中国南方喀斯特'发育条件优越，喀斯特面积占整个中国喀斯特面积的 55%，成为中国乃至全球热带－亚热带喀斯特发育最典型的地区"。[①]2007 年，中国南方喀斯特第一批提名被列入《世界遗产名录》，它们分别是云南石林、贵州荔波和重庆武隆三个地区的喀斯特地貌，2014 年又在原有基础上进行了增补。喀斯特地貌中最显著的地貌类型（尖塔状、锥状等）以及天坑、天生桥等地貌类型是中国南方喀斯特的主要特征。由于中国南方喀斯特涵盖多个省区，呈现连贯性，在申报世界自然遗产时，每个地区都有资格入选，但出于中国南方喀斯特地区地貌多样性及整体性的考虑，才将整个片区统一进行了申报。其中，位于藏羌彝文化产业走廊

①　熊康宁、肖时珍、刘子琦、陈品冬：《"中国南方喀斯特"的世界自然遗产价值对比分析》，《中国工程科学》2008 年第 4 期，第 17~28 页。

图 10-3　南方喀斯特地貌石林景观

区域内的主要是云南石林喀斯特和贵州荔波喀斯特。

云南石林。云南石林是中国南方喀斯特的主要代表，地处滇东高原，位于石林彝族自治县内。石林涵盖了世界上众多的喀斯特地貌类型，大量的石牙、峰丛、溶丘、溶洞、瀑布、地下河等使石林成为含有丰富喀斯特资源的高原喀斯特生态系统。著名的石林风景区面积约 350 平方公里。云南石林有着"独特的两次被覆盖两次出露的复杂演化过程"，"分别形成于早二叠世、晚白垩世 - 古新世、始新世 - 渐新世、中新世 - 现今四个时期的石林都得以保存"。① 除了典型的喀斯特地貌和其他优美的自然景观外，石林还有丰富的民族文化资源，是一个将喀斯特景观与自然风光、民俗风情、旅游度假及科学考察集为一体的区域。

荔波喀斯特。荔波喀斯特位于贵州省荔波县，从 20 世纪 80 年代开

---

① 熊康宁、肖时珍、刘子琦、陈品冬:《"中国南方喀斯特"的世界自然遗产价值对比分析》，《中国工程科学》2008 年第 4 期，第 17~28 页。

始，茂兰喀斯特森林就不断有国外探险者和游客造访，国内却很少有人熟知。荔波喀斯特的形成过程曲折复杂，多样性、典型性的锥状喀斯特地貌是其主要特征。荔波喀斯特"以从高原喀斯特到低地喀斯特的逐渐过渡而构成的完整形态谱系而兀立于世，成为世界上最为多样的喀斯特地质系统之一"；"贵州荔波喀斯特地貌发育演化代表了地球湿润热带－亚热带锥状喀斯特演化的基本规律与模式"，锥状喀斯特发育的复杂地质－气候环境变化过程在荔波喀斯特地貌中皆有反映。①

除上述拥有世界自然遗产的省区外，在西藏境内的藏羌彝文化产业走廊核心区，虽然目前尚无世界自然遗产，但该地区的自然资源禀赋仍是极佳的，有多项国家级的自然保护区，分别是：雅鲁藏布江中游河谷黑颈鹤自然保护区、芒康滇金丝猴自然保护区、类乌齐马鹿自然保护区、拉鲁湿地自然保护区、雅鲁藏布大峡谷自然保护区以及察隅慈巴沟自然保护区等等。

2. 从布达拉宫到丽江古城——藏羌彝走廊上的物质文化遗产

《保护世界文化和自然遗产公约》中将物质文化遗产定义为：

古迹：从历史、艺术或科学角度看具有突出的普遍价值的建筑物、碑雕和碑画、具有考古性质的成分或构造物、铭文、窟洞以及景观的联合体；

建筑群：从历史、艺术或科学角度看在建筑式样、分布均匀或与环境景色结合方面具有突出的普遍价值的单立或连接的建筑群；

遗址：从历史、审美、人种学或人类学角度看具有突出的普遍价值的人类工程或自然与人的联合工程以及包括有考古地址的区域。②

① 熊康宁、肖时珍、刘子琦、陈品冬：《"中国南方喀斯特"的世界自然遗产价值对比分析》，《中国工程科学》2008年第4期，第17~28页。
② 中国人大网，http://www.npc.gov.cn/wxzl/gongbao/2000-12/26/content_5001720.htm，最后检索时间：2021年8月23日。

　　中国是世界遗产大国，至 2019 年 7 月已有 41 处文化遗产和自然文化双遗产被列入世界遗产名录。其中国家藏羌彝文化产业走廊所包括的藏、青、甘、川、陕、云、贵等七省（区）共有 9 项，约占全国总数的 22%。

表 10-1　藏羌彝走廊七省（区）世界文化遗产、自然与文化双遗产名录一览

省份	世界遗产项目（录入时间和遗产类别）
西藏	布达拉宫、大昭寺，1994，文化遗产
甘肃	敦煌莫高窟，1987，文化遗产
甘肃、陕西	丝绸之路：长安－天山廊道的路网，2014，文化遗产
四川	峨眉山－乐山风景名胜区，1996，文化与自然双遗产；青城山和都江堰，2000，文化遗产
陕西	秦始皇陵兵马俑，1987，文化遗产
云南	丽江古城，1997，文化遗产；云南红河哈尼梯田，2013，文化遗产
贵州	土司遗址[1]，2015，文化遗产

1　"中国土司遗址"遗产项目，包括湖南永顺土司城遗址、贵州播州海龙屯遗址、湖北唐崖土司城遗址。

　　西藏拥有著名的世界遗产布达拉宫及其扩展项目大昭寺、罗布林卡，这一世界闻名的文化瑰宝早在 1994 年就被列入了世界文化遗产名录。

　　布达拉宫。布达拉宫坐落于拉萨市区西北边的红山上，是矗立在雪域高原上的一个恢宏而典型的藏式宫堡建筑群，也是世界上海拔最高的古代大型建筑群。布达拉宫始建于吐蕃松赞干布时期。损毁多年后，于 17 世纪重建，其修筑采用了藏族传统的建筑材料和建筑技法，是藏族建筑艺术的杰出代表。整个建筑外涂颜料为红色和白色，布达拉宫也因此分为红宫和白宫两个部分，白宫在新中国成立前一直为达赖喇嘛居住和办公所用，红宫内供奉历代达赖喇嘛灵塔，成为信徒膜拜的圣地。布达拉宫主建筑高 117 米，从外部看有 13 层，而内部实为 9 层，宫内大小殿室数十间，多数殿内装饰有精美的藏式壁画，记录了西藏的很多重大历史事件，具有极高的艺术和历史双重价值。此外，布达拉宫内收藏的无数奇珍异宝也是价值连城。这些在其申报世界遗产的过程中都起到了非常重要的作用。

大昭寺。始建于吐蕃时期的大昭寺位于拉萨老城的中心，距今已有1300多年历史。大昭寺不仅具有鲜明的藏式风格，同时还融合了唐代建筑、古尼泊尔和古印度的建筑风格，形成了藏式平川式的寺庙布局。大昭寺内供奉着众多佛像，其中最著名的就是释迦牟尼的12岁等身像，据说见到这尊佛像和见到2500年前的释迦牟尼佛没有区别。因此大昭寺也成为藏传佛教各教派信徒心目中的至高"圣地"。2000年，大昭寺作为布达拉宫的扩展项目被列入世界遗产名录之中。

罗布林卡。罗布林卡位于拉萨城的西郊，是一座典型的藏式园林，始建于18世纪40年代，在古代是历代达赖喇嘛的避暑兼办公的场所。罗布林卡是藏语的音译，有"宝贝园林"的含意。园内栽种着来自高原和内地乃至国外的各种奇花异草，在雪域高原难得一见。整个园林目前占地36万平方米，是西藏规模最大的人造园林。其布局吸收了中原汉族的园林设计手法，将几组藏式宫殿建筑与自然湖泊森林相结合，具有独特的园林意境。罗布林卡于2001年作为布达拉宫的扩展项目被列入《世界遗产名录》之中。

此外，西藏全区还有70处全国重点文物保护单位，位于藏羌彝文化走廊核心区内的有：拉萨地区的噶丹寺、哲蚌寺、色拉寺、小昭寺和聂塘卓玛拉康，昌都地区的卡若遗址和查杰玛大殿，林芝地区的烈山墓地，等等。

甘肃和青海两省境内的藏羌彝文化走廊核心区，目前尚无世界遗产，但其国家级的文物保护单位也具有非常高的文化价值。

拉卜楞寺。拉卜楞寺位于甘南藏族自治州的夏河县境内，始建于18世纪初，"整个寺院没有统一的围墙，高低错落，大小不等的建筑聚集在一起"，"形成了自由发展，开放布局的特点"。拉卜楞寺不论建筑制度还是工艺技术，都可以说是甘南地区藏传佛教建筑的集大成者。[1]

---

① 侯秋凤、唐晓军：《拉卜楞寺建筑艺术研究》，《丝绸之路》2014年第22期，第32~39页。

图 10-4 夏河县拉卜楞寺

　　隆务寺。隆务寺位于"青海省黄南藏族自治州府所在地隆务镇镇西山脚下"[1]，始建于 14 世纪初期，距今已有数百年历史。寺院所处隆务河流域地处西藏与中原和西域的交通必经之地，自古就有各种不同的文化在这里交汇融合。著名的热贡艺术就发源于此，因此隆务寺有大量具有典型热贡艺术特征的壁画和雕塑，成为热贡艺术的重要载体。[2]值得一提的是，隆务寺所处的隆务镇古街上，在不足 1 公里的距离内，清真寺、二郎庙、圆通寺与隆务寺一字排开，伊斯兰教、道教、汉传佛教、藏传佛教场所和谐共存，成为一道多民族交融共生的独特风景。

　　四川省拥有世界文化遗产青城山－都江堰，世界自然与文化双遗产峨眉山－乐山大佛等，虽然不在藏羌彝文化走廊核心区，但对走廊沿线不

---

① 刘夏蓓:《隆务寺在安多藏区的历史地位》,《西藏研究》1999 年第 2 期, 第 68~72 页。

② 赵明慧:《热贡隆务寺的建筑艺术特色》,《中国文物科学研究》2015 年第 3 期, 第 76~78 页。

图10-5　广元市千佛崖

无影响。

峨眉山－乐山风景区。这一风景区一方面有丰富的自然资源，另一方面则拥有厚重的人文历史，尤其佛教文化和武术文化是整个峨眉山文化的精髓。佛教自古便在峨眉山扎根，相传公元1世纪佛教传入峨眉山，历史上寺庙最多时达100多座，景区内现存寺庙仍有30多处。随着长期不断发展，峨眉山留下了极丰富的佛教文化资源。源自峨眉山的"峨眉武术"与少林、武当并称中国武术三大宗，在其长期的发展中，峨眉山的道、儒、佛等宗教文化和武术文化不断融合，因此峨眉武术是集佛道为一体的武术，既包含佛家禅功，也融入道教的气功。如今，乐山市围绕乐山大佛、峨眉山世界自然文化遗产景区、瓦屋山、周公山等周边核心景区打造了三山九环线的旅游路线，开发了一些自驾游、露营、温泉等旅游产品。

除世界文化遗产外，四川省有全国重点文物保护单位262处，位于藏羌彝文化走廊核心区内的有以下几处。

阿坝州的卓克基土司官寨、直波碉楼、松潘古城墙、棒托寺、营盘山和姜维城遗址、措尔机寺、日斯满巴碉房、阿坝红军长征遗迹、哈休遗址（新石器时代）、大藏寺（明至清）、甲扎尔甲山洞窟壁画（明至清）、

图 10-6　松潘古城

曾达关碉（清）、筹边楼（清）、沃日土司官寨经楼与碉（清）、达扎寺（清至民国）。

甘孜州的泸定桥、德格印经院、丹巴古碉群、松格嘛呢石经城和巴格嘛呢石经墙、波日桥、白利寺、罕额依新石器时代文化遗址和汉代石棺葬墓群（新石器时代、汉）、白玉尕扎寺（宋至元）、拉日马石板藏寨（元至民国）、乡城夯土碉楼（明）、长青春科尔寺（清）、噶丹桑披罗布岭寺（清）、八邦寺（清）。

凉山州的大洋堆遗址、凉山大石墓群、博什瓦黑岩画。

陕西省的世界遗产不在藏羌彝文化走廊核心区内，境内涉及藏羌彝文化走廊核心区的有汉中市所辖宁强、略阳与宝鸡市所辖凤县等三县，这三个县内的全国重点文物保护单位有：宁强县青木川老街建筑群、青木川魏氏庄园、宁强县羌人墓地和略阳灵岩寺摩崖等四项。

贵州省的世界遗产不在藏羌彝文化走廊核心区内，其核心区内的毕节市全国重点文物保护单位有：大屯土司庄园、奢香墓、黔西观音洞遗址、可乐遗址、织金古建筑群、川滇黔省革命委员会旧址及茶马古道毕节段等。

云南是一个民族众多、资源丰富的民族文化大省，有一些地区虽然不在藏羌彝文化走廊核心区内，但其在地主要居民有的就是藏族、羌族或彝族中的一种，还有的则是藏羌彝文化廊道上的其他重要少数民族，比如哈尼族、纳西族等。

丽江古城。丽江古城又名大研镇，在中国是一个非常特殊的遗产类型——世界城市遗产。以整个城市作为遗产申报成功的中国世界遗产只有两处，另一个是澳门市。丽江古城始建于 13 世纪后期，随着汉族的大量涌入，以及同周边白族等民众的融合，纳西人将自己传统的木楞房以及承

图 10-7　丽江古城

袭古羌文化而来的碉房，与汉族、白族的民居相结合，形成独具特色的合院式土木或砖木结构瓦房建筑，① 这类建筑形成了丽江古城的突出建筑风格。羌藏汉等多民族文化的融合，在丽江古城随处可见。

云南省有全国重点文物保护单位 169 处，位于藏羌彝文化走廊核心区内的有以下几处。楚雄彝族自治州有：元谋猿人遗址、腊玛古猿化石地点、大姚白塔、龙华寺、元谋古猿化石地点、大墩子遗址、万家坝古墓群、德丰寺、楚雄文庙、星宿桥和丰裕桥。迪庆藏族自治州有：中心镇公堂、寿国寺、茨中教堂、金沙江岩画（与丽江市共享）。

3. 神性·人性·野性——藏羌彝走廊上的非物质文化遗产

联合国教科文组织于 2003 年通过了《保护非物质文化遗产公约》，其中将"非物质文化遗产"定义为："被各社区、群体，有时是个人，视为其文化遗产组成部分的各种社会实践、观念表述、表现形式、知识、技能以及相关的工具、实物、手工艺品和文化场所。这种非物质文化遗产世代相传，在各社区和群体适应周围环境以及与自然和历史的互动中，被不断地再创造，为这些社区和群体提供认同感和持续感，从而增强对文化多样性和人类创造力的尊重。"② 由此定义不难看出，非物质文化遗产对于地区和人群的发展具有至关重要的作用。国际上保护非物质文化遗产共有三个大项：人类非物质文化遗产代表作名录，亟须保护的非物质文化遗产名录，以及保护非物质文化遗产的计划、项目和活动。在这三个大项中，中国共有 40 项非遗及保护项目入选，数量居世界各国之首。

在藏羌彝文化走廊所涉及的七个省（区）中，世界级的非物质文化遗产共有格萨尔、藏戏、热贡艺术、花儿、羌年、蜀锦、鼓乐、剪纸、皮

---

① 杨福泉：《丽江古城纳西和汉文化的相互影响与整合》，《思想战线》2005 年第 2 期，第 48~53 页。

② 《保护非物质文化遗产公约》，中国非物质文化遗产网，http://www.ihchina.cn/3/18945. html。

影戏（青海皮影、川北皮影、陕西皮影）、侗族大歌、藏医药浴法 11 个，占全国的 1/4，不仅数量上比例可观，非遗种类的多样性及其文化内涵也十分突出，在研究藏羌彝文化产业走廊上具有重要文化价值和意义。这些"非遗"保留了别具一格的特色，充斥着民族文化气息，又时刻彰显着作为独特的文化价值的存在，因此，更好地认识藏羌彝文化产业走廊、梳理这一文化产业带的非物质文化遗产，同样非常必要。

格萨尔。世界遗产《格萨（斯）尔》史诗是关于藏族古代英雄格萨尔神圣业绩的宏大叙事史诗，于 2009 年进入世界非物质文化遗产名录。它是迄今为止世界上最长的一部英雄史诗，在今天的青藏高原上仍然有人在传唱着《格萨尔王》，因此它还是一部难得的活态史诗。[①] 史诗"以口耳相传的方式讲述了格萨尔王降临下界后降妖除魔、抑强扶弱、统一各部，最后回归天国的英雄业绩"，被誉为东方的伊里亚特。格萨尔王虽然是藏族的古代英雄，但在藏、蒙、土、裕固、纳西、普米等民族中皆广为传唱，这一文化现象既体现了青藏高原各族群文化的融合，又展现出民族民间文化的持续发展。[②] 不仅如此，这部史诗还流传到了青藏高原以外的蒙、俄等国，向西南则越过喜马拉雅山脉，流传到了印、巴等国，其跨文化的传播力量是非常惊人的。[③] 史诗《格萨（斯）尔》早在 18 世纪后期就为西方学者所发现，历经数百年研究不断，其弥足珍贵的文化价值已得到世界范围内的广泛认可。[④]

藏戏。藏戏形成于 14 世纪，是中国最为古老的地方戏种之一，具有非常突出的艺术文化独特性。藏戏于 2006 年作为第一批非物质文化遗产被列入国家级保护名录。相关申报资料中指出："藏戏是一个非常庞大的剧种系统，由于青藏高原各地自然条件、生活习俗、文化传统、方言语音

---

① 杨恩洪：《史诗〈格萨尔〉说唱艺人的抢救与保护》，《西北民族研究》2005 年第 2 期，第 185~192 页。

② 中国非物质文化遗产网，http://www.ihchina.cn/5/10644.html。

③ 中国非物质文化遗产网，http://www.ihchina.cn/8/11878.html。

④ 李连荣：《百年"格萨尔学"的发展历程》，《西北民族研究》2017 年第 3 期。

的不同，它拥有众多的艺术品种和流派。西藏藏戏是藏戏艺术的母体，它通过来卫藏宗寺深造的僧侣和朝圣的群众远播青海、甘肃、四川、云南四省的藏语地区，形成青海的黄南藏戏、甘肃的甘南藏戏、四川的色达藏戏等分支。印度、不丹等地的藏族聚居地也有藏戏流传。"面具是藏戏的一大特点，根据面具的不同，藏戏又分为白面具戏和蓝面具戏。藏戏在很大程度上受到宗教的制约，表演程式较为严格，其内容是世俗生活与宗教生活的结合，呈现出"山神活佛挽臂吟诵，人神鬼兽联袂狂舞"[①]的特殊戏剧情境，"由于藏戏在发展过程中受汉族文化影响较少，从表演内容到形式更多保留了原始风貌，所以在戏剧发生学等领域具有极高的学术价值。同时，藏戏的剧本也是藏族文学的一个高峰，它既重音律，又重意境，大量应用格言、谣谚和成语，甚至还在情节中穿插寓言故事，保留了藏族古代文学语言的精华"。[②]藏戏于 2009 年被列入世界非物质文化遗产名录。

　　热贡艺术。热贡艺术产生于 13 世纪，主要包括唐卡、壁画、堆绣、雕塑等绘画造型艺术。唐卡是藏语"卷轴画"的音译，是热贡艺术的主要形式之一。热贡艺术以藏传佛教中的佛本生故事，藏族历史人物和神话、传说、史诗等为主要内容，同时也包括一些世俗化的内容。传统的热贡艺术主要在藏传佛教寺院内部创作、传承，并为藏传佛教服务，后来逐步流向民间。[③]热贡艺术的发源地是青海省黄南藏族自治州同仁县境内的隆务河流域，这里在藏语中被称为"热贡"，意为"金色的谷地"。这一带"是青藏高原与黄土高原结合部的中心点，也是西藏文化、西域文化与中原文化的融会地，各种文化曾在这里冲突、渗透、交流、吸收"[④]。热贡艺术就是在这样的文化土壤上成长起来的。同其他藏族艺术相似，热贡艺术也有明显的宗教与当地民俗相结合的特征，其题材领域极为宽广，"既有诸佛、

①　刘志群：《藏戏及其面具艺术辉彩》，《中国西藏》（中文版）2005 年第 3 期。
②　中国非物质文化遗产网，http://www.ihchina.cn/5/10841.html。
③　中国非物质文化遗产网，http://www.ihchina.cn/Article/Index/detail?id=14056，最后检索时间：2021 年 8 月 23 日。
④　https://baike.baidu.com/item/%E9%9A%86%E5%8A%A1%E9%95%87/2810365。

图 10-8　藏传佛教经文石刻

菩萨、观音、护法、密宗本尊等经典偶像，也有宗教领袖、上师等现实人物形象，更有以民间风情为内容的世俗画卷"①。热贡艺术源远流长，博采众长，作为藏传佛教艺术的重要流派之一，它早期传承于尼泊尔画派，后来又继承了15世纪中叶在山南曼唐地区发展起来的曼唐画派。经过700余年的发展，热贡艺术既区别于西藏传统佛教艺术，又区别于内地佛教艺术而独树一帜。②2006年，热贡艺术进入第一批国家级非物质文化遗产名录，2009年又正式入选世界非物质文化遗产名录。

　　"花儿"。"花儿"是一种由汉、回、藏、东乡、保安、撒拉、土、裕固、蒙等民族所共创共享的民歌，产生于明代初年，流传在中国西北部的

---

① 吕霞：《文化生态与艺术传承——以热贡艺术为例》，《青海民族研究》2009年第3期，第112~119页。

② 伯果：《热贡艺术的历史传承和风格演变》，《西藏艺术研究》2007年第2期，第45~50页。

甘肃、青海、宁夏等广大地区，是当地人民的口头文学形式之一，在其歌词中常常把女性比喻为花朵，因而得名。"花儿"是藏羌彝文化走廊上一个非常具有区域独特性的非物质文化遗产，为多个少数民族所共享，可以说在"西部民歌乃至中国民歌中属于标志性的口承文艺"①，不仅具有极高的艺术欣赏价值，学术研究价值也同样突出。"花儿"的歌词格律及乐曲风格自成一统，其作品数量之巨、曲调变化之丰富，在民歌中实属少见。2006 年，"花儿"进入第一批国家级非物质文化遗产名录，2009 年入选世界非物质文化遗产名录。然而，这一珍贵的口头遗产，如今所面临的文化生态却十分堪忧。"花儿"一直以来都是口耳相传，歌者与听者密切互动，连成一片。②如今却日益演变为单向的"表演"与"观看"，原有的传承方式几不可行。

羌年。"羌年是中国四川省羌族的传统节日，于每年农历十月初一举行庆祝活动。节日期间，羌族人民祭拜天神、祈祷繁荣，在释比（神父）的细心指引下，村民们身着节日盛装，举行庄严的祭山仪式，杀羊祭神。然后，村民们会在释比的带领下，跳皮鼓舞和萨朗舞。活动期间，释比吟唱羌族的传统史诗，人们则唱歌、喝酒，尽情欢乐。新年之夜，每个家庭的一家之主会主持祭拜仪式，献祭品和供品。"③然而，随着现代社会的发展，人口迁移频繁，羌族传统生活方式渐渐发生变化。尤其是 2008 年，羌族所聚居的四川汶川县、北川县、理县和茂县等地经历特大地震，聚集区在物质层面所遭受的巨大破坏，也影响到了非物质文化层面，诸如羌年这样的羌族传统的文化生态也更显脆弱。2009 年，在国家的主持申请下，羌年被联合国教科文组织列入世界急需保护的非物质文化遗产名录。现代羌年在很大程度上仍然"承载着羌人诸多的生活实践、行为规范与情感表

---

① 赵宗福：《西北花儿的研究保护与学界的学术责任》，《民间文化论坛》2007 年第 3 期。
② 参见中国非物质文化遗产网，http://www.ihchina.cn/Article/Index/detail?id=11206，最后检索时间：2021 年 8 月 24 日。
③ 中国非物质文化遗产网，http://www.ihchina.cn/Article/Index/detail?id=11763，最后检索时间：2021 年 8 月 24 日。

图 10-9　茂县中国古羌城

达"[1]，仍旧是很多羌人内心所依存的一个文化空间，保有着丰厚的羌族历史文化内涵，值得人们不懈努力地去保护和传承。

　　除世界遗产外，藏羌彝文化走廊上的国家级非物质文化遗产也十分丰富。截至 2018 年，中国的国家级非物质文化遗产名录（包括国家级非物质文化遗产代表性项目名录扩展项目名录）共有 1372 个代表性项目，包含 3154 个子项。其中，涉及藏羌彝文化走廊七省（区）的非遗非常丰富，数量合计约 700 个子项，约占全国总数的四分之一。

　　非物质文化遗产具有较强的可移动性和传播性，因此常常为多个地区所共享，很多都具有明显的民族特性。涉及藏羌彝文化走廊核心区的国家级重要非遗有很多，以下简单列举一些。

---

① 张娜：《现代羌年承载的文化内涵——以北川羌族自治县青片乡 2012 年羌年活动为例》，《四川戏剧》2013 年第 4 期，第 19~20 页。

西藏的国家级非物质文化遗产项目有 88 个子项，涉及藏羌彝文化走廊核心区的重要非遗梳理如下。

藏族造纸技艺。从公元 8 世纪开始，藏族群众就在周边民族造纸技艺的基础上，取材高原特有植物，生产出了独具地方特色的藏纸。藏纸的一大用途就是制作经书，为了可以长久保存同时又显得庄严美丽，藏纸会使用具有一定毒性的材质以及黄金等材质制作，极具特色。"藏族造纸业不仅在西藏地区得到全面推广，还传入印度、尼泊尔、不丹等国。"[1]

藏医药。藏医药已传承 2300 多年，具有完整的理论体系和丰富的临床实践经验，是研究藏族历史、文化、宗教、民俗等学科的珍贵遗产。藏医药不仅是中国目前最有影响的民族医药之一，更与中医学、古印度医学、古阿拉伯医学并称"世界四大传统医学"。

雪顿节。"雪顿"是藏语音译，含义为酸奶宴。雪顿节是藏族非常重要的传统节日，至今已有数百年历史。雪顿节起源于宗教活动，每年夏秋，信众把奶酪等供养给结夏安居的僧侣，并祈求摸顶祝福，逐渐形成固定节日。[2]如今，雪顿节已超出宗教范畴，包含丰富的藏戏、盛大的晒佛，以及热闹的逛林卡等内容。

四川的国家级非物质文化遗产项目有 139 个子项，涉及藏羌彝文化走廊核心区内的"非遗"也极为丰富，共有以下诸项。

第一批（2006 年）：格萨（斯）尔——甘孜州；羌笛演奏及制作技艺——茂县；弦子舞（巴塘弦子舞）——巴塘县；卡斯达温舞——黑水县；佤舞——九寨沟县；藏族唐卡（噶玛嘎孜画派）——甘孜州；藏族格萨尔彩绘石刻——色达县；德格印经院藏族雕版印刷技艺——甘孜州德格县；藏医药·甘孜州南派藏医药——甘孜州；火把节（彝族火把节）——凉山彝族自治州；羌族瓦尔俄足节——阿坝州。

第二批（2008 年）：彝族克智（彝族民间的一种辩论性文学艺

---

① 中国非物质文化遗产网，http://www.ihchina.cn/Article/Index/detail?id=14385。

② 杨立泉：《拉萨雪顿节》，《中国宗教》2009 年第 9 期。

术）——美姑县；南坪曲子——九寨沟县；藏族民歌（川西藏族山歌）——甘孜州、阿坝州、炉霍县；藏族民歌（西番玛达咪山歌）——九龙县；羌族羊皮鼓舞——汶川县；得荣学羌——得荣县；甲搓（摩梭人原始民间舞蹈）——盐源县；博巴森根（传统舞蹈）——理县；藏文书法（德格藏文书法）——德格县；羌族刺绣——汶川县；藏族黑陶烧制技艺——稻城县；彝族毛纺织及擀制技艺——凉山州昭觉县；藏族牛羊毛编织技艺——色达县；藏族金属锻造技艺·藏刀锻制技艺——白玉县；彝族漆器髹饰技艺——喜德县；藏族碉楼营造技艺——丹巴县。

第三批（2009 年）：禹的传说——汶川县、北川县；羌戈大战（羌族著名的民间史诗）——汶川县；跳曹盖（白马藏人民间祭祀舞蹈）——平武县；挑花刺绣工艺——阿坝州；彝族年——凉山州；彝族传统婚俗——凉山州美姑县。

第四批（2014 年）：毕阿史拉则传说（彝族传说）——金阳县；玛牧（彝族文学《玛牧特依》）——喜德县；西岭山歌——大邑县；毕摩音乐——美姑县；登嘎甘伯（熊猫舞）——九寨沟县；毕摩绘画——美姑县；彝族服饰——昭觉县。

云南省的国家级非物质文化遗产项目有 122 个子项，涉及藏羌彝文化走廊核心区内的有以下各项：香格里拉地区的国家级非物质文化遗产有藏族的香格里拉藏族锅庄歌舞、《格萨尔》说唱，维西县的傈僳族歌舞"阿尺目刮"，以及尼西黑陶烧造技艺等。楚雄彝族自治州的民间文学"梅葛"和"彝医药（彝医药水膏药疗法）"，也入选了第三批国家级非物质文化遗产名录。

另外值得一提的是红河州的哈尼族四季生产调。四季生产调流传于云南省红河州的哈尼族聚居区，历史有一千多年之久。四季生产调可以说是哈尼族人民山区梯田生产技术及其礼仪禁忌的百科大典，不仅对梯田生产进行了全面的技术总结，同时也将哈尼族的社会伦理观念自然贯穿其间。"四季生产调见证了哈尼族梯田稻作文明的变迁历程，对人类梯田稻作文明所具有的历史和科学价值的研究具有重要的参考价值。"① 现在，哈尼梯田作为文化景观已被列入世界遗产名录，而四季生产调正是哈尼梯田文化内涵中最具代表性和概括性的一项。2006 年，四季生产调被列入第一批国家级非物质文化遗产名录。随着社会的不断发展变迁，四季生产调在哈尼族的年轻群体中并未受到应有的重视，对其学习和传承不容乐观，对四季生产调的研究和保护应成为保护世界遗产哈尼梯田的一个部分。

贵州省毕节市国家级非物质文化遗产有：纳雍苗族芦笙舞（滚山珠）、赫章彝族铃铛舞、纳雍苗族服饰、赫章彝族火把节、大方彝族漆器髹饰技艺、威宁彝族撮泰吉以及金沙傩戏（庆坛）等七项。

4. 其他遗产

（1）世界记忆遗产

1992 年，联合国教科文组织的世界记忆工程（Memory of the World）正式启动，旨在发现和保护全球范围内的珍贵文献遗产。不论哪个国家和地区的珍贵文献遗产都是属于全人类的，应该得到良好的保存和保护。② 截至 2017 年，中国共有 13 个项目入选。藏羌彝走廊上的世界记忆遗产有元代官方西藏档案和纳西族东巴古籍文献《东巴经》。

西藏自治区的元代官方西藏档案，于 2013 年入选。该文献遗产由1304~1367 年间西藏与元代中央政府之间的重要往来官方文书组成，其中包括元代中央王朝任命西藏地方官员行使相关职权的许多重要文件。这份档案文献不仅反映了西藏自 13 世纪归入中国版图这一历史事实，是研究西藏文化极富价值的原始资料，而且对元代这一影响整个欧亚历史的特定历史时期也具有极为宝贵的研究价值；同时该文献用八思巴文——八思巴创制的蒙古新字或古藏文写成，所用纸为西藏产狼毒草藏纸，作为非常稀有的八思巴文纸质档案，它对研究藏文字、蒙文字的演变也具有非常重要

---

① 中国非物质文化遗产网，http://www.ihchina.cn/Article/Index/detail?id=12224

② 联合国教科文组织官方网站，https://en.unesco.org/programme/mow。

图 10-10　活着的古老象形文字东巴文

的价值。

纳西族东巴古籍文献。"纳西东巴古籍是纳西族原始宗教文化东巴文化的主要载体，也即纳西族原始宗教——东巴教的经典，俗称东巴经。"[1] 东巴古籍皆由东巴文书写而成，东巴文为东巴教祭司——东巴所创制，是目前世界上唯一一种还在使用的活态象形文字，因而具有极高的文化价值。随着现代社会的发展，当代纳西人的文化生态发生了很大变化，东巴文、东巴经和其他很多人类遗产一样，面临着传承的危机。经过有识之士的不懈努力，东巴古籍的整理初见成效，并于 2002 年入选第一批《中国档案文献遗产名录》，2003 年入选世界记忆遗产。东巴古籍反映了纳西族政治、经济、军事、历史、天文、医学、伦理、风俗等多方面的内容，具有自然科学、哲学、历史、文学等多方面的价值。[2]

（2）全球重要农业文化遗产

在全球世界遗产行列里，除了大家熟悉的自然遗产和物质、非物质文化遗产外，还有记忆遗产及农业文化遗产等，它们在概念上也等同于世界文化遗产。

联合国粮食及农业组织（FAO）将全球重要的农业文化遗产定义为：

---

① 李例芬:《纳西东巴古籍与语言研究》,《云南民族学院学报》(哲学社会科学版) 1997 年第 4 期，第 69~73 页。
② 郑荃:《论纳西族东巴古籍的价值及开发利用》,《思想战线》2000 年第 4 期，第 91~92 页。

"农村与其所处环境长期协同进化和动态适应下所形成的独特的土地利用系统和农业景观，这种系统与景观具有丰富的生物多样性，而且可以满足当地社会经济与文化发展的需要，有利于促进区域可持续发展。"①藏羌彝文化走廊上的重要农业文化遗产有甘肃省的扎尕那农林牧复合系统和云南省的哈尼稻作梯田系统。

扎尕那农林牧复合系统。扎尕那农、林、牧循环复合生产体系所在的甘肃省甘南藏族自治州迭部县，地处青藏高原、黄土高原和四川盆地的交会处，从气候带来看，这里又是华中华南亚热带湿润区、华北暖温带湿润半湿润区和高原边缘湿润带等三大气候带的交会区域，②特殊的地理气候是该农业遗产得以形成的重要自然条件。另外，世代生活在扎尕那的居民主要是信仰佛教的藏族人民，在他们尊重自然、保护动物的生活理念影响下，这里的农、林、牧循环复合生产体系不同于其他的农、林、牧复合生产系统，它以自然生态为基础，人们的生产生活充分尊重和顺应自然环境的变化，形成一种"半自然"的生产体系，而非人工造成的生态系统。③扎尕那农林牧循环复合系统的形成有着悠久的历史，最晚到唐代，农耕文化和游牧文化在该区域内就已相互融合；而到了明清时期，则逐渐发展起今天的农、林、牧循环复合的生产系统。④2013年扎尕那农林牧循环复合系统入选第一批中国重要农业文化遗产，2018年又被列为全球重要农业文化遗产。

哈尼稻作梯田系统。哈尼梯田主要分布在云南省红河南岸的哀牢山区和无量山区，具有"森林在上、村寨居中、梯田在下"的突出特征。⑤

---

① 李文华：《农业文化遗产的保护与发展》，《农业环境科学学报》2015年第1期，第1~6页。
② 王昱之、陈文茜：《关于扎尕那农业文化遗产保护与旅游发展关系的探究》，《世界农业》2017年第10期，第175~181页。
③ 王昱之、陈文茜：《关于扎尕那农业文化遗产保护与旅游发展关系的探究》，《世界农业》2017年第10期，第175~181页。
④ 王朝霞：《璀璨的农业文明瑰宝——解读皋兰古梨园与迭部扎尕那入选首批中国重要农业遗产》，《甘肃日报》2013年5月30日，第1版。
⑤ 世界遗产网，http://wheritages.com/zhishi/nongye/20130826/128.html。

图 10-11 元阳梯田

数千年来，哈尼族人民充分利用这片亚热带山地所特有的优越自然条件，因循自然规律生产生活，以"寨神林"崇拜为信仰，具有极好的森林保护意识，从而在最大限度上涵养了水源，实现了山有多高水有多高的稻作条件，从而能够"建造并保存了具有良好水土保持功能的规模巨大的'梯（田）山'"[①]。哈尼梯田依自然山势而修造，"最高垂直跨度 1500 米、最大坡度 75°，最大田块 2828 平方米，最小田块仅 1 平方米"[②]，形成了壮美而独特的田园景观。2010 年，哈尼稻作梯田作为梯田系统被联合国粮农组织列入全球重要农业文化遗产保护试点名录，2013 年它又作为文化景观

---

① 角媛梅、程国栋、肖笃宁：《哈尼梯田文化景观及其保护研究》，《地理研究》2002 年第 6 期，第 733~741 页。

② 农业农村部门户网站，http://www.moa.gov.cn/ztzl/zywhycsl/dypzgzywhyc/201306/t20130613_3490475.htm，最后检索时间：2020 年 4 月。

被联合国教科文组织列入世界文化遗产名录。哈尼梯田兼具经济、科学、生态和文学艺术等多方面的极高价值，是藏羌彝文化走廊上一个极具特殊性的珍贵遗产。

（3）线路遗产

茶马古道。全国重点文物保护单位茶马古道，是古代中国西南地区连接着西藏与内地以及中国与南亚的一个民间商贸交通网络，也是西南丝绸之路的一个重要组成部分。它虽然不是世界遗产，却是藏羌彝文化走廊上的一个非常重要的线路遗产。茶马古道源于唐代西南边疆的茶马互市，历宋元明清数百年而愈盛。茶马古道沿途的各种文化资源蕴含有大量民族经济文化交流方面的重要信息。

二、藏羌彝走廊世界遗产的特征

藏羌彝走廊是中国非常特殊的一个区域，这个区域内的地理形势多样复杂，生活在这里的人们民族众多，文化各具特色，因此自然文化等各种人类遗产也呈现出明显的多样性。放置在中国世界遗产的视域中进行观察和分析，藏羌彝走廊上的世界遗产呈现出这样一些较为突出的特征。

1. 自然遗产占全国总数的比例极高，对于构建国家生态安全地位至关重要

截至 2019 年 7 月，中国共有 14 个世界自然遗产，藏羌彝文化产业走廊 7 省区涉及其中 7 项，占 50%。藏羌彝文化产业走廊所涉及区域是我国现今自然生态保护较为完好的地区，成为构建国家和地方生态安全的一道屏障，是国家生态文明建设的重要的地方资源支撑。

此外，自然遗产种类不一、各具特色。喀斯特地貌、高山深峡地貌、中高海拔原始森林等，不同的自然环境孕育了不同的动植物群，蕴藏着巨大的生物信息、自然信息可供研究，是不可迁移、不可再生的珍贵自然资源。

2.文化遗产类型高度丰富，多元民族文化特色鲜明，反映出该区域内文化资源的多样性和复杂性

从九项世界文化遗产来看，有宫殿遗产（布达拉宫）、宗教艺术遗产（大昭寺）、文化线路遗产（丝绸之路）、文化与自然双遗产（峨眉山－乐山风景名胜区）、古代工程遗产（都江堰）、遗产城市（丽江古城）、文化景观（红河哈尼梯田）、农业遗产（扎尕那农林牧复合系统和哈尼稻作梯田系统）以及记忆遗产（元代官方西藏档案和纳西族东巴古籍文献《东巴经》），遗产类型十分丰富。

而藏羌彝文化走廊上的世界非物质文化遗产则反映出明显的多元民族特色。中国的世界非物质文化遗产共40项，涉及少数民族的15项，其中6项在藏羌彝文化走廊区域内。其中，中国急需保护的非物质文化遗产名录中涉及少数民族的4项，1项在藏羌彝文化走廊区域内。

文化多样性和生物多样性一样，对于文化和自然的发展来说具有十分重大的意义和价值。

3.单体遗产项目中聚合多民族元素以及同一民族拥有多项遗产

单体文化遗产中具有突出的多民族元素聚合现象，比如世界非物质文化遗产《格萨（斯）尔》为多个民族共同传唱，甚至影响到了蒙古国、尼泊尔、不丹及印度部分地区；又如世界非物质文化遗产民歌"花儿"也是由汉、回、藏、东乡、保安、撒拉、土、裕固、蒙等多个民族所共同创造和传唱的。这类珍贵文化遗产在藏羌彝文化走廊上的出现并非偶然，它们默默印证着这是一条多民族共生共融、携手走过千百年的历史文化廊道。

藏羌彝文化走廊上，一方面具有单体文化遗产体现出多民族元素聚合的现象，另一方面也有同一个民族拥有多项遗产的现象。在这一点上表现最为突出的就是藏民族，其独立拥有或与其他民族共同拥有的遗产有很多项，如世界遗产布达拉宫及其扩展项目大昭寺、罗布林卡，非物质文化

遗产《格萨（斯）尔》、藏戏、热贡艺术、藏医药浴法等，及与其他民族共同拥有的"花儿"，世界记忆遗产元代官方西藏档案，还有全球重要农业文化遗产扎尕那农林牧复合系统，等等。其他一些民族也有类似的情况，只不过不像藏族这么丰富。

三、藏羌彝走廊世界遗产的现代建构

1. 文化遗产"社会身份"的转换——以布达拉宫为例

社会身份强调把文化遗产作为一个活态的生命体去对待，体现其在参与社会生活时所扮演的是一个什么样的角色，发挥着怎样的社会功能。文化遗产如果不能与当下的人群建立交往，其社会功能与生命价值也就无法实现。

作为一个"组织"的存在是文化遗产本体在现代社会的一个共同的新身份，作为一个"组织"参与到社会生活中，文化遗产体将与其他的各种组织一样分享共同的规则，这时，对文化遗产的管理成为独特视角。管理一个文化遗产体，既要熟悉它物态的存在，理解这一物态基础的文化内涵，同时还要看到目前与该遗产相结合的人群。

如何应对文化遗产在当代的研究保护以及开发利用，其前提是对遗产体所包含的文化信息进行全面客观的梳理。如果主体是在异文化土壤中成长的，那么在一定程度上走出自己的文化习惯，尝试走进对方的文化氛围就是非常必要的。

社会身份的转化可以说是几乎每一项文化遗产在当前文化生态中所共同面临的、与生存有关的问题。以下，以布达拉宫为例，看看在文化遗产身份转换方面有何策略参考。

首先要对布达拉宫有一个全面的了解。

①时空族群关系：布达拉宫位于雪域高原圣城拉萨的普陀拉圣山上；历经吐蕃时期、甘丹颇章政权时期及当代。至于跟布达拉宫发生关系的人

图10-12 拉萨市布达拉宫

群，在古代主要是藏民族，尤其是格鲁派、达赖喇嘛政权集团；而在现代，人群多样性突出，来自全国各地乃至世界各地。

②属性转换：在历史时期布达拉宫归属达赖喇嘛，管理维护者是殊胜僧院，在大型节庆期间普通民众可进入，对其使用的方式可概括为政教合一的圣地。而在现代，布达拉宫归属国家，管理维护者既有行政人员也有僧人，其他诸如游客、导游等全年皆可进入，对布达拉宫的使用方式有观光展示、学术研究等。

③文化特征：布达拉宫是典型的藏式宫堡式建筑，作为一个神圣空间，里面有大量精美的壁画、雕塑、坛城等，是藏地最高级别的建筑群。其外观一目了然、宏伟开阔，而内部路线却曲曲折折，高墙窄道小窗，房间十分密集，使人视野局促，佛像、壁画、雕刻等布局繁密、色彩艳丽。

当代的布达拉宫，政治氛围已全部消失，宗教氛围部分保留，文化氛围得到加强，而经济氛围可谓凸显。

现在的布达拉宫中有很多的宫室曾经是密法修行的闭关场所，从而具有"作为神圣空间而存在"这样的文化功能。从文化空间的角度看，这是布达拉宫十分突出的一个文化特色。另外，祈祷是藏人非常重要的一种行为方式，他们相信自己的这具肉身可以成为到达佛界的通道，所以很多行为在他们眼中不是普通的人的作为，而是在菩萨的"加持"下实现的。这意味着人神在一定程度上的合而为一，使得他们对一切都充满了敬畏。历史时期，一年中在布达拉宫中举办的若干次的祈福活动就是藏民族这种生活方式的体现。这是布达拉宫活态的文化内涵。[①]

作为一个神圣空间的存在是布达拉宫在当代的非常重要却有所忽略的价值。它曾经的政治身份永远退出历史舞台，但宗教身份却可以得到保留，而文化身份相对历史时期则得到较大彰显，通过旅游而带来的新的经济身份是全新变化。其中不变的就是它"神圣空间"的特质。在古代，由于政教合一制度，布达拉宫的宗教神圣性并没有因政治体系的存在而减损，并未成为世俗政治行政空间。在当代，由于布达拉宫主体的宗教生活方面不再成为空间活动的主要内容，取而代之的是世俗人群的旅游观光活动，并且这种世俗人群来自世界各地，具有多元的文化背景，于是空间氛围日益改变，布达拉宫人间佛国的神圣性受到巨大的减损。

因此，如果要实现布达拉宫社会身份的较好转型，应进一步规范导游词；一定程度恢复僧人的宗教活动；一定程度恢复宗教禁忌，尊重和保护密法修行场所的神圣性；整理壁画故事并以出版物形式发布，为二次创作提供条件；使用藏族传统建筑工艺体系进行维修；等等。

2. 藏羌彝走廊世界遗产的现代建构

现代文化的主流是消费文化，消费文化的一大特质就是快速更新。当文化的自然新陈代谢速度被急剧提高，面对这种高速变化变迁中大量文化遗产"非正常"消失的现实，创新性保护文化遗产被日益凸显出来。要实现文

---

① 五世达赖喇嘛:《西藏王臣记》，刘立千译注，民族出版社，2000，第16页。

化遗产所处文化生态的和谐，对全社会都提出了远远高于传统时代的要求。

中国是一个民族众多、地域文化高度丰富的国家，而透过藏羌彝走廊上的世界遗产，不难看出在这个区域内集中了中国很大一部分的民族文化资源，如何正确认知、保护并利用好这些文化资源，是非常值得我们思考的问题。

藏羌彝文化走廊所涉及的区域，有很大一部分属于我国的经济欠发达地区。经济发展的相对滞后，使得很多文化遗产得到保留，但鉴于发展经济的压力，以及社会文化整体水平偏低的情况，文化遗产面临的危机也很严重。文化资源保护与利用的水平，有时与社会经济的发展、社会文明程度的提高是同步的。通常社会越是进步，文化遗产的保护就越被重视。平等看待各类遗产，未进入名录的未必就不重要，所进入名录的级别是重要的价值判断参考，但不能以之为单一的价值判断依据。

各种类型的文化遗产相互交织，共同生存在这片土地上。物质遗产与非物质遗产之间、农业遗产与文化遗产之间，常常具有一定的交融性。比如，世界非物质文化遗产代表作之一青海的热贡艺术，与国家级文物保护单位隆务寺就有着不可分割的联系，热贡艺术随隆务寺的兴盛而发展，隆务寺本身就是热贡艺术的集中体现。又如，云南的元阳梯田，既以文化景观成为世界遗产，同时又是全球重要农业遗产，它与流传于云南省红河州多个哈尼族聚居区的国家级非物质文化遗产四季生产调，也有着千丝万缕的联系。在未来的学术研究与国家建设中，以文化生态的视角，把各种不同类目的遗产综合起来，进行整体性观察与规划也应成为一种趋势。

第十一章

从"唐蕃古道"到茶马古道

——藏羌彝走廊上的交通

　　正如习近平同志所言"交通基础设施建设具有很强的先导作用",交通线路的开通在藏羌彝走廊产生重要的先导作用,也将在走廊的经济、社会与文化发展中产生深远影响。藏羌彝走廊,自古以来就是众多民族南来北往、繁衍迁徙和沟通交流的重要廊道。历史演进的现实表明,大型交通网络的建立和发展无不是在公权力推动下实现的,与此同时,政治控制、军事战略、资源汲取和通商贸易等方面的目标则是重要的助推力。从社会生产的角度看,随着社会分工的日益细化,旅客和货物运输需求逐渐产生,因此交通网络成为经济社会发展的现实需求,反过来,生产力的发展也推动了交通网络的快速发展。从交通网络演变的进程看,以政治和军事为目的而兴建和开通的交通路线在发展过程中也会逐渐被赋予社会、经济和文化交流的功能。不论是从历史的纵深引领藏羌彝走廊实现经济社会转

图 11-1　古今交通交汇的盐津豆沙关

型，还是从共时态的横向上串联起藏羌彝核心区域、枢纽区、辐射区和南延模块，交通网络均占据不可替代的位置，发挥着关键作用。从设施联通的内容看，从中央政权对地方的控制、王朝国家的资源汲取以及军事战略的实施到通商贸易的兴起、本土文化同异域文化的交融，交通线路已然成为串联"珍珠"的"金丝银线"。藏羌彝走廊中的交通线路是沟通我国北方游牧文化与南方农耕文化的历史迁徙与文化融合的廊道，是联结青藏高原与云贵高原的重要地理廊道，是新时代解决人民日益增长的美好生活需要和不平衡不充分发展之间矛盾的经济廊道。穿越历史纵深的"唐蕃古道"、滇藏茶马古道、川藏茶马古道、南方陆上丝绸之路，以及富有时代气息的公路、铁路和航空线路，共同构成了共时态的交通网络体系，让资金、人员、物资、文化的联通成为现实，助推和承载藏羌彝走廊的繁荣与发展。

一、藏羌彝走廊上交通构成

（一）"唐蕃古道"

公元 6 世纪末 7 世纪初，松赞干布统一青藏高原，建立统一政权，定都逻些（今西藏拉萨）。以唐贞观十五年（641）文成公主入藏为节点，两百多年中，唐蕃双方互遣使节，商品贸易、科学技术、文化交流也较为广泛和深入。"唐蕃古道"是 1000 多年前连接唐朝与吐蕃王国的官道，它一直是汉藏政治、经济、文化和社会交流的交通要道，将青藏高原和内地有机地联系在一起，还成为中国同印度、尼泊尔等国联系的重要桥梁。"唐蕃古道"在这样的大背景中得以形成，并在沟通唐蕃关系中发挥着重要的作用，"金玉绮绣，问遣往来，道路相望，欢好不绝"便是其生动的写照。[①] 第一，"唐蕃古道"作为一条交通线路的重要地位是明确的。从唐

---

① 陈娅玲、孟来果：《"唐蕃古道"文化线路之开发初探》，《西藏民族学院学报》（哲学社会科学版）2012 年第 5 期，第 97~100 页。

朝的都城长安出发，经过陕西、甘肃、青海、西藏广袤的高海拔土地，全长超过 3000 公里，"唐蕃古道"南延线路至尼泊尔，是贯通唐朝长安与南亚国家的交通要道，所以也被称为"丝绸南路"。第二，"唐蕃古道"加强区域经济交流。唐蕃频繁互遣使节，进行政治联姻，促进了双方长久和平，为双方经贸往来奠定了扎实的政治基础，设立在松州（今四川松潘）、赤岭（今青海湟源县日月山）的"茶马互市"便是重要见证。[①]"唐蕃古道"也促进了农牧区生产和生活结构的互动、交流与融合。第三，"唐蕃古道"架设起了中原文化、藏文化、黄河文化、印度文化等多元多样文化间的交流与交融。文成公主入藏时所载的佛祖释迦牟尼十二岁等身像，至今仍供奉在拉萨大昭寺内，成为藏民信奉和祭拜的神灵；藏传佛教也因"唐蕃古道"而得以传播到中原腹地。第四，以"唐蕃古道"为主线，沿线的山川河流、庙宇殿堂、集市古镇、文化遗存，以及相关的人物、故事、诗歌和传说等，使得"唐蕃古道"成为串联"珍宝"的"金丝银线"，给藏羌彝文化产业走廊带来历史纵深感和文化厚重感。"唐蕃古道"分为东段和西段。

表 11-1 "唐蕃古道"沿途主要相关遗存及文化景观[②]

省/区	遗存及文化景观
陕西省	唐大明宫、唐代艺术博物馆、《步辇图》、章怀太子墓、广仁寺、马嵬镇、法门寺、大震关、陇山
甘肃省	大像山、鲁班峡、水帘洞石窟群、凤林关、大寺沟、炳灵寺、大河家镇
青海省	官亭镇、古龙支城、七里寺泉、湟源县城（茶马互市）、西石峡、石堡城、日月山、倒淌河、恰卜恰镇（公主佛堂）、暖泉驿镇、苦海、花石峡、玛多黄河桥、扎陵湖、鄂陵湖、星宿海（花海）、玛曲黄河源头、巴颜喀拉山、通天河直门达渡、勒巴沟、结古镇（文成公主庙）
西藏自治区	那曲草原、羊八井、布达拉宫、大昭寺、小昭寺、罗布林卡、西藏博物馆

---

① 任玉贵：《"唐蕃古道"：从走向路线和巨大影响说起》，《柴达木开发研究》2010 年第 2 期，第 47~50 页。

② 陈娅玲、孟来果：《"唐蕃古道"文化线路之开发初探》，《西藏民族学院学报》（哲学社会科学版）2012 年第 5 期，第 97~100 页。

　　第一，西宁至拉萨："唐蕃古道"西段走向及路线。"唐蕃古道"西段，由西宁（唐朝都成县）到拉萨（吐蕃逻些城），约2125公里，为唐至清代官方的入藏大道以及甘、青、川等地老百姓沿用至今的入藏朝佛大道。[①]据陈小平随青海省文化厅"唐蕃古道"考察队于1984年和1985年对古道西段的考察，以及对《新唐书》等文献典籍的考证，认为"唐蕃古道"西段的走向和路线为：西宁（鄯城）—镇海堡（临蕃城）—湟源石城山（石堡城）—日月山（赤岭）—倒淌河（尉迟川）—共和县东坝附近（莫离驿）—切吉草原（大非川）—兴海县大河坝（那录驿）—温泉（暖泉）—苦海（烈谟海）—黄河沿—称多县清水河镇（众龙驿）—扎曲（雅砻江上游，西月河）—通天河孜多渡口（牦牛河，藤桥）—玉树县结隆乡（列驿）—玉树县年吉措（食堂，吐蕃村）—子曲给沙扁地（截支桥，两石南北相当）—子曲（截支川）—杂多县子野云松多（婆驿）—当曲以北加力曲一带（悉诺罗驿）—唐古拉山查午拉山口索雄以东（鹘莽驿）—聂荣县白雄（野马驿）—那曲（阁川驿）—桑雄（蛤不烂驿）—桑曲桥以北（突录济驿）—羊巴井以北（农歌驿）—拉萨（逻些，或逻婆，吐蕃国都）。[②]

　　第二，西安至西宁："唐蕃古道"东段走向及路线。"唐蕃古道"东段，由西安（唐朝长安城）至西宁（唐朝鄯城县城），约928公里，沿途驿站密布，前身也称为"官马大道"。"唐蕃古道"东段分为南北两路。南路：长安（今西安市）—咸阳县（今咸阳市）—金城县（今兴平县）—武功县（今武功县）—扶风县（今扶风县）—岐山县（今岐山县）—天兴县（今凤翔县）—汧阳县（今千阳县）—汧源县（今陇县）—大震关（今陇县固关镇）—清水县（今清水县）—上邽（或成纪，今天水市）—伏羌县（今甘谷县）—陇西县（今陇西、武山两县间）—襄武县（今陇西县东五里）—渭源县（今渭源县）—狄道县（今临洮县）。由狄道县分为两路，一路由临洮县北行至兰州（今兰州市）—龙支县（今民和县）—湟水县（今乐都

①　陈小平：《"唐蕃古道"》，三秦出版社，1989，第14~22页。
②　陈小平：《"唐蕃古道"的走向和路线》，《青海社会科学》1987年第3期，第70~76页。

县）—鄯城（今西宁市）；一路由临洮西行至河州（今临夏市）—临津关
（今炳灵寺一带）—龙支县—湟水县—鄯城县。北路：长安—咸阳县—奉
天县（今乾县）—邠州治所新平县（今彬县）—宜禄县（今长武县）—安
定县（今泾川县）—行渭州（今平凉西）—弹筝峡—瓦亭故关（六盘山北
麓）—兰州—鄯城。① "唐蕃古道"东段以南路为主，北路为辅助，北路往
往成为南路受阻的备选，却是丝绸之路的主干道。隋唐的军队、使团、公
主、官员、名僧经青海入吐蕃均走南路的事实是明证。《隋书·帝纪》载，
隋炀帝于大业五年亲率规模浩大的队伍由南路至西平击吐谷浑；新旧《唐
书》所记之崔琳使团入蕃、刘元鼎使团入蕃会盟、金城公主大队人马入蕃联
姻，均走南路；玄奘及一些官员等也是由南路到兰州、西宁或吐蕃。

（二）茶马古道

原始形态的直立人古道、早期智人古道、晚期智人古道、新石器古
道、盐运古道和马帮古道等古人类移动和迁徙的路线是茶马古道产生的必
要条件。② 在人类文明的交流史中，由于区域物产和资源禀赋的差异，跨
区域和长距离的商品贸易需求成为必然。"茶马古道"是内地农区的茶与
青藏高原牧区的马之间产生贸易而形成的商贸通道，是承载茶马互市特殊
功能的道路交通系统。"茶马古道"的概念由云南大学木霁弘、李旭、陈
保亚等人提出。③ "茶马古道"的核心是古代中央王朝用农区之茶换取牧
区之马的茶马互市的道路，其在隋唐时期是马土互市之道，从宋代中期至
清代早期是茶马互市之道，清代早期以后蜕变为茶土贸易之道。"茶马古
道"横跨亚洲最为险峻的高海拔的高山峡谷，穿越了滇、川、藏、甘、青
等省区，跨越大渡河、岷江、金沙江、雅砻江、雅鲁藏布江、澜沧江六大

---

① 陈小平：《"唐蕃古道"的走向和路线》，《青海社会科学》1987 年第 3 期，第 70~76 页。
② 陈保亚：《论茶马古道的起源》，《思想战线》2004 年第 4 期，第 44~50 页。
③ 木霁弘、李旭、陈保亚等：《滇藏川"大三角"文化探秘》，云南大学出版社，1992，第
11 页。

水系，通往尼泊尔、不丹、印度、缅甸等南亚、东南亚国家，在推动沿线多民族政治、经济、文化、宗教等交流与发展中占据重要的历史地位。

"茶马古道"是一条茶马互市之道，简单地理解即以茶换马，而非以马运茶。北方少数民族建立政权并控制北方草原牧场，地处南方的中央王朝对战马的需求难以自足，为应对北方政权的骑兵，中央王朝便出台以茶换马的政策。青藏高原不产茶，青藏高原的居民逐渐养成饮茶习惯成为"茶马古道"产生的另一个重要原因。

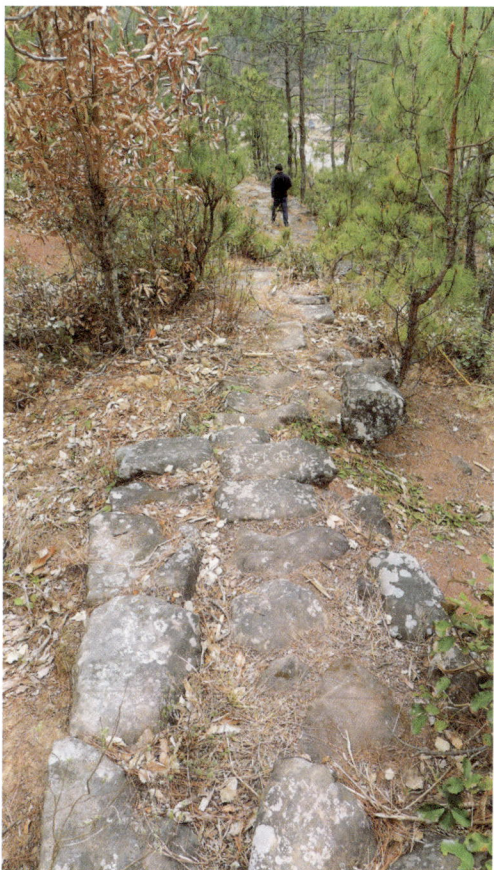

图 11-2　楚雄南华县天申堂古驿道

吐蕃人饮茶习惯的形成首先是起于吐蕃高层贵族同唐朝的交往。据藏文史籍《汉藏史集》载，676~704 年吐蕃出现茶碗和茶，言及"高贵的大德尊者全都饮用"，还记载了不同种类的茶。同时，还出现了名为《甘露之海》的鉴别汉地茶叶品质的典籍。史学家翦伯赞所著《中国史纲要》(二)中记载："在安史之乱后的 30 多年里，汉族地区的茶叶传入吐蕃。"安史之乱发生在唐玄宗天宝十四载 (755)，其后的 30 多年是 785 年前后；《西藏政教鉴附录》记载"茶亦自文成公主入藏土也"，这种说法较前者要早 140 多年；《甘孜藏族自治州史话》记载："茶叶输入藏族居住区之始，正是藏文创字之时。"藏文创字大约在 632 年。[①] 从茶叶的饮用功效看，藏地高寒，居民需要摄入高脂肪、高热量的食物来御寒，茶叶具有分解脂肪、防止燥热的功效，有利于过多摄入的脂肪在人体内分解。因此，茶马互市的、以茶换马的"茶马古道"便应运而生。此时的"茶马古道"也就是"唐蕃古道"。与此同时，"滇藏茶马古道"也开始形成，滇茶也进入藏族居住区，此时云南处于南诏时期。唐高宗永隆元年（680），吐蕃王朝设立神川都督府，并在南诏设置官员，以便对南诏的白蛮、黑蛮进行节制。[②]《云南志》记载："往往有吐蕃至赕货易，云此山有路，去赞普牙帐不远"，说明唐代云南与吐蕃之间贸易繁荣。宋朝《续博物志》记载："茶出银生诸山，采无时，杂椒姜烹而饮之。"清代《普洱府志》卷十九《食货志》记载："普洱古属银生府，则西蕃之用普茶，已自唐代。"滇茶因吐蕃与南诏之间繁荣发展的贸易而在唐代时期已经传入藏族居住区。

北宋时，辽和西夏控制了长城沿线草原牧区，北宋王朝失去养马牧场，战马不能自给，致使中央直接干预茶马互市，确立向西部高原诸部族买马的策略。北宋熙宁七年（1074）设立茶马司，在新建的熙和路设立了六个面对安多吐蕃部的买马场，[③] 集中买马；在四川实行榷法，即茶叶专卖政策，在"雅州名山县、蜀州永康县、邛州在城等处置场买茶，般往秦凤路、熙河路出卖博马"；[④] 元丰四年（1081），宋廷归并茶、马二事为一司，雅州名山茶为买马专用茶，直接推动了北宋朝与安多吐蕃的茶马互市。[⑤] 北宋时，互市之茶主要来自四川（包括今陕西南部），互市马场却主要在陕西（包括今陕甘宁青诸省）。与此同时，云南处于大理国时期，政治独立且畜牧业发达，成为宋朝战马的重要来源。《岭外代答》一书中

---

① 杨绍淮：《雅安边茶与川藏茶马古道》，《中华文化论坛》2005 年第 2 期，第 52~58 页。
② 谷中原、鲁惠：《西南地区茶马古道论略》，《茶叶通讯》2007 年第 2 期，第 42~44、46 页。
③ 马端临：《文献通考》卷一六〇《马政》："废原、渭、德顺诸场，罢麟、府、岢岚、火山市马。"
④ 《宋会要辑稿》卷八四，中华书局，1957。
⑤ 《宋史》卷一九八《兵志十二·马政》，中华书局，1985。

记载道:"蛮马之来,他货亦至。""川藏茶马古道"和"滇川茶马古道"也因宋朝与吐蕃和大理国之间的贸易而开始产生。

南宋朝马匹的主要来源开始南移到四川西部和北部,在四川与川西高原诸部族相邻诸军州设立了"文、黎、珍、叙、南平、长宁、阶、和凡八场"等新的买马场。

明王朝延续宋朝茶叶垄断和以茶换马的基本政策,所交换的马匹主要来自西部高原牧区。明朝推行严格的茶马官方专营的政策,明洪武初年,根据户部建议,在"诸产茶地设茶课司,定税额,陕西二万六千斤有奇,四川一百万斤。设茶马司于秦、洮、河、雅诸州,自碉门、黎、雅抵朵甘、乌思藏,行茶之地五千余里。山后归德诸州,西方诸部落,无不以马售者"[①]。明太祖朱元璋时期,为保证专供藏族居住区的茶叶来源,四川、重庆和贵州等地建立了用于储存茶叶的茶仓,与此同时,实行禁茶,携带私茶出境为大罪。

清王朝早期,承袭明朝以茶换马的政策,在"陕西设巡视茶马御史",在"四川设盐茶道"以主管茶马贸易。[②]顺治十八年(1661),在云南出现茶马互市和茶马贸易通道。清时,蒙古高原、青藏高原以及云南广阔的牧区均在中央王朝控制之下,"康熙四年,遂裁陕西苑马各监","七年,裁茶马御史,归甘肃巡抚管理",战马来源问题已经不再是"以茶换马"的动因,茶马古道逐步蜕变为依托马帮托运各类商品的交通要道,当然,清王朝继续实行的茶叶销售"腹引"和"边引"分类的政策使得内地的茶叶源源不断地进入藏族居住区。

一般而言,人们通常所说的"茶马古道"包括三条路线,即青藏道(部分与"唐蕃古道"交叉重合),由云南普洱经大理、迪庆进入藏族居住区的"滇藏茶马古道"(即"南线")和由云南经四川再入藏的"川藏茶马古道"(即"北线")。

---

① 《明史》卷八○《食货志四·茶法》,中华书局,2015。
② 《清史稿》卷一二四《食货志五·茶法》,中华书局,2014。

1. 滇藏茶马古道

　　滇藏茶马古道，即茶马古道南路，大约形成于公元6世纪后期，南起云南茶叶主产区普洱，经过今天的大理白族自治州和丽江地区、香格里拉进入西藏，直达拉萨。沿途经过金沙江、澜沧江、怒江、拉萨河、雅鲁藏布江，翻越白茫雪山、格里雪山等海拔5000米以上的高峰。滇藏茶马古道的延长线还从西藏转向印度、尼泊尔、缅甸，是古代中国与南亚地区一条重要的贸易通道。

　　马帮是茶马古道上唯一的交通工具，各家商号都有自己的马帮，每个马帮一般有一百匹马。马帮的头领称为"从本"，即"锅头""帮主"，俗称"马锅头"，在马帮以及商号的兴衰中起着至关重要的作用，所以，强壮的身体、过人的谋略与胆魄成为必要的条件，此外还要对古道的路况以及商情等了然于心，处变不惊、果敢干练。赶马的人叫"马脚子"，也

图11-3　祥云云南驿

称"拉多",即藏语中的"腊都",每个"拉多"负责管理 8~10 匹骡马。"春走思普茶山,夏日回到丽江,五月启程进藏,冬天马帮凯旋"成为马帮走南闯北的生动写照。通过滇藏茶马古道,马帮、商人、马店主等精通汉、藏、纳西、傈僳、彝、白等族多种语言,在长期的交流中形成了相对稳定、相互信赖的关系。在滇藏茶马古道沿线的重要结点,主要的商品贸易和中转地商号林立、客商云集、商品种类繁多,颇为繁华。随之,骡马交易也兴盛起来,香格里拉五月赛马会、丽江三月骡马会、七月骡马会、永胜骡马会、鹤庆县城和松桂骡马会、大理三月街等便是主要场所。频繁的贸易强化了藏民与其他民族之间的文化交流与融合,增加了民族文化积淀。藏民的酥油茶饮用习惯为纳西族、彝族、傈僳族、白族同胞所接受,各民族间的服饰文化也相互影响。[1]抗战期间,滇藏茶马古道较为兴盛,1942~1945 年,滇缅公路被阻断,滇藏茶马古道几乎成为滇藏之间唯一的商道。抗日战争胜利后,随着陆路和海路的恢复以及进藏公路的开通,滇藏茶马古道因马帮高昂的运输成本而日渐衰落,滇藏茶马古道及其马帮已然成为历史。[2]

2. 川藏茶马古道

川藏茶马古道的历史可以追溯至西汉时期,蜀地商人携茶叶等物产至大渡河以西一带,与邛人、笮人、冉庞人等当地氏族和部落以物易物,因此而逐渐形成了简易商贸通道,即"旄牛道",也就是川藏茶马古道的前身。[3]川藏茶马古道,即茶马古道北路,距今 1300 多年历史,全线3100 多公里,主要以今四川雅安一带产茶区为起点,首先进入康定,自康定起,川藏道又分成南、北两条支线:北线是从康定向北,经道孚、炉

---

① 勒安旺堆:《滇藏茶马古道》,《今日民族》2007 年第 8 期, 第 28~30 页。

② 苏珊珊:《曾经的天路——滇藏高原上的茶马古道》,《中学生百科》2006 年第 27 期, 第 25~26 页。

③ 唐建兵:《川藏"茶马古道"旅游资源及其开发利用》,《西藏大学学报》(社会科学版) 2014 年第 1 期, 第 37~44 页。

图 11-4　四川剑阁县剑门关

霍、甘孜、德格、江达，抵达昌都（即今川藏公路的北线），再由昌都通
往卫藏地区；南线则是从康定向南，经雅江、理塘、巴塘、芒康、左贡至
昌都（即今川藏公路的南线），再由昌都通向卫藏地区。[①] 从线路的路段
看，川藏茶马古道分为三段，即雅安至康定段、康定至拉萨段和拉萨至亚
东段。雅安至康定段全长约 400 公里，崇山峻岭、山高路陡，茶叶主要
由背夫驮运，是川藏茶马古道中最艰辛的一段；此路线分为"大路""小
路"通向康定，"大路"俗称"官道"，"小路"又称"商道"。康定至拉萨
段全长 2000 多公里，沿途地势相对较为平坦，茶叶用骡马和牦牛运送，
茶叶到达康定后，一部分通过锅庄销往康定周边地区及玉树地区，大部分
运往拉萨。拉萨至亚东段全长 400 多公里，出拉萨之后，沿雅鲁藏布江

① 陆秋实：《茶马古道今安在》，《初中生辅导》2010 年第 31 期，第 43~45 页。

流域西行，经日喀则、堆洗谷、江孜，至亚东，该线路沿途较为平坦，总体相对较好的自然地理条件为客商行人提供了便利，茶叶经拉萨至亚东线销往南亚、东南亚国家。[①] 川藏茶马古道，茶的源头在四川雅安，以蒙顶山（又名蒙山）代表四川盆地西缘过渡地带。古代的蒙山跨雅州、邛州、名山、芦山等州县，范围广阔，被誉为"蔡蒙旅平""天下大蒙山"。蒙山是我国有文字记载人工植茶最早的地方，雨多、雾厚、日照短的自然条件造就了品质优良的茶叶。据《元和郡县志》记载："蒙山在严道县南十里，今每岁贡茶，为蜀之最。"据《雅安县志》记载：历史上的雅州"地宜五谷之外……其茶树为一县之专利"。南宋吴曾编刊的《能改斋漫录》记载了北宋诗人黄庭坚所作的《叔父给事挽词十首（之八）》诗句："蜀茶总入诸蕃市，胡马常从万里来。"兴于唐、盛于宋的茶马互市的茶叶被称为"边茶"，又称"刀子茶""大茶""藏茶"。雅安、邛崃等地所产称"南路边茶"，茶叶的主要品种为芽细、毛尖、金玉、金尖、康砖、金仓。[②] 南路边茶每年输入西藏，供应藏民的数量在 800 万~1000 万斤。[③] 1899 年，法国驻云南府名誉总领事方苏雅拍摄了川藏茶马古道数百张背夫照片，以其独特的视角再现了川藏茶马古道的风貌。1939 年，被誉为"中国纪录片之父"的孙明经沿川藏茶马古道进入康藏地区，摄制纪录片《雅安边茶》和《康人生活》，用影像生动地记录和刻画了川藏茶马古道历尽沧桑的厚重历史。

3. 南方陆上丝绸之路

"丝绸之路"一词最早由德国地理学家李希霍芬（F. V. Richthofon）在 1887 年出版的《中国》一书中提出。丝绸之路是古代中国经中亚通往

---

① 唐建兵：《川藏"茶马古道"旅游资源及其开发利用》，《西藏大学学报》（社会科学版）2014年第 1 期，第 37~44 页。
② 陈书谦：《川藏茶马古道研究的重大现实意义》，《茶叶经济信息》2006 年第 3 期，第 23~24 页。
③ 杨绍淮：《雅安边茶与川藏茶马古道》，《中华文化论坛》2005 年第 2 期，第 52~58 页。

图 11-5　入滇第一关"胜境关"

南亚、西亚及欧洲、北非的陆上交通道路，因早期商贸以丝绸为主而得名"丝绸之路"。丝绸之路全长 8000 公里，在中国境内约 4400 公里，是一条集经济、文化、民族、宗教等为一体的交流交融之道。南方丝绸之路是一条古代陆上商道，起于成都，途经云南，横跨缅甸，达中亚和西亚，直抵欧洲。"这条古商道原本是一条民间的通商道路，始见于汉代的《史记》。汉武帝时曾派人至滇探访这条通往印度、大夏的道路，终因种种原因而未能如愿。迄至东汉明帝永平十二年（69 年），汉王朝置永昌郡（治今云南保山）后，乃得以打通这条道路，使之成为一条官道，并一直延续到了现代，而日益发挥出中外交通干线的作用。"① 在汉晋时期，"南方陆上丝绸之路"主要是指从成都出发经云南西出缅甸至印度的

① 　李绍明：《近 30 年来的南方丝绸之路研究》，《中华文化论坛》2009 年第 1 期，第 157~160 页。

"蜀身毒道"。[①] 大约公元前4世纪，中原各种势力割据，因此在蜀地（今川西平原）与身毒间开辟了一条丝路，这条秘道延续两个多世纪未被中原人所发现，所以有人称它为秘密丝路。南方丝绸之路由五尺道、灵关道和永昌道三条道组成：五尺道，从成都出发分东、西两支，东支沿岷江至僰道（今宜宾），过石门关，经朱提（今昭通）、汉阳（今赫章）、味（今曲靖）、滇（今昆明）至叶榆（今大理）；灵关道，

图11-6 五尺道

由成都经临邛（今邛崃）、严关（今雅安）、莋（今汉源）、邛都（今西昌）、盐源、青岭（今大姚）、大勃弄（今祥云）至叶榆（今大理）；永昌道，由叶榆（今大理）往西经博南山道（在今永平县境内）到永昌郡治巂唐（今云南保山），再往西翻越怒山、高黎贡山，由滇越出缅甸。[②]

四川丝织业发达是在三国两晋时期。三国蜀汉设锦官督造，专门在成都城西南置"锦官城"，四川丝织业有了很大发展。蜀汉时锦成为蜀政权主要财政来源，诸葛亮称："今民贫国虚，决敌之资，惟仰锦耳"[③]。汉晋时期，南方丝绸之路的地位和作用并不显著，丝绸贸易规模并不大，分段

---

① 陈茜：《川滇缅印古道初考》，《中国社会科学》1981年第1期，第161~180页。
② 陆韧、余华：《南方陆上丝绸之路与海上丝绸之路互联互通的历史进程》，《云南大学学报》（社会科学版）2017年第2期，第71~81页。
③ 《太平御览·卷八百一十五》，中华书局，1980。

进贡和赏赐贸易是主流。唐宋时期，四川地区丝织业有了很大发展。蜀锦在唐代与"齐纨""楚练"齐名，宋代有称"蜀土富饶，丝帛所产，民织作冰纨绮绣等物，号为'冠天下'"①，又有称"蜀以锦擅名天下，故城名以锦官，江名以濯锦"②。明、清、民国时期，特别是在清代、民国，丝绸贸易在南方丝绸之路整个贸易中才占有举足轻重的地位，丝绸才成为最重要的输出商品。

（三）现代走廊线上的立体交通

1. 公路

第一，青藏公路。狭义的青藏公路连接青海省西宁市和西藏自治区拉萨市，是世界上海拔最高、线路最长的柏油公路，也是目前通往西藏里程较短、路况最好且最安全的公路。广义的青藏公路包括青藏高速公路（即京藏高速公路青藏段）。青藏公路全长1937公里，于1950年动工，1954年通车。1984年12月25日，为纪念青藏公路和川藏公路通车30周年，在拉萨建立青藏川藏公路纪念碑，以铭记中国人民解放军的光辉业绩和巨大牺牲。青藏公路是西藏与祖国内地联系的重要通道，在公路时代，它承担着85%以上进藏物资和90%以上出藏物资的运输任务，在西藏经济发展和社会稳定中发挥着重要作用，被誉为西藏的"生命线"。③青藏公路沿线的自然景观独特，有草原、盐湖、戈壁、高山和荒漠等。这条公路的修建加速了沿线自然与旅游资源的开发，为内陆游客前往西藏提供了诸多便利，也加强了祖国内陆与西藏的紧密联系，为西藏地区的旅游、基础设施建设和经济发展提供了动力，具有重要的战略作用和经济作用。

第二，川藏公路。川藏公路是古代川藏线的现代升级，东起四川省省

---

① 《通鉴纪事本末》卷13，中华书局，2015。
② 《美术丛书·蜀锦谱》，江苏古籍出版社，1997。
③ 《资源介绍：西藏的生命线——青藏公路》，http://unn.people.com.cn/GB/14799/21814/2593662.html，最后检索时间：2020年4月19日。

图 11-7　藏族居住区公路

会成都市，西至西藏自治区首府拉萨市，由 318 国道、317 国道、214 国道、109 国道的部分路段组成，是中国最险峻的公路。该条公路分南北两线，北线从 1950 年 4 月开始修建，于 1954 年 12 月正式通车。北线总长 2412 公里，沿途最高点是海拔 5050 米的雀儿山，由成都至东俄洛与南线重合，再由东俄洛与南线分开北上，经八美（原乾宁县）、道孚、炉霍、甘孜、德格、西藏江达、昌都，至那曲县，最后到拉萨。南线总长 2146 公里，途经海拔 4014 米的理塘，由四川成都、雅安、泸定、康定、东俄洛、雅江、理塘、巴塘、西藏芒康、左贡、邦达、八宿、波密、林芝八一镇、工布江达、墨竹工卡、达孜至拉萨，并于 1969 年全部建成通车，被正式列入 318 国道线的一部分。① 川藏、青藏公路通车前，从拉萨到四川成都或青海西宁往返一次，靠人畜驮，冒风雪严寒，艰苦跋涉需半年到一年时间。川藏公路的建成开通大大缩减了拉萨到天府成都的交通时间，只需花数天时间就可从西藏到达内地。作为我国内地进出西藏的五条重要通道之一（另四条为青

---

① 《川藏公路简介》，中国公路网，http://www.chinahighway.com/，2012 年 7 月 9 日。

藏公路、青藏铁路、新藏公路、滇藏公路，其中滇藏公路的 214 国道线在西藏芒康与川藏公路汇合），川藏公路担负着联系东西部交通的枢纽作用，无论在军事、政治、经济还是文化上都有不可替代的作用和地位。它不但是藏汉同胞通往幸福的"金桥"和"生命线"，而且是联系藏汉人民的纽带，更是中华民族勤劳智慧的结晶，具有极其重要的经济意义和军事价值。

第三，滇藏公路。新中国成立后为了巩固国防、开发边疆、支援人民解放军进军西藏，滇藏公路开始修建。滇藏线全长 715 公里，是进藏的三条主干线之一，云南境内有 594 公里，西藏境内有 121 公里。以云南大理的下关为起点，途经剑川、白汉场、中甸、德钦、隔界河进入西藏的盐井、芒康与川藏公路相连。由于受当时政治、经济、地理环境等外在因素的影响，滇藏公路的修建整整经历了 23 年。滇藏公路的修建经历了三个阶段。第一阶段，从 1950 年 9 月至 1951 年 8 月，修建了大理下关到两江中平段，因受西藏和平解放的影响暂停修建。第二阶段，从 1956 年 8 月至 1960 年 12 月近 4 年的时间里依次开工修建了中平到中甸、中甸到德钦、德钦到盐井路段。这期间西藏的上层"反动分子"与国外的反华势力勾结进行了多次的武装叛乱活动，为了平定叛乱加快了公路的建设进度。第三阶段，德钦到盐井路段由于受雨雪的侵蚀而遭到中断，所以从 1967 年 7 月开始复修"盐德路"，接着又修建了盐井至芒康段的公路，在 1973 年 7 月正式完工，10 月才正式通车，至此滇藏公路正式全线修通。[①] 滇藏公路贯通后，从贵州、云南驾车前往西藏不再需要绕到西北甘肃、青海，使西南各省与西藏之间的贸易往来更加方便，同时也能极大地带动西藏的旅游业和经济发展。

第四，高速公路。中国是目前世界上高速公路第一大国，高速公路的修建为国家发展带来了举世瞩目的成就。连接藏羌彝走廊的西部省份之间地形地貌差别极大，给高速公路的建设带来了很大挑战。初期，高速公路从经济发达且修建难度比较小的地区开始建设，但随着国家主干道计划（"五纵七

---

① 史磊:《滇藏公路对沿线农村社会经济发展的影响》，云南大学硕士学位论文，2013。

横"规划）的逐步实施，为实现高速公路网状分布的目标，建设重点也向地形复杂的地区转移，通过长、大隧道及高、长跨桥的修建，中国东南西北实现了全面贯通。位于藏羌彝走廊的西部各省份，通过高速公路加强了彼此之间的联系，从首都北京放射线开始的京昆高速途经陕西西安，四川汉中、广元、绵阳、成都、雅安、西昌、攀枝花等地，极大地缩短了西北内陆西安到西南昆明的行驶时间。由北京通往西藏的京藏高速途经甘肃白银、兰州和青海西宁、格尔木，加强了甘肃、青海两省之间的联系。此外，南北纵横的兰海高速途经四川广元、南充，重庆，贵州遵义、贵阳，从四川到贵州通过高速公路实现互联互通成为可能。高速公路的修建使西部各省之间出行更加便利，经济、政治、文化等各方面的联系更加紧密，也极大减少了藏羌彝文化产业走廊的建设难度，为我国这一重大战略的实施发挥了不可估量的作用。

2. 铁路

第一，青藏铁路。青藏铁路东起青海西宁，南至西藏拉萨，全长1956公里，被誉为"天路"，是实施西部大开发战略的标志性工程，是中国新世纪四大工程之一。2006年7月1日，青藏铁路正式通车运营。青藏铁路西宁至格尔木段814公里已于1979年铺通，1984年投入运营。青藏铁路格拉段东起青海格尔木，西至西藏拉萨市，全长1142公里，其中新建线路1110公里，于2001年6月29日正式开工。途经纳赤台、五道梁、沱沱河、雁石坪、翻越唐古拉山，再经西藏自治区安多、那曲、当雄、羊八井到拉萨。其中海拔4000米以上的路段960公里，多年冻土地段550公里，翻越唐古拉山的铁路最高点海拔5072米，是世界上海拔最高、在冻土上路程最长、克服了世界级困难的高原铁路。[1]2014年8月15日，青藏铁路延伸线拉日铁路开通运营，被人们称为"团结路""幸福路"。2016年9月12日，历时七年、总投资12.98亿元的青藏铁路无

---

[1] 赖文宏：《青藏铁路对西藏旅游景观影响评价》，《冰川冻土》2003年第S1期，第186~189页。

缝钢轨换铺工程完成，全线 1956 公里的青藏铁路实现了"千里青藏一根轨"，列车的平顺性和安全性有了很大的提高。青藏高原有着得天独厚的自然、地理条件，形成了许多独特的旅游资源，有色彩斑斓的地貌，丰富独特的野生动植物，有古老的文化、淳朴的民俗风情，以及沿线的高原山地、高寒荒漠、高寒草原、高寒草甸及河谷盆地等自然生态景观和农业区、半农半牧区、牧区等人文景观，构造了一条完整的生态旅游线路。青藏铁路的全线贯通，对改变青藏高原贫困落后面貌、增进各民族团结进步和共同繁荣、促进青海与西藏经济社会又快又好发展产生广泛而深远的影响。不仅能促进西藏工业、旅游业等产业的发展，而且能优化西藏的产业结构，实现中国地区经济的平衡、协调发展；在促进西藏矿产资源的开发、降低进出西藏货物的运输成本、扩大西藏的对外开放，以及加强与其他地区及国外的经济交流与合作等方面都发挥了至关重要的作用。

第二，成昆铁路。成昆铁路是西南地区乃至我国重要的铁路干线，北起四川省成都市，南至云南省昆明市，线路全长 1096 公里。于 1958 年 7 月开工建设，1964 年复工建设，1970 年 7 月 1 日竣工通车，是国家 I 级单线电气化铁路。沿线物产丰富，资源丰饶，位于川西平原的成都至峨眉段，素有"川西粮仓"之称，在四川省的西昌地区和云南省的元谋至昆明一带，也盛产粮食和经济作物。沿线地区富藏煤、铁、铜、钒（储量全国第一、世界第三）、钛（储量世界第一）、铅、锌、磷、岩盐、森林木材。沿线 2/3 崇山峻岭、奇峰耸立、深涧密布、沟壑纵横、地势陡峭、地质状况复杂，创造了世界铁路建筑史上的奇迹。成昆铁路与美国的阿波罗带回的月球岩石、苏联的第一颗人造地球卫星，被联合国并称"象征二十世纪人类征服自然的三大奇迹"。[①] 成昆铁路使中国西南偏僻之地跨越进步了 50 年，改变了 2000 万人的生存状态，可称为一条不断创造神话、奇迹的幸福路。

第三，成宁铁路。成宁铁路是国家"八横八纵"高速路网中最西边的

---

① 傅洛炜：《创造神话与奇迹的成昆铁路》，《人民铁道》2010 年 6 月 30 日，第 B04 版。

一纵，自青海省西宁东站引出，经海东市平安县，黄南藏族自治州尖扎县、同仁县后，进入甘肃省，经甘南藏族自治州夏河县、合作市、碌曲县后，进入四川省，经阿坝藏族羌族自治州若尔盖县、松潘县、茂县、汶川县到成都。全线运营里程852公里，新建长度549公里，初步设计时速200公里。这条线路开通后，青海人到成都、四川不用再经过兰州，可直接穿越青海省境内抵达。成都的麻辣火锅、适宜的气候，成都人豪爽的性格，让不少青海人喜欢到成都度假甚至买房。按照高铁行驶速度计算，青海人5个小时左右就可以到成都，实现跨省如串门。西宁格尔木段向东延伸可至新疆库尔勒，最终实现将青海与新疆、西藏、甘肃等地区紧密相连，带动沿线少数民族和欠发达地区经济社会发展。未来，随着西宁至库尔勒铁路、西宁至敦煌铁路、西宁至成都铁路的建成，西宁将成为西北地区的枢纽中心，并且可与曹家堡空港紧密连接，形成立体交通格局。而格尔木也将成为连通西藏、新疆、甘肃河西走廊、西宁、成都的一个铁路"大十字"。

第四，高速铁路。其一，昆明—贵阳高铁作为沪昆高铁的一部分，属于国家"八横八纵"高速铁路网主通道的"八横"通道之一。该铁路东起上海，经杭州、南昌、长沙、贵阳，终到昆明，是我国东西向里程最长、标准最高、跨越省份最多的高速铁路，是长三角沿江、珠三角沿海等经济发达地区向西南内陆地区进行经济辐射的主要轴线，沿云南而来，东盟地区的资源也将源源不断地注入多彩贵州。沪昆高铁有"中国最美高铁"之称，横穿贵州550公里，串联起了云南石林、贵州黄果树、广西桂林、湖南张家界、杭州西湖等世界级旅游名胜，进一步凸显了贵州作为西部交通枢纽的地位优势。2016年12月28日，沪昆高铁贵州西段通车运行，标志着全长2252公里的沪昆高铁全线贯通。高铁的开通，最直接的影响是使客流、物流、信息流加快运转，对云南、贵州两省旅游业发展更是一大利好，将成就西南地区旅游业实现"井喷式发展姿态"。[1]其二，成贵高

---

① 冉阿建：《沪昆高铁如风来，贵州不遥远》，《当代贵州》2017年第1期，第24~25页。

铁。成贵高铁起于成都市，途经乐山市、眉山市、宜宾市、昭通市、毕节市，止于贵阳市，连接西成高速铁路、渝贵铁路、贵广高铁、沪昆高铁，形成四川乃至西北地区通往珠三角、长三角、华南、华东等沿海地区的快速大通道。成贵铁路客运专线全长632.6公里，总投资约780亿元，为新建客运专线。设计时速为250公里（预留350公里电气化设计），被称为"世界第一条山区高速铁路"，是国家实施新一轮西部大开发的标志性工程之一。[①] 该线路西端与成绵乐客运专线的高铁乐山站相连。建成后可改善沿线的交通状况，带动旅游经济发展，沿线经过的乐山大佛、峨眉山、宜宾蜀南竹海、兴文石海、李庄古镇、威信扎西会议旧址及观斗山石碑雕像等旅游资源可以更加旺盛，甚至还可带动川滇边界水富西部大峡谷的发展。成贵高铁经过四川省乐山市境内长79公里，经过宜宾市境内198公里，其中成都东—乐山段利用既有成绵乐客运专线已于2014年12月20日开通运营。在云南省境内共计66公里，设3个站点，已于2013年12月开工。贵州省境内共计177公里。2019年6月15日，成贵高铁乐山至宜宾段开通运营；12月16日，宜宾至贵阳段开通运营，标志着成贵高铁全线建成通车。铁路建成后，成都至贵阳只需3个小时，普通列车运行时间缩短至9个小时左右。成贵铁路将主要承担川西、川南、川北、西北地区与贵州、华南三省、湘闽赣浙的旅客流量，将让沿线3600多万人获益，有利于乐山煤炭、旅游等资源的进一步开发利用。而未来沿线城市将发展以成都为中心的川西平原都市群，以乐山—五通桥—犍为—宜宾为发展轴的岷江流域城市群，以贵阳为中心的城市群，通过城乡统筹发展形成成贵经济走廊。其三，西成高铁。西成高铁，设计时速为250公里，高铁自西安北站引出，自北向南穿越关中平原、秦岭山脉、汉中平原、巴山山脉进入四川盆地，与成绵乐城际铁路相连，接入成都东站，[②] 西成高

---

① 《成贵铁路预计2018年通车，成都到贵阳只要3小时》，http://cd.qq.com/a/20160503/008860.htm。

② 《西成高铁进入全线拉通试验阶段》，http://www.gov.cn/xinwen/2017-11/22/content_5241520.htm#allContent。

铁全线于 2017 年 12 月 6 日开通运营,西安至成都的运行时间由普快 11 个小时缩短为 4 个小时。西成高铁途经我国地理上最重要的南北分界线秦岭,为世界首条穿越艰险山脉的高速铁路。西成高铁运营标志着华北地区至西南地区又增加一条大能力、高密度的旅客运输主通道,对于加强关中-天水经济区与成渝经济区的交流合作、促进区域经济社会发展和提高人民群众出行质量具有十分重要的意义。

3. 航空

藏羌彝走廊的核心区域甘孜藏族自治州、阿坝藏族羌族自治州、凉山彝族自治州、毕节市、楚雄彝族自治州、迪庆藏族自治州、拉萨市、昌都地区、林芝地区、甘南藏族自治州、黄南藏族自治州 11 个地区,除黄南藏族自治州、楚雄彝族自治州未开通机场外,其他地区均已经建成机场、开通航线。枢纽城市四川省成都市、贵州省贵阳市、云南省昆明市、西藏自治区拉萨市、陕西省西安市、甘肃省兰州市和青海省西宁市 7 个省会城市也建成和开通航线。

第一,西北航空网。与铁路、公路等交通方式一样,民航早已成为民众出行的重要方式之一。航空业是一种产品附加值高、投入产出高的产业,对国家和区域经济发展有很大的直接带动作用。但是,位于我国西北地区的航空产业虽然具有良好的基础和比较优势,近二十年来却由于种种因素发展缓慢,对国家和西部地区的经济发展发挥的带动作用有限。近年来,随着国家对西部地区的投入力度不断加大,西北航空业在科研创新、产业结构升级、增加就业机会和提高人均收入等方面取得的成效显著,目前已形成了覆盖面广、辐射力强、联系紧密的西北航空网。藏羌彝文化产业走廊可以依托西安、兰州、西宁三个省会城市不断壮大的经济实力和便捷的航空网络进行建设,将文化产业不断扩展到藏羌彝走廊覆盖的经济基础相对较好的各市州,通过各省会城市、州市的团结协作,不断壮大文化产业链,增强文化产业发展实力,从而进一步促进该地区经济发展和基础

图 11-8　香格里拉机场

设施建设。

　　第二，西南航空网。在国家高度重视通用航空产业发展、民航局明确把发展通用航空列为建设民航强国战略重要内容的新形势下，西南地区通用航空呈现出加速发展的良好态势。通过低成本的运作方式和管理理念，西南地区已形成包括成都、重庆等主要城市在内的航空网络，并且根据其不断发展情况努力开拓新的航空市场。目前西南地区已开通的国内民航线有成都—贵阳、成都—昆明、贵州—昆明、拉萨—贵阳、拉萨—昆明等西南航线。这些航线的开通，极大地改善了西南地区的交通，缩短了西南各城市之间往来的时间，交通的便利也为西南地区的旅游业发展带来了源源不断的客流量。藏羌彝文化走廊可依托西南地区各省市便利的航空运输和相对雄厚的经济实力与基础设施，以及西南地区面向南亚、东南亚开放的广阔市场和特殊的地理位置优势来发展壮大产业链，拓展产业门类，以便带动其文化产业发展。

二、藏羌彝走廊上交通的特征

（一）陆地交通线路途经地区自然地理环境恶劣

　　交通线路特别是陆路交通线路是走廊地理空间建构的关键，复杂、恶劣的自然地理环境也直接影响着陆地交通线路的开通与运营。通过对藏羌彝走廊核心区域 11 个市（州、地区）地理位置、海拔、地形、境内河流、交通的分析，可以看出，藏羌彝走廊区域多山脉河流，地形受山脉江河切割，海拔绝对高差较大，山高谷深、草甸平原镶嵌；地理环境复杂多变，气候的垂直、水平差异很明显，"一山分四季，十里不同天"；公路、铁路与航空立体交通网络基本形成，详见表 11-2。藏羌彝走廊延绵于中国地形的第一阶梯和第二阶梯，囊括了青藏高原、黄土高原、云贵高原，横断山脉南北贯通、大江大河切割。青藏高原，被称为"世界屋脊""第三极"，平均海拔 4000 米以上，高原腹地年平均温度在 0℃以下，大片

图 11-9　古铁索桥

451

地区最暖月平均温度也不足10℃，高原的沙漠化和水土流失问题突出。
黄土高原，海拔在800~3000米，千沟万壑、地形支离破碎，生态环境脆
弱。云贵高原，海拔在400~3500米，喀斯特地貌，地形受河流切割、较
破碎。四川盆地，素有"蜀道难，难于上青天""一夫当关、万夫莫开"
之称，由青藏高原、大巴山、巫山、大娄山、云贵高原环绕而成，周围山
地海拔多在1000~3000米之间，中间盆底地势低矮，海拔在250~750米，
面积约为16万平方公里，可明显分为边缘山地和盆底部两大部分。横断
山脉，中国最长、最宽和最典型的南北向山系，山川南北纵贯，东西并
列，横断山脉山间盆地、湖泊众多，古冰川侵蚀与堆积地貌广布，现代冰
川作用发育，受重力地貌作用，如山崩、滑坡、泥石流、地震频繁。①

表11-2 藏羌彝走廊核心区域地理环境

核心区域	位置	海拔与地形	江河	交通
甘孜藏族自治州	四川盆地西缘山地向青藏高原过渡的地带	北部高原与南部河谷海拔高差达3000米左右，地势强烈抬升，地形复杂。最高峰贡嘎山海拔7556米	流经境内的河流主要有金沙江、雅砻江、大渡河	雅康高速，泸石高速；川藏铁路设康定站；康定机场，稻城亚丁机场，甘孜格萨尔机场
阿坝藏族羌族自治州	地处青藏高原东南缘，横断山脉北端与川西北高山峡谷的接合部	地貌以高原和高山峡谷为主	黄河在阿坝州流经165公里。长江上游四川境内的主要支流岷江、嘉陵江、涪江均发源于阿坝州。全州大小河流530余条	国道213、317横穿境内；九寨沟黄龙机场、阿坝红原机场
凉山彝族自治州	位于四川省西南部	多数山峰海拔超过4000米。高山、深谷、平原、盆地、丘陵相互交错，断裂带纵横交错，断块山、断陷盆地、断裂谷众多	金沙江、雅砻江、大渡河	西昌站、甘洛站、普雄站等；西昌青山机场

① 中国科学院地理科学与资源研究所：《横断山脉》，http://www.igsnrr.ac.cn/kxcb/
dlyzykpyd/zgdl/zgdm/200704/t20070424_2154868.html。

核心区域	位置	海拔与地形	江河	交通
毕节市	贵州西北部	最高点海拔2900.6米,最低点海拔457米	河长大于10公里的河流有193条,分别流入乌江、赤水河、北盘江、金沙江四大水系	织金北站、草海站、大方站、纳雍站等;毕节飞雄机场
楚雄彝族自治州	云南省中部	山地面积占总面积的90%以上,素有"九分山水一分坝"之称。最高点海拔3657米,最低点海拔556米	金沙江、元江两大水系以州境中部为分水岭各奔南北	楚雄站
迪庆藏族自治州	滇、藏、川三省区交界处,青藏高原伸延部分南北纵向排列的横断山脉	最高点海拔6740米,最低点海拔1486米,绝对高差达5254米	金沙江、澜沧江、怒江三条大河的上游都纵贯迪庆内,流经里程达430公里	以滇藏公路、川藏公路、康藏公路为干道的交通网络;迪庆机场
拉萨市	位于西藏高原的中部,喜马拉雅山脉北侧	平均海拔3650米,最高处海拔7117米	雅鲁藏布江、拉萨河	国道:川藏公路、青藏公路、新藏公路、中尼公路、滇藏公路;省道:拉萨至亚东公路、拉萨至错那公路;青藏铁路、川藏铁路、拉日铁路;拉萨贡嘎国际机场
昌都地区	地处横断山脉和三江(金沙江、澜沧江、怒江)流域	最高海拔为5460米,最低海拔约3100米,平均海拔3500米以上	从西向东依次是伯舒拉岭、怒江;他念他翁山、澜沧江;达玛拉山—宁静山、金沙江	317国道线、318国道线和省道303、302线横跨东西,214国道线纵贯南北;川藏公路和滇藏公路的必经之地;"茶马古道"的要地;昌都站;昌都邦达机场
林芝地区	位于西藏东南部,雅鲁藏布江中下游	海拔平均3000米左右,最低处只有900米	雅鲁藏布江	林芝站(在建);林芝米林机场
甘南藏族自治州	位于甘肃省西南部,地处青藏高原东北边缘与黄土高原西部过渡地段	境内海拔1100~4900米,大部分地区在3000米以上	长江、黄河上游	合作站(规划中);夏河机场
黄南藏族自治州	位于青海省东南部,地处九曲黄河第一湾	海拔在1900~4118米	九曲黄河第一湾	交通方式较为单一,没有航空和铁路交通,唯一进出黄南的交通方式是公路

（二）交通线路成为藏羌彝走廊区域经济、社会和文化沟通的 "金丝银线"

交通线路沟通了藏羌彝走廊中北方游牧文化与南方农耕文化，是区域廊道形成和发展的物化载体，是特定区域文化空间和地理空间融合与互构的桥梁。不论是区域廊道还是交通线路的形成都是一个渐进的过程，并非一蹴而就，也正是因为交通线路形成的历时性，交通线路与文化廊道融合与互构也因历时性而不断被赋予历史与文化内涵。

西部地区各种交通网的建设对藏羌彝文化产业走廊的建设发挥着巨大作用。交通的便捷化使得藏羌彝文化产业走廊各省市之间的联系进一步加强，使之前西部地区各省区封闭式的经济发展模式被进一步打破，各省区之间的整体意识和行为方式进一步整合，通过整个走廊无缝隙的连接，西部各省区形成聚合优势。通过他们之间的合作，不断建立新的项目，引进新的资本，促使资本在该地区聚集，通过藏羌彝走廊沿线省区之间的合

图 11-10　洱海的渔船与游轮

作，不断创造巨大的、具有影响力的文化产业品牌，并将这些品牌通过交通运输到世界各地，进一步传播中国文化，扩大中国在世界舞台的影响力。另外，通过西部各省区的合作和交流，进一步打破地域限制，建立具有知名度和影响力的大企业、大集团，不断挖掘该地区的民族文化资源，创造民族品牌，形成民族认同。以南方丝绸之路为例。南方丝绸之路的形成对西南地区的经济社会发展产生深远影响，源于古道的商贸活动，将各地的物产、文化等串联起来，各地之间的经济、社会和文化联系日益密切，西南地区也呈现出巫、道、佛、儒等多元多样文化并行的繁荣格局。

从"文化线路"的角度看，藏羌彝文化产业走廊是一条由交通网络联结起来的文化廊道。从"唐蕃古道"、茶马古道、南方丝绸之路到现代立体交通网络的形成，让藏羌彝走廊区域内的政治、经济、文化交流不断持续并日益紧密，区域间共同的文化认同经由交通线路的延伸扩展而加强。

表 11-3　清末民初南方丝绸之路滇西大商帮经营川丝贸易 [①]

商帮	商号	采办川丝地	年运销量	运销地
鹤庆	福春恒	乐山、宜宾、成都	5000 箱（20 万斤）	缅甸、印度
	兴盛和	四川	20 万~40 万斤	缅甸
喜洲	永昌祥	宜宾、乐山、西昌	2000~3000 驮 6000 箱（30 万斤）	缅甸、印度
	锡庆祥	四川	20 万~40 万斤	缅甸
腾冲	洪盛祥	乐山、宜宾、重庆	2000~3000 驮	缅甸
	茂恒	乐山、宜宾、重庆	2000 驮	缅甸

---

① 蓝勇：《南方丝绸之路的丝绸贸易研究》，《四川师范大学学报》（社会科学版）1993 年第 2 期，第 124~132 页。

（三）立体交通网络的形成为藏羌彝走廊发展奠定了坚实基础

从历史演变看，藏羌彝走廊的交通源起于汉唐的"唐蕃古道"、滇藏茶马古道、川藏茶马古道、南方陆上丝绸之路，到当代公路、铁路和航空立体交通网络的形成，交通运输动力和工具由人力、畜力转变为电气化。受政治、经济、社会和文化需求驱动，也因经济社会以及科技的发展而不断发展，交通工具创新、运输动力变革、交通线路开辟、交通站点优化配

图 11-11　景洪港

置、运输管理智能化进一步凸显，藏羌彝走廊的交通网络整体上呈现出由单一形态向立体交通网络转变：由陆地公路、铁路建设到航空线路开通转变，交通线路的运营速度和效率得到了几何位数的提升，形成了点—线—网的陆地公路和铁路交通网络、点对点的航空线路。立体交通网络的形成，全面提升了运输时间、运量和速度，前所未有地进行了时空压缩，大大加强了藏羌彝走廊各地区之间以及同全国和国外在经济、文化、社会等方面的联系，为藏羌彝走廊发展奠定了坚实基础。

三、藏羌彝走廊上交通的现代走向

"构建现代综合交通运输体系，是适应把握引领经济发展新常态，推进供给侧结构性改革，推动国家重大战略实施，支撑全面建成小康社会的客观要求。"[①] 随着经济社会和科学技术的发展，以畜力为交通运输动力、以驿道为交通网络的情况逐渐改变，以电气化为运输动力的近代交通系统拉开了序幕。在地理空间的互联互通、产业融合发展和区域协同发展中，藏羌彝走廊现代立体交通网络的基础性、先导性、战略性日益凸显。

（一）地理空间上的互联互通

交通工具创新、运输动力转变、交通路线完善、交通管理革新的多重协奏，将进一步推动藏羌彝走廊地理空间上的互联互通。其一，沟通"国际走廊"。藏羌彝走廊的南北两端分别勾连着北方丝绸之路和南方丝绸之路。从藏羌彝走廊的北端出发，沿北方丝绸之路从西北方向可到达中亚、西亚及地中海等地区，如果从藏羌彝走廊的南端出发，沿南方丝绸之路从西南方向则可到达中南半岛等地区。藏羌彝走廊无疑是沟通北方丝绸之路和南方丝绸之路，推动藏羌彝走廊沿线实现对外经济贸易与文化交流，推动北方和南方两大丝绸之路经贸活动与文化交流活动不断融合的重要桥梁与国际走廊。统筹利用国际国内两个市场、两种资源既是改革开放取得成绩的基本经验，也是新的时代背景下进一步推进改革开展的重要举措。为此，在深入推进"一带一路"的"互联互通"中，交通线路和站点建设将迎来更多的机遇。其二，深度融入全国交通网。藏羌彝走廊的城市枢纽是全国立体交通网络中的重要节点，是藏羌彝走廊融入全国交通网络的关键环节。从藏羌彝走廊城市枢纽向辐射区延展开来的交通线路建设，

---

① 国务院:《"十三五"现代综合交通运输体系发展规划》，2017。

将推动藏羌彝走廊深度融入全国交通网。其三,由枢纽城市、干道沿线向周边地区延展。随着国家乡村振兴战略的深入实施,藏羌彝走廊枢纽城市、干道沿线与周边地区的交通线路建设将会持续推进,逐步形成藏羌彝走廊"交通大动脉"连接周边城市和乡村的"神经系统"。

(二)与新兴业态的相互赋能

新兴产业是藏羌彝走廊经济发展新的增长点,且对于其他产业具带动作用。电商、互联网+、物联网、5G及相关新兴产业的发展催生了现代化物流产业,而交通基础设施则是物流产业发展的基础。藏羌走廊高山峡谷的地形地貌特点突出,交通网络是藏羌走廊连接国际国内市场、融入国家产业链的生命线,对其在国家经济版图中的位置产生重要影响。新兴产业的发展以及对传统产业的渗透和带动,要求线上与线下深度融合与良性互动。作为藏羌彝走廊中的城市枢纽,成都市、贵阳市、昆明市、拉萨市、西安市、兰州市和西宁市对辐射区域的产业带动和经济辐射将日益凸显,而立体交通网络建设将伴随始终,并在这一过程中发挥重要的推动作用。在发挥城市枢纽辐射和带动作用以及推动新兴产业发展中,立体交通网络的先导性和基础性地位也将日益凸显。藏羌彝走廊发展新兴业态的能力和水平也将与其交通网络建设密切相关,良性互动与相互赋能将是未来趋势。为此,高速公路、高速铁路建设,民航机场建设及其航线的开通,成为地方经济社会发展中的重要关切。

(三)助推区域协同发展的交通一体化

藏羌彝走廊北起青藏高原东侧,沿六江流域和横断山脉地区向南延伸,直抵滇南地区,西界以拉萨为核心,东界抵达贵州省毕节市,其核心区域位于青藏高原与四川盆地之间的横断山脉地区,将青藏高原与云贵高原两大板块联结起来。藏羌彝走廊是"地理走廊""文化走廊""经济走廊""生态走廊"的复合体，显现文化、经济等多重属性。藏羌彝走廊的民族文化、历史文化和地理景观并没有按照特定时期的行政区域来分布。交通网络将藏羌彝走廊区域丰富的民族文化、厚重的历史文化、关键的地理空间和独特的地理景观串联起来。地方经济社会联系日益密切，要求生产资料跨区域的优化配置、产业链各环节的协同；文化和旅游融合，要求开辟串联和沟通旅游景观和旅游目的的文旅线路——凡此种种，交通基础设施建设成为先决条件。藏羌彝走廊各区域间相互依存、共同促进的协同发展既是客观现实，也是未来趋势。藏羌彝走廊区域中的交通由依托人力畜力的"古道"，逐步发展成为电气化、智能化的立体交通网络，大大减少了走廊各地区之间沟通和交流的成本，为生产要素优化配置、产业链各环节互补以及文化融合提供了重要支撑，是支撑和助推藏羌彝走廊区域协同发展的基础。

第十二章

从西部一隅到国家战略
——藏羌彝文化走廊上的文化产业发展

2014 年 3 月 5 日，文化部、财政部联合印发了《藏羌彝文化产业走廊总体规划》（以下简称《总体规划》），这是我国第一个国家层面的区域文化产业发展专项规划，是国家对发展藏羌彝文化产业走廊的充分肯定和大力扶持。

藏羌彝文化产业走廊沿线七省（区）地处我国西部地区，受整体经济社会发展水平落后、交通区位不便等因素的影响和制约，藏羌彝沿线各省（区）文化产业整体发展相对滞后，依然存在产业基础薄弱、市场化程度不高、知名品牌较少、科技含量低、产品附加值低、高端创意和管理人才薄弱等问题。近些年，伴随国家西部大开发、"一带一路"、长江经济带等国家战略的深入实施，藏羌彝文化产业走廊经济社会快速发展，基础设施建设逐步完善，为文化产业发展奠定了良好的基础，文化产业发展呈现出健康快速发展态势。尤其是特色文化产业①发展，呈现出持续快速发展态势，投入低、效益高、环境污染少，对地方经济发展的贡献巨大，在发展速度上已经超过传统产业；此外，特色文化产业以中小微企业、工作室、家庭作坊的形式居多，不仅经营方式灵活，而且在解决就业上更具优势，特色文化产业吸纳就业人口的数量远远超过传统产业，能有效缓解就业难题，增加城乡居民收入。总之，特色文化产业发展对促进藏羌彝文化产业走廊各省（区）地方经济发展、带动城乡居民致富及促进就业都具有重大而深远的意义。

一、藏羌彝走廊上的文化产业发展

藏羌彝文化产业走廊七省（区）文化产业呈现快速健康发展态势，2017 年文化产业增加值达到 3536.3 亿元，较上一年增长 13.66%，占地区生产总值（GDP）比重由 2015 年的 3.30% 提高到 2017 年的 3.50%（见

---

① 特色文化产业是指依托各地独特的文化资源，通过创意转化、科技提升和市场运作，提供具有鲜明区域特点和民族特色的文化产品和服务的产业形态。

表12-1）。分省（区）来看，四川省和陕西省文化产业整体发展较好，2017年文化产业增加值分别达到1537.5亿元、911.1亿元，占GDP比重也都超过了4%，基本与全国平均水平持平；其余五省（区）文化产业增加值绝对值、占GDP比重都相对较低，文化产业整体发展仍相对滞后。

表12-1　2015~2017年藏羌彝走廊七省（区）文化产业增加值及占GDP比重情况

单位：亿元，%

区域	2015年		2016年		2017年	
	增加值	占GDP比重	增加值	占GDP比重	增加值	占GDP比重
全国	27235	3.97	30785	4.07	34722	4.20
四川	1141.2	3.80	1323.8	4.02	1537.5	4.16
贵州	241.6	2.30	285.3	2.42	324.0	2.39
云南	425.1	3.12	453.6	3.07	517.4	3.16
西藏	26.5	2.58	36.3	3.16	38.1	2.91
陕西	711.9	3.95	802.5	4.14	911.1	4.16
甘肃	124.2	1.83	146.0	2.03	163.6	2.19
青海	54.8	2.27	63.8	2.48	44.6	1.70
七省（区）合计	2725.3	3.30	3111.3	3.48	3536.3	3.50

注：2016年分地区文化产业增加值数据包含研发支出。
资料来源：《中国文化及相关产业统计年鉴（2017）》。

2017年藏羌彝文化产业走廊七省（区）规模以上文化企业共有4918家，较上一年度增加1009家，增长25.81%；年末从业人员数563157人，较上一年度增长11.2%；企业资产总计8622.15亿元，较上一年度增长28.66%；营业收入为5707.54亿元，较上一年度增长19.03%。[①]但藏羌彝文化产业走廊文化企业总量相对较少，市场竞争力较弱，文化企业"小散弱"的问题依然较为突出（见表12-2）。

---

① 资料来源：《中国文化及相关产业统计年鉴（2017）》《中国文化及相关产业统计年鉴（2018）》。

表 12-2　2017 年藏羌彝文化产业走廊七省（区）规上文化企业情况

区域	企业单位数（个）	从业人员数（人）	资产总计（亿元）	营业收入（亿元）
全国	60251	8814391	118888.19	98198.82
四川	1782	263033	4043.81	2926.26
贵州	799	66485	926.87	386.83
云南	743	83144	1517.41	521.67
西藏	25	3182	55.07	823.49
陕西	1199	108460	1462.83	804.62
甘肃	322	28062	484.39	125.94
青海	48	10791	131.77	118.73
七省（区）合计	4918	563157	8622.15	5707.54
占全国比重（%）	8.16	6.39	7.25	5.81

资料来源：《中国文化及相关产业统计年鉴（2018）》。

　　藏羌彝文化走廊的发展建设中，文化产业是其重要的支柱，文化产业的发展使得传统文化资源通过市场运作和商业包装的形式获得新的生命。民族地区的文化产业既是经济创收的渠道，也促使民族成员参与本民族文化的开发、生产和营销，将富含民族元素、民族特色的文化产品和服务成果实体化，释放民族文化的生产力，推动民族文化间的交流和取长补短，逐步让本民族文化走入更大的视野并获得认可、接受，是扩大本民族文化影响力的重要途径。政府通过制定相关政策促进民族文化成为地方经济发展的核心动力，同时发挥市场在文化资源配置中的积极作用，深耕民族文化产业，打造文化品牌，以文化软实力提升区域经济实力，促使民众内生更多地利用本民族文化资源谋求自身更好生活的动力。民族文化产业的发展不仅成为产业扶贫的重要支撑，而且有利于激发民族贫困地区群众脱贫致富的内在活力，提高其自我发展能力，助力国家脱贫攻坚战略的实施。应大力发展文化市场和文化消费，为推动民族文化的弘扬和培育、民族生态的保护提供必要的物质条件。文化产业的繁荣发展，可以增强本民族成员对其文化的认同感和归属感，提高自信心和自豪感，有利于少数民族文化资源更好地在保护中开发、在传承中发展，构建本民族的文化自觉和文化自信。

藏羌彝文化产业走廊由核心区域、辐射区域和枢纽城市三大部分组成，共涉及 7 个省（区）的 11 个州（市）的核心区、20 个州（市）的辐射区和 7 个省（区）的省会城市，从雪域高原到热带河谷横跨几千公里。国家新一轮西部大开发、汶川地震灾后重建等重大工程推进，区域经济和社会快速发展，现代交通体系、医疗卫生、住宿餐饮等服务体系逐步完善，为藏羌彝文化产业走廊的建设提供了基础条件，为统一市场条件下，区域内部的资源配置、特色文化产业集聚和带状发展奠定了基础。

表 12-3　2017 年藏羌彝文化产业走廊国内生产总值及人均国内生产总值情况

区域	GDP（亿元）	全国排名	人均 GDP（元）	全国排名
全国	827122	—	59660	—
四川省	36980.22	6	44651	22
贵州省	13540.83	25	37956	28
云南省	16531.34	23	34545	29
西藏自治区	1310.63	31	39259	27
陕西省	21898.81	15	57266	12
甘肃省	7677.00	27	29326	30
青海省	2642.80	30	19001	31
七省（区）合计	100581.63	—	—	—

资料来源：《中国统计年鉴（2018）》。

藏羌彝文化产业走廊七省（区）国民经济呈现快速发展态势，地区生产总值（GDP）由 2011 年的 55309.23 亿元增加到 2017 年的 100581.63 亿元（见图 12-1），年均增长率达到 10.48%，增速明显高于全国平均水平，占全国生产总值的比重也由 2011 年的 11.41% 提高到 2017 年的 12.16%，经济快速增长为藏羌彝走廊文化产业发展创造了有利条件。

图 12-1　2011~2017 年藏羌彝文化产业走廊地区生产总值增长趋势

资料来源：国家统计局网站。

　　"十三五"以来，藏羌彝文化产业走廊七省（区）固定资产投资持续
快速增加，全社会固定资产投资由 2011 年的 41275.72 亿元提高到 2017
年的 101848.4 亿元（见图 12-2），交通、文化、教育、卫生等基础设施
建设不断完善。近些年，藏羌彝文化产业走廊各省（区）交通基础设施
不断完善，七省（区）铁路营业里程由 2011 年的 1.7 万公里增长到 2017
年的 2.5 万公里；公路里程由 2011 年的 105.87 万公里增加到 2017 年的
125.38 万公里，其中，高速公路通车里程由 2011 年的 1.49 万公里增加
到 2017 年的 3.02 万公里。[①]"十三五"期间，藏羌彝文化产业走廊七省
（区）公共文化基础设施建设不断完善，公共图书馆、文化馆、文化站、
博物馆、艺术表演团体等数量和质量都有了很大改善。

　　国民经济和社会快速发展，城乡居民收入水平持续提升，藏羌彝文
化产业走廊七省（区）文化消费总体规模呈现持续增长的态势。居民文化
消费支出占居民消费支出比重在 2015~2016 年出现下滑（见图 12-3），
部分地区在引导和扩大文化消费上发挥了积极的引领和示范作用，成都
市、丽江市、兰州市、黄南藏族自治州、泸州市、遵义市、昆明市、张掖

---

① 国家统计局：《中国统计年鉴（2018）》，中国统计出版社，2018。

图 12-2　2011~2017 年藏羌彝文化产业走廊全社会固定资产投资增长趋势
资料来源:《中国统计年鉴（2018）》。

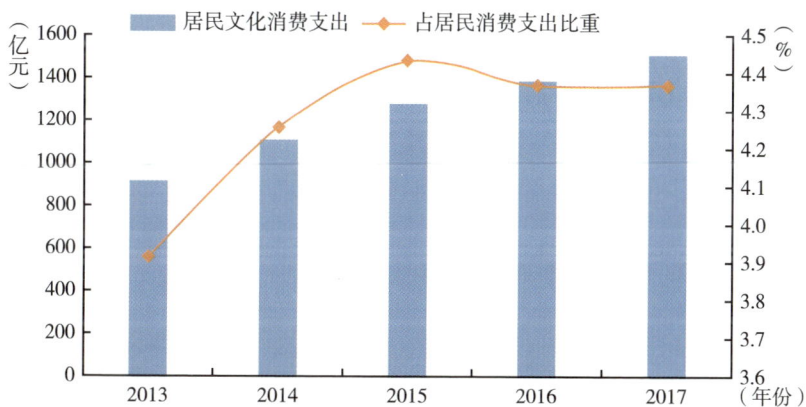

图 12-3　2013~2017 年藏羌彝文化产业走廊七省（区）居民文化消费增长态势
资料来源:《中国统计年鉴（2018）》。

市等八州市入选国家文化消费试点城市。

　　基础设施不断完善，文化与旅游不断融合发展，促进了藏羌彝文化产业走廊文化旅游业持续快速发展，旅游人次、旅游总收入呈现快速增长态势。2018 年七省（区）旅游人次超过 31 亿人次，旅游总收入近 4 万亿元（见图 12-4）。旅游市场持续快速发展，带来庞大的人员流动、拉动当地旅游消费，为藏羌彝文化产业走廊建设创造了有利条件和坚实基础。

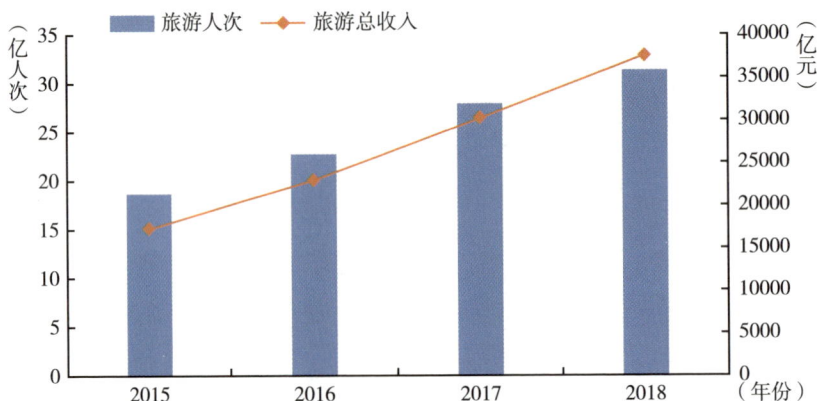

图 12-4　2015~2018 年藏羌彝文化产业走廊七省（区）旅游发展态势
资料来源：七省（区）统计年鉴。

藏羌彝文化产业走廊核心区域经济呈现快速发展态势，但与全国平均水平相比仍有较大差距，区域经济社会发展仍相对滞后。从人均地区生产总值、城镇化率、城镇居民可支配收入、农村居民可支配收入四项指标来看，2016 年核心区域除拉萨市之外 10 州（市）较全国平均值仍有较大差距，甘南州、甘孜州、昌都市人均 GDP 不足全国平均水平的 40%。（表 12-4）。

表 12-4　2016 年藏羌彝文化产业走廊核心区域主要经济指标

区域	年末人口（万人）	城镇化率（%）	地区生产总值（亿元）	人均GDP（元）	城镇居民可支配收入（元）	农村居民可支配收入（元）
全国	138271.00	57.35	743585.50	53777	33616	12363
甘南州	71.02	32.00	135.95	19213	21327	6414
甘孜州	110.10	29.30	229.80	19596	27101	9367
阿坝州	91.95	37.86	281.32	30595	28048	10702
凉山州	512.36	33.35	1403.92	29549	25963	10368
毕节市	664.18	31.25	1625.80	24544	25041	7668
楚雄州	273.90	28.51	847.12	30962	29200	9181
迪庆州	41.00	32.93	180.58	44153	29439	7088

区域	年末人口（万人）	城镇化率（%）	地区生产总值（亿元）	人均GDP（元）	城镇居民可支配收入（元）	农村居民可支配收入（元）
拉萨市	54.00	53.10	424.95	64804	29383	11448
昌都市	73.00	16.15	147.86	20254	22374	8038
林芝市	23.10	39.77	115.77	50117	22387	11812
黄南州	26.88	31.00	72.75	27179	24407	6819

资料来源：11 州（市）政府官方网站。

表 12-5　2017 年藏羌彝文化产业走廊核心区域主要经济指标

区域	年末人口（万人）	城镇化率（%）	地区生产总值（亿元）	人均GDP（元）	城镇居民可支配收入（元）	农村居民可支配收入（元）
全国	139008.00	58.52	827122.00	59660	36396	13432
甘南州	74.23	34.01	136.59	19152	23012	6998
甘孜州	118.63	30.56	251.50	22097	29486	10444
阿坝州	94.01	38.92	295.16	31487	30264	11751
凉山州	521.29		1480.91	30710	28170	11415
毕节市	665.97	41.20	1841.61	27690	27320	8473
楚雄州	274.40	27.79	937.37	34192	31653	10044
迪庆州	41.20	34.58	198.65	48334	31853	7776
拉萨市	68.83	42.40	479.25	69615	32408	12994
昌都市	70.48		169.83	24096	27400	9560
林芝市	22.82		133.33	58427	26946	13407
黄南州	27.42		79.01	28814	28952	8164

资料来源：中国统计信息网。

　　藏羌彝文化走廊辐射区经济社会呈较快发展态势，基础设施建设逐步完善，区域经济发展稳步提升，但与全国平均水平相比，大部分地区仍有差距。从人均 GDP 来看，除攀枝花市、海西州外，其他区域均低于全国水平；从城镇和农村居民可支配收入来看，各区域城镇居民可支配收入均低于全国水平，四川省内辐射区域发展较其他省份情况稍好，甘肃省和青海省部分地区城镇与农村可支配收入之间差距较大（表 12-6、表 12-7）。

表 12-6　2016 年藏羌彝文化产业走廊辐射区域主要经济指标

区域	年末人口（万人）	城镇化率（%）	地区生产总值（亿元）	人均 GDP（元）	城镇居民可支配收入（元）	农村居民可支配收入（元）
全国	138271.00	57.35	743585.50	53777	33616	12363
绵阳市	481.09	49.50	1830.42	38202	29407	13504
乐山市	128.25	48.73	1406.58	43110	28583	12749
雅安市	153.97	43.95	545.33	35335	27352	11138
攀枝花市	123.56	65.34	1014.68	82221	32860	14057
六盘水市	290.69	46.50	1313.70	45325	25473	8230
丽江市	128.50	37.41	310.18	24186	28099	8750
大理州	360.53	66.18	974.20	27416	29317	9612
山南市	36.12	17.50	126.53	35038	25894	9908
那曲市	—	—	106.24	—	28324	9908
宝鸡市	377.50	50.76	1932.14	51262	31730	10287
汉中市	344.63	47.80	1156.49	33597	25595	8855
临夏州	28.34	88.28	66.28	23454	18190	11266
武威市	181.98	37.72	461.73	25396	23612	9784
张掖市	122.42	43.93	399.94	32729	21503	18923
陇南市	260.41	30.48	339.89	13119	20504	5859
海北州	28.12	36.42	100.67	35953	26828	10735
海南州	46.83	45.43	152.68	32754	26218	9550
海西州	51.26	71.30	486.96	95314	27720	11539
果洛州	20.40	27.54	364810.13	18378	28133	6020
玉树州	40.37	35.17	61.68	15232	27978	6177

资料来源：中国统计信息网。

表 12-7　2017 年藏羌彝文化产业走廊辐射区域主要经济指标

区域	年末人口（万人）	城镇化率（%）	地区生产总值（亿元）	人均 GDP（元）	城镇居民可支配收入（元）	农村居民可支配收入（元）
全国	139008.00	58.52	827122.00	59660	36396	13432
绵阳市	483.56	51.01	2074.75	43126	31822	14752
乐山市	327.21	50.17	1507.79	46130	31070	13927
雅安市	153.78	45.35	602.77	39149	29732	12145
攀枝花市	123.61	65.99	1144.25	92584	35620	15336

区域	年末人口（万人）	城镇化率	地区生产总值（亿元）	人均GDP（元）	城镇居民可支配收入（元）	农村居民可支配收入（元）
六盘水市	292.41	49.50	1461.71	50136	27893	9069
丽江市	129.00	39.26	339.48	26369	30403	9520
大理州	361.88		1066.50	29846	31779	10525
山南市	38.81	19.50	145.83	39998	28535	11265
那曲市	—	—	—	—	—	—
宝鸡市	378.10	52.12	2179.81	57697	34351	11209
汉中市	381.85	49.31	1333.30	38671	27812	9666
临夏州	204.41	34.47	238.84	11684	19380.2	6203
武威市	182.53	39.72	439.58	24119	25572	10596
张掖市	122.93	45.76	404.14	32944	23309	12612
陇南市	287.42	32.48	355.28	12361	22185	6386
海北州	28.30	38.02	82.91	29391	29267	11714
海南州	47.24	36.77	145.82	30990	28545	10426
海西州	51.52	72.01	526.20	100190	—	—
果洛州	20.57	27.54	37.27	18459	30678	6625
玉树州	40.95	36.60	64.38	15798	30512	6839

资料来源：中国统计信息网。

　　七省（区）经济、政治、文化中心的枢纽城市，经济和社会发展相对较好，但与东中部地区主要城市相比，仍有较大差距，在藏羌彝文化产业走廊中辐射带动作用不够突出。从地区生产总值来看，2016年成都市突破万亿元，排名全国第9，其余6个枢纽城市的经济总量仍相对较小；从人均GDP来看，7个枢纽城市均略高于全国平均水平，但与东部地区、中部地区主要城市相比，绝对值仍相对较低；从城镇化率来看，除拉萨之外的6个城市均高于全国平均水平，但除兰州之外的城市，与东部地区、中部地区城市相比仍相对较低；从城镇和农村居民可支配收入来看，7个枢纽城市均与全国平均水平基本持平或相差不大，但与中部地区主要城市相比仍相对较低，与东部发达城市相比更是差距较大（表12-8）。

表 12-8　2016 年藏羌彝文化产业走廊枢纽城市主要经济指标

区域	年末人口（万人）	城镇化率（%）	地区生产总值（亿元）	人均 GDP（元）	城镇居民可支配收入（元）	农村居民可支配收入（元）
全国	138271.00	57.35	743585.50	53777	33616	12363
北京	2172.90	86.50	24899.30	115000	57275	22310
上海	2419.70	87.60	27466.15	113600	57692	25520
广州	1404.35	86.06	19610.94	139644	50941	21449
武汉	1076.62	79.77	11912.61	111469	39737	19152
长沙	764.52	75.99	9323.70	123681	43294	25448
郑州	972.40	71.02	8114.00	84114	33214	18426
西安	883.21	73.43	6257.18	71357	35630	15191
兰州	324.23	81.01	2264.23	61207	29661	10391
西宁	233.37	70.00	1248.16	53800	27539	9678
拉萨	54.00	53.10	424.95	64804	29383	11448
成都	1591.80	70.60	12170.20	76960	35902	18605
昆明	672.80	71.05	4300.43	64162	36739	12555
贵阳	469.68	74.16	3157.70	67771	29502	12967

资料来源：2017 年七市统计年鉴。

表 12-9　2017 年藏羌彝文化产业走廊枢纽城市主要经济指标

区域	年末人口（万人）	城镇化率（%）	地区生产总值（亿元）	人均 GDP（元）	城镇居民可支配收入（元）	农村居民可支配收入（元）
全国	139008.00	58.52	827122.00	59660	36396	13432
北京	2170.70	86.50	28000.40	129000	62406	24240
上海	2418.33	87.70	30133.86	124600	62596	27825
广州	11169.00	69.85	89879.23	81089	40975.1	15779.7
武汉	1089.29	80.04	13410.34	123831	43405	20887
长沙	791.81	77.59	10535.51	135388	46948	27360
郑州	988.10	72.23	9130.20	93143	36050	19974
西安	905.68	73.42	7469.85	78346	38536	16522
兰州	372.96	81.02	2523.54	67882	24071	11305
西宁	235.50	71.10	1284.91	54800	30043	10548

续表

区域	年末人口（万人）	城镇化率（%）	地区生产总值（亿元）	人均GDP（元）	城镇居民可支配收入（元）	农村居民可支配收入（元）
拉萨	54.36	42.4	494.77	72673	32407	12992
成都	1604.6	59.30	13889.39	86911	38918	20298
昆明	678.3	72.05	4857.64	71906	39788	13698
贵阳	3580	46.02	13540.83	37965	29080	8869

资料来源：中国统计信息网。

　　藏羌彝文化产业走廊旨在依托藏羌彝地区丰富多彩的民族文化、生态文化资源，促进民族地区跨越式发展，缩小与东中部地区、城乡之间的差距。藏羌彝文化产业走廊通过发挥市场在产业发展中的决定性作用和国家、地方政府的引导作用，创新发展思路和发展方式，充分挖掘藏羌彝走廊丰富多彩的民族文化资源、生态文化资源，依托内外两大市场，更新发展理念，培育文化旅游业、传统民族工艺美术业、民族歌舞艺术业、文化创意和设计服务业，走出一条适合藏羌彝民族地区文化产业协调创新发展道路，实现藏羌彝民族地区可持续发展的国家意志和地方诉求。

（一）我们的幸福在路上——西藏文化产业发展

　　近些年来，西藏文化产业发展呈现健康快速发展态势，在吸收就业、增加农牧民收入、助推扶贫攻坚方面成效越发明显，成为西藏经济社会发展的重要支撑。党的十八大以来，西藏积极依托独具特色、丰富多样的文化资源，重点发展文化旅游业、民族工艺品业、会展节庆业、出版影视业、文化体育业等，大力扶持唐卡、藏毯、藏香、藏纸、金属锻造、木雕等特色文化产业，积极打造藏博会、唐博会、雪顿节等重要节庆会展平台，有力促进了西藏特色文化产业发展。[1]

---

[1] 《今年西藏文化产业产值不低于35亿》，中国西藏网，http://m.tibet.cn/wap//news/focus/1482195802207.shtml，最后检索时间：2020年4月25日。

1. 文化产业整体健康快速发展

"十三五"以来，西藏按照"一手抓繁荣，一手抓管理"的文化市场体系建设方针，加强文化市场培育。截至 2016 年底，西藏共有各类文化企业 4680 家，从业人员 3.2 万人，国家级、区级文化产业示范园区（基地）41 家，到 2019 年 7 月，已增加至 234 家。① 2016 年全年文化产业实现引资 25.1 亿元，西藏文化产业年产值 34.5 亿元，占全区国民生产总值的 3.01%，年均增速保持 15% 以上，② 已初步形成了多元化投资、多种所有制企业齐头并进、多门类文化产业蓬勃发展的文化市场体系，文化产业对西藏地区经济增长的贡献率越来越明显。同时，文化产业在西藏精准脱贫工作和脱贫攻坚任务中将发挥重要作用，初步估算，2020 年，文化产业带动脱贫人数将达近万人。③ 文化产业市场主体不断壮大，按照西藏文化产业发展重点领域，根据企业主营业务分类，有文化旅游业 9 家、演艺娱乐业 5 家、民族手工艺品业 25 家、会展节庆业 2 家、出版影视业 2 家、文化产品数字制作与相关服务业 3 家。④"十三五"期间，西藏以藏羌彝文化产业走廊为抓手，建立起"1 轴 2 线 5 区"的特色文化产业发展布局，统筹推进藏中南藏源文化产业集聚区、藏东三江文化产业集聚区、藏西神山圣湖文化产业集聚区、藏北羌塘文化产业集聚区建设，打造以文化旅游、民族手工艺、特色演艺与餐饮、特色节庆会展、民族艺术等为重点的特色文化产业高地，实现文化企业总量比 2015 年翻一番，使文化产业

---

① 中经文化产业：《实地调研后，我们告诉你西藏文化产业发展的真实情况》，搜狐网，https://www.sohu.com/a/316445989_687011，最后检索时间：2020 年 4 月 25 日。

② 梅海兰：《"文化＋金融"推动西藏特色文化产业转型升级》，人民网·西藏频道，http://xz.people.com.cn/gb/n2/2017/0626/c138901-30379745.html，最后检索时间：2020 年 4 月 25 日。

③ 鲜敢：《西藏特色文化产业发展成果喜人》，人民网·西藏频道，http://xz.people.com.cn/gb/n2/2017/0912/c138901-30725411.html？。

④ 郑璐：《西藏文化产业发展：亮出最响文化名片》，搜狐网·中国西藏新闻网，http://www.sohu.com/a/205618716-266317，最后检索时间：2020 年 4 月 25 日。

成为西藏新型支柱性产业①。

2. 园区建设成效初显

西藏自治区特色文化产业进入高速发展时期，建立了西藏特色文化产业项目库，确定中华民族特色文化产业示范园区、藏羌彝文化产业走廊建设、西藏特色文化产业基础设施建设三大类项目，入库项目达 119 个。其中，19 个藏羌彝文化产业走廊重点项目已全面启动，总投资达 43.3 亿元。②

在西藏全区 41 家国家级和自治区级文化产业示范基地和园区当中，现有国家级文化产业示范基地 2 个，国家级文化产业示范试验园区 1 个，自治区级文化产业示范园区 2 个，自治区级文化产业示范基地 36 个，充分发挥了示范、辐射、带动作用；形成了以拉萨历史文化产业集聚区、林芝雅鲁藏布生态文化产业集聚区、山南雅砻藏源文化产业集聚区、日喀则珠穆朗玛生态文化产业集聚区、昌都香格里拉文化旅游产业集聚区、那曲草原游牧文化产业集聚区、阿里神山圣湖宗教文化产业集聚区为主的全区文化产业区域集群区建设和空间布局规划。41 家国家级、自治区级文化产业示范基地和园区，每个季度的产值基本维持在 8 亿元左右，缴税金额基本保证在 300 多万元。各地市启动了示范基地和园区的评选命名工作，全区文化产业示范基地、园区的四级命名管理体系初步形成，这些示范基地和园区的示范、带动、引领作用日益凸显。③

3. 特色文化产业快速发展

西藏是重要的中华民族特色文化保护基地，近 5 年来，唐卡、藏毯、演艺等特色文化产业发展备受瞩目，4000 余个富有民族特色的文艺作品

---

① 尕玛多吉、李键：《西藏文化产业产值突破 30 亿元》，《光明日报》2016 年 3 月 1 日，第 9 版。
② 鲜敢：《西藏特色文化产业发展成果喜人》，人民网·西藏频道，http://xz.people.com.cn/gb/n2/2017/0912/c138901-30725411.html，最后检索时间：2020 年 4 月 25 日。
③ 《今年西藏文化产业产值不低于 35 亿》，中国西藏网，http://m.tibet.cn/wap//news/focus/1482195802207.shtml，最后检索时间：2020 年 4 月 25 日。

图 12-5　拉萨大昭寺

　　走向市场，藏羌彝文化产业走廊 18 个重点项目实现启动建设，五届唐卡艺术博览会累计销售额 1 亿多元。[①]

　　西藏有多样性的文化旅游资源，在发展文化产业的过程中，文化旅游业起到了带头作用。近年来，文化旅游业的发展当中，除了发展自然风光游、文物古迹游之外，西藏也在不断探索开发新的文化旅游项目，如精心组织拉萨雪顿节、日喀则珠峰文化旅游节、林芝桃花节等大型节庆会展活动；打造了拉萨市娘热乡民俗风情园、林芝藏东南文化遗产博物馆等文化景点。

　　在文化旅游业的带动下，西藏的民族手工艺品、民族演艺业等产业也逐渐发展起来。西藏的民族手工艺品种类繁多，围绕这些产品发展成民族民间工艺品产业，涌现出一批从事民族手工艺品开发的企业，如位于拉

---

① 尕玛多吉、李键：《西藏文化产业产值突破 30 亿元》，《光明日报》2016 年 3 月 1 日，第 9 版。

萨市堆龙德庆县乃琼镇的拉萨岗地经贸有限公司成立于 2001 年，以"抢救民间文化遗产，保护民族传统手工艺，培养民族传统手工艺人才，发展民族文化产业"为目标，2008 年该公司被原文化部评为第三批国家文化产业示范基地；拉萨市城关区古艺建筑美术公司组建于 1980 年，主要从事古建筑维修、工艺品生产等，2010 年被原文化部评选为第四批国家文化产业示范基地。

西藏的民族演艺产业也发展较快，近年来创作了一批西藏题材的演艺作品，如大型西藏原生态歌舞诗《幸福在路上》，大型西藏歌舞音画史诗《喜马拉雅》，大型风情歌舞节目《五彩西藏》、《雅鲁藏布情》等歌舞类节目，另外还有话剧《穿越巅峰》，新编藏戏《朵雄的春天》，以及融京剧和藏戏于一体的《文成公主》等剧目。[①]

4. 带动更多群众脱贫

近两年，西藏批准成立了国内首个"藏民族音乐产业基地"，授予 1 家国家级动漫企业。批复成立了西藏工艺美术协会、西藏动漫发展协会、西藏文化保护发展基金会、西藏唐卡画院等行业社团组织。据统计，西藏全区 41 家文化企业，2016 年解决就业 5236 人，其中农牧民 2387 人。通过产业带动，完成了 2041 人的脱贫任务。[②]

5. 文化产业政策逐渐完善

2017 年西藏自治区制定出台了《西藏自治区"十三五"时期文化发展改革规划纲要》，提出了思想道德理论体系建设工程、传播体系建设工程、公共文化服务体系建设工程、文化体制机制建设工程、现代文化市场

[①]　唐雨虹、朱华鹏、黄菊英：《西藏文化产业发展的现状及对策分析》，《商场现代化》2013 年第 16 期，第 115~116 页。

[②]　郑璐：《西藏文化产业发展：亮出最响文化名片》，搜狐网·中国西藏新闻网，http://www.sohu.com/a/205618716-266317，最后检索时间：2020 年 4 月 25 日。

体系建设工程、特色文化产业体系建设工程、文化精品创作生产工程、文化遗产保护工程、文化走出去工程、文化人才队伍建设工程等 10 个工程；并指出将进一步完善全区特色文化产业体系和现代文化市场体系，做优做强做大一批民族文化企业和文化品牌，"十三五"末文化产业增加值占全区年 GDP 比重达到 3.5%~4%，成为西藏经济发展的支柱性产业，推动自治区由文化资源大区向文化发展强区的战略性转变，建设成重要的中华民族特色文化保护地和重要的世界旅游目的地。

（二）多元文化的花儿朵朵开——青海文化产业发展

在长江、黄河、澜沧江的源头，在广阔丰饶的大美青海，在这片多民族聚居的沃土中，蕴藏着中华民族丰富的精神宝藏，绽放着绚丽的多元文化之花。在这里，昆仑文化源远流长，宗教文化庄严神秘，农耕文化底蕴深厚，节庆文化异彩纷呈。在这里，青海"花儿"、塔尔寺"艺术三绝"、黄南热贡艺术、柳湾彩陶、都兰吐谷浑大墓等无不彰显着青海先民的文明与智慧。

1. 文化产业整体健康快速发展

党的十八大以来，青海省抓住三江源国家公园、国家级热贡文化生态保护实验区、国家级格萨尔（果洛）文化生态保护区、玉树康巴文化生态保护实验区、藏羌彝文化产业走廊等建设契机，主动融入"黄河上游大草原""大香格里拉""大九寨"等文化旅游经济圈，依据全省各地文化资源分布状况和文化产业发展基础，加强分类指导和规划引领，突出比较优势，优化产业布局，有序开发特色优势资源，促进文化资源、要素向重点地区、优势产业门类集聚，持续推动全省文化产业健康有序发展，呈现出特色优势日益显现、市场主体不断壮大、产业集聚效应愈加明显、新兴产业逐步兴起的良好态势，文化产品和文化服务的供给能力明显提高，文化发展活力进一步增强，走出了一条独具青海特色的文化产业发展之路。文化产业已成为促进经济增长和就业创业的重要产业、推动产业结构优化的朝阳产业。"十三五"期间，青海省重点推动工艺美术、文化旅游、演艺娱乐、新闻出版等行业发展，文化产业得到快速发展，文化市场主体不断壮大，全省文化产业法人单位 3009 家[1]，文化个体经营户 5171 户，规上（限上）文化企业 45 家，国家文化产业示范基地 10 家，省级文化产业示范基地 70 家，直接或间接从业人员 30 万人以上。[2]"十二五"时期，全省规划的 27 个文化产业园区中有 18 个相继投入运营，累计完成投资 42 亿元。全省国家级文化产业示范基地达到 10 个，省级文化产业示范基地达到 78 个，规模（限额）以上文化企业达到 38 个。[3]2016 年，全省文化及相关产业实现增加值 63.77 亿元，比上年增长 16.5%。2017 年，全省 13 个项目获得中央文化产业发展专项资金的补助，引导撬动社会投资 10.6 亿元。[4]

2. 特色文化产业健康快速发展

青海以唐卡、刺绣、剪纸、绘画、雕塑、皮影、银器、铜器、玉器等为代表的民间艺术品，无不呈现青海民族民间艺术的神秘、粗犷、成熟和庄重。近几年，青海省传统工业美术业健康快速发展，唐卡、昆仑玉、藏毯及艺术挂毯、民间刺绣、民族服饰、黄河石艺画等工艺美术业发展迅速。

青海特色文化产业发展最具代表性的就是黄南州热贡[5]艺术，热贡是青海乃至西北地区非物质文化资源最富集的地区，其文化结构具有多层

---

[1] 国家统计局社会科技和文化产业统计司、中宣部文化体制改革和发展办公室编《中国文化及相关产业统计年鉴（2016）》，中国统计出版社，2016。

[2] 《青海文化产业：特色发力 铿锵前行》，《青海日报》2016 年 12 月 22 日，第 8 版。

[3] 《特色文化产业：扬帆远航"闯世界"》，《青海日报》2016 年 5 月 10 日，第 11 版。

[4] 李欣：《坚定文化自信 创造活力激情迸发》，《青海日报》2017 年 11 月 7 日，第 11 版。

[5] "热贡"一词在藏语中意为"金色的谷地"，一般指称青海省黄南藏族自治州隆务河流域同仁县及其周边地区，此间于 2008 年 8 月设立热贡文化生态保护实验区，是中国文化部门在少数民族地区设立的首个国家级文化生态保护实验区。

图 12-6 西宁市城东区国家文化产业示范基地

次性，文化内涵具有多样性，文化主体具有多民族性。以"六月会""於菟"等节庆仪式为文化载体，以藏族、土族等民族的风俗礼仪为文化旨趣，以宗教精神和民间信仰为文化蕴涵，形成了以宗教性、地方性、民族性、艺术性为特征的文化资源库。近些年，以唐卡为重要组成部分的热贡艺术正在以蓬勃之势苗壮发展，取得了令人瞩目的成绩。2016 年，黄南州非遗文化企业经营户数达 173 家，从业人员 3.1 万人，经营总收入 6.5 亿元，黄南州官方已在中国国内开设了 200 家唐卡展销窗口。① 建成热贡画院、龙树画苑、热贡民族文化官、仁俊热贡艺术传习中心等 15 个各类非遗传习中心（点），每年培训文化从业人员达 1500 余人次。② 黄南唐卡产业年产值达 2.5 亿元左右，超过全州财政收入；从业者 2.2 万，占

① 罗云鹏：《热贡艺术从藏区走向世界》，中国新闻网，https://culture.china.com/11170621/20161224/30109667.html，最后检索时间：2020 年 4 月 25 日。
② 《唐卡产业 画笔下的蓬勃生机》，《青海日报》2018 年 11 月 12 日，第 8 版。

全州总人口近 10%。① 热贡艺术是我国文化宝库中一枝瑰丽的奇葩，也是藏族不同地区之间、藏汉民族文化之间交相辉映的产物。勤劳的热贡艺人数百年来足迹遍及西藏、青海、四川、甘肃、内蒙古等国内各地和印度、尼泊尔、泰国、蒙古国等国，给这些地方留下了众多精美艺术品。这门独具一格的古老藏族文化艺术，其作品造型准确生动，工笔精细绝美，色彩艳亮，富于装饰性。其质朴的画风、匀净协调的配色、惟妙惟肖的神态刻画，充分体现了藏族人民勤劳的智慧和灿烂的文化。文化自信是一个国家、一个民族发展中最基本、最深沉、最持久的力量，在政府的支持下，热贡艺术大师和艺人们坚定文化自信，到世界各地办展览的积极性越来越高。

3. 特色文化品牌进一步彰显

持续培育和打造"一地一品"特色文化品牌，包括西宁"多元文化"品牌，玉树"康巴文化"品牌，海东"河湟文化"品牌，果洛"玛域格萨尔文化"品牌，海南"黄河文化"品牌，同仁县——中国唐卡艺术之乡，海北"青海湖文化"品牌，海南州——中国藏绣艺术之乡，黄南"热贡文化"品牌，贵南县——中国藏绣生产基地，海西"柴达木文化"品牌，等等。中国驰名商标有：八瓣莲花、三江雪、藏羊地毯、布哈拉、宝光、昆玉、圣源地毯、宝玉陈、布绣嘎玛、撒拉黄河石艺。青海省著名商标有：玉玲珑、三江雪、八瓣莲花、玉生琨、宝玉陈、撒拉族石艺画、圣驼、穆巴热可、翠光、布绣噶玛、岗拉、天地人缘。

4. 文化产业"走出去"日趋活跃

"十二五"期间，全省先后组织 200 多家次文化企业（单位）携民族

---

① 庞书纬、李亚光：《黄海黄南唐卡产业年产值达 2.5 亿元 从业者 2.2 万人》，中国新闻网，http://www.chinanews.com/cul/2016/02-16/7759419.shtml，最后检索时间：2020 年 4 月 25 日。

工艺品、民族演艺节目走出国门，赴贝宁、马耳他、韩国等 20 多个国家和中国港澳台地区进行特色文化产品展示、交流。藏毯、民族服饰、唐卡、木雕、藏绣、藏陶等产品出口美国、意大利、蒙古国、印度等国家和中国港澳台地区，文化产品累计出口额达 3.1 亿美元。①

5. 文化产业政策逐步完善

为加快文化产业发展，2016 年青海省政府出台了《关于加快发展文化产业的意见》，全省将逐步形成"一核五区"发展格局，将文化资源和要素向重点地区、优势产业门类有序集聚，"一核"是指核心西宁，西宁将被打造成多元文化展示中心和丝绸之路人文交流中心，发挥引领带动辐射作用；"五区"是指河湟文化产业集聚区、热贡文化产业集聚区、三江源生态文化体验区、环青海湖生态文化旅游先行区、昆仑文化产业集聚区。②

（三）陇原大地劲吹融合之风——甘肃文化产业发展

甘肃处在丝绸之路的黄金段，其发挥的作用同兄弟省份相比，既有共性，也有独特之处，既是战略通道，又是能源和新能源基地，还是生态屏障，更是文化的集聚之地。甘肃省文化产业增加值从 2014 年的 104.9 亿元到 2015 年的 124.24 亿元、2016 年的 146.05 亿元，再到 2017 年的 163.6 亿元，在经济下行压力较大的背景下连年增长。从 2014 年到 2017 年，甘肃省文化产业增加值占全省 GDP 的比重一步一个台阶，从 1.53%、1.83% 到 2.03%，再到 2017 年的 2.19%，连年增长，稳步提升，不仅逐渐缩小与全国文化产业增加值占 GDP 比重的差距，也毫无疑问昭示着在寻求经济转型新动力的关键时刻，甘肃省文化产业正以矫健的步伐向当地

---

① 《青海文化产业：特色发力　铿锵前行》，《青海日报》2016 年 12 月 22 日，第 8 版。
② 《我省将打造以西宁为核心的五个文化产业集聚区》，大美青海，http://www.qh.gov.cn/dmqh/system/2016/10/15/010235868.shtml，最后检索时间：2020 年 4 月 25 日。

经济支柱性产业昂首迈进。①

近年来，甘肃始终坚持打好"五张牌"，即平台牌、通道牌、外向牌、交流牌、服务牌，逐步扩大对外开放，参与丝路建设。当前，正在举全省之力，打造以丝绸之路（敦煌）国际文化博览会和华夏文明传承创新区为重点的文化战略平台，依托丝绸之路（敦煌）国际文化博览会和华夏文明传承创新区，统筹推进文化保护、传承、展示、创新和利用等工作，保护好文物"祖业"，推动好文化事业，发展好文化产业，加快中华传统优秀文化传承体系、现代公共文化服务体系、文化产业体系、文化市场体系建设，推动文化旅游深度融合，促进文化大发展大繁荣，努力建设文化强省。

1. 文化产业整体健康快速发展

甘肃省文化产业健康快速发展，正逐步成为全省经济发展新的增长点，2014 年文化产业增加值 104.9 亿元，占 GDP 比重为 1.53%；2015 年文化产业增加值 124.24 亿元，占 GDP 比重为 1.83%；2016 年，甘肃省文化产业总资产 702.79 亿元，实现增加值 146.05 亿元，占全省 GDP 的 2.03%。2017 年，全省有文化产业机构 12666 家，从业人员 23.9 万人，实现增加值 163.60 亿元，占全省 GDP 的 2.19%。②

2. 与社会资本共舞破"瓶颈"

发展文化产业，资金是关键，更是绕不开的"瓶颈"。2013 年 6 月 25 日，为解决产业规模小、融资能力差等甘肃省文化产业发展长期难以突破的重要瓶颈，省委省政府组建成立省文化产业发展集团，为陇原文

---

① 施秀萍：《〈壮丽 70 年·奋斗新时代　陇原巨变·文化产业篇〉创新融合文化兴》，每日甘肃网－甘肃日报，http://culture.gansudaily.com.cn/system/2019/09/26/017268922.shtml，最后检索时间：2020 年 4 月 25 日。

② 《甘肃文化产业稳定增长 "数字文创" 探路陇原精品》，中国新闻网—甘肃，http://www.gs.chinanews.311176.shtml，最后检索时间：2020 年 4 月 25 日。

化产业发展"造血"。此后，省文发集团又陆续成立了甘肃省文化产业投融资担保有限公司、甘肃省文化产业发展基金有限公司、甘肃省文化产权交易中心等，加大"造血"功能。近年来，甘肃省借助深圳文博会、兰洽会、国际文化产业大会、甘肃省文博会等展会平台，通过大招商、大项目，广拓文化产业的"输血"之路，为甘肃省文化产业发展注入强大动力和发展后劲；通过广宣传、频亮相，使甘肃成为吸"睛"又生"金"的文化投资热土。尤其是国家"一带一路"倡议的实施，将甘肃从过去的改革开放后方置身于国家向西开放的前沿，造就"到甘肃投资文化，无疑是在文化'门户'上投资"的佳话。"十二五"期间，甘肃省文化产业招商引资项目共计 1319 个，落地 932 个，项目落地率达 70.66%，全省在建项目共计 772 个，其中，主要在建和续建项目有：投资 43 亿元的旱码头项目和《又见敦煌》项目、投资 30 亿元的敦煌丝绸之路文化遗产博览城项目、

图 12-7　甘肃省夏河县海螺湾藏文化产业园

投资 31 亿元的丝绸之路文化博览园项目、投资 100 亿元的丝绸之路西部国际文商旅综合生态产业区项目，以及兰州海德堡极地海洋世界、敦煌龙行天下、瓜州草圣故里文化产业园、张芝文化一条街等。"十二五"时期，甘肃省文化产业增加值占全省生产总值比重从 1.24% 增长到 2.31%。资产总量从 227.5 亿元增长到 578.45 亿元。全省 140 多家经营性文化事业单位转企改制任务基本完成。文化产业招商引资项目签约合同 5893.43 亿元，到位资金 1216.88 亿元。"十三五"期间，甘肃省文化产业年平均增速达到 25% 以上，到 2020 年文化产业增加值占全省地区生产总值的比重达到 5%，成为甘肃省国民经济支柱性产业，并把华夏文明传承创新区大平台建设、文化旅游融合发展分别作为牵引经济社会持续健康发展的"六大支撑"和"十大工程"的重要内容。[①]

3. "文化 +" 融合发展成效初显

甘肃不拘形式、不拘一格，打破传统的演出、广播、影视、出版等固有概念及其领域和板块，以"文化 +"的思维，进入"文化 +"全链接的大文化产业视野，推动传统产业和新兴产业融合发展，为文化产业发展插上腾飞的翅膀。

文化与旅游融合是重头。甘肃省借助华夏文明传承创新区建设，不断加大文化旅游融合力度，使文化在融合中更有活力，旅游在融合中更具魅力。近年来，甘肃旅游越来越火，丝路文明再放异彩。2016 年，全省旅游接待人数和综合收入分别同比增长 22% 和 25%，综合收入首次突破千亿元大关，跻身旅游大省行列。2017 年，全省接待游客 2.39 亿人次，同比增长 25%，比 2012 年增长了 1.6 亿人次，年均增长 25%；旅游综合收入 1580 亿元，同比增长 29%，比 2012 年增长了 1109 亿元，年均增长

---

① 徐雪：《甘肃聚焦文化产业发展　欲挖潜增效促转型升级》，中国新闻网，http://www.chinanews.com/df/2016/02-19/7765416.shtml，最后检索时间：2020 年 4 月 25 日。

27.4%。[①]

文化与农业融合大放异彩。甘肃省依托覆盖全省行政村的农家书屋和新华书店乡镇发行网点，利用丰富的农村民间民俗工艺和劳动力资源建设文化集市，探索形成"企业协会＋基地＋农户"的文化产业发展模式，使甘肃省民间民俗工艺品真正成为调整农村经济结构、丰富农村产业门类、实现农民增收致富的重要支柱产业。

文化与金融合作有所突破。首先，重点加大对文化旅游"全产业链"金融支持力度，支持文化旅游产业链重点项目建设，支持中小微文化企业、旅游商品研发销售骨干企业以及特色旅游品牌建设。同时，鼓励有条件的银行业金融机构成立服务文化旅游产业的专营机构、特色支行和文化旅游金融专业服务团队，对符合条件的中小微型文化旅游企业综合运用统贷平台、集合授信等方式，实行差异化信贷管理，简化审批流程，合理下放审批权限。其次，鼓励各金融机构通过信贷融资、债券融资、股权融资等多元化融资服务手段，全方位、多形式、多途径支持和推动甘肃文化旅游产业深度融合、提质增效，建立起完善的文化旅游产业发展金融服务体系。目前，甘肃金融业累计投放文旅产业贷款超过1000亿元，支持文化旅游类项目1600多个，累计发行文旅企业债券500多亿元，金融支持文旅产业发展取得了积极成效。[②]

文化与科技融合方兴未艾。无论是集"编、印、发"于一体的国有文化企业"甘肃飞天"与致力于新型碳纤维复合发热的民营科技企业"上海热丽"的意外"联姻"，还是有计划地投入巨资建设莫高窟数字展示中心，用领先全球的科技技术再现无与伦比的敦煌文化；无论是兰州市打造文化遗产数字化，还是省广电网络公司全面上线阿里云平台，这些方兴未艾的文化科技融合项目都取得了令人刮目相看的喜人成效。

---

① 《甘肃旅游业发展综述》，甘肃省人民政府网，http://www.gansu.gov.cn/art/2018/2/7/art-66-333726.html，最后检索时间：2020年4月25日。

② 沈丽莉：《金融助力甘肃文化旅游产业高质量发展》，《甘南日报》2019年8月1日，第3版。

此外，文化与商贸、体育、餐饮等诸多产业也不断碰撞出耀眼火花，催生了岐黄中医药养生保健旅游创新区、农耕食文化活态传承体验区、智慧旅游云联网互联网平台等一批融合度高、关联性强、带动能力强、产业链长的新兴文化业态，在陇原大地劲吹融合之风，热播融合之雨，盛开融合之花，广结融合之果。

4. 特色文化产业快速发展

近年来，甘肃立足资源优势，创新发展思路，优化结构布局，扬长避短，强基固本，加快建立具有甘肃特色的文化产业体系，大力推动民族特色文化产业快速发展。加强对全省文化资源的系统梳理和开发利用，借助市场盘活文化资源，推动甘肃省从文化资源优势向产业优势转变；充分挖掘发扬香包、刺绣、剪纸、砖雕、烙画、泥塑等民间工艺，在农村大力发展劳动密集型文化产业，使其成为甘肃省农村经济结构调整、农民增收致富新途径。2016 年，投资 1.1 亿元的夏河县创意文化产业园、投资5000 多万元的临夏能成砖雕新厂建成投入使用，投资 2000 万元的文县氐羌和白马藏族文化旅游园对外开放，投资近 7 亿元的肃南县玉水苑被文化部命名为国家级文化产业示范基地。[①]

"十三五"期间，甘肃省将重点打造兰州文玩艺术品商贸产业、嘉峪关科技生态创意文化产业、酒泉汉唐文化创新产业、张掖文化体育产业、金昌香草花卉文化创意产业、葡萄酒文化产业、书画产业、平凉养生文化产业、庆阳农耕与岐黄文化产业、天水民间工艺品生产加工产业、西和乞巧文化产业、临夏民族民俗文化产业、夏河藏族民俗文化产业、藏羌彝文化产业走廊甘肃段产业等 14 个特色文化产业，着力推动全省特色文化产业发展。

---

① 施秀萍：《甘肃省以重点项目带动文化产业快速发展》，人民网—甘肃频道，http:// gs.people.com.cn/n2/2017/0213/c183283-29704544.html，最后检索时间：2020 年 4 月 25 日。

5. 重点文化项目快速推进

2013 年，甘肃省委省政府出台《华夏文明传承创新区建设总体方案》，文化产业作为重要板块被纳入工程建设体系。省委、省政府每年召开文化产业大会部署全省文化产业工作，省政府与各市（州）政府签订文化产业发展目标责任书，将文化产业发展列入考核内容。14 个市（州）均出台了推动文化产业发展的地方性政策，设立了专项资金。

资源充沛、政府重视、政策利好，全省文化产业迎来了"天时地利人和"的发展黄金期。据统计，2016 年全省有文化产业机构 12135 个，从业人员 22.7 万人，总资产 702.79 亿元，实现增加值约 181.71 亿元，同比增长 15.67%。一大批重点文化项目齐头并进，正成为带动经济发展的新支柱。全省先后打造了兰州创意文化产业园、丝绸之路文化创意中心、陇原文化集萃园、天水 66 号等一批创意性文化企业。省图书馆公共文化数字化服务平台、省博物馆"互联网＋中华文明"行动取得长足进展。动漫业从零起步，发展到 50 多家企业，其中 8 家通过国家认证。[1]

2016 年，敦煌文化产业园文化产业增加值实现 10.95 亿元，同比增长 16.12%，占 GDP 比重为 11%，文化产业增加值占酒泉市的 54.8%；兰州创意文化产业园已获批国家级文化产业园创建资格，入园企业超过 153 家，年总产出接近 10 亿元。[2]

6. 对外文化交流合作日益加深

近年来，甘肃省积极主动融入"一带一路"建设，构建全方位、多层次、宽领域、国际化的文化产业开放合作发展新格局。在敦煌市举行的首届丝路文博会，是全国"一带一路"建设中唯一以文化交流合作为主题的国际盛会，是"一带一路"建设的重要抓手。通过敦煌文博会，为丝绸

---

① 于娟：《甘肃：文化产业风光正好》，《甘肃经济日报》2017 年 12 月 18 日第 02 版。
② 于娟：《甘肃：文化产业风光正好》，《甘肃经济日报》2017 年 12 月 18 日第 02 版。

之路沿线各国深化文化合作、人文交流搭建平台，使"一带一路"建设造福沿线各国人民。敦煌文博会是"一带一路"的新平台，是对外开放的新窗口，是民心相亲的新通道，堪称展示的舞台、交流的载体、创新的助力、发展的抓手。敦煌文博会为甘肃更好走向世界打开机遇之门，全省上下充分利用文博会这一机遇，大力宣传甘肃历史文化以及改革发展新成就，扩大了甘肃的知名度和对外影响力。此外，一大批发展壮大后的文化企业正积极"走出去"，庆阳凌云服饰集团在阿联酋成立了庆阳凌云服饰集团迪拜分公司，甘肃华源国际文化产业集团在美国纽约注册成立了华源国际（美国）投资有限公司。

（四）古代文化、延安精神、民俗文化的异彩纷呈
——陕西文化产业发展

陕西是中华文明的重要发祥地之一，文化资源丰富多样，积淀深厚。其拥有厚重的历史文化底蕴，缔造了以周、秦、汉、唐为代表的灿烂古代文化。陕西是中国革命的摇篮，集聚了极具革命性和先进性的丰富红色文化资源，孕育了光照千秋的延安精神。同时，陕西拥有特色鲜明的民俗文化，关中、陕北、陕南三大区域民俗各异，民间文化异彩纷呈。党的十八大以来，随着文化体制改革的深入推进，陕西全面加快现代文化产业体系构建，建设产业园区和基地，培育实力文化企业，逐步形成以大企业带动、大项目引领、大园区承载的文化产业发展新格局，文化产业呈现健康快速发展态势。

1. 产业整体快速发展

2007年，陕西省第十一次党代会首次提出"文化强省"奋斗目标，文化产业发展上升到全省战略高位。近十年来，全省上下以项目带动为抓手、以园区建设为承载、以体制改革为动力，促进了文化产业大发展，文化产业增加值持续保持两位数增长，占全省GDP比重逐年提高，保持了

与全省经济的同步快速发展、同步争先进位，成为陕西跻身全国中等发达省份的重要支撑力量。2017年，陕西全省文化产业增加值911.1亿元，增速13.5%，GDP占比为4.16%，位居全国第6位。市场主体持续发展壮大，2018年，全省新增文化及相关产业市场主体3.4万户，总数达9.4万户，同比增长58.59%；新增规上文化企业319家，总数达1299家，同比增长32.6%。①

2. 市场主体活力明显增强

文化企业是文化产业发展的主题，决定着文化产业发展的整体水平。2012~2016年陕西省文化及相关产业法人单位数量从1.5万家增至2.2万家。②其中，有2家上市文化企业，11家文化企业在新三板挂牌，国家认定动漫企业8家，省级文化产业示范基地单位168家，西安曲江文化产业投资（集团）有限公司连续6年入选"全国文化企业30强"。③西安高新区和曲江新区联手荣获全国首批"国家级文化和科技融合示范基地"。陕文投集团已发展成为拥有20家全资和控股公司的大型企业集团。2012年9月28日，曲江文旅正式以"历史文化景区集成商"的身份登陆沪市，现身资本市场。在众多企业激烈竞争中，曲文投集团脱颖而出，入选全国文化企业30强。陕西省还将开展文化产业"十百千"培育工程，力争到2021年打造10个50亿元的省级文化产业园区基地，培育出3~5家总资产或年收入超百亿元的龙头文化企业，100家骨干性文化企业，1000家高成长性文化企业。④

---

① 马磊：《陕西将优化文化产业布局　大力发展新兴文化产业》，陕西传媒网，http://baijiahao.baidu.com/s?id=1640473104719767651&wfr=spider&for=pc，最后检索时间：2020年4月26日。
② 数据来自《中国文化及相关产业统计年鉴（2017）》。
③ 田立阳：《陕西文化产业发展势头猛》，《人民日报》（海外版）2017年11月17日，第10版。
④ 《陕西力争到2021年打造10个50亿元省级文化产业园区基地》，央广网—陕西频道 http://www.cnr.cn/sxpd/shgl/20190730/t20190730_524711179.shtml，最后检索时间：2020年4月26日。

3. 重点项目建设亮点突出

近年来，陕西省扎实推进重大项目，积极搭建文化产业招商引资平台。陕西是文化资源大省，为加快促进优势文化资源向文化资本转化，陕西省积极策划、包装了一批有代表性、辐射带动力强的文化产业项目，通过实施项目带动战略，搭建招商引资平台，取得了显著成效。黄帝陵文化公园、韩城司马迁文化景区、白鹿原文化景区、雁翔文化产业创意谷聚集区、西部影视文化产业园等30多个省级重点文化产业项目有序推进，目前已有2/3制定建设规划，一半以上已经开工建设，对全省文化产业发展的带动作用初步显现。

此外，陕西积极推进文化产业园区、基地建设，文化产业园区、基地规模效应不断增强，公共服务设施和技术服务平台不断优化，充分发挥了集聚效应和孵化功能，目前拥有西安国家级文化和科技融合示范基地、西安国家数字出版基地、西安曲江国家级文化产业示范园区等12家国家级文化产业示范园区（基地）。西安市实行大项目带动、板块推动战略，逐步形成了曲江文化产业集群、高新区创意产业聚集区、碑林区动漫产业聚集区和浐灞生态文化区等文化产业聚集区。曲江新区推出"七位一体"文化产业投资扶持政策，吸引入区文化企业2000余家，形成了覆盖会展、影视、演艺、出版等15个门类的全文化产业链。宝鸡周秦文化产业示范区产业布局包括文化旅游、文化创意、文化服务、演艺娱乐和餐饮住宿业等。

4. 融合发展前景广阔

"十三五"以来，陕西省大力实施文化与相关产业的融合发展，打通了通信、传媒、娱乐、休闲等多个领域，创新融合成为文化产业发展的重要方向。

陕西是文化大省，也是旅游大省，近年来，陕西各级文化部门与旅游部门密切合作，深入发掘陕西省旅游资源的历史文化内涵，积极打造文化旅游品牌，构建文化旅游融合发展新格局。省演艺集团的《仿唐乐舞》《汉唐百戏》与省旅集团的《长恨歌》、西安秦腔剧院的《梦回长安》《杨贵妃》等剧目长期在各大剧院演出，带领来陕游客领略古都风情；省戏曲研究院推出的"西安天天有秦腔"演出年活动，省民间艺术剧院、西安儿童剧院的周末儿童剧专场等，极大地丰富了人民群众的业余生活。还有以围绕旅游景点和项目规划、支持文化艺术产品进景点为主旨的太白山文化旅游节、华山文化艺术节、法门寺合十舍利塔落成庆典等文化旅游商贸活动，进一步促进了文化与旅游、商贸活动的创新融合，取得了社会效益和经济效益的双丰收。

　　文旅融合之外，陕西省积极探索金融支持文化产业发展的有效渠道和形式，各大金融机构不断创新产品和服务方式，对文化企业的授信额度大幅加大。近年来，陕西省内金融机构不断优化金融服务效率、加快产品创新步伐、完善融资模式，实现金融资源在文化产业的优化配置，取得了积极成效。截至 2017 年三季度末，陕西省文化产业本外币各项贷款余额同比增长 12.7%，文化产业社会融资规模存量同比增长 24.9%，为文化产业快速发展提供了有力支持。① 在加大信贷支持的同时，陕西省内金融机构还根据文化产业特点，不断完善融资模式。一方面，以结构化股权融资为文化企业提供融资支持，将理财资金通过指定通道直接对文化产业融资主体进行股权增资，投资到期由指定企业回购其理财资金持有的相应股权；另一方面，积极运用永续债券、短期融资券、定向债券以及含权债券等新产品为企业提供综合化定制融资。此外，通过融资租赁模式为文化产业项目提供金融支持的探索也在有序推进。

---

① 雷和平：《陕西：文化金融深度融合推动文化产业发展》，金融时报—中国金融新闻网，http://www.financialnews.com.cn/qy/dfjr/201801/t20180125_132103.html，最后检索时间：2020 年 4 月 25 日。

5. 对外文化交流日益频繁

"一带一路"倡议赋予了丝路沿线国家与地区新的生命力和广阔的发展前景。作为丝绸之路起点省份，陕西抓住机遇，加快经济带新起点建设。陕西省文化厅提出了"建设丝绸之路经济带新起点，文化先行"的工作思路。众多文化企业通过文化交流与贸易往来，自觉加强与周边国家和地区的交往与合作。西安大唐西市以保护、传承优秀历史文化和复兴丝绸之路文化为己任，积极响应"一带一路"倡议，在中国货促会、中国国际商会和陕西省、西安市政府的大力支持下，策划并正在实施网上丝绸之路、丝路国际博览园、丝路风情街、丝路国际博物馆城、丝路文化创新工程"五丝"工程。2015 年 12 月，由大唐西市发起组建的丝绸之路国际总商会在香港正式成立，并举办了丝绸之路国际投资论坛，持续推动"一带一路"倡议下的国际文化产业合作。此外，作为全国首个国家级文化产业示范区，西安曲江新区抢抓丝绸之路经济带新机遇，实施以"老城改造、新城建设、城乡统筹和文化旅游业、现代服务业"为核心的"三城两业"发展战略。

"十三五"期间，陕西将充分利用丰厚的文化资源，统筹利用好国内、国际两个市场，积极探索市场化、商业化、产业化的文化"走出去"运作方式。培育一批能适应国际市场环境的外向型文化企业，打造具有核心竞争力的文化产品和文化品牌，推动文化与国际商贸、旅游相结合，加强与境外经营机构的合作，形成全方位、多层次、宽领域的对外文化交流新格局。

（五）十年磨一剑的"多彩贵州"——贵州文化产业发展

"十二五"期间，贵州省经济社会发展取得巨大成就，地区生产总值年均增长 12.5%，2015 年突破万亿元大关，人均水平接近 5000 美元。[①]

---

① 数据来源：《贵州省国民经济和社会发展第十三个五年规划纲要》，2016 年 1 月 13 日发布。

伴随经济社会快速发展，贵州走向文化引领发展、呈现文化自觉自信自强的新阶段，贵州文化多元一体、和谐共生的特色得到广泛认同，影响力进一步增强，文化软实力进一步提升，为推动多彩贵州民族特色文化强省建设打下坚实基础。

1. 产业整体健康快速发展

近年来，贵州多措并举推动国有文化企业改革，不断提升文化产业整体实力与核心竞争力，2017年贵州省有文化及相关产业单位3.6万余个（其中规模以上文化企业771家，相比2016年的560家，增加211家），从业人员41.71万人，文化产业增加值达到456.02亿元，相比2016年的398.02亿元，增长14.6%，占GDP的比重达到3.37%。[①]"十三五"期间是贵州省将文化产业培育为国民经济支柱性产业的关键时期，全省将优化文化产业结构，大力实施"文化产业培育发展工程"和"大数据＋文化创新创业工程"，实施好文化产业扶贫"千村计划"，推动文化产业成为贵州省国民经济支柱性产业。

2. 重大项目引领示范作用显著

"十三五"以来，贵州省131个省级重点文化产业项目总投3279.07亿元，[②]对全省文化产业发展产生了明显的拉动支撑作用。其中，贵阳数字内容产业园、黔西南民族文化产业园、贵阳会展基地、贵州（凯里）民族民间工艺品交易基地、六盘水会展基地、贵州广电家有购物集团电子商务文化产业基地、贵州日报报业集团印务传媒研发基地、多彩贵州城、毕节大方古彝文化产业园、遵义会展基地、黔中国际屯堡文化生态园11个

---

① 周梓颜、书一茜：《456.02亿元！2017年贵州文化产业增加值增大14.6%》，当代先锋网，http:www.ddcpc.cn/news/201812/t20181224-338077.shtml，最后检索时间：2020年4月26日。

② 赵桐康、杨枝、吴兵：《2019年上半年贵州省文化产业项目观摩会举行》，《贵州日报》2019年3月13日，第7版。

项目已建成投入使用，中国（遵义）长征文化博览园、中国（遵义）酒文化博览园、贵州文化出版产业园、贵阳阳明文化产业园、中国（凯里）民族文化产业园、铜仁玉屏箫笛研发生产基地、贵州民族民间工艺品交易基地7个项目即将建设完成，黔南平塘国际射电天文科普文化园、贵州文化广场、贵州现代文化创意与数字出版产业基地3个项目建设有序推进。"十三五"开局，贵州精心谋划了文化旅游融合、文化科技融合、文化园区及综合体建设、传统媒体与新兴媒体融合"四大工程"，具体研究落实重点文化产业项目46个，涵盖了"园区（基地）、街区小镇、重大项目、续建工程"四个类型。

3. "多彩贵州"文化品牌集群发力

十年磨一剑的"多彩贵州"文化品牌，已成为贵州的文化名片与形象符号。2011年，"多彩贵州"品牌荣获"中国最佳品牌建设优秀案例奖"和"中国元素国际创意大赛文化贡献奖"。目前"多彩贵州"文化品牌已形成商标授权与园区基地两大发展方向，"多彩贵州"文化品牌已然走出了一条以公益性活动培育品牌、以市场运作推广品牌的建设之路，成为我国省级文化品牌建设的一个亮点。"十二五"期间，贵州省积极推进品牌引领战略，继续做响做强"多彩贵州"品牌，推动形成以"多彩贵州"为主的品牌集群；其中，商标授权已使用在白酒、茶叶、特色工艺品、酒店、文化旅游网站、教育培训、演艺等十余个行业、23家企业中，拉动投资100亿元以上，初步形成了"多彩贵州"品牌大家族和"多彩贵州"特色产业集群。[①] 2014年11月3日，以"多彩贵州"文化方舟和品牌旗舰为定位的"多彩贵州"文化创意园主体验收完工，围绕"多彩贵州"品牌的核心价值，分为研发中心、文化交流中心、展示中心和管理中心四大部分，并以此搭建起多彩贵州文化研究、特色文化产业孵化和培育、文化

---

① 《贵州"十二五"期间文化大事　文化音符激荡人心》，贵阳网，http://www.gywb.cn/content/2015-12/25/cntent_4386123.htm，最后检索时间：2020年4月26日。

展示和宣传、文化培训和交流四大平台。《多彩贵州风》风行海内外，截至 2017 年已在海内外商演逾 3000 场，遍布全球 20 个国家及地区，50 个城市，荣登《国家文化旅游重点项目名录》，曾有人评价这部舞台剧为"一夜多彩贵州风，演绎贵州六百年"。[①]

4. 市场主体活力不断提升

2017 年，全省文化产业法人单位 36898 家，比上年增加 12230 家，增长 49.6%；其中规上文化产业企业为 799 家，比上年增加 234 家，增长 41.4%。2017 年，全省文化产业法人单位资产总计 3896.17 亿元，比上年增长 70.5%；吸纳就业人员 41.71 万人，比上年增长 20.6%。2017 年，全省文化产业固定资产投资为 1034.18 亿元，比 2015 年增加 513.38 亿元，增长 98.6%；比上年增加 147.63 亿元，增长 16.7%。文化产业固定资产投资占全省固定资产投资的比重为 6.75%，比当年文化产业增加值占地区生产总值的比重高出 4.36 个百分点。2017 年，文化产业占投比（固定资产投资与增加值之比）高达 3.19 倍，表明文化产业处于快速发展阶段，现有文化单位和个体户大量的固定资产投入，将为提高生产能力及服务水平夯实基础。此外，"十三五"时期，贵州省明确了投资多达三千多亿元的省重点文化产业项目，陆续建成的文化园区、基地、小镇等，将催生或吸引更多的文化市场主体。[②]

5. 金融创新助力产业发展

截至 2017 年 4 季度末，贵州省金融机构存款总额达到 26194.1 亿元，同比增长 9.9%，金融机构各项贷款余额 20860.3 亿元，同比增

---

① 《两岸媒体人观看〈多彩贵州风〉表演》，中国台湾网，http://travel.taiwan.cn/tour/201809/t20180926_12095251.htm，最后检索时间：2020 年 4 月 26 日。
② 《贵州文化产业发展现状分析：产业规模持续扩大 文化投资强劲》，https://baijiahao.baidu.com/s?id=1631154489497447284 & wfr=spider & for=pc。

长 16.8%。在全国的位次分别上升 8 位和 3 位，与全国差距进一步缩小，实现了赶超进位的历史性跨越，可以说贵州金融业已步入"黄金时期"。[①] 贵州吸引 150 余家金融机构、类金融机构、律师事务所、审计师事务所、会计师事务所、证券等服务性企业汇聚，让金融从分散化向组织化转变，联动资源，搭建金融共享平台。此外还吸引了 100 余家 P2P 业务、众筹金融、大数据征信、移动支付等创新金融企业入驻，一条完整的金融产业链已基本成型。在政府方面，观山湖区也从多个方面发力，支持贵州金融城建设发展。组建了金融城管委会筹备组，与中天金融集团协作，对入驻企业进行全程跟踪服务。对金融城区域市政、公交等公共基础设施改造提升。同时，全面落实省及贵阳市支持金融业的系列政策措施，整合政府、企业的各类资源，按照"政府主导、市场运作"方式，多渠道积极培育发展金融及相关产业，发挥产业聚集效应，实现全城互动。

（六）巴蜀文化灿烂辉煌——四川文化产业发展

四川历史悠久、幅员广阔、区位环境独特，几千年来，居住着汉、彝、藏、羌等众多民族，共同创造了灿烂的巴蜀文化，文化资源非常丰厚。如以蚕丛、鱼凫、三星堆和金沙遗址为代表的古蜀文化；先秦时期的都江堰、蜀汉时期的三国文化享誉世界；以李白、杜甫和"三苏"为代表的诗词文化代表了中国诗歌史上的最高成就。还有以佛教、道教、藏传佛教为代表的宗教文化；以康巴、纳西、白马、嘉绒、彝、羌为代表的民族文化；以川剧、清音、谐剧为代表的戏曲文化；以川菜、川酒、川茶为代表的饮食文化，以及丰富的红色文化。

[①] 《贵州省：2017 年人民币各项贷款余额 20860.3 亿元》，中国产业信息研究网，http://www.china/baogao.com/data/201801251541999.html，最后检索时间：2020 年 4 月 27 日。

1. 产业整体呈现快速发展态势

"十三五"以来，四川省文化产业发展较快，规模持续扩张，整体实力明显提升。2017 年，全省文化产业实现增加值 1537.5 亿元，比 2004年增长 17.0 倍，年均增长 24.9%（未扣除价格因素影响，下同），比同期 GDP 现价增速高 10.4 个百分点，文化产业呈现快速增长态势。[①] 截至2015 年底，成都、绵阳文化产业增加值占比已经超过或接近 5%，正在成为当地国民经济支柱性产业。文化市场繁荣活跃，市场总规模位居全国第二、西部第一，电影票房收入排名全国第六，成都被称为全国"手游第四城"和"票房第五城"，文化产业发展前景广阔。[②]

2. 新兴业态快速发展

《"十三五"国家战略性新兴产业发展规划》首次将与文化产业结合紧密的数字创意产业纳入国家战略性新兴产业发展规划，推动了文化产业新业态的强劲增长。四川省文化产品和服务的生产、传播、消费的数字化、网络化进程加快，"互联网＋文化""文化＋旅游＋农业""文化＋旅游＋科技"等新型文化融合业态正焕发勃勃生机，成为推动文化产业高速高质量发展的新动能和新增长点。从行业看，以"文化＋科技"融合形态为主要形式的数字内容服务业发展迅猛，2017 年实现增加值 166.9 亿元，比 2012 年增长25.3 倍，年均增长 92.3%；占文化产业增加值的比重为 10.9%，比 2012 年提高 10.2 个百分点。[③] 文化新业态发展势头强劲，亮点纷呈。

---

① 《文化建设蓬勃健康发展　铸就巴蜀文化新辉煌——新中国成立 70 周年四川经济社会发展成就系列之十一》，澎湃—四川统计，http://www.thepaper.cn/news Detail-forword_4267255，最后检索时间：2020 年 4 月 27 日。
② 王磊：《四川：文化产业离支柱产业还有多远？》，《四川省情》2017 年第 2 期，第 46~47 页。
③ 《文化建设蓬勃健康发展　铸就巴蜀文化新辉煌——新中国成立 70 周年四川经济社会发展成就系列之十一》，澎湃—四川统计，https://www.thepaper.cn/newsDetail_forward_4267255，最后检索时间：2020 年 4 月 27 日。

3. 文化产业园区建设成效显著

截至 2018 年底，四川省共有省级以上文化产业园区（示范基地）96 个，其中，国家级文化产业示范园区 1 个，国家级文化和科技融合示范基地 2 个（成都市、绵阳市），国家文化消费试点城市 2 个（成都市、泸州市），国家级动漫游戏基地 1 个，国家级文化产业示范基地 15 个，国家认定动漫企业 4 家，省级文化产业示范园区 11 个，省级文化产业试验园区 5 个，省级文化产业示范基地 59 个（其中，省级音乐产业示范基地 3 个，对外文化贸易示范基地 1 个）。①

图 12-8　西昌阿惹妞国家文化产业园区

文化产业园区通过共享资源，构建立体的多重交织的产业链环，带动关联产业的发展，有效地推动产业集群的形成，提高了企业创新能力和经济效益。据调查的 32 个文化产业园区数据显示，2018 年全省文化产业园区发展持续向好，入驻企业明显增加，资产规模不断扩大，从业人员稳步增多，营业收入平稳增长，经济效益大幅改善。2018 年末，32 个调查文化产业园区入驻企业 5664 个，比上年增长 13.4%；园区资产总计 489.6 亿元，比上年增

① 《文化建设蓬勃健康发展　铸就巴蜀文化新辉煌——新中国成立 70 周年四川经济社会发展成就系列之十一》，澎湃—四川统计，https://www.thepaper.cn/newsDetail_forward_4267255，最后检索时间：2020 年 4 月 27 日。

长 8.4%；年末从业人员 10.5 万人，比上年增长 2.9%；实现营业收入 180.2
亿元，比上年增长 8.7%；实现利润总额 25.7 亿元，比上年增长 33.8%。①

2009 年，国家文化部正式确立成都为国际非遗文化节的永久会址，
国际非遗博览园落户成都，成为非遗文化节的永久载体，非遗生产性保护
的永久平台。世界瞩目的国际非物质文化遗产节在成都成功举办六届，来
自全球 40 多个国家、联合国教科文组织官员、各文化团体的激情参与和
崇高赞誉，大力提升成都之于世界的文化地位，为成都经济文化的对外交
流提供鲜活的发展动力。阿惹妞民俗村寨位于西昌市，是一个以凉山州民
俗特色、演艺为一体的村寨，由国家文化产业示范基地凉山文广传媒集团
建设。自开放以来，阿惹妞民俗村寨以生动鲜活的形态，展现了凉山各个
县及民族的建筑艺术、歌舞服饰、文化风情和生活习俗，展示了国家民俗
类非物质文化节庆活动，如火把节、锅庄舞、毕摩文化、摩梭文化等，每
天都在这里笑迎五湖四海的宾客，跳着欢乐的舞蹈，唱着古老的歌谣。四
川拥有"中国唯一羌族聚集区"，坐落于阿坝藏族羌族自治州州府茂县的
中国古羌城是极富特点的文化产业园区。茂县是全国最大的羌文化核心保
护区、羌民族核心聚居地，旅游资源丰富，羌文化特色浓郁，历史文化底
蕴厚重，中国古羌城是目前世界上规模最大、规格最高、功能齐全、设施
完善的古羌城堡。中国古羌城保持羌族原有的建筑风貌、民风民俗、祭祀
礼仪，充分体现羌文化的原生态环境和羌民族的生息特点，是中国乃至世
界的羌族文化活态展示、展演区及文化休闲、体验旅游目的地。

4. 对外文化贸易快速发展

2017 年，四川对外文化贸易总额突破 10 亿美元，达 10.65 亿美元，
同比增长 6.5%。其中，核心文化产品进出口总额 6.65 亿美元，文化服务

---

① 《文化建设蓬勃健康发展　铸就巴蜀文化新辉煌——新中国成立 70 周年四川经济社会发展成
就系列之十一》，澎湃—四川统计，https://www.thepaper.cn/newsDetail_forward_4267255，
最后检索时间：2020 年 4 月 27 日。

进出口总额约 4 亿美元,四川省文化贸易体现了量质提升、双向互动等特点。"文化 + 科技"带动服务出口,2017 年,四川游戏动漫企业实现文化服务出口 1.5 亿美元以上,占文化服务出口的 82.4%,尼毕鲁、数字天空、风际网络等一批移动游戏龙头企业,年出口超千万美元。"文化 + 特色"提升品牌影响,"川灯耀丝路"活动持续开展,四川彩灯在美国、英国、法国、新加坡等 21 个国家 47 个城市举办 53 场次灯展,灯展与演艺、美食、特色商品展销、旅游等加快融合,带动上百家企业"走出去"。蚕丝及机织物、抽纱刺绣工艺品等特色产品出口近 1 亿美元,带动茧丝绸产业发展。[①] "文化 + 投资"聚焦"一带一路",新华文轩投资的数字化国家汉语教育平台和印度南亚出版中心、域上和美投资的柬埔寨"梦幻吴哥"伦塔爱文化旅游可持续发展项目荣获"国家文化出口重点项目"称号。"文化 + 授权"推动转型升级,华珍羌绣、青神竹编等通过授权与日本植村秀、美国星巴克、法国爱马仕等国际品牌合作,传统工艺与创意设计结合,提升了四川文化元素的附加值。一批中小移动游戏企业通过香港授权展、东京电玩展、科隆游戏展等知名展会,成功与美国、日本和欧洲的渠道商达成 IP 授权进出口协议。

(七)绚丽的民族文化走出去——云南文化产业发展

云南是全国最早提出发展民族文化的地方,早在 1996 年,中共云南省委、省政府就提出了建设民族文化大省目标。1999 年昆明世界园艺博览会成功举办,2005 年杨丽萍编导并主演的《云南映象》国际巡演大获成功,这些形成了吸引全世界目光的云南文化印象。随着演艺、美术、出版和影视等文化行业全面繁荣发展,精品力作不断,产业增长迅猛,云南探索出了一条边疆民族地区文化产业发展的新路子,被称为文化产业发展

---

① 李欣忆:《四川去年对外文化贸易总额突破 10 亿美元》,《四川日报》2018 年 3 月 20 日,第 11 版。

的"云南模式"、"云南现象"和"云南经验"。经过十几年的发展，文化产业为云南经济发展、社会进步、民族团结做出可贵的贡献，改革开放40多年来，特别是党的十九大以来，云南省文化创意业、文化信息业等得到持续发展，文化产业增加值从2014年的396亿元增加到2017年的517亿元，占地区生产总值的比重从3.10%提高到3.16%，成为全省经济发展的亮点。[①] 云南省全面深化文化体制改革，立足云南资源，突出云南特色，加强人才培养和品牌打造，推动文化产业与旅游、科技、金融融合，不断提升文化产业集约化、专业化、规模化水平，走出了一条具有边疆民族地区特色的文化产业发展之路。

1. 产业整体健康稳步发展

2012~2017年，云南省文化产业增加值从308.1亿元增加到517.38亿元，平均年增长为11.49%，总体上保持快速增长。2017年云南省文化产业增加值占GDP的3.16%。其中丽江、保山、迪庆、昆明文化产业增加值占当地GDP的比例接近或超过5%，成为支柱产业。[②] 自2016年1月召开云南省推进文化创意产业跨越的发展工作会议后，全省推进文化创意产业跨越式发展工作全面开展，吹响了跨越式发展文化创意产业的集结号。云南立足丰富独特的资源优势，突出云南民族文化特色，体现时代特征，顺应市场需求，完善文化经济政策，推动文化产业与旅游、科技、金融融合，实施思路项目化、项目工程化、工程数字化，努力打造"文化云南"品牌，大力发展文化创意产业，取得显著成效，探索了一条具有边疆民族地区特色的云南文化创意产业发展之路，特色文化产业迅速发展。以"金木土石布"为主的特色文化企业遍地开花，成果丰硕，走向海内

---

① 数据来源:《中国文化及相关产业统计年鉴（2015）》《中国文化及相关产业统计年鉴（2018）》。
② 《文创云南新年对话会聚焦云南文化产业发展》，新浪网，http://ksino.com.cn/article-3198471403_bea4ccebo2000gycy.html?from=news&subor=onews，最后检索时间：2020年4月27日。

图 12-9　鹤庆新华白族工匠村

外，成为云南省文化创意产业的生力军。目前，拥有特色文化产业示范企业 30 个、知名品牌 46 个、特色文化产业示范村 20 个、特色文化产业示范街区 5 个。文化产业创意产业园区建设积极推进，2015 年命名挂牌了首批 10 个"云南省文化创意产业园"。建立了省级重大文化产业项目库、特色文化产业项目库、新兴文化产业项目库，储备项目共计 182 个。目前，云南省主营业务收入上亿元的文化企业有 73 家，全省文化产业增加值和增加值占全省 GDP 的比重均处于全国中上水平。[①]

2. 市场主体活力显著增强

云南大力推动特色文化产业的转型升级，着力打造创意型、创新型的现代文化产业链；实施"文化+"行动计划，走文化与旅游、科技、金融融合发展之路，努力打造一批以国有企业为代表的领军型的重点文化

[①] 《云南"十三五"文化产业发展规划下发　推进跨越式发展》，中国经济网，http://www.ce.cn/culture/gd/201601/21/t20160121_8432245.shtml，最后检索时间：2020 年 4 月 27 日。

企业，扶持一批成长型的骨干文化企业，培养一批充满活力的小微文化企业，进一步壮大6个重点行业，构建十大支撑体系，加速云南文化产业发展。一批积极落实"文化+"行动计划的企业已经开始崭露头角。云南乔亘科技产业园发展集团有限公司是一家管理着三个国家级科技企业孵化器的产业园运营管理机构，传统业务主要以科技产业园开发和运营为重点。作为新兴文化企业，该集团重新组建了云南昂业国际文化影视有限公司、云南昂业国际文化产业园管理有限公司，为充分发挥云南文化产业在"一带一路"建设中与南亚、东南亚的互联互通作用，目前正在规划建设一个以影视工业制作和创意文化产业为主的文化科技产业园区，园区有文化教育培训基地、文化服务贸易中心和文化创意设计中心等5个区块。到"十三五"末，云南省将努力培育20个产值上亿元的文化产业园区、200家主营业务上亿元的文化企业、50个特色文化产业示范企业、50个特色文化产业示范村、50个知名文化产业品牌、50个特色文化产业销售示范街区；努力在主板、创业板或新三板新增上市挂牌2~10家文化企业；主动服务和融入国家"一带一路"建设，打造10个文化产业"走出去"骨干企业。①

3. 重大项目建设成效初显

随着文化体制改革的深入推进，云南省全面加快现代文化产业体系构建，建设产业园区和基地，培育实力文化企业，逐步形成以大企业带动、大项目引领、大园区承载的文化产业发展新格局。作为朝阳产业、绿色产业，在蓬勃发展的十余年间，云南省文化产业一直是全国文化产业发展的"明星地区"，也是文化资本追逐的一个"热点"区域。从趋势来看，云南省文化产业固定投资保持了相对稳定的长期快速增长，文化产业固定资产投资占全社会固定资产投资的比重逐年增长。12个重大文化设施项目建设初见成效，目前已有滇西抗战纪念馆、云南省博物馆新馆（西部省级

---

① 李开义：《践行"文化+"行动计划 我省文化产业踏入新征程》，《云南日报》2019年1月25日，第3版。

博物馆建筑面积最大）、云南亚广影视传媒中心（西部地区设备最先进）、新云南大剧院（西部地区设备最先进）4 个项目建成并投入使用；云南文苑正在投入使用；省科技馆新馆、云报传媒广场、东盟国际图书城、云南广播电视集中集成播控中心、云南省少数民族语言节目译制中心 5 个项目（合计概算投资 47.61 亿元，合计建筑面积 74.43 万平方米）正在建设中。同时，全省正在打造的 44 个省级文化创意产业园区、22 个文化创意和相关产业融合示范基地，已经成为聚集生产要素、带动地方文化产业发展的重要载体，为云南文化产业未来发展提供了强有力的支撑。

4. 文化产业园区建设成效初显

文化创意产业园区是文化产业规模化、集约化、专业化发展的平台，云南省文化创意产业园区起步较晚，但发展势头强劲。为积极引导园区健康发展，省文产办制定了《云南省文化产业园区认定办法（试行）》，并于2015 年、2016 年先后公布了 34 个省级文化创意产业园，2016 年首批命名了 5 个"云南省文化与相关产业融合发展示范基地"，形成了覆盖会展、影视、演艺、出版等 15 个门类的全文化产业链。

2017 年，文化部公布了第一批国家级文化产业示范园区创建资格名单，云南的建水紫陶文化产业园区成为首批获得资格的 10 家园区[1]之一。近年来，建水县开始加大紫陶文化品牌的培育力度，制定出台云南省地理标志产品"建水紫陶"的地方标准（标准号 DB53/T 559-2019），以"名家携手紫陶"的独特文化表现形式展示建水紫陶，推动建水紫陶不断发展。建水紫陶文化产业园总面积达 358.87 公顷，园区由"一核""三区"组成，已初步形成资源配置合理，集创意、生产、展示、市场、体验于一

---

[1] 首批入选的 10 家园区创建资格名单分别是："21 世纪避暑山庄"文化旅游产业园区（河北），东北亚文化创意科技园（吉林），杭州市白马湖生态创意城（浙江），景德镇市陶溪川文创街区（江西），台儿庄古城文化产业园（山东），湘潭昭山文化产业园（湖南），广州北京路文化核心区（广东），重庆市南滨路文化产业园（重庆），建水紫陶文化产业园区（云南），兰州创意文化产业园（甘肃）。

体，与古城、陶艺小镇、旅游景区对接，空间布局合理，具有特色的产业园区发展格局。在此基础上，建水县将从培育消费市场、拓展产业发展空间、延展产业链等方面建设培育十大项目，形成"1 + 3 + 10"的园区创建内容。通过园区创建把建水打造为国内外有知名度和影响力的"中国紫陶之都"，园区紫陶产业产值超过 40 亿元，并带动特色文化产业集聚、融和与发展。①

5. 文化走出去成果显著

云南充分发挥地缘、人缘、文缘、商缘优势，扩大与东南亚、南亚国家文化交流，同时辐射欧美地区，统筹推进文化交流、文化传播、文化贸易，文化走出去取得了显著成效。云南省坚持政府主导、企业主体、市场运作、社会参与，充分发挥毗邻缅甸、老挝、越南等东南亚国家的优势，不断扩大与周边国家的文化交流，制订并实施了文化产业走出去 3 年行动计划，鼓励和支持云南文化企业积极开拓国际文化市场，全方位推动文化产业重点门类"走出去"，"文化走出去"活动成果显著，云南文化在国内外的影响力明显提高。

近年来，云南统筹推进文化商品和服务贸易，鼓励和支持云南文化企业积极开拓国际文化市场，着力构建多层次、宽领域的文化产业"走出去"格局，在新闻出版、广播影视、文化艺术、广播电视传输服务、工艺美术品等"走出去"方面取得了显著成绩。在对外文化传播方面，与海外联合办报，让广播节目和电视频道在周边国家落地，用对象国语言办好缅文《吉祥》、老挝文《占芭》、泰文《湄公河》、柬文《高棉》杂志等系列刊物，参与俄罗斯"中国年"、澳大利亚"中国文化年"，在印度举办"亲

---

① 《厉害！云南又多一个"国家级"全国仅有 10 个》，云南网，http://mp.weixin.qq.com/s?__biz=MjM5NDg5MzMwMQ== & mid=2671106833 & idx=3 & sn=03d37bdfd0a7f62e1cba26a0e9417bad & chksm=bc41a78b8b362e9df36122f06e809f94b5ddeb7ea777f3471e0a51bf22329377f11596d8d5cc & scene=0，最后检索时间：2020 年 4 月 27 日。

邻之旅",开展"感知中国·美丽云南"日内瓦系列宣传展示活动,承办第十三届亚洲艺术节,与老挝合办大型春节联欢晚会,精心打造具有云南特色、中国水准的系列对外文化交流品牌,不断增进与有关国家的文化交流和友谊。《吴哥的微笑》作为中国文艺院团第一个"走出去"的国外驻场演出项目,也是我国转制院团"走出去"驻场演出的第一个项目,自 2010 年 11 月 30 日在柬埔寨吴哥正式上演到 2015 年底,共演出 1923 场,收入 1.96 亿元,该项目连续四年被评为"国家文化出口重点项目",已经成为柬埔寨的文化名片,同时也成为中国文化"走出去"的成功案例,赢得了良好的社会效益和经济效益。[1]昆明新知集团于 2011 年 10 月在柬埔寨开设了首个国际连锁书城——新知图书(金边)华文书局。之后,新知集团进一步加快华文书局布点步伐,老挝万象华文书局、马来西亚吉隆坡华文书局、缅甸曼德勒华文书局和斯里兰卡科伦坡华文书局相继开业,在宣传推广中华文化的同时也取得了经济效益。推动云南特色民族民间工艺品走向国际市场,以昆明憨夯工艺品公司、云南花猫民秀经贸公司、云南三彝扎染公司、红河金易文化产业有限公司为代表的一批云南企业生产的民族手工刺绣、扎染、民族娃娃、布艺包、斑锡、斑铜、乌铜走银等特色工艺品已经在海外市场崭露头角,成为文化产品出口创汇的重要来源。[2]云南将继续着眼融入国家"一带一路"规划,围绕把云南建设成为面向南亚、东南亚辐射中心的要求,进一步提升云南文化的辐射力、影响力。

6. 成为脱贫攻坚的重要手段

2016 年,以金木土石布为代表的云南民族民间工艺品产业占全省文化产业增加值的 26%,120 家民族民间工艺品规上企业营业收入达 421.49 亿元。建水紫陶、鹤庆银器、个旧锡器、剑川木雕、开远根雕等具有浓郁

---

[1]　任维东、张勇:《云南文化走出去成果显著》,《光明日报》2016 年 3 月 1 日,第 9 版。
[2]　李慧、鲁元珍:《从"站得住"到"能生根"——文化产业走出去"云南样本"的启示》,《光明日报》2014 年 9 月 25 日,第 14 版。

地方特色的民族民间工艺品年产值均在 10 亿元以上。2016 年云南石产业产值已达 924.57 亿元，瑞丽、腾冲、昆明成为全国零售最大的珠宝玉石交易市场。许多濒临失传的传统民间技艺通过发展文化产业，重新焕发生机，实现了生产性保护传承，促进了民族团结。成千上万的民族村寨的少数民族群众通过发展金木土石布，找到了脱贫致富最有效的手段。曲靖农村文化户通过发展农村演艺产业，从业人员达 2 万多人，年经营总收入超过 2 亿元，年人均可增加收入 5000~10000 元。通过发展文化产业，云南各地转移了农村剩余劳动力，增加了农村群众收入，优化了农村经济结构，成为云南各地特别是边疆民族地区脱贫致富和转变农村经济发展方式的重要推动力量。

二、藏羌彝走廊上文化产业发展的特征

目前，作为实现经济结构战略转型和文化大发展大繁荣国家战略的重要内容，发展文化产业成为藏羌彝文化产业走廊沿线七省（区）的一项重要战略任务，提出若干年之后实现文化产业增加值占 GDP 的 5%，成为国民经济支柱性产业的目标。然而，理想很"丰满"，现实很"骨感"，面对人才、技术资源等诸多劣势，这些欠发达地区任务还异常艰巨，必须探索一条符合自身发展的"差异化""特色化"的发展之道。

1.民间、民俗、民族文化"百花齐放"——资源依托型发展特征较为明显

藏羌彝文化产业走廊沿线七省（区）有着历史文化资源丰富的独特优势，走廊沿线地区地理环境复杂，民族多元分布，文化资源相对丰富。这里不仅是华夏文明的源头，如陕西的黄帝陵、甘肃天水的伏羲庙、半坡遗址都分布在这里；还是东西方文明交流的窗口，丝绸之路、敦煌莫高窟等见证着中西文明的交汇与融合；这里还是西周、秦、汉、唐等中国历史

图 12-10　民俗旅游购物

鼎盛王朝的都城所在，民间、民俗、民族文化可谓"百花齐放"，这些丰富多彩的民族文化资源是取之不尽的无形资产，对文化产业发展起着决定性作用。近些年来，藏羌彝文化产业走廊沿线各地区依托自身丰富独特的文化资源的开发利用，积极推动文化产业发展，取得了较好的成效，为地区经济社会发展注入新活力。

2. 独辟蹊径——以特色文化产业为主的发展方式

文化产业作为战略性新兴产业，资源消耗低，产品附加值高，有利于藏羌彝文化产业走廊沿线地区实施赶超战略，这也是该区域发展壮大文化产业的独特优势所在。但长期受地理、区位、交通等因素制约，藏羌彝文化产业走廊沿线发展文化产业存在"先天不足"的劣势，主要表现在：文化消费观念落后，文化消费市场没有形成；配套政策、服务、设施和条件跟不上；人才、技术资源短缺，以技术、创意等为核心要素的现代文化产业和新兴业态发展受限，因而这些区域难以在短时间内实现像东部地区那样以创意、高技术、资本带动的发展道路。因此，藏羌彝文化产业走廊沿线七省（区）文化产业发展仍要走以文化旅游、演出演艺、民族民间工艺美术等特色文化产业为主的发展道路。

3. 你中有我、我中有你——文化与旅游紧密融合发展

藏羌彝走廊文化产业发展与旅游业发展依存度较高，文化与旅游融合发展已成为区域文化产业发展的重要方式，依托旅游业的发展，这些区域演艺业、休闲娱乐、民族民间工艺品业等文化业态得到了快速发展。文化是旅游的灵魂，文化产业为旅游业注入新的发展动力，随着旅游经济由传统的观光旅游向文化旅游、体验旅游转变升级，藏羌彝文化产业走廊丰富的历史文化、民族文化，奇特的自然景观和地貌，独特的民间风土人情，为游客带来一种全新的旅游体验，带动区域旅游业的迅速发展。虽然藏羌彝文化产业走廊沿线各地区经济社会发展已取得一定成绩，但相对于东部和中部而言还处于较不发达状态，经济发展相对滞后，城市化发展水平较低，城乡之间还存在较大差距，人均可支配收入较低，文化消费比例不高，因而藏羌彝文化产业走廊沿线文化产业发展在很大程度上依赖于外部市场，旅游业的快速发展带来巨大的人流，为区域文化产业发展创造了广阔的空间。

三、藏羌彝走廊上文化产业的发展态势

1. 藏羌彝走廊文化产业迎来发展新机遇

"一带一路"重大倡议和新的开放战略的提出，从地理区位上看，藏羌彝文化产业走廊已经由原来的相对封闭落后地区而一跃成为发展的前沿窗口地带，为推动藏羌彝文化产业走廊区域全面可持续发展提供了扩大开

放的空间和创新发展的新维度和新背景，为藏羌彝文化产业带来全新的发展机遇。藏羌彝文化产业走廊建设与发展，应当放在"一带一路"开放的格局当中，主动融入和服务"一带一路"倡议。藏羌彝文化产业走廊沿线多元民族聚居，呈现鲜明的民族特色，有强大的民族通融性，在世界文化之林具有互通互联基础，很容易走向世界，形成国际性交流与互鉴，与全球化发展联系在一起。[①] 藏羌彝文化产业走廊沿线七省（区）应充分利用自身特点和优势，积极主动融入和服务"一带一路"倡议，加强对外文化交流与合作。对接新一轮西部大开发、长江经济带等国家战略，充分利用好区域内和全国"两种资源"与"两个市场"，进一步加快推动藏羌彝文化产业走廊建设与发展，拓展廊道文化产业发展空间。

2. 文化产业成为精准扶贫的重要手段

藏羌彝文化产业走廊沿线很多区域都属于"老少边穷"地区，经济社会发展相对滞后，是我国贫困人口集中分布区域。贫困的根源是文化贫困，特色文化产业作为特色经济、在地经济和体验经济，在整个文化经济发展中体现出契合市场在地化、体验化和特色化的产业发展要求和消费需求，是化解长期以来文化贫困和城乡分离这一瓶颈问题的现实路径。特色文化产业精准扶贫从贫困地区现有文化资源入手，能够增强区域文化经济活力，促进经济社会文化全面发展，从而实现物质富裕，进而提高贫困人口的文化素质和造血能力，在未来很长一段时间，文化产业将成为该区域脱贫攻坚、全面实现小康的重要途径。

3. 走廊成为文化旅游投资的热土

国家陆续出台了《国务院办公厅关于进一步促进旅游投资和消费的若干意见》（国办发〔2015〕62号）、《国务院办公厅关于进一步激发社会

---

① 李昊原:《藏羌彝文化产业融入"一带一路"发展的思路》,《党政研究》2016年第2期,第43~46页。

领域投资活力的意见》（国办发〔2017〕21 号）等政策，积极推动文化、旅游、体育、健康等行业社会投资，大量资本逐步涌入文化旅游行业。经过第一轮西部大开发十几年的建设和发展，藏羌彝文化产业走廊沿线各省（区）经济社会呈现快速发展态势，基础设施不断完善，整体营商环境得到很大改善，尤其是伴随"一带一路"、新一轮西部大开发、长江经济带等国家战略实施，藏羌彝文化产业走廊政策优势、区位优势、资源优势等逐渐凸显，走廊沿线区域逐渐成为国内文化旅游等行业投资的热土。藏羌彝文化产业走廊作为新一轮西部大开发的重要文化战略，国家高度重视走廊建设，实施重大项目带动战略，重点推动了一批藏羌彝文化产业重点项目、特色文化产业项目，取得了初步成效，伴随藏羌彝文化产业走廊深入实施和建设，重点重大项目建设也将成为走廊建设的重要内容，必将吸引大量资本进入这片"蓝海"。

4. 产业深度融合发展将成为常态

强化"文化 +""旅游 +"发展思路，形成藏羌彝文化、旅游和相关领域融合多点突破，深入推动文化、旅游、体育、健康、生态、农牧业等产业间融合发展，打造特色鲜明、内涵丰富、竞争力强的文化旅游品牌，转变经济发展方式，引领和带动区域经济社会健康可持续发展。依托藏羌彝文化产业走廊沿线得天独厚的历史文化、民族文化和生态文化资源，重点发展文化旅游、演艺娱乐、工艺美术、会展节庆特色文化产业，加快培育文化创意和设计服务、影视动漫、网络文化、数字文化产业等新型产业，将廊道内的资源优势转化为产业优势，推动文化产业转型升级，实现跨越式发展，进一步带动和增加就业，提高当地居民收入水平、扩大居民消费，为区域经济社会发展注入新动力。

结　语

多维视野下藏羌彝文化产业走廊的价值与空间

费孝通先生于 1978 年在北京的全国政协民族组会议上首次提出了"藏彝走廊"的概念。在费孝通先生提出"藏彝走廊"的基础上，民族学、社会学学者们拓展深化提出的"藏羌彝走廊"多元民族文化、生态文化得到国家、地方政府、学界和区域内各民族的高度重视。2014 年 3 月，文化部和财政部制定了《藏羌彝文化产业走廊总体规划》，旨在以地方和民族特色文化资源与旅游等产业深度融合为抓手，培育在地性特色文化产业，打造藏羌彝文化旅游带，为西部和民族地区的振兴繁荣提供强大动力，推动民族地区可持续发展。党的十八大以来，党和国家围绕三农问题、乡村振兴和民族地区团结进步等方面实施了系列国家战略工程，藏羌彝文化产业走廊背后体现的是民族地区实现跨越式发展、同步实现小康的国家意志，体现的是地方政府和各民族群众依托区域民族文化、生态文化资源探索西部脱贫致富道路，体现的是全球化时代西部民族地区生存与发展空间的诉求。

《藏羌彝文化产业走廊总体规划》发布四年来，七省（区）在培育藏羌彝文化产业走廊、促进民族地区文化经济发展方面作了不懈的探索，藏羌彝文化产业走廊核心区的西藏自治区传统民族工艺、青海省黄南州民族工艺热贡唐卡、甘肃省甘南州民族宗教文化体验、四川甘孜和阿坝地区文化旅游、云南省香格里拉的藏民家访、云南省楚雄州彝族刺绣和传统火把节、贵州省毕节地区的传统工艺和节庆文化产业等呈现出良好发展态势，拓宽了民族地区家庭经济收入来源，推动了民族地区的脱贫致富。在藏羌彝文化产业走廊中，也逐渐凸显辐射区域在枢纽城市和外来文化旅游消费带动下的"核心区—辐射区"特色文化产业廊道，像"大理—丽江—香格里拉"形成了集民族演艺、休闲娱乐、民俗体验和传统民族工艺为一体的特色文化产业廊道，促进了民族地区产业转型升级和县域经济发展。但从总体上看，藏羌彝文化产业走廊还停留在国家诉求、政策引领和地方政府利用国家工程带来红利的阶段，各自为政、散点聚集、分段发展的格局依然突出，建设藏羌彝文化产业走廊的愿景还远远没有实现。国家、地方诉求与文化产业发展规律之间的矛盾成为藏羌彝文化产业走廊建设不得不面对和解决的问题。

一、藏羌彝文化产业走廊资源分析

世界由具有不同信仰的民族组成，这已成为整个文化地理学传统的出发点，牵涉到各地区不同民族所创造的文化景观。[①] 文化是人类社会生活的产物，没有社会也就没有文化。文化随着人类社会的发展而不断发展，在其发展过程中，人类利用文化改变自然，同时也受自然的一定制约。可以说，文化与自然的矛盾是人类进化的基本动力之一，同时也是人类与环境矛盾的一种表现。人类的历史也就是文化与自然矛盾关系的发展与演变过程。人类的进化既是文化的创新与成长过程，也是与自然相关关系的扩展与深化过程。[②]

不同的自然环境孕育了不同的生产方式和地域文化，从世界屋脊到热带雨林，藏羌彝文化产业走廊沿线大山大河纵横分布、自然景观丰富多样、地形地貌复杂多变，长期的人与地、人与环境相互作用，形成了多元民族同处共生，同时也形成了与地域相关联的丰富多元的文化景观、文化形态和文化地理。藏羌彝文化产业走廊本质上是多民族在时间和空间轴上运动形成的文化产物，并非单一刻板一成不变的，因此，"藏羌彝文化走廊"建设并非仅涉及藏、羌、彝三个民族，而是以三个代表性民族作为文化符号，涵盖走廊沿线与之相关的藏、东乡、保安、撒拉、羌、普米、纳西、彝、白、哈尼、回、苗、瑶等各民族文化的保护、开发、利用。[③]

藏羌彝走廊区域内形成了丰富多样、底蕴深厚、独具特色、影响力

---

① 〔英〕迈克·布朗：《文化地理学》，杨淑华、宋慧敏译，南京大学出版社，2003，第 18 页。
② 王恩涌：《文化地理学导论：人·地·文化》，高等教育出版社，1989，第 6~7 页。
③ 范建华：《穿越藏羌彝文化产业走廊》，《中国文化报》2016 年 9 月 7 日，第 6 版。

巨大的文化资源体系，是一条多元文化并存、交流、变迁的走廊，是全世界自然、文化最为丰富、最为多元、最为集中的区域之一，丰富多元的文化资源为藏羌彝文化产业走廊的建设与发展提供了坚实的基础与保障。

表 1　藏羌彝文化产业走廊世界遗产资源

地区	世界遗产
四川	青城山－都江堰、峨眉山－乐山大佛、黄龙、九寨沟、四川大熊猫栖息地
贵州	土司遗址（贵州播州海龙屯遗址）、中国南方喀斯特（贵州荔波）、中国丹霞（贵州赤水）
云南	丽江古城、三江并流、中国南方喀斯特（云南石林）、红河哈尼梯田文化景观、澄江化石地
西藏	布达拉宫建筑群（大昭寺、罗布林卡）
陕西	秦始皇陵及兵马俑坑、中国长城（陕西段）、丝绸之路：长安－天山廊道的路网（汉长安城未央宫遗址、唐长安城大明宫遗址、大雁塔、小雁塔、兴教寺塔、张骞墓、彬县大佛寺石窟）
甘肃	莫高窟、中国长城（甘肃段）、丝绸之路：长安－天山廊道的路网（玉门关遗址、悬泉置遗址、麦积山石窟、炳灵寺石窟、锁阳城遗址）
青海	中国长城（青海段）、可可西里

资料来源：联合国教科文组织网—世界遗产中心。

　　藏羌彝文化产业走廊是一条"遗产走廊"，走廊所跨越的七省（区）有着极为丰富的世界遗产，世界自然遗产数量占全国总量高达 2/3，世界文化遗产数量占全国总量将近 1/3，还有峨眉山－乐山大佛 1 处世界自然与文化双遗产，以及格萨尔王传说、羌族庆祝习俗等世界级非物质文化遗产（见表 1）。藏羌彝文化产业走廊七省（区）有丰富多元的国家级文化遗产，有武侯祠、塔尔寺、海龙屯、大昭寺、卡若遗址、马家窑遗址、麦积山石窟、元谋人遗址、崇圣寺三塔、大雁塔、蓝田猿人遗址等 905 处全国重点文物保护单位，636 项国家级非物质文化遗产，占全国总量超过 46%，中国传统村落 1590 个，占全国总量超过 38%（见表 2）。

表 2　藏羌彝文化产业走廊主要国家级文化资源统计情况

单位：个，%

区域	国家级非物质文化遗产名录	全国重点文保单位	国家历史文化名城	国家历史文化名镇	国家历史文化名村	中国传统村落	国家级风景名胜区	国家AAAAA级景区
全国	1372	4296	133	252	276	4153	244	249
四川	139	230	8	24	6	225	15	12
贵州	85	70	2	8	15	545	18	5
云南	105	132	6	7	9	615	12	8
西藏	89	55	3	2	3	19	4	4
陕西	74	243	6	6	3	71	6	8
甘肃	68	131	4	7	2	36	4	4
青海	76	44	1	1	5	79	1	3
七省（区）合计	636	905	30	55	43	1590	60	44
占全国比重	46.36%	21.07%	22.56%	21.83%	15.58%	38.29%	24.59%	17.67%

资料来源：国家及七省（区）政府网站。

　　藏彝走廊、藏羌彝文化走廊到藏羌彝文化产业走廊分属于民族学、文化学和经济学，藏羌彝文化产业走廊的资源种类价值并不仅仅局限于单一的文化资源，其丰富多样的生物资源、地形地貌、水文资源在国家现代社会治理、生态环境保护与区域经济发展中具有重大现实意义和深远战略意义，其资源多重价值的凸显，体现的是国家整体发展观、地方权益和民族发展的诉求。

1. 民族文化资源

　　藏羌彝文化产业走廊从青藏高原东南部沿横断山脉迁延并直到中南半岛北部，是我国境内的一个跨区域、跨文字、跨流域的文化地理空间。其本质上是多民族在时间和空间轴上运动形成的文化产物，并非单一刻板一成不变。它以廊道沿三个主体民族，即藏族、羌族、彝族分布空间为纽带，连接沿线的珞巴、门巴、东乡、保安、撒拉、回、傈僳、普米、纳西、白、阿昌、德昂、景颇、苗、瑶、哈尼、拉祜、基诺、布朗、佤、傣、汉等民族。藏羌彝文化产业走廊可分为青藏高原的雪域高原文化地理空间、从青藏高原到四川盆地的文化地理空间、从云贵高原到热带雨林的文化地理空间三个板块，这三大板块之内又拥有着丰富的语言、习俗、宗教、建筑、服饰等民族文化资源。

从青藏高原的雪域高原文化地理空间来看，首先，西藏境内藏南谷底文化资源丰厚，分布着世界遗产布达拉宫历史建筑群。藏北高原阿里地区的古象雄文化，其痕迹贯穿于西藏的方方面面，从生产到生活，从民俗到信仰。藏东昌都地区蕴含既有多民族文化复合又有康区独特个性的康巴文化。其次，青海境内柴达木盆地内昆仑文化传说、"外星人遗址"、吐蕃文化、蒙藏风俗丰富多彩。河湟地区的西宁古城分布着大量史前文化遗存，其中新石器时代的马家窑文化遗存 781 处，青铜器时代的齐家文化遗存 346 处，辛店文化遗存 85 处，卡约文化遗存 908 处。以玉树舞蹈、果洛邻国遗址、黄南五屯艺术为代表的江河源头地理文化圈内，有着汉藏文化交流史上"唐蕃古道"千古传说、文成公主进藏庙、同仁的唐卡画、藏族英雄史诗《格萨尔》等文化资源。

从青藏高原到四川盆地的文化地理空间来看，首先，甘中黄土高原有著名的大地湾文化遗址，石岭下、马家窑文化遗址。甘南地区有全国文物保护单位夏河拉卜楞寺、卓尼禅定寺和碌曲郎木寺等 121 座藏传佛教寺院，有香浪节、晒佛节、采花节、花儿会等几十种民俗节庆活动。另外，河西走廊境内的酒泉市有西汉酒泉胜迹、敦煌莫高窟、安西锁阳城、敦煌雅丹国家地质公园、敦煌鸣沙山月牙泉、瓜州榆林窟、阳关等文化资源。其次，四川省四川盆地宝墩文化、三星堆遗址，川西北碉楼、栈道和溜索，川西南"蝴蝶人"遗迹、回龙洞古人类遗址、蜀文化特征的青铜器等文化资源异彩纷呈。最后，陕西境内有长城、秦始皇兵马俑、大雁塔、古遗迹、古窟寺、摩崖石刻及近代文物遗址 650 余处，陕北民歌、陕北说书、陕北秧歌、陕北道情等民俗也各具特色。

从云贵高原到热带雨林的文化地理空间来看，这一板块涉及贵州、云南两省。云贵两省民族多元复杂，蕴含着多样的文化资源。首先，贵州黔北地区有赤水古城、玛瑙山军事营盘、湘山寺、桃溪寺、海龙屯军事遗址、丙安古镇、杨粲墓、金鼎山等文化资源以及苗族踩山节、仡佬族祭山节等民族节庆活动；黔西北有稻作、鼓楼、巫傩；黔南有苗、侗、水、瑶、畲等民族的干栏式吊脚楼，土家族的衙院庄园，侗族的鼓楼。其次，云南滇西北拥有丽江古城、香格里拉、束河古镇等旅游文化资源；滇中曲靖有汉、彝、布依、壮、苗、瑶、回、水等八大民族独特的语言、服装、风俗和信仰，布依族的三月三、彝族火把节、回族开斋节、苗族花山节等传统节庆活动；滇南地区以傣历、傣文和绚丽多彩的民族民间文学艺术著称于世，佤族木鼓节、拉祜族葫芦节、彝族火把节等民族传统节日传承千年；滇东南红河州有世界锡都个旧，国家历史文化名城建水，文献名邦石屏等重点文物保护单位，还有锡、陶瓷和梯田等文化资源。

藏羌彝文化产业走廊的三大地理空间分布着多元复杂的民族，这些民族在生存发展、适应环境的过程中又发展、发明丰富的民族文化资源。这些资源不仅包括物质的部分，也有着精神的部分，奠定了藏羌彝文化产业走廊建设的基础。

2. 生态文化资源

藏羌彝走廊是一条人与自然和谐共存的"生态走廊"。其北起青藏高原东侧，沿六江流域和横断山脉地区向南延伸，直抵滇南地区，西界以拉萨为核心，东界抵达贵州省毕节市，其核心区域位于青藏高原与四川盆地之间的横断山脉地区。青藏高原、云贵高原的大山、河流、高原、山谷构筑起藏羌彝文化走廊主要的自然景观。该区域有怒江、澜沧江、金沙江、雅砻江、大渡河、岷江六条大江分别自北向南穿流而过，在峰峦叠嶂的高山峻岭中开辟出一条条南北走向的天然河谷通道。藏羌彝文化产业走廊独特的地理环境造就了雄奇秀美和复杂多样的自然风光，并且随着历史的发展和演变形成了丰富的生态文化资源，成为自身独有的优势。

从青藏高原的雪域高原文化地理空间来看，首先，西藏自治区拥有冰川、裸石、戈壁等多种地貌以及种类繁多的奇花异草和珍稀野生动物，还有垂直分布的"一山见四季，十里不同天"的自然奇观。藏南谷地位于雅鲁藏布江及其支流地域，这一带地形平坦，土质肥沃。藏北高原境内群山巍峨，河流、湖泊广布，是藏东和藏西的连接纽带。藏东高山峡谷山顶终年不化的白雪、山腰茂密的森林与山麓四季常青的田园，构成了峡谷区三江并流的壮丽景观。其次，青海地区地大物博、山川壮美，是长江、黄河、澜沧江的发源地，素有"中华水塔"之美誉。海西州内奇特的雅丹地貌、沙漠戈壁、广阔的草场以及海南州内的日月山、同德河北林场、直亥雪山构成了青海绚丽的生态文化资源。最后，江河源地区，果洛州境内群山起伏，雪峰耸立，有阿尼玛卿、年宝玉则等著名的山峰以及古称柏海神湖的扎陵湖和鄂陵湖。黄南州内有着光尖扎县坎布拉国家级森林公园、麦秀原始森林、泽库和日石经墙、河南圣湖仙女洞等自然景观。

从青藏高原到四川盆地的文化地理空间来看，首先，甘肃省内，地貌复杂多样，山地、高原、平川、河谷、沙漠、戈壁，类型齐全，交错分布。陇中域内渭河、洮河穿过，陇山、鸟鼠山、朱圉山交错。陇南山地重峦叠嶂，山高谷深，植被丰厚，到处清流不息。其次，四川境内，四川盆地土地肥沃，气候温和，有"天府之国"之美誉。川西北分布着高山草甸植被，孕育着甘孜州天然草原。川西南地区高山、深谷、平原、盆地、丘陵相互交错，自然生态环境多样。最后，陕西域内，陕南北靠秦岭、南倚巴山，汉江自西向东穿流而过，被汉江与嘉陵江的秀土滋养，资源丰富，生态优美。

从云贵高原到热带雨林的文化地理空间来看，这一板块海拔变化大，气候立体，自然景观多元。首先，岩溶地貌造就了贵州的美丽与神奇。黔北地区温凉湿润，雨量充沛，日照充足。黔西南地区拥有世界上同纬度仅有的保存完好的喀斯特森林地貌。黔中贵阳集中了山地、河流、峡谷、湖泊、岩溶、洞穴、瀑布、原始森林等资源。其次，云南境内，滇西北水利资源丰富，动植物种类繁多，不乏玉龙雪山、虎跳峡、梅里雪山、小中甸草原、月亮湾大峡谷等雄伟壮丽的自然风光，环境优美，资源富饶。滇中境内昆明市气候宜人，享"春城"之美誉。玉溪市坐拥哀牢山、抚仙湖、杞麓湖、阳宗海等自然资源。滇南地区西双版纳以神奇的热带雨林自然景观闻名于世，普洱更是享有"绿海明珠""天然氧吧"之美誉。滇西地区横断山脉由北向南纵列而下，高黎贡山、碧罗雪山、点苍山等山峰矗立于此。滇东南地区属高原型湿润季风气候，气候环境的优越造就了物种的丰富多样。

藏羌彝走廊是我国重要的生态屏障区和大江大流的发源地，青藏高原、云贵高原、黄土高原上的大山、河流、高原、山谷、盆地等构筑起藏羌彝文化走廊主要的自然景观，生态环境差异较大，河流高低起伏、纵横交错，地形地貌复杂多变。其从世界屋脊青藏高原的雪域高原延伸到西双版纳的热带雨林，沿线复杂的生态环境、气候类型，孕育了多样性的生态文化资源，形成一条"生态走廊"。

二、资源配置与藏羌彝文化产业走廊建设的思考

藏羌彝文化产业走廊建设四年来，相关地区各级政府利用国家工程的红利，依托区域文化和自然资源，不断完善文化经济发展的基础设施，培育具有地方特色和文化多样性的文化产品和文化服务，拓展民族地区经济发展的空间，丰富地方文化经济发展方式，在一定程度上促进了藏羌彝廊道文化产业与地方经济社会的发展。但是，藏羌彝文化产业走廊文化多样性和文化经济之间还存在复杂的内在冲突，如不能处理好这种冲突，将会严重制约和影响文化产业、地方经济和社会的发展。在国家诉求和地方权益之间，区域内不同次区域民族文化认同、文化生活、文化消费偏好之

间的冲突有可能形成区域内产业资源配置效益、消费流通、市场拓展的限制。本土年轻消费群体对现代文化产品的喜好和外来文化旅游消费群体对区域多样性文化消费的需求，有可能导致地方文化保护主义对发展本土文化产业的内在遏制，也有可能使文化多样化受到冲击。地方政府为推动经济的发展，以行政区划和管理为名，出台系列措施，在推动次区域文化产业发展的同时，也可能导致跨区域的资源配置受到限制，制约藏羌彝文化产业走廊资源的市场化配置。本土文化持有者和外来文化创意人才，包括外来文化创意企业、文化创意者，甚至不间断的大量流动性消费群体之间的冲突和利益博弈都会对区域文化产业的发展带来负面或正面的影响。西方学者在考察文化多样性和经济发展关系时，也发现"一个社会的文化异质性对经济发展可能产生消极或积极的影响。一方面，文化多样性使合作变得更加困难，对经济发展起到负面作用，另一方面，民族多样性也可能纳入生产函数之中；具有不同生产技能和不同问题解决方法的人们可能对生产力产生积极的影响，从而加快创新的速度"①。

文化产业的发展有其自身规律，决定其产业发展的要素十分复杂，不仅包括资本、土地、劳动力等产业发展的基本要素，人才、科技、现代经济服务体系，乃至地理环境、气候、交通区位、发展理念，区域和行业之间的无形壁垒等也都会成为藏羌彝文化产业走廊培育和建设的重要因素。"区域作为经济系统不是独立存在的，区域之间存在多种形式的相互作用，其中生产力要素区际流动与产品的区际贸易是两种最为重要的区域相互作用方式。"②藏羌彝文化产业走廊带状发展的初衷在于激发区域内产业要素的合理流动，尤其是发挥内外两大市场、核心区乡村文化资源，中小城市文化资源和枢纽城市金融、人才、科技等产业发展要素的合理流动和有效配置，促进区域文化经济的可持续发展。

① 〔比〕维克托·A.金斯伯格、〔澳〕戴维·思罗斯比:《艺术与文化经济学手册》(下)，王家新等译，东北财经大学出版社，2018，第360页。
② 魏后凯主编《现在区域经济学》，经济管理出版社，2011，第461页。

国家发布《藏羌彝文化产业走廊总体规划》后，中央财政文化扶持资金中单列了藏羌彝文化产业走廊专项扶持资金，意在通过培育中小文化企业，促进藏羌彝文化产业走廊的建设。文化部在 2014 年、2015 年两次征集藏羌彝文化产业项目，使之成为独立于国家重点文化产业项目库和特色文化产业项目库的第三个专项项目库，并与财政部形成项目评审通报机制，对藏羌彝文化产业项目进行倾斜扶持，截至 2018 年，入选文化部藏羌彝文化产业走廊重点项目库的项目已达 60 个，各省区申报项目近 200 个。国家《"十三五"旅游业发展规划》将"藏羌彝文化旅游带"列入 10 条国家精品旅游带之一，《文化部"十三五"时期文化产业发展规划》将"藏羌彝文化产业走廊"作为优化产业空间布局的五大工程之一，提出"加快推进藏羌彝文化产业走廊建设，引导实施一批有效保护文化资源与产业转化项目，培育各具特色的民族文化产业产品和品牌，打造藏羌彝文化旅游带，促进文化产业与民族文化传承保护、生态、旅游融合发展"的发展思路。七省（区）也各自积极主动融入廊道建设，结合自身特点制定出台了相关规划、扶持政策，在一定程度上推动了廊道的建设与发展。

第一，从发展现状进行客观分析，目前廊道建设与发展更多是依托地方特色文化资源形成了的点、段集聚发展，核心区的文化资源优势得到市场的关注，但其产品和服务转化能力相对不足；枢纽中心城市消费开始流向核心区乡村旅游市场，但枢纽城市对核心区资源开发、产品创意和市场带动还未充分显现；辐射区和核心区行政壁垒并未打破，区域内部核心区、辐射区和枢纽城市在人才、科技、资本等产业要素的流动、配置层面的带状发展格局还没有形成，区域间协同创新发展不足。以郎木寺景区为例，郎木寺景区地处重要的交通节点，自然景观独特，民族文化鲜明，是著名的文化旅游景区，一条不足 2 米宽的小溪从镇中流过，溪北是甘肃甘南藏族自治州碌曲县的"赛赤寺"，南岸属四川若尔盖县的安多达仓郎木寺，中间夹着回族的清真寺，两个藏传佛教的寺庙在这里隔"江"相望。由于郎木寺景区分属两省，作为文化旅游市场、景区集聚区，小镇的公共设施、环境和服务体系各自为政，缺乏统一的规划，杂乱无序，丰富独特的文化资源缺乏合理有效的配置，文化产业多元业态不够清晰，规模不大，品牌效应难以凸显。类似的情况在藏羌彝文化产业走廊区域内绝非一处，省（区）、州（市）、县（区、市）甚至乡镇交集处的不少景区、景点都存在狭隘地方保护主义、不遵循市场规律等现象，严重制约区域内文化产业有序健康发展。从总体上来看，藏羌彝文化产业走廊建设与发展仍然呈现"散点式发展"，廊道内部区域间协调联动发展和局部组团式发展相对不足，点与点之间缺乏串联和联动，带状促进发展作用较弱，廊道空间集聚发展亟须优化。究其原因，其根源在于在推动廊道建设和发展过程中，对文化产业发展的规律认识还不到位。地方政府在推动藏羌彝走廊区域内文化、生态资源向资本转化，资源向产品、服务体系转化，产业要素的流动和有效配置时缺乏学理性的思考，包括对培育藏羌彝文化产业走廊的时间周期、建设的艰巨性和所需要的投入成本方面也缺乏充分的论证。

第二，市场是产业发展的基础，任何产业都以市场为基点，文化产业也不例外。市场在不同文化产品的生产之间建立联系，通过产品销售、服务等形式直接或间接作用于文化产品的生产与服务。同时，也通过影视、动漫、出版物、文化娱乐，包括在地性的文化旅游、演艺、娱乐、工艺美术品、文化体验和文化创意活动提供数量巨大的岗位，为地方拓展新的经济和产业发展的空间。市场在文化产业发展中发挥着重要的决定性作用。藏羌彝文化产业走廊地广人稀，2016 年七省（区）总人口为 2.39 亿，总面积为 365.14 万平方公里，人口密度为 65.55 人 /km²，远远低于全国 144.06 人 /km² 的平均水平。[①] 尽管改革开放 40 多年来，藏羌彝文化产业走廊区域内城乡经济社会得到快速发展，走廊区域内七省（区）居民文化

———————

① 中华人民共和国国家统计局：《中国统计年鉴（2017）》，中国统计出版社，2017，第 34~36 页。

消费支出呈现稳步增长态势，但与全国平均水平相比仍有较大差距，本土文化消费严重不足，在很大程度上制约着区域文化产业发展（见表3）。

表3　2013~2016年藏羌彝文化产业走廊七省（区）居民人均文化消费支出情况

单位：元

区域	2013 年	2014 年	2015 年	2016 年
全国	576.68	671.50	760.06	800.00
四川	419.00	517.25	584.72	625.89
贵州	347.73	462.38	506.54	519.48
云南	373.74	446.36	533.78	540.50
西藏	70.52	109.23	144.32	151.71
陕西	463.58	506.01	576.71	686.58
甘肃	305.01	348.03	438.45	485.79
青海	413.80	589.10	594.60	630.00

资料来源：《中国文化及相关产业统计年鉴（2017）》。

藏羌彝文化产业走廊的核心区大多是以县城、乡镇和特色文化村落为主体的地方文化消费市场，其本土文化市场的规模、性质决定了产业发展的体量、规模。尽管辐射区、枢纽城市有规模较大的消费群体和市场潜力，但因区域内的交通条件、气候环境和核心区文化服务能力的限制，如以现代时尚文化产品的商业价值和现代产业的基准进行考量，藏羌彝文化产业走廊的市场规模、体量还相对不足，难以促成文化产业的规模化发展。文化产业发展对藏羌彝文化产业走廊沿线地方经济社会发展贡献较弱，在提升地方居民收入、增加社会就业、推动扶贫攻坚等方面的作用并不明显。

第三，藏羌彝文化产业走廊培育建设的终极目标是在市场的作用下，通过国家、地方政府的引领，拓展民族地区的经济发展。廊道内不仅游牧民族、农耕民族文化具有差异性，经济社会发展水平不一，而且区域内的乡村、中小城市和核心枢纽城市的经济发展方式也有较大差异，体现出区域文化、经济的多样化和民族多样性。马克思在分析人类经济活动时曾说过，"历史的每一个阶段都遇到有一定的物质结果、一定数量的生产力总和，人和自然以及人与人之间在历史上形成的关系，都遇到有前一代传给后一代的大量生产力、资金和环境，尽管一方面这些生产力、资金和环境为新一代所改变，但另一方面，它们也预先规定新的一代的生活条件，使它得到一定的发展和具有特殊的性质"[①]。文化产业的主体是人，其产品和服务的客体对象也是人。人力资本是产业发展的重要因素，"人力资本要素构成是动态的，并非一成不变。在农业时代，强调体力为主；在工业时代，强调人的技能、经验等；而到了知识经济时代，更强调人的知识、创新能力和社会协作能力等"[②]。作为人类经济活动的最新形态，文化产业虽然包含地方"我者"的文化活动，但区域和民族文化产业的发展，更多的是要将区域内的文化资源转化为文化产品和服务，最大化服务更大市场空间内"他者"的需求。文化产业因此也需要了解现代经济发展规律、熟悉现代文化市场、掌握资本运作、具有审美创意设计能力、懂得营销、具备文化管理能力的人才。

在历史长河中，藏羌彝文化产业走廊上的不同民族孕育了丰富多彩的民族文化、地域文化，也培育了众多民族、地方文化的传承人，文化持有者。这些人才是区域文化传承和创新的主体，他们熟悉、了解自己民族、地方的文化，热爱自己的文化，但缺乏将文化资源转化为文化产品与服务的市场意识、资本运作、产品推广和生产管理能力。在工业化和现代化进程中，区域发展的不均衡、城乡之间生存环境的差异导致大量优秀的地方文化人才流向经济发达地区的中心城市。尽管有大量的外来旅游消费群体进入藏羌彝地区，但主要是对区域内异文化的想象与寻找，尽管在环

---

① 中共中央马恩列斯著作编译局编《马克思恩格斯选集》（第3卷），人民出版社，1995，第498页。
② 魏后凯主编《现代区域经济学》，经济管理出版社，2011，第379页。

境较好、资源富集的地区，如云南大理、丽江集聚了带着资本、技术从事文化生产的外来文化从业者，有效推动了地方演艺、休闲娱乐和文化创意产业的发展，但整个藏羌彝文化产业走廊核心区域和辐射区域、枢纽城市之间、南北之间、城乡之间的文化经济活动的区域差距和不平衡状况，绝非短时间内可以缩小抹平。区域文化产业发展的不平衡和体量规模的有限背后，表面上是文化产业创意、经营管理、营销人才的匮乏，深层次则是区域经济从传统农耕经济向现代经济转型过程中作为制度调适人的观念转化问题。

第四，资本作为重要的经济资源，是相对稀缺的生产要素，其包括物质资本和金融资本。在生产文化消费产品与提供服务过程中，无论是包括人力资本、金融资本和物质资本在内的广义资本，还是狭义的金融资本，都是决定文化产业形态、产品生产能力、服务空间和产业规模的重要产业要素。追求利润是资本的天性，资本供给的规律受制于预期回报和投资风险。在市场机制的作用下，资本供给和需求的空间不均衡性必然会加大区域之间发展的差距。藏羌彝走廊区域内的本土消费市场、文化资源性质、文化创意活动、产品流通范围和特色文化产业的小生产方式，决定了资本投资回报的空间差异，决定了外来金融资本流入、区际资本流动的有限性。本土资金不足、外来资本进入有限，必然导致藏羌彝文化产业走廊资源富足与文化产业小散弱之间的巨大反差。藏羌彝走廊文化产业发展的资金来源主要取决于地方聚集当地资金的能力、争取中央和上级政府的能力、汇聚金融机构融资贷款的能力和吸引外资的能力。以个体、家庭、村落和中小微企业为主体的生产方式决定了地方资本的有限，文化资源评估低和中小企业市场的风险性导致金融资本的吸附能力较弱，这些决定了藏羌彝走廊产品的生产能力较差、文化产业规模偏小、在地方经济发展中比例偏低的现状，并且资本与产业发展存在的矛盾在相当长的时间内难以改变，成为制约藏羌彝文化产业走廊发展的重要因素之一。

第五，文化生活与文化生产有着本质的区别，文化生活是指在特定的环境中不同族群日常生产生活中的具体行为、活动，文化生产则指向在具体生产生活中的创造性生产过程与产品的物质呈现和可提供的服务。文化多样性是民族地区文化的主要特征，不同民族有丰富多样的文化艺术生活，也创造了相对稳定、独特的民族文化艺术产品与文化服务。对文化的"我者"而言，文化是熟知的日常生活，文化的价值是"我者"自身的存在意义；对于"他者"而言，文化多样性是对异文化的追寻、消费和猎奇的对象。相对稳定的知识系统、艺术、习俗、审美、观念、习惯和偏好是文化多样性的表现形式，但民族文化认同与文化生活的习惯也往往成为遏制地方文化经济发展的力量。文化追求的是个性和社会效益，产业追求的是利润和经济效益的最大化。从"我者"的关怀到"他者"需求的满足，要实现效益最大化，市场空间的拓展是文化产业发展的基础。个性化、独特性背后必然是小众化、地方化，从这个角度看，"民族的未必是世界的"。

不管是在地性的文化生产、文化展演活动，还是互联网空间的影视文化产品的生产与消费，都需要依赖外来庞大稳定的文化消费群体。要获取文化产业发展的基础——消费群体，数字时代传播就成为文化创意产业的中心。藏羌彝文化产业走廊核心区、辐射区大多是中小城市和相对分散的村镇，传统的农耕生产方式和经济行为决定了地方政府、民众缺乏现代经济组织能力和文化创意发展的理念。与日常生活融于一体的民族歌舞在转化为在地性的演艺产品的过程中，地方政府主导的大量演艺产品缺乏创意和市场化运作的能力，大多是简单的拼贴和过度的渲染，很多花费巨资打造的演艺产品缺乏市场定位，停留在对地方文化宣传、营销的阶段，甚至是为满足地方政府文化建设绩效的"贡品"；民族民间工艺是为满足民族日常生活的工具与配件生产的产物。民族民间工艺的工具性、实用性是其首要功能，其次才是作为非物质文化遗产关注的技艺和符号能指意义。在民族工艺的现代转型过程中，实用功能的弱化与审美装饰的强化、地方性复制到分众化定制、地方性的生产到全球性的旅游工艺品、传统技艺的传承到新技术的融合等在地性文化创意产业发展理念的更新还没有达成共识。民俗节庆活动是人类社会逐渐形成、完善的文化过程。藏羌彝走廊有丰富多样的民族节庆和民俗活动，是体验经济时代文化旅游产业的重要资源。这些古老的传统节日和民俗文化是民族信仰、感德祭祀以及生产生活中的知识体系，是民族文化的基本框架，是民族认同的重要力量。作为文化旅游产业的主要形态，民族节庆和民俗活动也需要转变观念，做好优秀传统文化传承，强化民族特色参与、互动、展演的功能。

民族地区文化的传承与创新是现代化进程中民族文化的现代解构和建构的问题。经济合作与发展组织（OECD）将这一过程中的消费者所引发两个相反相依的进程称为破坏性重建（disruptive renewal）或者创造性破坏（creative destruction）。民族地区在发展区域文化经济的过程中，依托在地性文化体验、现代市场、网络平台，将地方、民族的文化生活转化为满足外来文化消费群体的文化产品与服务，不仅需要突破文化保守主义的观念束缚，创新发展理念，也需要认识和了解大众文化消费与文化经济的相关理论、文化产品生产、贮存与分配的方式，包括统一竞合条件下的市场和商业模式。尤其是在互联网时代，"消费者的'产业'概念由于网络用户的概念而变得更加复杂"。在文化生产与消费过程中，"对他们的文化、知识、选择以及他们在经济之外的社交网络——需要加以考量，因为这意味经济与知识的进化过程中的增长、创新与动力都来源于此。因而这里有一种途径可以收集利用体系内所有主体的创新力能量，并且有一种机制——社交网络市场——在全球范围内来协调他们在创新方面以及沟通方面的选择与活动。"[①]

第六，任何产业的发展都需要空间与产业发展的基本要素，农耕经济时代，土地是最主要的产业要素；工业经济时代，大型厂房和机器设备是工业发展的基础；现代服务业也需要相对体量的商业楼盘和服务体系。

---

① 〔澳〕约翰·哈利特：《数字时代的文化》，李士林、黄晓波译，浙江大学出版社，2014，第50页。

文化产业的发展除了文化资源、资本、科技、技术和人力资本外，也需要相关基础设施和必要的空间。发展初期，文化产业被称为都市的产物，其因素很多，但其中最为重要的是两个因素，一是城市庞大的中产阶层，这是文化产业赖以发展的市场基础；二是城市有大量公共文化设施和资源集聚、产品生产和服务的空间等文化产业发展的基础条件，包括博物馆、图书馆、高校、主题公园、广播影视机构、演艺场所和商业文化综合体。尽管全球化、互联网信息平台和现代交通体系为具有独特民族文化和良好生态环境的偏远民族地区、中小城市和乡村带来稳定的外来消费群体，但相对分散的中小城市和乡村缺乏文化旅游产业发展的必要的公共服务体系和基础设施。以家庭、小型社区和地方性历史文化街区、民族村落为主体的文化生产空间可以满足地方性的文化生活，为小部分外来消费群体提供必要的体验场所，却难以大规模满足外来消费群体的需求；边远民族地区地方经济发展的水平不足以支撑建设大规模的公共文化设施，藏羌彝文化产业走廊核心区、辐射区和枢纽城市空间的区隔、资源、产品生产与服务和市场中心的分离，也成为产业聚居和吸引外来资本进入、促使产业规模化的重要遏制因素。这也是藏羌彝文化产业走廊产业发展中北端相对滞后、南端发展较好的重要因素。

现代文化演进的基本规律是文化与经济、科技、地缘政治的融合。文化多样性是藏羌彝文化产业走廊建设的基础，但文化多样性带来的社会、地方、族群的内在冲突也在一定程度上成为遏制区域文化经济拓展的因素。在全球化和科技信息时代，区域发展的社会组织、资本、人才、技术、地理环境等要素配置已成为藏羌彝文化产业走廊整体发展必须面临和突破的理论和政策问题。必须看到，藏羌彝文化产业走廊的建设不仅是推动区域经济发展、解决民族地区贫困问题的重要途径，也是区域现代社会治理的重大课题。藏羌彝文化产业走廊的培育建设过程也是客观认知和客观评估全球化时代区域文化多样性价值的过程，无论国家、地方政府，还是原住居民、外来群体和资本必须认识到"文化多样性有助于产生创造力，但抽象地提倡多样性是不够的。我们必须准确地展示多样性如何带来经济上的成功、社会机会增多、政治稳定并解决冲突，而且其自身是有价值的、美丽的和令人愉快的"①。区域内多样性文化与经济实现有序整合，建立在文化多样性基础上的区域文化产业才能有效配置资源，文化产业也才能真正成为推动区域经济发展的重要产业形态。近年来，在"一带一路"发展理念的引领下，带状发展思路成为推动跨区域资源配置、促进文化产业要素流动、带动区域文化经济发展的重要方式。运河文化产业带、丝绸之路文化产业带、长江文化产业带等相继提出，但认真梳理和考察其资源配置与产业发展现状，发现其发展都不理想。漫长的历史发展孕育和积淀了民族迁徙线路中民族文化的活态分布、文化遗存的带状分布。历史和当下的确有文化带存在，但是要培育建设文化产业带，一定要遵循产业发展规律，夯实产业发展基础，构建有效资源配置方式，而不是停留在空泛的概念营销层面。

在民族地区现代化进程中，藏羌彝文化产业走廊特色文化产业的发展是本土与全球多种要素、多重力量相互交织在一起的政治经济行为。在市场经济的语境中，不管是国家意志、地方权益还是区域内各民族群众的诉求"都已经被裹挟卷入市场经济的逻辑框架之中，任何一个民族共同体（更不用说村寨层面上的微观存在）都已经不可能作为隔离的种群而存在"②。此外，非主流的地方性、民族性文化产品生产是国家文化产业结构的有机组成部分，从一开始就受到本土消费者和外来文化消费的影响，这决定了其产业发展必然受到内外两个市场的制约，其产业发展的路径、功能、价值指向也与国家和地方、民众文化生活的诉求与权益密不可分。在藏羌彝文化产业走廊的培育和建设过程中，不仅需要充分利用全球化带来

① 〔比〕维克托·A.金斯伯格、〔澳〕戴维·思罗斯比：《艺术与文化经济学手册》（上），王家新等译，东北财经大学出版社，2018，第286页。
② 陈庆德、潘盛之、覃雪梅：《中国民族村寨经济转型的特征与动力》，《民族研究》2004年第4期，第28~37页。

的空间，对接国家发展战略，夯实产业发展基础，培育产业发展的社会环境，创造产业发展条件，创新发展理念，拓展产业发展空间，同时也需要夷平"本土与全球""中心与边缘""现代与传统""城市与乡村""我者与他者"的话语权力与利益格局，破除二元对立的社会结构。遵循区域经济与文化产业发展的规律，促进区域资源的合理配置，才能实现国家意志、地方权益和各民族利益的有机统一，促进区域文化、经济、社会的健康有序和可持续发展。[1]

---

[1] 李炎、胡洪斌主编《中国区域文化产业发展报告（2016~2018）》，社会科学文献出版社，2018，第220~222页。

参考文献

参考图书

[1]《阿诗玛》，黄铁、杨智勇、刘绮、公刘整理，云南人民出版社，1960。

[2] 安旭主编《藏族服饰艺术》，南开大学出版社，1988。

[3] 巴代·祖拉陈瓦:《贤者喜宴——吐蕃史译注》，黄颢、周润年译注，中央民族大学出版社，2010。

[4] 白兴发:《彝族文化史》，云南民族出版社，2002。

[5] 宝贵贞:《中国少数民族宗教》，中国民主法制出版社，2015。

[6] 毕登程、隋嘎编著《司岗里:佤族创世史诗》，云南人民出版社，2009。

[7] 苍铭:《云南民族迁徙文化研究》，云南民族出版社，1997。

[8] 藏族简史编写组:《藏族简史》，西藏人民出版社，1985。

[9] 陈立明、曹晓燕:《西藏民俗文化》，中国藏学出版社，2010。

[10] 陈小平:《"唐蕃古道"》，三秦出版社，1989。

[11] 楚雄彝族自治州文物管理所编《彝州文物资料》，楚雄彝族自治州文物管理所，1988。

[12] 楚雄彝族自治州彝族语言文字研究工作领导小组编《彝文典籍精选》，云南民族出版社，2002。

[13] 道·照日格图:《卫拉特蒙古文化丛书——英雄史诗〈汗青格勒〉研究》，内蒙古人民出版社，2001。

[14] 芒市非物质文化遗产保护中心编:《达古达楞格莱标诗画集》,德宏民族出版社,2016。

[15] 冬生编文,何宁绘《黑白之战》,中国民间文艺出版社,1982。

[16] (唐)樊绰:《云南志校释》,赵吕甫校释,中国社会科学出版社,1985。

[17] 范建华:《中国文化产业通论》,云南人民出版社,2013。

[18] (南朝宋)范晔:《后汉书》,中华书局,1975。

[19] 费孝通:《费孝通谈民族和社会》,学苑出版社,2017。

[20] 费孝通等:《中华民族多元一体格局》,中央民族学院出版社,1989。

[21] (清)傅恒等编著《皇清职贡图》,辽沈书社,1991。

[22] 尕藏才旦、格桑本编著《雪域气息的节日文化》,甘肃民族出版社,2000。

[23] 甘南藏族自治州地方史志编纂委员会编《甘南藏族自治州州志》,民族出版社,1999。

[24] 甘肃省编辑组:《裕固族东乡族保安族社会历史调查》,甘肃民族出版社,1987。

[25] 贵州省毕节地区彝文翻译组:《物始纪略》,贵州省毕节地区彝文翻译组,1988。

[26] 郭思九、陶学良整理《查姆》,云南人民出版社,2015。

[27] 国学经典文库编委会编《山海经》,四川美术出版社,2018。

[28] 何光岳:《氐羌源流史》,江西教育出版社,2000。

[29] (宋)李石:《续博物志》,巴蜀书社,1991。

[30] 华梅:《服饰民俗学》,中国纺织出版社,2004。

[31] 蒋高宸编著《云南民族住屋文化》,云南大学出版社,1997。

[32] 降边嘉措、吴伟编著《格萨尔王传》,五洲传播出版社,2011。

[33] 拉巴群培:《藏族文学史》,民族出版社,2006。

[34] 蓝勇:《西南历史文化地理》,西南师范大学出版社,1997。

[35] 李炳全:《文化心理学》,上海教育出版社,2007。

[36] 李栋梁、刘德祥编著《甘肃气候》,气象出版社,2000。

[37] 李丽祥编、吴昌明绘《洛奇洛耶与扎斯扎依》,云南美术出版社,2012。

[38] 李绍明口述《变革社会中的人生与学术》,世界图书出版公司,2009。

[39] (唐)李延寿:《北史》,中华书局,1974。

[40] 李玉琴:《藏族服饰文化研究》,人民出版社,2010。

[41] 李云川:《召树屯与喃木诺娜——傣族典藏的文艺史诗》,云南教育出版社,2018。

［42］李卓玛:《拉仁布与吉门索》,青海人民出版社,2018。

［43］〔法〕列维·斯特劳斯:《野性的思维》,李幼燕译,商务印书馆,1987。

［44］林耀华主编《民族学通论》(修订本),中央民族大学出版社,1997。

［45］刘敦桢主编《中国古代建筑史》,中国建筑工业出版社,1980。

［46］邓启华主编《清代普洱府志选注》,云南大学出版社,2007。

［47］(后晋)刘昫:《旧唐书》,中华书局,1975。

［48］罗达尚主编《中华藏本草》,民族出版社,1997。

［49］罗世泽、时逢春搜集整理《木姐珠与斗安珠》,四川民族出版社,1983。

［50］澜沧拉祜族自治县民族宗教事务局民族研究所:《牡帕密帕》,云南民族出版社,2018。

［51］木霁弘、李旭、陈保亚等:《滇藏川"大三角"文化探秘》,云南大学出版社,1992。

［52］李向前整理、杨慧芳等译《目瑙斋瓦》,云南人民出版社,2018

［53］牛相奎、赵净修整理《鲁般鲁饶(纳西族叙事长诗)》,云南人民出版社,1984。

［54］青海省地方志编纂委员会编《青海省志·自然地理志》,黄山书社,1995。

［55］冉光荣、李绍明、周锡银:《羌族史(AHistoryoftheQiangPeople)》,四川民族出版社,1985。

［56］石嵩山主编《中国彝族服饰》,北京工艺美术出版社,1990。

［57］(汉)司马迁:《史记》,中华书局,2016。

［58］宋蜀华、陈克进主编《中国民族概论》,中央民族大学出版社,2001。

［59］孙浩然编著《云南少数民族宗教文化》,云南大学出版社,2015。

［60］索南坚赞:《西藏王统记》,西藏人民出版社,1985。

［61］谭继和:《论古"江源"流域巢居文化渊源及其历史发展》,载冉光荣、工藤元男主编《四川岷江上游历史文化研究》,四川大学出版社,1996。

［62］唐绪祥编《中国民间美术全集(饰物卷·概论)》,广西美术出版社,2002。

［63］汪宁生编《云南考古》,云南人民出版社,1980。

［64］汪玉良:《米拉尕黑》,甘肃人民出版社,1981。

［65］王明珂:《羌在汉藏之间:川西羌族的历史人类学研究》,中华书局,2008。

［66］王文光、龙晓燕、李晓斌等:《云南近现代民族发展史纲要》,云南大学出版社,2009。

［67］王尧、陈践译注《敦煌本吐蕃历史文书（藏文）》，民族出版社，1992。

［68］韦安多主编《凉山彝族文化艺术研究》，四川民族出版社，2004。

［69］（唐）魏征：《隋书》，中华书局，2018。

［70］翁独健主编《中国民族关系史纲要》（第2版），中国社会科学出版社，2001。

［71］席克定：《苗族妇女服装研究》，贵州民族出版社，2005。

［72］萧霁虹、董允：《云南道教史》，云南大学出版社，2007。

［73］徐万邦、祁庆富：《中国少数民族文化通论》，中央民族大学出版社，1996。

［74］许慎撰：《说文解字》，中华书局，1963。

［75］严正德、王毅武主编《青海百科大辞典》，中国财政经济出版社，1994。

［76］颜思久主编《云南宗教概况》，云南大学出版社，1991。

［77］杨福泉：《纳西族文化史论稿》，云南大学出版社，2006。

［78］杨家骆主编《后汉书补注等四书》，鼎文书局，1977。

［79］杨清凡：《藏族服饰史》，青海人民出版社，2003。

［80］杨圣敏、丁宏编《中国民族志》，中央民族大学出版社，2003。

［81］杨源主编《民族服饰与文化遗产研究》，云南大学出版社，2005。

［82］杨正文：《苗族服饰文化》，贵州民族出版社，1998。

［83］《彝族传世经典》编委会：《勒俄特依》，四川民族出版社，2016。

［84］尤中：《云南民族史》，云南大学出版社，1994。

［85］云南省民族民间文学丽江调查队搜集翻译整理《创世纪》，云南人民出版社，1978。

［86］云南省民族民间文学楚雄调查队搜集翻译整理《梅葛》，云南人民出版社，1978。

［87］云南省民族民间文学红河调查队搜集翻译整理《阿细的先基》，人民文学出版社，1960

［88］云南省人民文工团圭山工作组搜集整理、中国作家协会昆明分会重新整理《阿诗玛彝族民间叙事诗（重新整理本）》，人民文学出版社，1960。

［89］云南省少数民族古籍整理出版规划室：《云南省少数民族译丛——哈尼阿培聪坡坡》（第六辑），云南民族出版社，1986。

［90］张公瑾、杨明康、戴红亮：《中华佛教史·云南上座部佛教史卷》，山西教育出版社，2014。

［91］张曦、黄成龙主编《地域棱镜：藏羌彝走廊研究新视角》，学苑出版社，2015。

［92］张亚雄编《花儿集》，中国文联出版公司，1986。

［93］张鹰：《西藏服饰》，上海人民出版社，2009。

［94］张永发主编《中国苗族服饰研究》，民族出版社，2004。

［95］张增祺：《中国西南民族考古》，云南人民出版社，1990。

［96］赵安贤唱：《阿昌族史诗：遮帕麻和遮米》，杨叶生译，云南人民出版社，1983。

［97］（清）赵学敏：《本草纲目拾遗》，中医古籍出版社，2017。

［98］中国藏学研究中心社会经济研究所主编《西藏家庭四十年变迁——西藏百户家庭调查报告》，中国藏学出版社，1996。

［99］朱小和演唱：《哈尼阿培聪坡坡》，史军超等译，中国国际广播出版社，2016。

参考期刊

［1］《中国水运》编辑部：《关于依托黄金水道推动长江经济带发展的指导意见》，《综合运输》2014年第11期。

［2］边巴琼达：《试论藏族"（酉仓）"文化》，《西藏大学学报》（社会科学版）2014年第4期。

［3］才吉卓玛、薛达元：《青海藏族传统文化对青稞品种资源利用的影响》，《贵州社会科学》2016年第2期。

［4］陈兰香：《插花节与赛装节——从旱作到稻作的农耕祭祀主题》，《楚雄师专学报》2001年第1期。

［5］陈荣：《獬豸冠与羌人图腾崇拜》，《青海师范大学学报》（哲学社会科学版）1997年第1期。

［6］陈兴贵、平锋：《彝族传统文化中的农业知识与实践》，《黑龙江民族丛刊》2012年第4期。

［7］《传承创新华夏文明加快建设文化大省——〈甘肃华夏文明传承创新区总体方案〉出炉》，《党的建设》2013年第3期。

［8］丁援：《国际古迹遗址理事会（ICOMOS）文化线路宪章》，《中国名城》2009年第5期。

［9］高文：《文化适应与生计选择：彝族地区畜牧经济的生态人类学研究》，《黑龙江畜牧兽医》2014年第15期。

[10] 龚伟：《试谈战国秦汉时期笮人与牦牛关系》，《中华文化论坛》2014年第7期。

[11]《关于切实加强中国传统村落保护的指导意见——住房和城乡建设部文化部国家文物局等住房城乡建设部、文化部、国家文物局、财政部关于切实加强中国传统村落保护的指导意见》，《民族建筑》2014年第6期。

[12] 郭小琦：《珞巴族男子服饰文化的发展》，《西部皮革》2016年第20期。

[13]《国务院印发〈"十三五"旅游业发展规划〉》，《城市规划》2017年第1期。

[14] 郝云华：《楚雄彝族服饰的种类与文化内涵》，《云南民族大学学报》（哲学社会科学版）2008年第2期。

[15] 觉安拉姆、袁溥珏：《论藏族传统服饰文化的特点》，《西藏大学学报》（社会科学版）2013年第2期。

[16] 拉本：《青稞的民族文化内涵阐释》，《青海民族研究》2011年第1期。

[17] 勒安旺堆：《滇藏茶马古道》，《今日民族》2007年第8期。

[18] 李飞、宋金平：《廊道遗产：概念、理论源流与价值判断》，《人文地理》2010年第25期。

[19] 李沁：《历史感重构与补全式开发——滇越铁路遗产廊道滇段的遗产保护与旅游开发初探》，《建筑与文化》2011年第8期。

[20] 李绍明：《简论牦牛文化与牦牛经济》，《云南民族学院学报》（哲学社会科学版）2003年第1期。

[21] 李绍明：《羌族与白马藏人文化比较研究》，《思想战线》2000年第5期。

[22] 李玉琴：《藏族服饰区划新探》，《民族研究》2007年第1期。

[23] 梁庭望：《论中华文化板块结构及其相互关系》，《创新》2014年第5期。

[24] 林俊华：《青藏高原上的牦牛与牦牛文化》，《康定民族师范高等专科学校学报》2000年第4期。

[25] 刘冬梅：《族群标识与象征——凉山彝族披衣服饰的符号指向初探》，《民间文化论坛》2005年第6期。

[26] 罗康隆：《论藏族游牧生计与寒漠带冻土层的维护》，《青海民族大学学报》（社会科学版）2014年第4期。

[27] 罗徕：《论羌族服饰的文化特色与可持续发展》，《四川戏剧》2014年第6期。

[28] 南文渊：《藏族农耕文化及其对自然环境的适应》，《青海民族学院学报》（社会科学版）2000年第2期。

［29］普忠良：《藏彝走廊文化域中的羌文化刍议》，《阿坝师范高等专科学校学报》
2013 年第 3 期。

［30］强舸：《发展嵌入传统：藏族农民的生计传统与西藏的农业技术变迁》，《开放时
代》2013 年第 2 期。

［31］邱海莲、由亚男：《中哈边境旅游廊道构建制约因素及发展路径》，《淮南师范学
院学报》2015 年第 1 期。

［32］曲义：《四川省阿坝州茂县羌族传统服饰造型研究》，《赤峰学院学报》（汉文哲学
社会科学版）2014 年第 9 期。

［33］任萍：《羌族传统节日景观的复兴与流变——以羌年为例》，《贵州民族研究》
2015 年第 7 期。

［34］桑吉才让：《保安族服饰及工艺美术的社会文化内涵》，《青海师专学报》（教育科
学）2006 年第 3 期。

［35］沈桂萍：《培育中华民族共同体意识，构建国家认同的文化纽带》，《西北民族大
学学报》（哲学社会科学版）2015 年第 3 期。

［36］石硕：《茶马古道及其历史文化价值》，《西藏研究》2002 年第 4 期。

［37］史云峰：《略论藏族农耕民俗的生态文化学意蕴》，《西藏研究》2010 年第 4 期。

［38］孙冬虎：《清代国人对西藏地理的考察与记载》，《测绘科学》2004 年第 S1 期。

［39］王力：《汉晋之际内迁羌族的农业化》，《淮北煤炭师范学院学报》（哲学社会科学
版）2004 年第 4 期。

［40］王亚南、张晓佳、卢曼青：《基于遗产廊道构建的城市绿地系统规划探索》，《中
国园林》2010 年第 12 期。

［41］王沂暖：《藏族史诗〈格萨尔王传〉》，《中央民族学院学报》1981 年第 3 期。

［42］西南师范学院历史系四川少数民族史考察组：《从茂汶雁门乡的调查看解放前羌
族的社会经济结构》，《民族研究》1959 年第 3 期。

［43］新华社：《国家"十二五"时期文化改革发展规划纲要》，《新疆新闻出版》2012
年第 2 期。

［44］杨绍淮：《雅安边茶与川藏茶马古道》，《中华文化论坛》2005 年第 2 期。

［45］尤伟琼、王兴宇：《〈史记·西南夷列传〉再研究：从历史人类学的视角》，《思想
战线》2013 年第 2 期。

［46］赵晓培：《论羌族的自然崇拜和多神信仰》，《宗教学研究》2012 年第 1 期。

［47］周正:《羌族文化观念与环境的关系》,《四川民族学院学报》2015 年第 5 期。

［48］周智生:《藏彝走廊地区族际经济互动发展研究》,《中国社会经济史研究》2010 年第 1 期。

其他参考

［1］文化部印发《文化部"十三五"时期文化产业发展规划》,http://zwgk.mct.gov. cn/auto255/201704/t20170420_493300.html?keywords=。

［2］西藏自治区发改委印发《西藏自治区"十三五"时期文化发展规划》,藏政 发〔2017〕20 号,http://www.xizang.gov.cn/zwgk/xxfb/ghjh_431/201902/ t20190223_61977.html。

［3］中共中央办公厅、国务院办公厅印发《国家"十三五"时期文化改革发展规划纲 要》,http://www.gov.cn/zhengce/2017-05/07/content_5191604.htm。

［4］文化部、财政部印发《藏羌彝文化产业走廊总体规划》,文产发〔2014〕第 11 号,http://www.gov.cn/gongbao/content/2014/content_2711451.htm。

后　记

藏羌彝文化走廊位于中国西部腹地，自古以来就是众多民族南来北往、繁衍迁徙、沟通交流的重要廊道，区域内生态、民族、文化多元独特，在我国区域发展和文化建设格局中具有特殊地位。为推动西部地区、民族地区特色文化产业发展，以特色文化产业发展促进文化生态保护，推动民族文化传承，增强国家认同，促进民族团结，2014年3月文化部和财政部制定出台了《藏羌彝文化产业走廊总体规划》，关于藏羌彝文化产业走廊的研究在国内掀起一股空前的热潮。2017年，云南大学文化发展研究院与华中师范大学国家文化产业研究中心共同搭建课题组，收集整理了藏羌彝文化走廊相关的文献资料和数据，并多次深入藏羌彝文化走廊相关区域调研、走访，收集相关资料和数据，为书稿撰写奠定了坚实的基础。

《穿越藏羌彝文化走廊》一书，从图书策划、实地调研、内容撰写、修改、完善到出版，前后历时两年。本书框架设计由范建华、李炎、胡洪斌负责，胡洪斌、汪榕负责总体统稿，课题组主要人员负责撰写，具体如下：引论由范建华撰写，第一章由于良楠撰写，第二章由刘从水撰写，第三章由吴瑛撰写，第四章由黄小刚撰写，第五章由李雪韵撰写，第六章由王佳撰写，第七章、第八章由汪榕撰写，第九章由王庆馨撰写，第十章由葛俐杉撰写，第十一章由柯尊清撰写，第十二章由胡洪斌撰写，结语由李炎撰写。

　　本书在撰写过程中得到多方的支持和帮助。首先，感谢云南大学文化发展研究院、华中师范大学国家文化产业研究中心双方课题组成员的支持与合作。其次，感谢在实地调研中，云南、四川、贵州、青海、西藏、甘肃、陕西各省区相关机构和人员对我们的支持和帮助。最后，要感谢云南大学文化发展研究院的张晓桐、王珺玮、管悦、李雪韵、高源、杜菲菲、方伟洁、任潇湘、高鑫、宋莉娟等硕士研究生，他们为本书的撰写梳理了大量的材料，承担了全书的校对工作。

　　本书是藏羌彝文化走廊研究的综合性图书，涉及面广、内容多，书中难免有错误和疏漏，恳请专家、读者批评指正。

　　是为后记。

编　者
2021 年 6 月于云南大学英华园

图书在版编目（CIP）数据

穿越藏羌彝文化走廊 / 胡洪斌等编著. --北京：
社会科学文献出版社，2021.11
ISBN 978-7-5201-6523-5

Ⅰ.①穿… Ⅱ.①胡… Ⅲ.①藏族－民族文化－文化
产业－研究－中国②羌族－民族文化－文化产业－研究－
中国③彝族－民族文化－文化产业－研究－中国 Ⅳ.
①K281.4②K287.4③K281.7④G124

中国版本图书馆CIP数据核字（2020）第060259号

穿越藏羌彝文化走廊

编　　著 / 胡洪斌　范建华　等

出 版 人 / 王利民
责任编辑 / 陈　颖　薛铭洁
责任印制 / 王京美

出　　版 / 社会科学文献出版社·皮书出版分社 （010）59367127
　　　　　　地址：北京市北三环中路甲29号院华龙大厦　邮编：100029
　　　　　　网址：www.ssap.com.cn
发　　行 / 市场营销中心 （010）59367081　59367083
印　　装 / 三河市东方印刷有限公司

规　　格 / 开　本：787mm×1092mm 1/16
　　　　　　印　张：34.5　字　数：508千字
版　　次 / 2021年11月第1版　2021年11月第1次印刷
书　　号 / ISBN 978-7-5201-6523-5
定　　价 / 398.00元

本书如有印装质量问题，请与读者服务中心（010-59367028）联系